한국의 상례문화
한국 유교식 상례의 변화와 지속

김시덕 金時德

1962년 안동 출생

안동대학교 대학원 민속학과에서 「씨족집단의 정사에 관한 연구」로 석사논문을 쓰면서 가족과 친족집단의 일생의례에 관심을 가지기 시작하였다. 그 결과 2007년 고려대학교 대학원 문화재학과에서 「한국 유교식 상례의 연구」로 박사학위를 받았다. 국립민속박물관 학예연구관을 거쳐 현재는 대한민국역사박물관 건립추진단 전시자료과장으로 근무하면서 대한민국 현대사를 일상사의 관점에서 다루기 위해 현대의 의례도 연구하고 있다. 주요 논문으로는 「일제의 정치적 성격」, 「한국 일생의례의 동아시아적 보편성과 고유성」, 「민속아카이브와 사진민속학」, 「도시 장례식장에서 지속되는 상례의 문화적 전통」, 「현대 한국인의 일생의례: 현대 한국 상례문화의 변화」 등이 있다. 저서로는 『종교와 일생의례』(공저), 『종교와 그림』(공저), 『김수환 추기경 선종』, 『소운 김시인 삼년상』, 『화재 이우섭 삼년상』, 『Invisible Population』(공저) 등이 있다.

한국의 상례문화
한국 유교식 상례의 변화와 지속

초판1쇄 발행 | 2012년 8월 3일

지은이 김시덕
사진제공 학봉선생 종택, 서헌강, 최호식
펴낸이 홍기원

총괄 홍종화
디자인 정춘경
편집 오경희 · 조정화 · 오성현 · 신나래
　　　정고은 · 이주연 · 김정하 · 유선주
관리 박정대 · 최기엽

펴낸곳 민속원　출판등록 제18-1호
주소 서울 마포구 대흥동 337-25　전화 02) 804-3320, 805-3320, 806-3320(代)　팩스 02) 802-3346
이메일 minsok1@chollian.net　홈페이지 www.minsokwon.com

ISBN　978-89-285-0297-4　93380

한국의
상례문화

한국 유교식 상례의 변화와 지속

김시덕

민속원

유교식 상례문화, 민속학의 연구대상인가?

한국 상례, 넓게는 한국인의 일생의례에 관심을 가지기 시작한 것은 1987년 경북 안동 도산 온혜리에 있는 퇴계선생의 큰 집에서 있었던 길제吉祭를 현지조사 하면서였다. 물론 어릴 때부터 몸에 배어 있었던 제사였지만 상례의 마지막 절차인 길제는 당시 대학원 진학을 앞둔 나에게 운명과도 같은 것이었다. 대학원에서 씨족집단이 상징적으로 가지고 있는 건물로 석사논문을 쓰면서 의례에 대한 관심은 날로 깊어졌다. 이후 고 장철수 선생 님으로부터 일생의례에 대한 현지조사와 이론을 사사하며 본래의 물질문화전공보다는 의 례에 심취하게 되었다. 20세기가 저물 무렵부터 장사법을 비롯한 한국의 장묘개선에 대한 붐이 일었고, 2000년 5월 한국장례문화학회를 발족하고 그해 11월 은사님이 돌아가셨다. 이후 선생님을 대신해 상례연구에 집중하다 결국 박사학위논문으로까지 이어졌다.

이 책은 박사학위논문에서 수용하지 못했던 이야기를 모두 모아 재구성한 것이다. 내용은 한국 의례문화의 전통이라고 할 수 있는 유교식 상례이다. 주제를 '유교식 상례' 로 잡은 것은 그동안 전통과 현대를 넘나들며 연구해 본 결과 한국의 일생의례는 유교식 으로 정형화 되어 있었기 때문이다. 지금까지 유교식이라고 하면 조선시대의 지배이데올 로기, 사대부들의 전유물이었다는 이유로 민속학의 연구대상으로 여기지 않으려는 의도들이 있었다. 그래서 유교식 의례는 예학이라는 측면에서 역사학자 혹은 사상가들에게 점유당해 왔다.

그러나 한국 의례문화의 전통을 짚어 볼 때 유교식은 이미 고대사회에서부터 있어 왔고, 고려를 거쳐 조선에 와서 꽃을 피웠다고 할 수 있다. 물론 그 사이 사이에 불교식 의례가 유행하기도 했지만 여전히 유교식이 그 근간을 이루었다. 조선이 성리학을 지배 이념으로 삼으면서 조선 중후기가 되자 유교식 의례는 조선을 지배하는 의례문화로 보편 화되고 그것이 의례의 문화전통으로 자리 잡아 오늘에 이르게 된다. 물론 조선말의 혼란 기와 일제강점기를 거치면서 축소, 변용 등의 혼란을 겪었지만 그 내면의 본래 모습은 여전히 지속되고 있다. 또한 유교가 상류층의 전유물이 아니었듯이 유교식 의례 역시 계 층을 막론하고 보편화 되어 그것이 문화적 전통으로 자리잡았음을 알 수 있었다. 그래서 한국 의례의 문화적 전통은 유교식이고 이것이 바로 한국 의례의 민속이라고 생각하게 되었다.

이 책은 상례를 중심으로 이러한 유교식 의례의 문화적 전통화 과정을 밝히려는 의 도에서 시작되었다. 역사학계의 대세가 유교 도입시기를 조선시대 초, 여말선초를 기준 으로 설정하고 있지만, 유교식 상례의 전통을 이야기하자면 마땅히 고대부터 시작되어야 한다. 그래서 학위논문에서 하지 못했던 그러한 이야기를 두루 담아 보려고 했다. 그래서 한국 의례의 문화적 전통으로서 유교식 상례를 다루기 위해 유교식 상례의 유입과 공인, 정착 과정에 대한 분석하고, 유교식 상례가 어떤 것인가를 예서와 관행을 통해 개념화 하였다. 즉, 한국 의례의 문화적 전통, 민속으로서 유교식 상례가 어떤 것인가를 밝히려 했다.

이와 함께 조선시대에 완전히 정착된 유교식 상례가 근현대를 거치면서 어떠한 변 화를 거치는가를 다양한 사회문화적 요인을 통해 그 과정을 보여주려고 했다. 즉, 지속되 는 부분과 변화되는 부분, 지속과 변화가 서로 공존하는 부분을 분석하여 변화와 지속의 상관관계를 밝혀보려 하였다.

한국 민속학의 한 분야로서 상례가 유교식이라고 한다면, 의례의 구조가 어떤 것인 가를 살펴야 하고, 의례의 의미는 어떻게 구성되는가를 밝히는 일도 중요하다. 그래서 정형화되어 있고, 체계화 되어 있는 유교식 상례의 구조를 분석하여 '의례의 주체론'을 도출하였다. 이와 함께 의례를 딱딱하고 형식적인 것으로 보는 폐단을 줄이기 위해 시도

한 상례의 의미 분석은 기존의 분석방법과는 달리 다소 문학적이며, 철학적인 방법으로 접근하였다. 그것이 한국의 전통 상례는 '여운'으로 구성된다고 결론지었다. 죽음을 다루는 의례에 걸맞은 표현이라 생각된다. 이러한 구조와 의미 분석을 통해 얻은 결론은 상례란 가족의 지도자인 가장의 상실로 해체 위기를 극복하기 위한 것임을 알았다. 그래서 상례란 바로 이러한 기능을 위한 의례적 장치라고 할 수 있겠다.

이러한 분석과정을 통해 한국 상례의 문화적 전통은 유교식이라고 보았다. 즉, 현재까지 지속되고 있는 한국의 의례적 전통은 유교식이고 이것이 문화화 되어 있다는 것이다. 즉, 한국인이면 누구나 한 번은 거쳐야 하는 일생의례의 한 부분에 속하는 상례의 형식과 체계는 유교식을 근간으로 하고 있다는 것이다. 뿐만 아니라 관혼상제로 정형화 되어 있는 한국의 의례문화 역시 유교식이라고 할 수 있다. 이러한 관혼상제라는 의례는 중국으로부터 유입된 유교식이지만, 이를 긍정적으로 받아 들여 우리식으로 맞춘 것이기 때문에 한국의 문화적 전통이라고 하겠다.

의식주 생활을 비롯해 의례문화는 한국인의 중요한 '생활문화'이다. 그렇기 때문에 한국 의례의 문화적 전통은 그것이 유교식이라고 하더라도 당연히 민속이라고 할 수 있을 것이다. 따라서 유교식 의례는 관점의 차이에도 불구하고 민속학의 중요한 연구대상이었던 것이다.

이러한 생각에도 불구하고 이 책은 아직 부족한 면이 많다. 그러나 출판을 마음먹은 것은 나와 동학, 미래의 죽음의례를 짊어질 이 땅의 미래 장례지도사들이 함께 고민할 수 있는 자리를 깔기 위해서다. 앞으로 여건이 허락되면 이 틀로 유교식 의례인 한국의 관혼상제를 분석할 계획이다.

이 책이 나오기까지 많은 분들로부터 도움을 받았다. 논문 집필과정에서 일일이 읽어 봐 주었던 (사)한국장묘문화개혁범국민협의회(장개협)의 박태호 정책연구실장님과 심규현, 출판과정에서 교정을 도맡아 주었던 김혁우에게 감사한다. 그리고 이 책을 출판해 준 민속원에도 감사드린다.

2012년 7월
저자 識

한국의 상례문화

제1장

시작하며

1. 무엇을 하려 하는가

　　인간은 어떤 사회에 속해 있든 신체의 성장과 함께 일정한 시기가 되면 그 집단이 정해 놓은 규범에 따라 자신의 지위를 바꾸어 가며 일생을 살아간다. 민족과 사회에 따라 의례의 형식은 다르지만 민속학에서는 이를 개인의 평생의례平生儀禮, 혹은 일생의례一生儀禮라고 한다.[1] 우리의 '문화적文化的 전통傳統'에서는 이를 '관혼상제冠婚喪祭'라는 하나의 통합된 규범으로 수용하여 각 단계의 변화가 갖는 의미를 강조하고, 그 과정에서 나타나는 혼란을 최소화하였다. 그 중에서

---

[1] 인류학에서는 프랑스의 인류학자 반 게넵Van Gennep이 명명한 '통과의례Rites of Passage'라는 용어를 사용하지만 이는 한 개인의 일생의례 뿐만 아니라 영역의 통과나 세시풍속과 같은 연중 시간의 통과 등의 의례를 모두 포함하는 개념이기 때문에 개인의 일생의례를 표현하는 용어로는 부적절하다.

사람이 태어나 성년이 되고 혼인을 하는 등의 과정을 거쳐 마지막으로 통과하는 관문이 죽음이고, 이를 처리하는 의례가 상례喪禮이다.[2] 대부분의 사회에서는 인간의 죽음을 생물학적인 활동의 정지로만 파악하지는 않는다. 오히려 사후에 인간의 영혼은 현세에서 타계로 옮겨간다고 믿고 있으며, 상례의 과정 속에는 그러한 관념들이 일정한 행위로 구체화되어 있다. 다른 의례들과는 달리 상례는 고인이 직접 의례를 주도할 수 없기 때문에 살아남은 자들이 의례를 주도하는 것이 특징이다. 그러므로 상례는 외형상 죽음을 처리하기 위한 의례처럼 보이지만 실제로는 고인의 영혼을 조상신으로 승화시키고, 상주의 제사祭祀 계승권繼承權 인정 등 살아남은 자를 위한 의례의 성격이 더 강하다고 할 수 있다.

문화는 끊임없이 학습되고 축적된다는 속성을[3] 굳이 거론하지 않더라도 한민족 문화는 반만년의 역사를 이어 오면서 형성되었다. 그 과정에서 시대적 상황에 따라 변화하면서 그 문화적 전통을 지속하여 왔다. 한국의 상례 역시 시대적 상황에 따라 다양한 변화를 경험하면서 '한국적' 혹은 '한국 문화적'이라는 '상례의 문화적 전통'을 확립하였다. 한국의 상례에 관한 문화를 두고 흔히 '유교식'이라고 일컫는다. 이는 한국의 상례가 고려 말에 전래된 주자朱子(朱熹, 1130~1200)의 『가례家禮』를 토대로 하여 조선시대에 정착되었다고 하지만,[4] 실제로는 이미 그 이전부터 타문화他文化와 접촉을 통해 유입되어 한민족의 보편적인 문화적 현상으로 융화되었기 때문이다.

---

[2] 현재, 일반적으로 사용되고 있는 '장례葬禮' 혹은 '상장례喪葬禮'라는 용어의 뜻이 애매하므로 이 책에서는 주자朱子의 『家禮』나 『四禮便覽』 등의 예서에서 공식 용어로 등장하는 '상례喪禮'라는 용어를 사용하려고 한다. 장례는 Funeral을 번역한 용어이고, 상례의 전 과정 속에서 시신을 처리하는 일[장사葬事]을 의례儀禮 혹은 예禮라는 의미로 사용하였기 때문에 용어로서의 독립성이 결여되어 있다. 상장례는 상례와 장례를 합친 용어처럼 보이지만, 시신을 처리하는 일인 장사는 상례에 포함되기 때문에 이를 분리하여 복합시키는 것은 논리상 문제가 있다. 그러나 최근 『延興府院君府夫人光山盧氏葬禮日記』(1636)에 '장례葬禮'라는 용어가 사용되는 것으로 조사되어 이에 대한 깊이 있는 연구가 요구된다.
[3] 한상복・이문웅・김광억, 『문화인류학개론』(한국문화인류학회, 1998), 70~72쪽.
[4] 임민혁, 『주자가례』(예문서원, 1999), 22~24쪽을 비롯한 예학적 연구와 한국 철학사에서는 대부분 이렇게 보고 있다.

유교식 상례란 조선시대에 정착된 『가례』에서 규정하는 상례로 볼 수도 있다. 그러나 『가례』는 이전 시기의 예서禮書인 『예기禮記』, 『의례儀禮』, 『서의書儀』 등을 참고하여 정리한 예서이다. 따라서 『가례』는 이들 예서에서 규정하는 의례 요소를 수용하고 있음은 자명하다. 그러나 시간의 흐름에 따라 한민족의 문화적 전통으로 자리 잡게 된 유교식 상례는 고려와 조선의 상황에 맞게 변화된 다양한 시대적 상황을 반영하고 있다. 그래서 조선시대에 정착된 유교식 상례는 다음과 같이 범주화 시킬 수 있다. 첫째, 삼년의 상기를 기본으로 한다. 둘째, 『가례』를 기반으로 하고 있지만 조선에서 연구되어 변화된 의례 체계를 수용하고 있다. 셋째, 매장을 장법으로 하고 있다. 넷째, 사당이 있는 집을 의례 장소로 하고 있다. 다섯째, 예서의 이론과 한민족의 고유문화가 융화되어 있다.

삼국시대부터 이미 중국과의 접촉을 통해 본원本源 유학적儒學的 의례체계儀禮體系[5]에 입각한 유교식 상례가 전래되었음은 여러 기록을 통해 증명된다. 물론 삼국과 통일신라, 고려시대에는 토착신앙과 함께 지배종교인 불교의 영향에 따라 화장火葬이 유행하였으나, 주변문화로써 유교식 상례 역시 이들과 융화하여 전승되고 있었을 것으로 보인다.[6] 이러한 흐름 속에서 고려 말에 유입된 『가례』는 한민족 문화에서 유교식 의례를 체계화시키는 데에 결정적 역할을 하였다. 이에 성리학을 지배 이데올로기로 채택한 조선에서는 『가례』에 입각한 의례체계를 조선의 의례체계로 확립시켰던 것이다. 상례 역시 예외는 아니었기 때문에 유교식 상례가 한민족의 보편적인 문화적 전통으로 정착되었던 것이다.

그러나 현대사회로 이행하면서 유교식 상례에서 규정하였던 매장의 전통은 점차 화장으로 바뀌고 있다. 이와 함께 죽음의 처리를 위한 유교식 상례가 제시하였던 엄격한 의례의 과정 역시 변하고 있다. 1934년 의례간소화와 허례허식

5_ 장철수, 「사당의 역사와 위치에 관한 연구」(문화재연구소, 1990), 8쪽.
6_ 기원전 4세기에 중국의 철기문화와 함께 이미 한자가 고조선에 전래되었기 때문이다[정구복, 「유학과 역사학」, 국사편찬위원회 편, 『한국사 – 삼국의 문화』 8(국사편찬위원회, 1998), 108쪽].

일소를 목적으로 한다는 조선총독부 제정 「의례준칙儀禮準則」 이후에 규정된 일련의 「가정의례준칙家庭儀禮準則」과 「건전가정의례준칙健全家庭儀禮準則」은 『가례』에 근거한 유교식 상례의 의례적 근간을 흔들어 놓기에 이르렀다. 이와 함께 산업화와 도시화에 따른 주거환경의 변화는 장례식장葬禮式場을 탄생시켰고, 이와 관련된 다양한 직업이 파생되기도 하였다.

이렇듯 100여 년에 걸친 급격한 변화는 유교식 상례의 모습을 상당히 변질시켜 유교식 상례의 문화적 전통이 사라져 버린 것처럼 보일 정도이다. 이 뿐만 아니라 외형적 변화를 두고 내적인 의미까지도 변한 것으로 착각하게 만들 정도이다. 그러나 외형적 변화에도 불구하고, 유교식 상례의 내적인 의미는 여전히 유지되고 있음을 부인할 수 없다. 그것은 유교식 상례의 문화적 전통이 현재에도 지속되고 있다는 것을 의미한다.

이와 같은 상황에도 불구하고 그간 유교식 상례의 변화와 지속에 대한 구체적인 의례분석은 없었다. 이는 곧 변화되는 구체적인 현상에 대한 분석은 물론, 지속되는 현상에 대한 구체적인 분석 역시 없었다는 것을 의미한다.[7] 또한 유교식 상례가 지니고 있는 구조와 의미에 대한 연구는 효사상孝思想의 실천이라는 주관적인 경전 해석에 얽매여 의례가 가지는 기능론적, 구조론적 해석은 거의 없는 상황이다. 따라서 유교식 상례는 성리학적 이데올로기에 따라 마지막까지 효孝를 실천하는 방법 정도로만 해석되고,[8] 의례적 분석은 드물었다.

이에 이 책에서는 유교식 상례가 언제 유입되어 공인되고 정착되었으며, 그것이 어떻게 변화되어 오늘에 이르렀는가를 역사민속학적 측면에서 살펴보고자 한다. 더불어 한국 상례의 문화적 전통으로 정착된 유교식 상례의 구조와 의미에

7_　조관연의 사례분석이 있다「한국 장례문화의 변화 : 두 종합병원 영안실을 중심으로」, 『국제한국학회지』 2(국제한국학회, 1997), 192~211쪽).

8_　최기복, 「유교 상례의 근본 의의와 현대적 쇄신」, 『유교사상연구』 15(한국유교학회, 2001); 류권종, 「유교의 상례와 죽음의 의미」, 『철학탐구』 16(중앙대학교 중앙철학연구소, 2004).

에 대한 분석은 미진한 편이다. 특히 외형의 변화된 모습에 관심이 집중되다 보니, 유교식 상례가 그러한 외형의 변화를 통해 그 내면적 의미를 지속하고 있는 모습에 대해서는 상대적으로 관심이 적어 보인다. 따라서 이 책에서는 그러한 한계를 극복하기 위해 유교식 상례가 유입되어 정착되는 과정과 함께, 현대 상례문화의 변화와 지속의 원리를 살펴보려고 한다.

한편 유교식 상례의 구조나 의미 분석에 대한 연구도 시도된 바 있다. 장철수는 상례의 구조를 '죽음을 맞는 과정', '죽음의 처리과정', '죽음을 삶에 받아들이는 과정'으로 구분하였다.[32] 이광규는 '영을 다루는 영역', '체를 다루는 영역', '상주의 영역'이라 구분하였다.[33] 최기복은 『상례비요喪禮備要』와 『사례편람四禮便覽』을 중심으로 하여, 사별에 대한 생자의 심정변화를 기준으로 '소생을 희원하는 초종의식 단계(임종－대렴), 비애와 죄의식으로 금욕의 거상생활을 하는 장송의식 단계(성복－안장), 심리적으로 사자를 내재화 하여 상례를 완성하는 상제의식 단계(우제－길제)로 나눈 바 있다.[34] 정종수는 초종의례(임종－대렴), 장송의례(성복－안장), 상제의례(우제－담제)의 3단계로 분석하였는데,[35] 보편화 된 조선의 상례가 아니라 유입 당시의 원전인 『가례』를 대상으로 분석하여 한계가 있다.

이러한 연구들은 조선시대에 정착된 유교식 상례의 구조를 분석할 때 지나치게 절차를 중심으로 구조화 하는 경향이 있고, 삼분구조로 보는 것에 문제가 있다. 뿐만 아니라 구체적으로 절차나 내용을 분석하여 제시한 구조가 아니라 선험적 분석이라는 문제도 있다. 한진환은 기독교식 상례를 '고인을 위한 의식', '유족을 위한 의식', '교회공동체를 위한 의식', '하나님을 위한 의식'의 4개로 구분하고 있다.[36] 그러나 영혼에 대한 언급이 없고, 죽음을 다루는 의례에서 조상신에 대한

32_　張哲秀, 앞의 글(1984), 90~103쪽.
33_　李光奎, 앞의 책(1985), 116~119쪽.
34_　최기복, 앞의 글(2001), 93~146쪽.
35_　정종수, 앞의 글(1994), 189쪽.

의례를 인정하지 않았으며, 지나치게 교회 중심으로 보았다는 한계가 있다.

　　죽음과 관련된 철학적인 연구로써 류권종은 상례 절차에 나타난 죽음과 상례의 의미, 유교식 죽음관에 대해 분석하였다.[37] 유교식 상례의 의례 주체(상주)와 객체(혼과 시신)라는 구조의 틀을 제시하였으나 역시 죽음에 대한 애도, 효의 실천으로 귀결되어 아쉬움이 남는다. 최기복은 심정적인 애도 즉, 효孝의 실천이라는 측면에서 유교식 상례의 의미를 분석하였다.[38] 그러나 이들 철학적인 연구는 유교 경전을 중심으로 한 주관적인 해석으로 인해 효의 강조를 유교식 상례의 모든 의미로 단정해 버리는 문제점이 있다.

　　상례는 고인과 영혼, 조상신, 그리고 살아남은 자들이 함께 꾸려나가는 의례이다. 그러므로 이들 네 의례주체를[39] 무시하고 구조를 분석해서는 무의미하다. 지도자의 역할을 했던 가장의 죽음은 가족 공동체의 위기를 가져온다. 그래서 상례는 이러한 위기를 극복하기 위해 만들어진 의례적 장치라는 의미론적 해석이 절대적으로 필요하다. 따라서 반복적으로 행해지는 의례절차, 추가적으로 행해지는 의례절차들이 왜 등장하고, 이것이 무엇을 의미하는지를 밝혀야 유교식 상례에 대한 문화론적 연구라고 할 수 있을 것이다.

3. 상례의 변화와 지속을 이렇게 보고 싶다

　　이 책이 다루고자 하는 것은 첫째, 한민족의 문화적 전통으로 정착된 유교식 상례의 변화와 지속이다. 변화와 지속을 분석하기 위해서는 유교식 상례가 언제

36_　한진환, 「한국 敎會의 葬禮式, 이대로 좋은가?」, 『聖經과 神學』 26(韓國福音主義神學會, 1999), 279~306쪽.
37_　류권종, 앞의 글(2004), 5~32쪽.
38_　최기복, 앞의 글(2001), 93~146쪽.
39_　류권종은 이를 행례주체라고 하여 고인과 살아 있는 사람으로 나누어 보려고 하였다(앞의 글(2004), 18쪽).

어떻게 전래되어 수용되고, 이것이 문화적 전통으로 정착되어 보편화 되고, 그것이 다시 변화의 과정을 거쳐 오늘에 이르렀는가 하는 통시적 접근(diachronic approch)을 해야 할 것으로 보인다. 인간의 습관이 끊임없이 변화하듯 모든 문화요소들은 외연의 변화를 통해 그 전통을 지속시킨다고 한다. 이는 "민속학은 과거의 반영이지만, 동시에 현재의 살아있는 목소리"라는 러시아 민속학자 쇼콜로프Sokolov의 민속학 연구입장과도 통한다.[40]

문화적 전통은 어느 한 시점에 고정되어 있지 않고 끊임없이 변하기 때문에 전통의 시점을 정하기란 쉽지 않다. 그러나 한 번 획득된 습관은 변화의 연속과 운동 속에서 존재한다는 습관론習慣論의 이론을[41] 응용하면 의외로 쉽게 풀린다. 광의의 습관은 일반적으로 항상적恒常的인 존재의 수단이며 제 시기의 계기를 통해 보이는 존재자存在者의 상태라고 한다. 반면 협의의 습관이라는 것은 습관을 낳을 수 있는 해당 변화의 결과로서 나타난 것이라고 한다. 그런데 획득된 습관은 변화의 원인이 되는 변화를 일으켜서 존속하게 된다. 습관을 출생시킨 변용이 오래 지속되면 될수록, 반복되면 될수록 그 습관은 힘이 점점 강해진다. 따라서 습관은 하나의 변화가 연속과 반복에 의해 생기고, 그 변화를 향하여 가는 소질素質이기도 하다. 따라서 변화를 수용하지 못하면 습관도 수용하지 못한다.

습관론의 존재자인 '습관'을 '문화요소'로 치환하여 생각해 보자. 하나의 문화가 형성되면 고정된 형태로 고착되는 것이 아니라 끊임없이 운동하면서 변화해 간다. 이러한 변화의 반복을 통해 문화적 전통은 끊임없이 지속된다. 유교식 상례 역시 고정된 모양으로 존재하는 것이 아니라 항상 변화되면서 그 실체를 지속시킨다. 이러한 이론을 바탕으로 다음과 같이 논의를 전개하려고 한다.

제2장에서는 유교식 상례문화의 전래와 수용에 시기에 대해 분석하고, 제3

40_ Richard M. Dorson Edited, *FOLKLORE and FOLKLIFE*, Univ. of Chicago Press, 1973, p17.
41_ ラヴェッソン(Ravaisson, Jean-Gaspard-Fêlix Lachè) 著・野田又夫 訳, 『習慣論』(岩波書店, 2001) 참조.

장에서는 조선시대에 유교식 상례가 전통으로 확립되는 과정을 분석하였다. 제4
장에서는 유교식 상례가 문화적 진통으로 확립되는 과정을 분석하였다. 그리고
제5장에서는 한국의 문화적 전통으로 정착된 유교식 상례의 구조와 의미분석을
하였다. 제6장에서는 현대사회에서 유교식 상례가 어떤 모습으로 변화되어 그 내
면을 지속시키고 있으며, 그 원리는 무엇인가를 보려고 하였다.

4. 이 책을 위해 공헌한 자료들

이 책에서는 역사민속학적인 접근을 기본으로 하고 있다. 그러므로 『삼국지三國
志』나 『후한서後漢書』 등의 중국 측 기록자료, 『삼국사기三國史記』와 『삼국유사三國
遺事』, 『고려사高麗史』와 『조선왕조실록朝鮮王朝實錄』 등의 국내 기록 등 다양한 자
료가 전거로 이용될 것이다. 『가례』, 『상례고증喪禮考證』, 『가례고증家禮考證』, 『상례
비요』, 『사례편람』 등의 다양한 예서들도 본 연구를 위해 매우 중요한 자료이다.
이와 함께 조선 중·후기에 행해진 실제의 상례에 대한 자료는 『연흥부원군부부
인광산노씨장례일기延興府院君府夫人光山盧氏葬禮日記』(1636), 『선비초계정씨상시일기
先妣草溪鄭氏喪時日記』(1640), 『신종록愼終錄』(1883) 등이다.

　　민속지적 현지조사 자료는 경북慶北 청도군淸道郡 이서면伊西面 신촌리新村里
의 인암忍菴 박효수朴孝秀(1906~1996, 향년享年 91세) 옹의 상례(1997년 1월 조사), 경남慶
南 창녕군昌寧郡 모곡면牟谷面 이곡리伊谷里의 회정晦正 이종민李宗敏 옹의 상례(1993
년 3월 조사), 경북慶北 안동시安東市 서후면西後面 금곡리金谷里(검제)의 학봉鶴峯 김성
일金誠一(1538~1593) 선생 종택宗宅 종부宗婦의 상례(1993년 12월 조사), 경북慶北 안동시
安東市 도산면陶山面 온혜리溫惠里의 진성眞城 이씨李氏 노송정파老松亭派 길제吉祭
(1987년 3월~5월 조사), 경북慶北 영덕군盈德郡 창수면蒼水面 인량리仁良里 재령이씨載寧
李氏 이만희李晩熙 씨 부친父親의 길제吉祭(2003년 4월 4일~5일) 등 신주를 모시고 있

고, '가례'에 박식한 사람을 상례相禮로 함은 물론 예서禮書를 펴놓고 의례를 진행할 정도로 예의 실천에 충실했던 사례들을 토대로 하였다. 그리고 필자가 직접 조사한 경기도 『과천시사』, 『안산시사』, 『향촌민속지』 1·3 등도 중요한 전거이다. 이러한 자료들은 20세기 말 현재의 상황에서 보편적인 현상의 상례는 아니지만, 전통의 지속을 볼 수 있는 중요한 자료라고 할 수 있다.[42]

이와 함께 필자가 진행한 삼년상 조사의 내용도 추가로 포함된다. 경남慶南 김해시金海市 장유면長有面 덕정德亭마을 화재華齋 이우섭李雨燮(1931~2007) 선생의 삼년상을 초상시부터 2009년 11월 길제까지 조사하였다. 그리고 경북慶北 안동시安東市 서후면西後面 금계리金溪里(검제) 856번지 학봉鶴峯 김성일金成一 종택宗宅 종손宗孫 소운김雲 김시인金時寅(1917~2008) 선생의 삼년상을 초상시부터 2010년 5월 2일 길제까지 조사한 자료는 종가의 문화적 전통으로 지속되는 유교식 상례의 표본으로 제시할 것이다.[43]

현재 도시공간에서 지속되고 있는 유교식 상례의 자료는 산업자원부에서 행한 문화 서비스 표준화의 하나로 진행된 '장례식장 서비스 표준화'(2002), '화장장 서비스 표준화'(2003), '봉안당 서비스 표준화'(2004), '묘지 및 봉안묘 서비스 표준화'(2005), '친환경 화장용품 모델 개발에 관한 연구'(2005) 등의 용역 수행 과정에서 행한 장례식장과 화장장, 봉안당 등의 직접조사를 통해 수집한 것이다.

한편, 학위논문은 물론 이 책의 구성을 이루는 내용 중에는 필자가 학술지에 발표한 다음과 같은 논문들이 활용되었다. 「상례, 누구를 위한 의례인가-상례절차의 구조분석을 중심으로」, 『민속학연구』 7, 국립민속박물관, 2000, 77~107; 「가정의례준칙이 현행 상례에 미친 영향」, 『역사민속학』 12, 한국역사민속학회,

---

[42] 이러한 전통적인 형태에 따라 치러진 상례에 대하여 문화재생운동(文化再生運動, Reculturation)으로 보는 견해도 있으나 전통을 유지하는 것으로 보아야 할 것이다. 또한 이러한 전통적인 상례의 실천에 대해 특수 상황으로 보기도 하지만, 이 역시 전통의 계승으로 보아야 할 것이다.

[43] 이 책을 교정하던 2011년 말 국립민속박물관에서 『소운 김시인 삼년상』, 『화재 이우섭 삼년상』이라는 보고서로 발간되었다.

2001, 81~107; 「신주의 유무에 따른 상례의 차이」, 『역사민속학』 15, 한국역사민속학회, 2002, 203~230; 「길제의 정치적 성격」, 『비교민속학』 26, 비교민속학회, 2004, 411~435; 「고구려 상례문화의 정체성」, 『역사민속학』 18, 한국역사민속학회, 2004. 6, 385~416; 「현대 도시공간의 상장례 문화」, 『한국민속학』 41, 한국민속학회, 2005, 51~94; 「현대 한국 장묘문화에 있어 일본식 화장·납골의 영향과 그 문제점」, 『한국민속학』 43, 한국민속학회, 2006. 6, 115~148; 「도시 장례식장에서 지속되는 상례의 문화적 전통」, 『실천민속학연구』 9, 실천민속학회, 2007. 2, 107~135; 「도시 장례식장에서 지속되는 상례의 문화적 전통」, 『실천민속학연구』 9, 실천민속학회, 2007. 2, 107~135; 「일본의 화장, 불교식 장례-그 흐름과 변화」, 『불교학연구』 16, 불교학연구회, 2007. 4, 185~212; 「현대 한국 상례문화의 변화」, 『한국문화인류학』 40-2, 한국문화인류학회, 2007, 321~349. 「余韻で構成される韓国の伝統葬礼」, 『国立歴史民俗博物館研究報告』 141, (日本)国立歴史民俗博物館, 2008. 3, 569~580. 이 논문들은 이 책의 성격에 맞게 상당 부분 수정 보완하여 활용하였음을 밝힌다. 이들 중에는 게재 신청 중에 있었던 것들도 있었고, 현대의 상례와 관련된 부분은 새로운 자료들이 새로 발견되어 많은 부분 수정되었음을 밝힌다.

제2장

유교식 상례문화의 전래와 수용

　유교식 상례는 밖에서 온 문화이다. 따라서 이 문화가 들어오는 과정에 대한 시간적인 차이를 인정해야 한다. 지금까지 이러한 개념에 대하여 엄격히 구분하지 않은 채 전래되고, 수용되고 공인되는 것으로 보아 왔다. 그러나 밖의 문화가 들어와 받아들여지고 공적인 인정을 받는 세 단계는 시차단계를 두어야 할 것이다.[1] 뿐만 아니라 확립되어 보편화되고 문화적 전통으로 정착되는 과정 역시 대단히 중요하다.

　유교의 전래시기에 대해서는 사상사, 역사학 등 학문 영역에 따라 다소 입장의 차이를 보이지만, 대략적으로 삼국시대 유입설이 가장 설득력을 얻고 있다.[2] 이러

---

* 『조선왕조실록』을 제외한 고서의 각주 표기는 『책명』 권○○, 「장」, 〈조〉의 순서로 표기하였음.

1_　홍순창, 「신라 유교사상의 재조명」, 『신라문화제학술발표회논문집』 12(동국대학교 신라문화연구소, 1991), 203쪽.

2_　홍순창, 위의 글, 217쪽.

한 저간의 사정을 고려해 볼 때『가례』와는 다르지만,『가례』유입 이전에도 이미 유교식 상례와 유사한 상례의 요소들이 유입되어 있었을 가능성은 매우 크다.

유교식 상례가 문화적 전통으로 확립되어 있다는 전제를 위해서는 우선 유교식 상례에 대한 개념 규정이 필요하다. 한 마디로 유교 경전의 내용과 연관된 상례의 요소는 모두 유교식 상례로 간주할 수 있다. 그러나 지금까지 한국 사회에서는 주로『가례』의 전래 이후에 형성된 것만을 유교식 상례로 간주하여 왔다. 그러나『가례』유입 이전에도 유교식에 입각한 상례가 있었다. 이미 상고시대부터 유교식 상례가 있었음을 짐작하게 하는 수많은 기록들이 있어 유교식 상례의 개념을 단순히『가례』가 들어온 이후 즉, 조선시대로 한정할 수는 없다.

고려시대만 하더라도 이미 공식적인 의례나 직제 등은 모두 유교식으로 제정되어 있었을 정도였다. 이러한 전통이 있었기에 조선시대가 시작되면서 유교식 이데올로기로 전환이 가능했고, 국가의례는 물론 개인의례까지도 유교식 의례로의 전환이 가능했던 것이다.

따라서 이 장에서는 고려말『가례』가 유입되기 이전 고대사회에서부터 고려시대까지 유교식 상례문화의 전래과정과 전통에 대해 분석하고자 한다. 그리고 조선시대 불교를 배척하고 유교식 상례가 한국 의례문화의 전통으로 정착되는 과정에 대해 분석하고자 한다. 유교식 상례의 전래와 수용, 공인의 과정에 대해서는 기존의 경향을 소개하고, 조선시대 불교와의 갈등을 해소하면서 유교식 상례가 정착되는 과정을 분석하고자 한다.

1. 고대사회의 유교식 상례 요소의 전래

1) 염습과 상례용품

유교식 상례 전통이 조선조에 정착되었음은 이미 잘 알려진 사실이다. 그러나 한국사에서 상고시대부터 유교식 상례가 유입되고 있었다는 사실에[3] 대해서는 이견이 있을 수 있다. 그럼에도 불구하고 상고시대에 있었던 삼년상이나 상복제도가 고려 말에 유입된 내용과 세부적으로는 차이가 있을 수 있지만 그 근간은 닮은 부분이 많음은 인정해야 한다.

고대사회에서 어떻게 시신을 수습하였는가를 구체적으로 알려주는 기록은 없다. 그러나 조상숭배신앙에 따라 시신을 두려워하였든[4] 체제유지를 위해 시신을 숭배하였든 시신의 처리를 위한 일정한 절차와 방법이 있었음은 다음의 기사에서 그 사실을 확인할 수 있다.

> A－① (고구려에서는) 혼인을 하면 곧바로 상례에 쓸 물건이나[5] 죽어서 입을 옷을 만든다. 덧널[槨]은 있으나 널은 없다.[6]
>
> ② (백제에서는) 욱리하에서 큰 돌을 캐다가 덧널을 만들어 부왕의 뼈를 장사하였다.[7]
>
> ③ (신라에서는) 사람이 죽으면 염을 하여 널에 넣고, 매장을 하고는 봉

3_ 류권종, 앞의 글(2001), 50쪽.

4_ 변태섭, 「한국고대의 계세사상과 조상숭배신앙」, 『역사교육』 3・4집(역사교육위원회, 1958・1959) 참조.

5_ 『後漢書』 卷85, 「東夷列傳」 第75, 〈高句麗〉, "其昏姻皆就婦家, 生子長大, 然後將還, 便稍營送終之具."

6_ 『梁書』 卷54, 「列傳」 第48, 〈高句麗〉, "已嫁娶, 便稍作送終之衣 …(中略)… 有槨無棺"; 『三國志』 卷30, 「魏書」 30, 〈烏丸鮮卑東夷傳〉 第30, 〈高句麗〉, "男女已嫁娶, 便稍作送終之衣 …(中略)… 有槨無棺"; 『南史』 卷79, 「列傳」 第69, 〈高句麗〉, "已嫁娶便稍作送終之衣."

7_ 『三國史記』, 「百濟本紀」 3, 〈蓋鹵王21年〉, "又取大石於〈郁里河〉, 作槨以葬父骨."

분이나 능을 세운다.[8]

④ (부여에서는) 사람이 여름에 죽으면 모두 얼음을 사용한다. 덧널은
사용하나 널은 사용하지 않는다.[9]

⑤ (부여에서는) 죽어서 (장사를 지낼 때에는) 널은 사용하지만 덧널은
사용하지 않는다.[10]

'상례에 쓸 물건'이란 상례를 치를 때 사용되는 특별한 도구를 말하는 것으로 보인다. 그러나 구체적으로 무엇을 준비하는지는 기록이 없어 밝힐 수가 없다. '죽어서 입을 옷'이란 수의였을 것이라는 추론은 어렵지 않다. 수의를 만들어 입힌다는 것은 시신을 온전한 상태로 수습하고 보존하기 위한 절차가 있었음을 의미한다. 염을 한다는 것은 유교식 상례에서 시신의 보존을 위해 襲을 하고 염포로 싸는 절차와 유사한 절차가 있었음을 의미한다. 이것이 실제적으로 유교식의 영향이었는지는 알 수 없으나 중국과 잇대어 있었던 고구려 등지에서 문화 접변에 따른 융화가 있었을 것이라는 추측은 어렵지 않다.

부여의 "사람이 여름에 죽으면 모두 얼음을 사용한다."라는 기록 역시 시신의 부패를 방지하기 위한 장치로 해석된다. 물론 장기적으로 시신의 온전한 보존을 위한 노력과 기술이라고도 할 수 있지만, 집안에서 시신을 모시고 있어야 할 시간 동안이라도 시신을 온전하게 보존하려는 의도에서 행해졌던 것으로 이해된다. 흥미로운 것은 이처럼 얼음을 사용한다는 것은 『가례』의 「습」조에도 보인다는 것이다. 이처럼 당시에도 시신의 수습을 위한 체계적인 시스템이 있었던 것으로 보이는데, 이것이 『예기』와 같은 고례古禮의 유교적 사고와 연관되어 있다는

8_　『隋書』卷81,「列傳」第46,〈新羅國〉, "死有棺斂, 葬起墳陵."

9_　『三國志』卷30,「魏書」30,〈烏丸鮮卑東夷傳〉第30,〈夫餘〉, "其死, 夏月皆用冰 …(中略)… 有槨無棺."

10_　『後漢書』卷85,「東夷列傳」第75,〈夫餘國〉, "死則有槨無棺."

것이다.

　널과 덧널을 사용하였든 사용하지 않았든 널과 덧널의 사용여부를 언급하였다는 것은 이미 널과 덧널이라는 존재가 죽음과 관련하여 대단히 중요한 상례용구였음을 알게 해준다. 기록 내용을 유추해보면 당시의 사정에 따라 널이나 덧널의 사용 여부를 달리 했음을 알 수 있게 한다. 이는 이러한 죽음처리 방식이 제도화 되어 있었음을 알려주는 중요한 단서다. 널과 덧널의 존재가 유교식 상례의 전형적인 특성은 분명히 아니라 할지라도 유교식 상례에서 시신의 보존을 중요시하여 매장을 강조하였기 때문에 널과 덧널의 존재는 역시 유교식 상례와 밀접한 관련이 있다고 할 수 있다. 한 예로 2006년 9월 8일 경북 경주시 안강읍에서 발굴한 1600년대 초에 매장된 것으로 밝혀진 무덤의 경우 덧널에 잇대어 회격을 하고, 그 안에 덧널에 꼭 맞게 널을 짜 넣은 형태였던 것을 감안하면 유교식 상례에서 덧널의 존재가 중요했음을 알 수 있다. 또한 『가례』에서도 회격을 하기 위해서는 얇은 덧널을 사용하는 것으로 규정하고 있다.[11] 그러나 왜 덧널이나 널을 사용하고 사용하지 않는 것에 대한 설명이 없어 그 이유를 밝히기는 어렵다.

　2) 상복제도

　삼국시대에도 친등에 따라 상복喪服을 입었다는 사실은 당시 상례의 의례체계가 상당히 체계적이었음을 알게 해 준다. 상복은 살아남은 자들이 고인에게 애도를 표하는 최소한의 예의이다. 우리나라에서는 『가례』에서 규정한 「본종오복제도本宗五服制度」의 규정에 따르고 있었다. 상복을 입는 기간은 고인과의 친소관계에 따라 경중을 달리하였는데, 최장 3년(27개월)에서 3월까지 엄밀한 구별이 있었다. 그러나 1934년 이후 「가정의례준칙」 등으로 인해 그 규정은 제 역할을 하

11_　『家禮』, 「喪禮」, 〈治葬〉조, "別用薄板 爲灰隔 如椁之狀."

지 못하고 있다.[12]

상고시대의 상복에 대해서는 다음의 기록들을 통해서 그 실상을 짐작할 수 있다.

> B-① (부여에서는) 초상을 치르는 동안에는 남녀 모두 순백색의 옷을 입고 부인은 베로 만든 면의를 착용하며, 반지나 패물을 차지 않는다. (상례는) 대체로 중국과 비슷하다.[13]
>
> ② (고구려에서는) 부모와 남편의 상에서는 그 복제가 중국과 같다. 형제는 3개월로 한정한다.[14]
>
> ③ (고구려에서는) 부모와 남편의 상에는 모두 3년 복을 입고, 형제간에는 3개월 복을 입는다.[15]
>
> ④ (백제에서는) 부모와 남편 상에는 3년 복을 입고, 그 나머지 친척들에 대해서는 장사가 끝나면 바로 상복을 벗게 한다.[16]
>
> ⑤ (신라에서는) 왕과 부모·처자의 상에는 1년 복을 입는다.[17]
>
> ⑥ (신라에서는) 지증마립간 5년 여름 4월에 상복법을 제정하여 반포하였다.[18]
>
> ⑦ (신라에서는) 사망 후 10일이 지나 곧 창고문 앞 마당에서 서국의 의식에 따라 화장하라. 상복을 입는 등급은 정해진 규정이 있거니와 상

12_ 그러나 1934년 조선총독부의 「의례준칙儀禮準則」으로 시작하는 일련의 「가정의례준칙」에 따라 상기는 점차 단축되어 왔다.

13_ 『三國志』卷30,「魏書」30,〈烏丸鮮卑東夷傳 第30〉,〈夫餘〉, "其居喪, 男女皆純白, 婦人着布面衣, 去環珮, 大體與中國相彷彿也"; 『晉書』卷97,「列傳」第67,〈夫餘國〉, "其居喪, 男女皆衣純白, 婦人著布面衣, 去玉佩"

14_ 『周書』卷49,「列傳」第41,〈高麗〉, "父母及夫喪, 其服制同於華夏. 兄弟則限以三月"

15_ 『北史』卷94,「列傳」第82,〈高句麗〉, "居父母及夫喪, 服皆三年, 兄弟三月"; 『隋書』卷81,「列傳」第46,〈高(句)麗〉, "居父母及夫之喪, 服皆三年, 兄弟三月."

16_ 『北史』卷94,「列傳」第82,〈百濟〉, "父母及夫死者, 三年居服, 餘親則葬訖除之."

17_ 『隋書』卷81,「列傳」第46,〈新羅國〉, "王及父母妻子喪, 持服一年."

18_ 『三國史記』,「新羅本紀」4,〈智證麻立干五年〉, "五年, 夏四月, 制喪服法頒行."

례를 치르는 제도는 검소하고 간략하게 하는 데 힘쓰라.[19]

⑧ 〈답서〉 6월이 되어 선왕이 붕어하여 장사는 겨우 마쳤으나 아직 상복을 벗지 못하였으므로 (구원요청에) 달려가지 못했는데, 칙명을 내려 군사를 일으켜 북쪽으로 보내라고 하였습니다.[20]

상복의 색깔을 흰색으로 하였다는 것은 치장을 최소화하는 것을 예의로 삼았고 그래서 흰색이 상복이 되었음을 알 수 있다. 부인은 베로 만든 면의를[21] 착용하였다는 것은 여성 상복의 터드레를 말하는 것으로 남자와 여자의 상복이 달랐음을 알게 한다. 그리고 반지 등의 패물을 착용하지 않는다는 것 역시 고인에 대한 애도와 예禮를 갖추었음을 나타낸다. 『가례』의 "초상이 나면 화려한 옷을 벗고 소복素服으로 갈아입고, 패물을 제거하는" 역복불식易服不食이라는 절차와 그 의미가 상통한다고 하겠다.[22]

고구려와 백제에서 부모와 남편의 상에는 모두 삼년복, 형제는 3개월 복을 입는다는 것은 친소親疎에 따라 상복에 차등이 있었음을 나타낸다. 삼년복은 『예기』나 『가례』, 『사례편람』의 참최복斬衰服이나 재최복齊衰服으로서 상복 중에서는 가장 무거운 복이다. 친척들의 경우 매장이 끝나면 상복을 벗는다고 한 것은 먼 친척까지 치밀하게 상복제가 규정되어 있었음을 말한다. 이는 상복제도가 체계적으로 되어 있었음을 말한다. 상복의 종류는 이 두 종류 외에도 다양한 종류가 있었을 것으로 보이지만 기록이 없어 확실하지는 않다.

특히 신라에서 상복법을 제정하였다거나 또 복제를 정하고, 상기를 제한하

19_ 『三國史記』, 「新羅本紀」 7, 〈文武王二十一年〉, "屬纊之後十日, 便於庫門外庭, 依西國之式, 以火燒葬. 服輕重, 自有常科, 喪制度, 務從儉約."
20_ 『三國史記』, 「新羅本紀」 7, 〈文武王十一年〉, "至六月, 先王薨, 送葬纔訖, 喪服未除, 不能應赴, 勅旨發兵北歸."
21_ '面衣'란 멀리 갈 때 얼굴을 가리는 가리개를 말한다.
22_ 『家禮』, 「喪禮」, 〈易服不食〉조 참조.

였다는 것은 통일된 규칙 없이 행해지던 일생의례를 일정한 규범으로 정착시키기 위한 의지로 보인다.[23] 그리고 신라에서 부모와 형제의 상에 1년복을 입는다고 한 것은 아마도 진흥왕 때 복제를 정한 규정에 따른 것으로 보이며, 삼국시대의 다른 두 나라와 비교되는 부분이다. 그런데 문무왕 21년의 상복의 경중이 있다는 것은 부모와 처자의 상복에 경중이 있다는 것인지 그 외의 복인들의 상복에 경중이 있다는 것인지 확실하지 않다. 그리고 그 복이 존재하였다고 하더라도 그 경중의 구분이 언제 생겼는지도 현재로서는 알 수 없다.

B-①과 ②의 기록에서 고구려나 부여의 상례 제도를 중국과 비교하였다는 것은 이미 중국의 유교식 의례체계의 적극적 수용을 의미하는 것으로 보인다. 즉, 삼국시대 당시에도 중국의 예제가 상당 부분 유입되었음을 알 수 있게 한다.[24] 이러한 상복의 차등제도는 당시에도 가족과 친족의 범위와 친소관계를 인식하고 있었음을 나타낸다. 또한 학계에서 보고 있듯이 중국의 유교적인 상례와 상복제도가 유입되어 활용되었을 가능성을 말하는 것으로 보인다.[25] 특히 이러한 기록을 통해 『가례』의 규정으로만 알려져 왔던 삼년복제가 고려 말에 유입된 것이 아니라 이미 상고시대부터 유입되어 우리의 관혼상제로 정착되어 왔음을 알 수 있다.[26]

3) 예장

삼국시대에는 죽은 이에 대한 애도와 예로써 상례를 치르는 예장禮葬의 기록들이 보인다. 구체적으로 예를 어떤 식으로 행하였는지는 알 수 없지만 단편적인

23_ 김시덕, 「일생의례의 역사」, 『한국민속사』(지식산업사, 1996), 421쪽.
24_ 장철수(앞의 글, 1995, 50~51쪽), 류권종(앞의 글, 2001, 47쪽) 역시 중국의 영향이 컸던 것으로 보고 있다.
25_ 장철수, 『옛무덤의 사회사』(웅진, 1995), 142쪽.
26_ 장철수, 위의 책, 55쪽.

기록만으로도 '예를 갖추어' 장사를 치렀음을 알 수 있다.

C-① (동명성왕 14년) 8월, 왕모 유화가 동부여에서 졸하였는데, 그 왕 금
　　 와가 태후의 예로서 장사를 지내고 신묘를 세웠다.[27]

② (대무신왕 3년) 3월, 동명왕묘를 세웠다.[28]

③ (부여) 『위략』에 의하면 5개월 동안 장사를 지내는데, 오래 둘수록
　 좋은 것으로 여겼다. 고인의 제사에는 날 것과 익힌 것을 함께 쓴다.
　 상주는 빨리 (장사)지내지 않으려고 하지만 타인이 강권하기 때문에
　 언제나 실랑이를 하는 것으로 예절을 삼는다.[29]

④ 초종에 곡읍을 한다. 장사 지낼 때에는 풍악을 울리면서 보낸다.[30]

⑤ 신대왕 15년 9월에 국상 명림답부가 죽으니 나이 113세였다. 왕이
　 (그 집에) 친림하여 슬퍼하고 7일 동안 조회를 하지 않았으며, 예로
　 서 질산에 장사하고 묘지기 20호를 두었다.[31]

⑥ 11월에 당태종이 왕의 죽음을 듣고 원중에서 거애하고 300단의 폐백
　 을 부의로 내고 지절사를 보내어 고왕을 조제하게 하였다.[32]

⑦ 진흥황이 붕어하였는데, 나라 사람들이 예로서 장사를 지냈다.[33]

⑧ 윤식이 졸하여 왕자의 예로 장사를 지냈다.[34]

27_　『三國記』,「高句麗本紀」1,〈東明聖王十四年〉,"十四年, 秋八月, 王母柳花薨於東扶餘. 其王金蛙以太后禮, 葬之,
遂立神廟"

28_　『三國記』,「高句麗本紀」2,〈大武神王三年〉,"三年, 春三月, 立〈東明王〉廟"

29_　『三國志』卷30,「魏書」30,〈烏丸鮮卑東夷傳 第30〉,〈夫餘〉, "魏略曰, 其俗停喪五月, 以久爲榮. 其祭亡者, 有生有
熟. 喪主不欲速而他人彊之, 常諍引以此爲節"

30_　『北史』卷94,「列傳」第82,〈高句麗〉,"初終哭泣, 葬則鼓舞作樂以送之"

31_　『三國記』,「高句麗本紀」4,〈新大王十五年〉,"十五年, 秋九月, 國相答夫卒, 年百十三歲. 王自臨慟, 罷朝七日. 乃
以禮葬於質山, 置守墓二十家."

32_　『三國記』,「高句麗本紀」4,〈榮留王二十四年〉,"太宗聞王死, 舉哀於苑中, 詔贈物三百段, 遣使持節吊祭."

33_　『三國記』,「新羅本紀」4,〈眞興王三十七年〉,"及其薨也, 國人以禮葬之."

34_　『三國記』,「新羅本紀」6,〈文武王五年〉,"伊湌〈文王[文汪]〉卒, 以王子禮葬之."

'C'의 기사에서 보듯이 죽음에 대하여 슬픔을 표시하고, 애도하는 예의가 있었음을 알 수 있다. 고구려에서는 이미 B.C.14년에 유화의 장례를 '태후의 예'로서 치르고 신묘神廟를 세웠고, A.D.20년에는 동명성왕의 묘廟를 세워 제사하는 등 예제가 상당히 발달되었음을 알 수 있다.

초종에 곡을 하고, 5개월간 장사를 치르고, 장사를 빨리 지내지 않으려 하며, 왕이 직접 문상하는 일, 중요한 신하의 상에는 조회를 하지 않는 일 등을 보면 초상이 나면 근신하는 등 고인을 애도하기 위한 예법이 있었음을 나타낸다. 그리고 처음에는 슬퍼하여 곡을 하지만 매장을 마치면 풍악을 울려 보낸다는 것 역시 죽은 이를 위한 일정한 의례가 있었음을 시사하는 기록이다.

그리고 발기의 상은 원래 계수가 '형제례兄弟禮'를 권하였으나[35] 왕이 왕례로 장사를 지내게 하였다는 것처럼 계층에 따라 예에 차등이 있었음을 알 수 있다. 예를 들면 왕자례, 왕례, 형제례 등이 그러한 차등을 나타내는 중요한 키워드이다.

그리고 상중에는 병사를 일으키거나 전쟁을 하지 않고 근신하는 것으로 되어 있다. B-⑧의 기록은 상복을 입었다는 것을 알려주는 중요한 단서이기도 하지만, 다른 한편으로는 상중의 기간에 모든 일을 하지 않고 근신하는 유교식 상례 예법과 닮아 있다. 이러한 "예로서 장사를 치렀다."는 기록들에서 보듯이 예장의 규정이 어떠했는지는 정확하지 않지만 곡을 하고, 삼년복을 입으며, '예로서' 장사하였다는 내용은 삼국시대에 이미 상례에 대한 일정한 법도와 규정이 있었음을 나타낸다.

당태종이 300단의 폐백을 보냈다는 것은 부의를 전했다는 것으로 당시에도 초상이 나면 부의를 하여 예를 표하는 풍속이 있었음을 나타낸다. 그리고 당태종이 거애하고 부의를 보낼 정도라면 중국과의 교역과 문화적 교류가 상당했음을 나타낸다. 따라서 중국의 '예'를 받아들여 시행했을 가능성도 크다. "상례는 대체

35_ 『三國史記』, 「高句麗本紀」 4, 〈山上王元年〉, "以兄喪禮葬之."

로 중국과 같다."라는(B-①, B-②) 기록은 그 가능성을 증명하고 있다.

4) 빈장

그러나 『예기』 등에서 규정하는 삼년상의 개념은 삼국시대의 삼년 동안 빈을 하였다가 매장하는 장법과는 전혀 다른 것이다. 고대의 장법에 대한 직접적인 기록은 보이지 않는다. 그러나 "사람이 죽으면 집안에 빈殯을 하였다가 3년이 지나면 길일을 가려서 장사 지낸다."[36]는 기록을 통해 빈을 하는 빈장殯葬이 있었음을 알 수 있고, 그 기간은 3년이었음을 알 수 있다.

여기서 빈과 빈장에 대한 개념규정이 필요하다. "천자는 7일이 지나 빈을 하고, 7개월이 지나 장사를 하고, 제후는 5일이 지나 빈하고 5개월이 지나 장사를 하며, 대부사서인은 3일이 지나서 빈을 하고, 3개월이 지나서 장사를 지낸다."[37]는 『예기』의 규정에서 보듯 빈은 가매장이라고 할 수 있다. 즉, 빈이란 "사람이 죽어서 장사지내기까지 시신을 입관하여 임시로 안치해 두는 것"을 말한다.[38] 따라서 빈장이란 용어는 "사람이 죽으면 빈을 하여 두었다가 일정시간이 지난 다음에 본장인 매장을 하는 장법"[39]이라는 조작적 용어(Operational Term)이다. 즉, 빈장은 탈육보다는 시신을 온전하게 보전하면서 일정 기간의 추모기간을 두어 임시로 매장하거나 안치하였다가[40] 본장을 하는 장법을 말한다.

이렇게 볼 때 빈장은 복차장처럼 보이지만 탈육을 하고 뼈만을 수습하여 다

36_ 『北史』 卷94, 「列傳」 第82, 〈高句麗〉, "死者, 殯在屋內, 經三年, 擇吉日而葬"; 『隋書』 卷81, 「列傳」 第46, 〈高(句)麗〉, "死者, 殯於屋內, 經三年, 擇吉日而葬."

37_ 『禮記』, 「王制第五」조, "天子七日而殯, 七月而葬. 諸侯五日而殯, 五月而葬. 大夫士庶人三日而殯, 三月而葬."

38_ 諸橋轍次, 『大漢和辞典』(大修館書店, 1968).

39_ 이로서 지금까지 단차장을 하는 매장으로 규정되어 왔던 유교식 장법은 재고의 여지가 발생하게 되는데, 이에 대해서는 별도의 논의가 필요하다.

40_ 『家禮』, 「喪禮」, 〈大斂〉조, "按古者大斂而殯, 旣大斂, 則累墼塗之, 今或漆棺未乾, 又南方土多螻蟻 不可塗殯, 故從其便."

시 매장 및 장골을 하는 장법과는 구별되는 장법이다. 따라서 이 글에서는 이러한 습골을 하지 않는 복차장을 '빈장'이라 하고 습골拾骨하는 것을 '복차장'이라 구별해서 사용한다.[41]

빈장을 유추하게 하는 기록은 매우 다양하다. 고국천왕故國川王의 후계 왕위 쟁탈전에서 패한 "발기가 동생 계수의 질책을 듣고 참회를 이기지 못해 자살하자 계수가 그 시신을 거두어 초장한[42] 후 돌아왔다."[43]는 기록에서 빈이 확인된다. 초장이라는 용어로 인해 초분의 가능성도 보이지만, 문맥상 본장을 염두에 둔 가매장이었음이 분명하기 때문에 초분과는 구별되어야 한다. "그해 9월에 (산상왕은) 유사에게 명하여 발기의 상喪을 봉영하여 왕례로 배령에 장사하게 하였다."[44]라는 기사는 이것이 빈장이었음을 단적으로 증명해 준다. 고국천왕이 서거한 5월에 발기의 빈을 하였고, 9월에 본장을 하였으므로 약 4개월의 기간이 소요된 셈이다. 따라서 이러한 기록들에서 나타나는 복차장은 기존의 탈육을 위한 정상적인 복차장의 가능성은 희박하다.[45]

빈장의 결정적인 증거는 광개토왕廣開土王 비문에서 찾을 수 있다. 광개토왕은 A.D.412년(당시 39세)에 졸하였고, 장수왕 2년(A.D.414) 9월 29일 산릉으로 옮겨 장사지낸 것으로 되어 있다.[46] 여기서 문제가 되는 것은 약 3년에 가까운 기간(1월에 졸하였다고 보면 2년 9개월) 시신이 어떤 상태로 있었는가 하는 것이다. 아마도 빈을 한 상태였을 것으로 보인다. 이러한 사실은 "사람이 죽으면 집안에 빈을 하

41_ 따라서 빈장을 현재의 서남해안에서 지속되고 있는 초분의 원형으로 보는 것은 문제의 소지가 많다.

42_ 초빈草殯, 혹은 초분草墳으로 보인다.

43_ 『三國史記』, 「高句麗本紀」 4, 〈山上王元年〉, "發歧聞之, 不勝慙悔, 奔至裴川, 自刎死. 罽須哀哭, 收其屍, 草葬訖而還."

44_ 『三國史記』, 「高句麗本紀」 4, 〈山上王元年〉, "秋九月, 命有司, 奉迎發歧之喪, 以王禮葬於裴嶺."

45_ 그러나 인도네시아 발리섬Bali에서는 부유한 사람들의 가장 적절한 시신처리라고 생각하는 화장을 하기 위해 사원이나 중정에 42일간 시신을 안치하는데, 이 기간이 부패가 완료되는 데 필요한 전통적인 일수日數라는 것을 고려할 필요가 있으나 양 지역의 기후를 고려할 때 단순 비교는 무리대[Richard Huntington · Peter Metcalf, *CELEBRATIONS OF DEATH*, Cambridge University Press, 1979; 池上良正 · 池上冨美子 譯, 『死の儀礼』(未来社, 1996), 198面].

46_ 朝鮮總督府, 「高句麗廣開土王陵碑」, 『朝鮮金石總覽』(아세아문화사, 1975), 2~3쪽. "昊天不弔, 卅有九, 宴駕棄國. 以甲寅年九月卄九日乙酉, 遷就山陵. 於是立碑."

였다가 3년이 지나면 길일을 잡아서 장사 지낸다."라는 기록을 증명하는 것이라고도 하겠다. 또한 동천왕이 서거하였을 때 사왕嗣王이 금하였으나 대규모의 순사가 일어나자 섶나무를 베어서 시신을 덮어주었다[47]는 기사는 빈으로 적극 해석할 수 있으며 이전 정황으로 보아 이후 틀림없이 본장을 했을 것으로 보인다.

뿐만 아니라 덕흥리德興里 벽화고분의 묵서명墨書銘에서 진鎭이 졸한 것은 77세 되던 해로 사망연대는 알 수 없지만 고분에 안장된 것을 영락永樂 18년(408)으로 분명하다. 여기서 "옥구를 천이遷移했다."는 것은 해석할 때 빈의 가능성을 배제할 수 없다.[48]

한편 백제 무령왕이 복차장을 했다고 알려져 있으나[49] 이 역시 빈장이었음을 알 수 있다.[50] 무령왕은 523년 5월 7일 졸하였고 525년 8월 12일 안장하는데만 27개월만이다. 그리고 왕후는 526년 11월에 졸하였는데 대묘에 합장한 날짜는 529년 12월 12일로 역시 27개월만이다. 이 기간 동안 왕과 왕비의 시신은 당연히 빈의 상태였고, 습골한 흔적이 없기 때문에 빈장이었음을 쉽게 알 수 있다. 왜냐하면 백제의 "상제는 고구려와 같다."[51]라고 한 것처럼 당연히 고구려처럼 빈장을 하였을 것이기 때문이다.

이러한 빈장은 당시 삼국에서 동시에 이루어졌던 것으로 보인다. 광개토대왕은 약 3년간 빈을 하였다. 그리고 신라의 혁거세왕은 7일간 빈을 하였다.[52] 수로왕은 빈궁을 세웠다는 기록이 있다.[53] 당나라로 유민되었던 보장왕寶藏王의

47_ 『三國史記』, 「高句麗本紀」 4, 〈東川王二十二年〉, "秋九月, 王薨, 葬於柴原, 號曰東川王. 國人懷其恩德, 莫不哀傷. 近臣欲自殺以殉者衆, 嗣王以爲非禮, 禁之. 至葬日, 至墓自死者甚多. 國人伐柴, 以覆其屍, 遂名其地曰柴原."

48_ 권오영, 「고대 한국의 상장의례」, 『한국고대사연구』 20(한국고대사학회, 2000), 11쪽.

49_ 李康承·申光燮, 「扶餘太陽里百濟古墳一例」, 『百濟文化』 15輯(公州師範大學 百濟文化研究所, 1983), 132쪽.

50_ 권오영, 앞의 글(2000), 14~16쪽.

51_ 『隋書』 卷81, 「列傳」 第46, 〈百濟〉, "喪制, 如高麗."

52_ 『三國遺事』, 「紀異」 1, 〈新羅始祖赫居世王〉, "理國六十一年, 王升于天, 七日後, 遺體散落于地, 后亦云亡. 國人欲合而葬之, 有大蛇逐禁, 各葬五體爲五陵, 亦名蛇陵, 曇嚴寺北陵是也."

53_ 강인구, 『한반도의 고분』(아르케, 2000), 277쪽.

증손녀 고씨부인高氏婦人의 묘지墓誌에 의하면 대력大曆 7년(772) 2월 28일에 졸하여(42세) 동년 3월 21일에 신영新塋에 장사한 사실에 대하여 예법에 맞는 것으로 기록하고 있다.[54] 이 기록에서 장사를 치르는 기간이 약 1개월 정도 소요된 것을 보면 중국에서도 빈을 하는 장법이 일반적이었음을 알 수 있다. 그러나 고구려의 3개월, 5개월, 3년간 빈을 하는 빈장과는 다소 차이를 보인다. 그런데 고구려의 3년간 빈을 한 후 장사하거나, 백제 무령왕이 27개월간 빈을 한 후 장사했다는 기록은 중국 예제를 받아들이는 과정에서 나타난 약간의 오해 혹은 변용 정도로 이해하여야 할 것이다. 왜냐하면 고구려에서는 독자적인 빈장이 시행되다가 중국 예제의 삼년상과 27개월이라는 기간이 도입과정에서 나타난 변용의 소지로 보인다.

이 외에 100일이나 5개월 등 장사를 지내는 오랜 기간이 있다는 것은 빈을 하였다는 것을 말한다. 다시 말하면 고구려 상례의 특성은 빈을 하였다가 일정 기간이 지나면 다시 본장을 하는 빈장이었음을 알 수 있다. 이러한 빈의 기간을 요구한 것은 아마도 무덤의 축조시간을 확보하기 위한 조치가 아니었나 생각되기도 한다. 이러한 빈장은 복차장이라는 측면의 설명도 가능하고, 유교식 빈장으로도 설명이 가능하다.

특히 무령왕릉에서 발견된 매지권買地券과 지석誌石은 백제시대 장법을 알려주는 중요한 단서이다. 즉, 지석을 묻었다는 것은 유교식 상례의 중요한 요소 중의 하나이기 때문이다.

빈장이 삼국시대의 독자적인 것인지, 중국의 『예기』나 『의례』의 영향에 의한 것인지는 아직 단언할 수 없다. 이 시대가 되면 삼국에서는 이미 중국과 활발한 문화 교류가 있었기 때문이다. 고구려에서는 건국 이전부터 한자가 전해져 있

54_ 『高氏婦人墓誌』, "卽, 大曆七年歲次, 壬子二月卄八日, 遘疾終于洛陽履信里之私第. 以其年三月卄一日, 權窆于伊闕縣吳村土門之東南原新塋, 禮也"[이문기, 「고구려 보장왕의 증손녀 고씨부인묘지의 검토」, 『역사교육논집』 29(역사교육학회, 2002), 148쪽 재인용].

었고, 372년에는 중국식 교육기관인 태학을 세웠으며, 경당에서 중국의 경서를 읽고 무예를 닦았다는 것을 보면 중국과의 교류 정도를 알 수 있다. 백제에서는 이미 『춘추좌전春秋左傳』과 『사기史記』, 『한서漢書』를 읽은 것으로 알려져 있다.[55]

여기서 간과하지 말아야 할 것은 현재까지 남아 있는 빈장의 유습을 『예기』나 『의례』의 영향으로 단정해서는 안 된다는 것이다. 왜냐하면 『가례』에서도 "옛날에는 빈이 있었으나 요즘은 하지 않는다."고 하여 12C가 되면 빈장을 권장하지 않고 있기 때문이다.

그럼에도 불구하고 최근 상례의 현장에서는 '계빈啟殯'이라는 절차가 종종 발견되고, 토롱土壟, 사롱沙壟, 외빈外賓 등도 빈장의 적극적 흔적이라고 할 수 있다. 예를 들면 앞에서 제시한 현지조사 자료에서는 모두 외빈을 하는 등 빈의 전통은 유교식 상례에 비교적 충실한 집안에서는 계속적으로 이어져 왔다.

그런데 왜 길게는 3년이라는 오랜 기간이 소요되는 빈이라는 절차가 필요했을까. 이미 빈장은 습골을 하지 않기 때문에 탈육의 기간이라는 이유는 설득력을 상실한다. 그 외에 소생기원설蘇生祈願說을 주장하는 경우도 있으나[56] 다양한 방법의 죽음확인 방법이 있었기 때문에 3개월 혹은 3년간 죽음을 확인한다는 주장은 설득력이 없다. 예를 들면 절명을 하면 고복皐復을 하여 혼을 부르는 확인의 절차, 반드시 3일이 지나 4일째에 대렴을 하는 과정 등에서 죽음을 확인하기 때문에 소생기원설은 설득력이 없다. 또한 진혼봉쇄설鎭魂封鎖說[57] 역시 이러한 측면에서는 마찬가지다. 특히 유교식 염습과정은 시신을 바르고, 정결하며, 오랜 기간 보존하려는 시신 중시사상으로 보아야 함에도 불구하고 진혼봉쇄설이나 결박으로 보는 것은[58] 문제가 있다.

55_ 정구복, 「삼국의 유학」, 『한국사 8 – 삼국의 문화』(국사편찬위원회, 1998), 111쪽.
56_ 한상복 · 전경수, 「이중장제와 인간의 정신성」, 『한국문화인류학』 2집(한국문화인류학회, 1961); 권오영, 앞의 글(2000).
57_ 권오영, 위의 글(2000).

그렇다면 왜 빈을 하였던 것일까. 첫째는 매우 실용적인 필요시간으로서 무덤을 만들 시간이 필요했을 것으로 보인다. 지금까지 발굴된 고구려의 고분은 대부분이 왕이나 유력한 지도자, 부유층의 무덤으로 알려져 있다.[59] 이들은 자신들의 정체성을 위해 상당한 비용과 노동력, 시간을 들여서 거대한 능묘를 조성하였던 것이다.[60] 따라서 이러한 능묘를 만들기 위한 실제적인 시간이 필요했을 것으로 보인다.

　　둘째는 아마도 체제의 유지를 위한 목적이 가장 컸던 것으로 보인다. 이는 영웅숭배사상과도[61] 밀접한 관련이 있다. 실제로 왕의 죽음은 그 국가를 절체절명의 위기로 만들기 때문에 후계를 세우기 위한 다양한 장치가 필요하다. 그 첫 번째 조치가 '죽은 왕'의 의례에서부터 시작한다. 죽은 왕은 단순히 자연적인 죽은 사람이 아니라 왕조나 권력의 체제유지를 위해 이용되어야 하는 매우 중요한 존재이다. 그렇기 때문에 타이Thailand에서는 "왕이 졸하면 왕궁의 특별 공간에 100일 또는 그 이상의 기간 동안 모셔두고 정기적으로 식사를 올리고, 시신이 부패하여 액이 흐르면 금제金製 항아리에 모으는 등 왕의 시신을 신성시하고, 상상 이상의 장례행렬로 장엄을 나타낸다."[62] 이러한 왕의 의례가 가지는 형식은 그 내부에 왕위 계승 의례를 포함하고 있으며, '왕권의 존속을 표현하기 위하여 장례식을 이용하는' 것이다. 뿐만 아니라 타이나 발리Bali섬에서 일정기간 빈을 하였다가 화장을 하기 위해 엄청난 비용을 들여 화장탑火葬塔을 만들어 태우는

58_　허용호, 「전통상례를 통해서 본 죽음」, 『한국인의 죽음과 삶』(철학과현실사, 2001), 226~255쪽.
59_　안악3호분이 고국원왕의 무덤이대박진욱, 「안악3호분의 주인공에 대하여」, 『조선고고학연구』 75호 제2호(사회과학원 고고학연구소, 1990), 2~6쪽).
60_　조선시대 영릉英陵의 역사役事에는 4개월이 소요되었고, 인부는 15,000명이 소요되었다고 한대정종수, 앞의 논문(1994), 142쪽).
61_　'영웅숭배사상'이라는 용어는 장철수가 『옛무덤의 사회사』(웅진, 1995)를 기술하면서 이론적 배경으로 삼았던 Thomas Carlyle(1795~1881)의 저서 *On Heroes, Hero - Worship and the Heroic in HIstory*(1841)에 근거한 것이다. 2003년도에 이 책이 번역되어 참고가 된대박상익 옮김, 『영웅숭배론』(한길사, 2003)].
62_　池上良正・池上富美子 역, 『死の儀礼』(未来社, 1996), 191面.

일 역시 이와 무관하지 않다.[63] 유교식 상례에서 사서인들의 빈 역시 씨족집단, 가족이라는 체제를 유지하는 기능이 있음은 이미 오래 전에 밝혀졌다.

불후不朽의 추구로 나타나는 백제의 생사관 역시 유교식 생사관 및 빈장과 무관하지 않다. 즉, 백제의 사마왕으로서 영동대장군이란 양나라의 직위를 상세하게 적었다는 것은 바로 현세에서의 공적을 중시하였음을 나타내는 것으로서[64] 이는 왕의 생시 공적과 왕의 시신이라는 상징성을 통해 후계의 정당성을 확보하고, 체제를 유지하려는 것이었음을 알 수 있다.

유교식 상례에서 관을 견고하게 만드는 일이 시신의 보존이라는 측면도 있지만 어쩌면 빈을 하기 위한 노력으로 해석할 수 있다. 『가례』에 의하면 "관 안팎에는 회칠을 하고 안에는 역청을 녹여 부어 두께가 반치 이상 되게 한다. 그리고 불에 익힌 조와 쌀가루를 바닥에 깔아 두께가 4치쯤 되게 한다."[65] 한편 중국에서는 "왕이 즉위하면 자신이 들어갈 관을 만들었는데, 대개 백양나무관이다. 칠하여 견고하게 만드니 벽돌 같다고 하여 벽椑이라고 불렀다. 해마다 한 번씩 칠해 마치 아직 이루어지지 않는 것처럼 보였다."[66]고 할 정도로 관을 견고하고 튼튼하며, 밀폐성을 높이려고 하였다. 이처럼 관을 견고하게 만드는 것은 빈이 일반화되고, 중시되므로 빈의 기간 동안 시신이 부패되지 않도록 잘 보존하기 위한 조치로 해석할 수 있다.

그런데 고구려와 그 주변 국가에서는 대부분 곽은 있으나 관은 없는 것으로 되어 있다. 이는 아마도 곽이 관의 역할을 대신했기 때문으로 보인다. 또한 유교의 빈장이 일반화 되는 과정에 있었기 때문에 관의 중요성이 약했던 것으로 보인다.

『삼국지』나 『수서』, 『한서』 등의 기록을 참고해 볼 때 상고시대에는 소렴小

63_ 上揭書, 197~198面.
64_ 장인성, 「무령왕릉 묘지를 통해 본 백제인의 생사관」, 『백제연구』32(충남대학교백제연구소, 2000), 162~165쪽.
65_ 『家禮』, 「喪禮」, 〈治棺〉조, "內外皆用灰漆, 內仍用瀝清溶瀉, 厚半寸以上, 以煉熟秫米灰鋪其底, 厚四寸許."
66_ 『禮記』, 「檀弓」, 〈注〉, "卽位卽造爲親尸之棺, 蓋地棺也, 漆之堅强, 甓甓然, 故名椑, 每年一漆, 示如未成也."

斂을 하였고, 관을 만든 것으로 보아 대렴大斂, 성복成服, 길일을 장일로 택일하는 절차, 매장, 졸곡의 절차 등 주자의 『가례』와 유사한 의례절차가 있었을 것으로 보인다.[67] 운명을 하면 제일 먼저 곡읍을 하여 애도를 표시하고 혼인 때 준비해 둔 수의를 입히고, 소렴을 한 후 관에 입관을 하며(대렴) 3년간 옥내에 빈을 한다. 그리고 길일을 택하여 장사를 지낸다. 장사를 지낼 때는 북을 치며 춤을 추고 음악을 연주하여 고인을 보낸다. 유족들은 3개월(혹은 달을 넘겨서)에서 3년간 상복을 입고 친족들은 장사를 마치면 상복을 벗는다. 이처럼 삼국시대의 상례가 어떤 것인지는 모르겠지만 토착적인 관습에 유교식 의례가 융화되어가고 있었던 것으로 보인다. 따라서 염습, 상복, 빈장 등 상당 부분 유교식 상례의 유입이 있었을 것으로 보인다.

2. 고려시대 유교식 상례의 도입과 수용

통일신라시대의 상례 풍속은 상고시대의 상례 풍속과 중국의 상례 풍속이 교차되면서 자리를 잡기 위해 모색하는 시기였다.[68] 고려시대가 되면 성종 2년 갑자일에 박사 임로성王老成이 송나라로부터 돌아와서 대묘당도大廟堂圖 1폭, 대묘 당기大廟堂記 1권, 사직당도社稷堂圖 1폭, 사직당기社稷堂記 1권, 문선왕묘도文宣王廟 圖 1폭, 제기도祭器圖 1권, 칠십이현찬기七十二賢贊記 1권을 바쳤다고 한 것처럼 송 으로부터 유교식 상제례와 관련된 자료들을 가지고 온다.[69] 그리고 성종 대에는

67_ 고구려, 낙랑 등이 만주와 중국을 점령하고 있었고, 중국과의 빈번한 교섭을 통해 일생의례를 비롯한 이데올로기 의 영향을 많이 받았을 것으로 추측된다.
68_ 김용덕, 「상장례 풍속의 사적 고찰」, 『비교민속학』 11(비교민속학회, 1994), 198쪽.
69_ 『高麗史』 卷2, 「光宗二年」, "甲子 博士任老成 至自宋 獻大廟堂圖一鋪幷記一卷社稷堂圖一鋪幷記一卷文宣王廟圖 一鋪祭器圖一卷七十二賢贊記一卷."

국가의 주요제도를 유교적으로 개편하고,[70] 오복제도를 정하는(성종 4) 등 유교식 일생의례의 형식들이 내용 면으로나 의례적으로나 본격적으로 고려에 영향을 끼치게 된다.[71] 이러한 저간의 사정을 고려할 때 『예기』 등에 의거한 고례의 유교식 일생의례가 극히 일부인 왕실과 상류층을 중심으로 실행되기 시작한 시기로 보인다.[72]

고려시대 유교식 예제의 특징은 오례五禮의 틀 속에서 흉례로서 상례가 제정되었다는 것이다.[73] 고려시대는 초기 이래로 왕실과 귀족 문벌과의 정치권력의 공방이 있었고, 또 불교의 교종과 선종간의 이념적 대립이 정치적으로 매우 많은 영향을 발휘하는 상황이었기 때문에 고려 왕조가 오례의 체제를 구축하고 공포하였던 것은 전통적 문화요소도 포함하면서 왕실 중심의 권력의 권위와 명분을 새롭게 부여하는 질서의 논리로 이해된다.[74] 이러한 고려시대의 정치질서와 문화기반을 닦는 데 많은 공헌을 한 것이 바로 최윤의崔允儀의 『고금상정례古今詳定禮』이다. 이는 현재 전하지 않지만 『고려사』 「예지禮志」의 내용은 그 내용을 반영한 것으로 보인다.[75]

특히 『고려사』 「예지」에 유교식 상례와 상복제도가 공표되어 있는 것으로 보아 교화를 목적으로 한 유교식 상례가 의례적 규범으로 작용하였을 가능성은 매우 높다. 이 상복제도가 비록 중국과는 다르다[76] 할지라도 제도를 정한 것은 유교를 국가질서를 위한 이데올로기로 채택하고 있었음을 말해준다. 그러나 삼국에서 이어진 불교식 상례가 완전히 배제된 것은 아니었다. "성종 15년(996) 모

70_ 최홍기, 「가정의례」, 『한국민족문화대백과사전』 1(한국정신문화연구원, 1991), 159쪽.

71_ 장철수, 「사당의 역사와 위치에 관한 연구」(문화재관리국, 1990), 10쪽.

72_ 물론 고려사회에서는 빈소에서 승려가 불경으로 설법하고, 화장하는 등의 불교식 의례가 남아 있었음을 부인할 수는 없다[김시덕, 앞의 글(1996), 423쪽].

73_ 류권종, 앞의 글(2001), 50쪽.

74_ 이범직, 『한국 중세 예사상 연구』(일조각, 1991).

75_ 류권종, 앞의 글(2001), 51쪽.

76_ 위의 글, 51~52쪽.

든 관리의 부모상父母喪 3년 동안에 매월 삭망제朔望祭에는 하루의 휴가를 주고13
개월째의 첫 기일인 소상재小祥齋에는 사흘의 휴가를 주고 그 달 그믐의 소상제小
祥祭에는 사흘의 휴가를 준다."[77]는 기사에서 보듯 불교식 '재齋'와 유교식 '제사
祭祀'를 함께 행하고 있다는 것은 불교식 상례가 함께 행해지고 있음을 증명하는
부분이다.

경종景宗 원년(976) 2월에 이미 문무 양반들의 무덤규모를 정하였는데,[78] "1
품은 사방 90보步, 2품은 80보로 하되 무덤 높이는 각각 1장丈 6척이며 3품은 70
보에 높이는 1장이요 4품은 60보, 5품은 50보, 6품 이하는 다 30보로 하되 무덤
높이는 각각 8척을 넘지 못하게 하였다."라고 기록되어 있다. 즉 문무 양반의 무
덤 규모를 정했다는 것은 거기에 따른 일정한 규칙과 규정이 작용했음을 알 수
있다.

『고려사』「예지」에 의하면 고려시대 공후 이하의 상례에서는 사망 후 3일에
장사를 지내고 13개월에는 소상을 지내며 25개월에는 대상大祥을, 27개월에는 담
제禫祭를 지내는[79] 것으로 되어 있다. 이러한 절차는 구체적이지는 않지만 고려
시대 관리들이 중국의 유교식 상례절차를 따르고 있었음을 알 수 있다. 왜냐하면
『상례고증』이나 『사례편람』에서는 길제를 상례의 마지막 절차로 규정하고 있기
때문이다. 그러나 삼년상제도는 잘 지켜지지 않아 제도와 현실에는 상당한 차이
가 있었던 것으로 보인다. 관리의 휴가 제도를 통해[80] 고려시대의 상기를 추론해
볼 수 있다.

77_   『高麗史』卷84,「志」38,「刑法」1,「公式」,〈官吏給暇〉, "十五年 判 凡官吏父母喪三年 每月朔望祭暇一日第十三
月 初忌日小祥齋暇三日其月晦小祥祭暇三日."
78_   『高麗史』卷85,「志」39,「刑法」2,「禁令」,〈景宗元年〉, "景宗元年二月定文武兩班墓地:一品方九十步. 二品八十
步墳高並一丈六尺. 三品七十步高一丈. 四品六十步. 五品五十步. 六品以下並三十步高不過八尺."
79_   『高麗史』卷64,「志」18,「禮」6,「凶禮」,〈五服制度〉, "公侯以下三日以葬 十三月小祥 二十五月大祥 二十七月禫祭."
80_   『高麗史』卷84,「志」38,「刑法」1,「公式」,〈官吏給暇〉조.

성종 4년(985) 오복五服에 휴가를 주는 규정을 새로 제정하여 참최, 재최 삼년에는 100일을 주고 재최기년齊衰朞年에는 30일을 주었으며 대공복大功服 9월복에는 20일을 주고 소공小功 5월복에는 15일을 주었으며 시마 3월복에는 7일을 주었다.

15년(996)에 명령을 내려 모든 관리의 부모상 3년 동안 매월 삭망제祭에는 하루의 휴가를 주고 13개월째의 첫 기일인 소상재에는 사흘의 휴가를 주고 그 달 그믐의 소상제에는 사흘의 휴가를 주며 25개월째의 두 번째 기일인 대상재大祥齋에는 사흘의 휴가를 주고 그 달 그믐의 대상제大祥祭에는 7일의 휴가를 주며 27개월째 되는 달 그믐의 담제에는 5일의 휴가를 주게 하였다.

정종 3년(1037) 정월에 부모, 조부모의 장사에 가는 자에게는 왕복 날짜를 제외한 21일의 휴가를 주기로 결정하였다.

13년 9월에 결정하기를 지방 관리로서 형제자매의 초상을 당하였을 경우에 그가 만일 먼 고을에 있으면 서울의 해당 상관에게 신청하지 않고 직접 지방 장관에게서 휴가를 받으며 처부모의 초상에는 전처, 후처 할 것 없이 모두 휴가를 주게 하였다.

내용을 보면 관리들은 삼년상을 하도록 되어 있다. 그리고 초상 때는 부모의 상인 참최와 재최의 경우에는 100일간의 초상휴가를 주고, 재최 기년에는 30일 등 각 상복의 경중에 따라 날짜를 달리 하지만 휴가를 주어 초상을 치르게 하고 있다. 또한 유교식 삼년상을 치를 때 행해야 하는 중요한 기점인 소상과 대상, 담제에는 각각 3일과 7일, 5일의 휴가를 주어 제사를 지낼 수 있도록 하였다.

그런데 휴가일과 연계하여 참최 삼년상의 경우 100일간의 휴가를 주었다는 것을 가지고 삼년상이 제대로 지켜지지 않았다고 주장하는 것은[81] 재고해야 할

81_ 류권종, 앞의 글(2001), 52~53쪽.

것으로 보인다. 즉 관리의 휴가를 줄 때 삼년상의 경우 100일간의 휴가를 주었다는 것은 집안에 부모의 초상이 나면 장례를 치르기 위해 100일간의 휴가를 주었다는 것이지 100일 탈상을 하거나 100일간만 상복을 입으라는 것은 아니다. 왜냐하면 소상의 재와 제사 때는 3일의 휴가, 대상의 재와 제사 때는 7일간의 휴가, 매월 삭망 때 제사를 위한 1일간의 휴가, 담제 때는 5일간의 휴가를 지급하였다는 것을 볼 때 3년간 근신을 하면서 업무를 하지 않는 것이 아니라 매 중요한 시기마다 휴가를 얻어 상례절차를 진행했음을 알 수 있다. 따라서 초상시 100일간의 휴가는 장사를 위한 것임을 알 수 있고, 장사를 지내는 기간은 최소 3일에서 100일까지였음을 유추할 수 있다.

이러한 상기와 초상 때의 휴가기간과 함께 성종 4년에는 오복제도도 정하였다. 이때 제정된 오복제도는 다음과 같다.[82]

참최 3년에는 관리들에게 100일간의 휴가를 주었다. 정복正服은 아들이 부친을 위하여, 출가하지 않은 딸 혹은 일단 출가하였다가 되돌아 온 딸이 부친을 위하여 입는 복제이다. 의복義服은 처가 남편을 위하여, 첩이 가장을 위하여 입는 복제이다. 가복加服은 적손嫡孫의 부친이 먼저 죽고 승중承重하는 자가 조부를 위하여, 증손 또는 현손이 증조부 또는 고조부를 위하여 입는 복제이다.

재최 3년에는 관리들에게 100일간의 휴가를 준다. 정복은 아들이 모친을 위하여 입는 복제이며 가복은 적손의 부친이 죽고 승중상을 당한 자가 조모를 위하여, 증손이나 현손이 승중상을 당한 자가 증조모나 고조모를 위하여 입는 복제이다. 일반 상사에는 공, 후 이하는 3일 만에 장례하고 13개월에는 소상제를 지내며 25개월에는 대상제를, 27개월에는 담제를 지낸다. 재최 1년 만에 관리들에게 30일간의 휴가를 준다. 정복은 조부모를 위하여, 백부, 숙부 및 그들의 처를 위하여,

---

82_ 『高麗史』 卷64, 「志」 18, 「禮」 6, 「凶禮」, 〈五服制度〉 참조.

출가하지 않은 고모와 자매를 위하여, 형제를 위하여, 장남 및 그의 처, 여러 아들과 딸, 조카와 출가하지 않은 조카딸, 종가의 손자와 손녀, 종가의 종손 등을 위하여, 서모庶母가 자기 아들이나 여러 적자 아들을 위하여 입는 복제이다. 강복降服은 아버지가 죽고 어머니는 개가하였을 때에 입는 복제이다. 부친의 후계자가 된 경우에는 복이 없다. 보복報服도 역시 이와 같다. 의복義服은 시집 간 계모가 아들을 위하여 입는 복제이다. 외족정복外族正服은 외조부와 외조모를 위하여 입는 복제이다. 의복은 계모, 자모慈母(남편의 서자를 데려다 기른 어머니), 의모義母(의로 맺은 어머니), 장모長母(적자의 어머니), 처 등을 위하여 입는 복제이다.

대공 9개월 기간에는 관리들에게 20일간의 휴가를 준다. 장상(19세 이하~16세 이상 된 자의 사망)에 대한 정복은 백부, 숙부, 고모, 친형제 자매, 아들과 딸, 조카와 조카딸, 맏손자에게 적용된다. 성인에 대한 정복으로는 4촌 형제와 출가하지 않은 4촌 자매, 여러 아들의 처, 서자와 그의 처, 조카의 처 상사에 적용한다. 강복은 출가한 고모, 자매, 조카딸의 상사에 적용한다. 외족外族에 대한 정복으로는 외삼촌, 출가하지 않은 이모상사에 적용한다.

소공小功에는 관리들에게 15일간의 휴가를 준다. 정복은 증조부모, 백부, 숙부, 조부모, 출가하지 않은 5촌 고모, 5촌 백부와 숙부 및 그들의 처, 출가하지 않은 5촌 고모, 친형제의 처, 6촌 형제, 출가하지 않은 6촌 자매, 5촌 조카 및 조카딸, 맏손자 처, 조카의 손자 및 출가하지 않은 조카 손녀딸, 맏증손자 처의 상사에 적용한다. 상(미혼자의 죽음에 대한 총칭) 정복은 백숙부 및 고모의 중상(15세 이하~12세 이상 자의 죽음)과 친형제 자매의 중상, 아들과 딸, 조카와 조카딸의 중상, 맏손자의 중상, 여러 손자들의 장상, 맏증손의 장상에 적용한다. 강복은 출가한 4촌 자매의 상사에 적용한다. 외가에 대한 정복은 외 3촌의 처조카 및 출가하지 않은 조카 딸 상사에 적용한다. 의복은 처부모와 사위의 상사에 적용한다.

시마緦麻 3월에는 관리들에게 7일 간의 휴가를 준다. 정복은 고조부모, 당백부, 숙부, 조부모, 6촌 백부, 숙부, 그들의 처, 7촌고모, 4촌 형제의 처, 외 4촌 형제 및 자매, 7촌 조카 및 출가하지 않은 7촌 조카딸, 5촌 조카의 손녀, 증손녀, 여러 손녀, 증손의 조카 손자, 만현손의 상사에 적용한다. 강복은 종조모, 출가한 5촌고모, 6촌 자매, 출가한 조카 손녀의 상사에 적용한다. 상정복은 5촌 숙부, 5촌고모의 장상, 친 형제 자매의 하상과 4촌 형제자매의 장상, 아들, 딸 및 조카와 조카딸의 하상, 만손자의 하상, 여러 손자들의 중상(12세~15세까지 사이에 죽은 것)에 적용한다. 외가 강복은 이모와 출가한 외4촌 딸의 상사에 적용한다. 정복은 외5촌, 부친의 이모형제 및 자매, 조카의 처, 외손자의 상사에 적용한다. 의복은 서모나 유모의 상사에 적용한다.

　　일체 5복의 상사에 관하여 보고가 있는 즉시로 규정된 휴가 기일에서 3분의 2의 휴가를 주고 남은 일수는 휴가 기한에 넣는다.

　　내용은 참최3년, 재최3년, 재최기년, 대공9월, 소공5월, 시마3월의 6가지로 정하고 있고, 거기에 정복, 의복, 가복, 강복, 외가정복 등 내부적으로는 상당히 세분화 되어 있음을 알 수 있다. 그러나 이 오복제는 『개원례開元禮』의 흉례 오복 제도를 모방한 것이지만 고려의 상황에 맞도록 변형한 것이다.[83] 예를 들면 가복이란 적손으로서 아버지가 돌아가시고 조부를 승중한 사람이 조부를 위해 입는 옷이고, 그리고 증현손으로서 증조부를 승중한 사람이 증조부를 위해서 원래는 입지 않아도 되는 참최복을 입는 것을 말한다. 고려에서는 이 가복의 범위를 적손, 증현손으로서 승중한 사람에 대하여 설정하였지만, 『통전通典』과 『가례』에서는 "아버지가 장자를 위하여" 가복하는 조항이 포함되어 있다.[84] 또한 『가례』에서는 장기杖朞와 부장기不杖朞 조항이 있으나 위의 내용에는 포함되어 있지 않다.

　　또 외족의 정복으로서 외조부모를 위하여 기년복을 입는 것으로 규정되어

83_　류권종, 앞의 글(2001), 51쪽.
84_　『通典』, "父爲長子"; 『가례』, "父爲嫡子當爲後者也."

있다. 이는 외손의 외조부모를 위한 제사가 관행이 되어 있기 때문에 설정된 조항으로 해석된다. 외족의 범위와 관련된 조항은 외족에 대한 의복의 범위가 계모, 자모, 의모, 장모, 처로 되어 있는데, 처를 제외한 계모, 자모, 의모, 장모가 의복의 범주로 들어와 있는 것이 하나의 특징이다. 그리고 대종정복으로 외삼촌과 미혼의 이모를 범주로 넣은 것도 고려 사회의 친족관계의 범위와 정도가 중국의 그것보다 모계母系에 더 넓게 걸쳐 있음을 알 수 있다. 이외에도 여러 증례가 거론될 수 있지만 생략하고 종합적으로 말하자면 다음과 같은 점에서 상복제도의 특징을 찾을 수 있다.[85] 고려 사회에서 여계女系로 모계, 처계, 출가녀계出嫁女系까지 혈연 집단으로서 상복의 편제 안에 설정하는 것으로 보아 고려가 신라의 유풍으로 인해 완전한 부계 중심의 사회가 이루어지지 않은 것으로 볼 수 있는 증거이다. 이처럼 고려의 상복제도는 중국의 규정과는 다소 차이가 있는데, 이것이 고려시대 상례의 특징 중의 하나이다.

상복의 형태는 정확하지는 않으나 검은 갓에 흰옷을 입는 것으로 되어 있다. 이는 주로 왕의 상례에서 관리들이 3일 정도를 모두 검은 갓에 흰옷을 입는다고 기록되어 있기 때문이다.[86]

그런데 고려시대에는 달수를 날수로 고쳐[日易月] 초상을 치르고, 장사를 치른 경우가 많았다. 이를 보고 실제로 삼년상이 행해지지 않았다고 주장하는 경우도 많다. 다음과 같은 기사들이 대표적인 것들이다.

> D-① 경종 6년 왕은 "내가 죽은 후에 상복을 입는 기간과 경중은 한나라
> 제도에 의거하되 하루를 한 달로 계산하여 13일 만에 소상, 26일 만
> 에 대상을 지내고 왕릉 제도는 될 수 있는 대로 검약하게 하라."고

85_ 류권종, 앞의 글(2001), 52쪽.
86_ 『高麗史』 卷64, 「志」 18, 「禮」 6, 「凶禮」, 〈國恤〉조 참조.

지시하였다(『高麗史』卷2, 「世家2」, 〈景宗 6〉).

② 현종 22년(1031) 5월 신미일에 왕이 졸하였는데, 갑술일에 왕이 백관을 거느리고 상복을 입었고, 6월 병신일에 선릉에 장사지낸 후 관리들이 공제하고,[87] 왕은 무술일에 상복을 벗었다(『高麗史』卷64, 「志」18, 「禮」 6, 「凶禮」, 〈國恤〉).

③ 인종 24년(1146) 2월 왕의 병이 위독하여지자 정묘일에 유언으로써 상기는 1일을 1개월로 하라고 당부하고 보화전에서 죽었다. 이 날 의종이 즉위하고 3월 갑술일에 왕과 백관 그리고 나라 사람들이 상복을 입었다(『高麗史』卷64, 「志」 18, 「禮」 6, 「凶禮」, 〈國恤〉).

④ 고종 46년(1259)에 왕이 졸하였다. 왕의 조서에 "능묘 제도는 되도록 검박하게 하고 하루를 한 달로 계산하여 입은 상복은 3일 만에 벗게 하라."고 하였다(『高麗史』卷24, 「世家」 24, 〈高宗46〉).

위에서 보듯 상례의 기간은 성종 4년에 정한 상복을 입는 기간과 실제와는 그 차이가 많음을 알 수 있다. 이에 의하면 주로 달수로 계산해야 할 복기服期를 날수로 계산하여 13개월을 13일로 하든가, 25개월에 하는 대상을 16일로 하거나, 장사를 지내면 바로 상복을 벗도록 하여 상복을 입는 기간이 매우 짧음을 알 수 있다. 이는 아마도 상기喪期를 지키는 동안 실제적인 업무를 할 수 없고, 또한 검소함을 강조하였기 때문으로 보이지만 실행여부에 대해서는 상당히 의문이 있다. 왜냐하면 실제로 그렇게 상복을 벗었다는 기록이 드물기 때문이다. 즉, "현종顯宗 22년(1031) 5월 신미일에 왕의 병이 위독하여 중광전重光殿에서 졸하였다. 덕종德宗이 즉위하여 전殿의 곁방에 거처하면서 아침저녁으로 곡하였다. 갑

87_ 국상을 당하여 조의를 표하는 뜻으로 일정 기간 공무를 보지 않고, 기간이 지난 후(통상 26일)에 상복을 벗는 일로 제복除服이라고도 한다[세종대왕기념사업회 편, 『고전용어사전』(2001)].

술일에 왕이 백관을 거느리고 상복을 입었는데 일반 사람들은 검은 갓에 흰 옷을 입게 하였다. 6월 병신일에 선릉에 장사지낸 후 관리들은 갑신일에 공제하였다. 왕은 무술일(관리들의 공제 4일 후)에 상복을 벗었다."라는[88] 기사에서 관리들은 26일 만에 실제적으로 1개월 이내에 상복을 벗은 사실이 인정된다. 그러나 다음의 『고려사』 기사에서 일역월제는 단지 유언일 뿐 실제는 행하지 않았음을 암시하고 있다.

> E-① (D-③) 의종 2년(1148) 2월 정사일에 (인종의) 대상을 지냈다(『高麗史』卷64, 「志」18, 「凶禮」6, 「凶禮」, 〈國恤〉).
>
> ② (D-④) 원종 원년(1260) 6월 병인일 (고종의) 소상이므로 고종의 신주를 혼전에 옮기고 초상을 천수사에 옮겨 모셨다(『高麗史』卷24, 「世家」24, 〈高宗46〉).

위의 두 기사에 의하면 비록 일역월제를 시행하라고 왕이 유언을 하였지만 실제로는 삼년상 제도에 맞추어 1주기에 소상을 지내거나 2주기에 대상을 지낸 것으로 되어 있다. 이는 달을 날로 바꾸어 상기를 짧게 하라는 유언이 있었음에도 불구하고 삼년상의 제도 일부를 수용하여 2년에 걸친 상례를 행하였던 것으로 보인다.

이러한 일역월제와는 달리 100일탈상의 가능성을 시사하는 기사도 있다. 하윤원河允源의 "어머니가 죽어서 묘 옆에 초막을 짓고 있었는데 신우가 교서를 내려 불렀다. 교서에 쓰기를 '3년의 상례를 지키는 것은 고금에 통용되는 제도라 하더라도 백일이면 상복을 벗을 수 있다. 그 당시의 사정에 따라 변통할 수 있다. 효도를 충성으로 바꾸어 그 비애를 억제하고 서울에 올 것이다'라고 하였다. 교

88_ 『高麗史』64卷, 「志」18, 「禮」6, 「凶禮」, 〈國恤〉조.

서가 도달하기 전에 죽었다."[89] 이 기사는 실제로 상기를 그대로 지켜서 근신하지 않은 경우도 있었음을 나타낸다.

　　이러한 기사들을 종합해 볼 때 과연 고려시대에는 삼년상이 얼마나 행해졌을까 하는 의문이 생긴다. 최재석은 고려시대의 불교식 화장에 의하여 사망-화장-습골-권안-매골이라는 기간이 있기 때문에 오복제의 시행이 불가능했을 것으로 보고 있다.[90] 또한 고려의 사회제도를 연구하는 데 있어 실제의 것과 외국(중국)에서 도입된 것과 규정 내지 법제상의 것을 분간하는 시각이 필요함을 강조하고 있다. 즉 규정상의 3일장 역시 불교식 장례에 따르면 불가능하기 때문에 3일장은 중국 제도의 모방에 불과하다는 것이다. 상복제나 상기 역시 불교식의 상례 제도로 인해 불가능하다. 공민왕 4년(1355) 12월에 삼년상의 제도를 폐지하였고, 공민왕 6년(1357)에도 "이색李穡(1328~1396) 등이 삼년상 제도를 실시할 것을 요청하였는데 왕이 이에 따랐다."라고[91] 하였다. 그리고 공민왕 8년 12월 신미일에 진란(홍두군의 침입을 말함)이 일어났으므로 홀적忽赤, 충용忠勇, 삼도감三都監, 오군五軍 인원들의 3년간 복제를 폐지하였다.

　　공민왕 9년 6월 정해일에 백관들에게 친부모의 삼년상을 치를 것을 명령하였다. 8월 병술일에 왕의 교서에서 "4방에서 전란이 일어나 군무軍務가 바쁘니 삼년상 제도를 폐지하라. 얼마 전에 삼년상 복제를 허가한 바 있었으나 그들은 겨우 100일 동안만 상주 노릇하는 습관이 여전하고 실상 관직에서 해임되어 일을 보지 않고 있었을 뿐이었다."라고 하였다.[92] 이러한 기사를 볼 때 삼년상이

89_　『高麗史』卷112, 「列傳」25, 〈河允源〉, "居母憂廬墓 禑下書徵之曰 '三年行喪雖古今之通制 百日卽吉因時勢以從宜 可移孝以爲忠 其抑哀而赴召' 書未至卒."

90_　최재석, 『한국 고대사회사 연구』(일지사, 1987), 600쪽.

91_　『高麗史』卷39, 「世家」39, 〈恭愍王6〉, "冬十月 辛巳 諫官李穡等請 行三年喪 從之."

92_　『高麗史』卷64, 「志」18, 「禮」6 「凶禮」, 〈五服制度〉, "(恭愍王) 八年十二月辛未以兵興除忽赤忠勇三都監五軍三年喪. 九年六月丁亥命百官親喪三年. 八月丙戌敎: "四方兵興軍務方殷其除三年喪制. 前此雖許行三年喪然百日衰絰之習如舊 但解官不仕而已."

제대로 시행된 것이 아닌 것처럼 보인다. 최재석은 바로 이러한 점을 두고 삼년 상이 시행되지 못했다고 보았다.

그러나 일역월제, 100일 탈상 등의 주장에도 불구하고 소상과 대상은 제 날짜를 맞추어서 행한 경우도 꽤 많이 있다는 것은 고려가 삼년상의 시행에 상당히 익숙해 있었음을 말해 준다. 『고려사』의 기사를 검색하면 다음과 같은 대표적 기사를 검색할 수 있다.

> F-① 선종 9년(1092) 9월 임오일에 왕태후가 서경에서 죽었다. 10년(1393) 9월 정축일에 왕이 인예태후의 반혼전에 가서 소상 제사를 지냈다. 11년(1394) 3월 갑술일에 왕이 반혼전에서 인예 태후에게 제사를 지냈다(『高麗史』 卷10, 「世家」 10, 〈宣宗9-11〉).
>
> ② 선종 갑술(1094년) 5월 임진일에 왕이 연영전 내침에서 죽었다. 헌종 원년(1095) 5월 병신일에 왕태후가 현화사에 가서 선종의 소상재小祥齋를 차렸다(『高麗史』 卷10, 「世家」 10, 〈宣宗11, 獻宗元年〉).
>
> ③ 숙종 10년(1105) 숙종이 졸하였다[丙寅夜半發金郊至長平門外薨于輦中]. 예종 병술 원년(1106) 임술일에 이날은 숙종의 소상小祥이므로 왕이 개국사에 갔다[壬戌王以肅宗小祥如開國寺].
>
> ④ 예종 17년 1122년 왕이 졸하였다. 인종 원년(1123) 4월 여름 계사일에 예종의 소상날과 관련하여 왕이 안화사에 가서 분향을 하였다[癸巳王以睿宗小祥如安和寺行香]. 인종 2년(1124) 여름 4월 정사일에 왕이 안화사에 갔다[夏四月丁巳王如安和寺].
>
> ⑤ 문종 37년(1083)년 왕이 졸하였다[遂薨于重光殿]. 선종 을축 2년(1085) 7월 임자일에 이날은 문종의 대상날이므로 왕이 흥왕사에 가서 분향을 하였다[壬子以文宗大祥幸興王寺行香].
>
> ⑥ E-①

⑦ E-②

⑧ 충렬왕 23년(1297) 5월 임오일에 안평공주가 현성사에서 죽었대충
렬왕) 二十三年五月壬午安平公主薨于賢聖寺]. 충렬왕 24년(1298) 5월 을사
일에 안평 공주의 소상이므로 왕(충선왕)이 신효사에 가서 분향하였
대乙巳王以安平公主小祥幸神孝寺行香]. 충렬왕 기해 25년(1299) 5월 경
자일에 안평 공주의 대상이므로 왕(충선왕)이 묘련사에 갔대庚子以安
平公主大祥幸妙蓮寺].

⑨ 신우 11년(1385) 12월에 위성 부원군 노영수가 죽었대十二月威城府院
君盧英壽卒]. 신우가 노영수의 소상 날이라 하여 재를 올리려고 운암
사로 갔대十二月癸未日食陰雲不見. 禑以盧英壽小祥齋如雲巖寺].

　　위의 기사에서, 선종 9년(1092) 9월 임오일에 인예태후가 졸하였고, 1년 후인
선종 10년(1393) 9월 정축일에 소상을 지냈다. 그리고 1년 후인 선종 11년(1394)
3월 갑술일 왕이 반혼전에서 인예태후에게 제사를 지냈다고 하였다. 이 기사에는
대상이라는 말이 구체적으로 표현되어 있지 않지만 제사를 지낸 연도와 날짜를
보면 이것이 대상임은 쉽게 유추가 가능하다. 따라서 인예태후의 상례는 삼년상
으로 치러졌음을 알 수 있다. 그러나 언제 탈상을 하였는지는 알 수 없다.

　　그리고 안평공주는 충렬왕 23년에 졸하였는데, 충렬왕 24년 충선왕이 왕위
를 계승하고 곧바로 그래 5월 안평공주의 소상을 신효사에서 지냈고, 그 다음 해
충렬왕 25년 5월 경자일에 묘련사에 가서 안평공주의 대상을 지냈다. 이 기사에
의하면 탈상을 언제 하였는지는 알 수 없지만 사망 후 1주기와 2주기에 소상과
대상을 지냈다는 것으로 그것이 유교식이든 아니든 삼년상을 치른 것으로 보인
다. 이는 일역월제의 기록과는 상반되는 기사이다.

　　예종 역시 순서에 따라 소상과 대상을 치렀음을 알 수 있다. 물론 대상으로
추측되는 제사는 대상으로 표현하지 않았지만 이 역시 위와 같은 논리로 보면

대상이었음을 쉽게 알 수 있다.

인용문의 모든 기사는 고인의 사망 후 1년차에는 소상을 지내는 것으로 되어 있고, 2년이 되면 대상을 지내는 것으로 기록되어 있다. 이는 삼년상의 제도에 맞추어 상례를 치르고 있음을 나타낸다. 따라서 일역월제는 단지 유언일 뿐 실제로 지켜지지 않았던 것이 아닌가 하는 의문이 든다. 흥미로운 것은 소상이나 대상을 지내기 위해서 모두 사찰로 갔다는 내용이다. 사찰로 갔다는 것은 사찰에 고인의 빈소가 차려졌다는 것을 의미하는데, 앞절에서 이야기한 고려시대 상례 관습인 불교 사찰에서 상례를 치르는 내용과 일치한다.

따라서 최재석의 실행 불가능 주장에도 불구하고, 고려시대에는 삼년상의 제도가 비록 일반화되지는 못하였다고 할지라도 상당히 행해졌음을 알 수 있다. 또한 그것이 불교식 상례를 하였다 하더라도 삼년상의 제도를 행했음을 알 수 있다.

이러한 사실은 여묘제廬墓制와 연계되어 실행되었다. 즉, 여묘제를 삼년상과 밀접하게 연계시켜 실행하였다는 것이다.[93] 여묘제가 중국으로부터 도입된 시기는 오복제의 제정 시기와 같을 것으로 생각된다. 고려조가 오복제의 실시에 관한 관심보다는 여묘제의 실시에 더 관심이 컸던 것은 두 제도의 실시에 대한 정부 시책의 차이에서도 볼 수 있다. 오복제와는 달리 여묘를 실시한 자에 대해서는 끊임없이 표창하고 나중에는 법제로 이 여묘제를 강요하기에 이른 것이다.[94] 다음과 같은 기사들이 여묘제 실행의 예를 잘 보여준다.

G-① (권거의는) 신우 때 모친상을 당하여 3년간 묘막에서 거상居喪하였고
애효哀孝가 극진하였다. 또 광주光州 사람 노준공盧俊恭도 3년간 묘막

93_ 장철수, 앞의 글(1995), 59쪽.
94_ 최재석, 앞의 책(1987), 597쪽.

에서 거상하였다. 당시 상제喪制가 문란하여 모두 백일百日이 지나면 상복을 벗었는데 이 두 사람은 유행에 따르지 않았으므로 나라에서 가상히 여겨 모두 여문閭門에 정표하였다(『高麗史』 卷121, 「列傳」 34, 〈權居義〉).

② (인종 때) 염신약은 …(중략)… 부친 상사를 당하고 3년 여막에서 묘를 지키었다. 왕이 이 소문을 듣고 유사에게 지시하여 마을에 정문을 세워 주었으며 첨사부 녹사로 선임하였다(『高麗史』 卷99, 「列傳」 12, 〈廉信若〉).

③ (공민왕 때) 당시 상제가 문란해 져서 사대부들도 모두 초상 난 후 100일만 되면 부모상을 벗었는데 정몽주만은 부모상에 여묘와 애도하는 상례의 예절이 모두 극진하였으므로 왕이 그의 마을을 표창하였다(『高麗史』 卷117, 「列傳」 30, 〈鄭夢周〉).

④ (김광재는) 병신년(공민왕 5, 1356) 3월에 대부인이 병환으로 돌아가시자 아버지 문정공文正公(金台鉉)의 묘 아래에 장례지내고 그 곁에서 머물면서 복제服制를 마쳤다. 우리나라 풍속에 부모의 분묘를 지키는 것은 흔히 종[奴]이 대신하게 하고, 사사로이 그의 부역을 면제해 주기도 하였다. 선생은 차마 어버이에게 무례하게 할 수 없다고 하여 몸소 이를 행하였다. …(중략)… 공이 사는 마을을 표창하여 영창방 효자리라고 하였다(『高麗墓誌銘集成』, 「金光載墓誌銘」/『高麗史』 卷110, 「列傳」 23, 〈金台鉉〉).

⑤ (명종조 효자 손시양이) 부모의 상에 여묘하였는데, …(중략)… 칭송하는 정려비를 세웠다(『蔡靖誌』).

⑥ (의종 17년, 1163) 3월에 동면도 감판관 손응시가 3년간 여묘를 살았으므로, 명하여 그 마을 앞에 정문을 세웠다(『高麗史節要』 卷11, 〈毅宗17〉).

⑦ (명종 12년 3월) 경진일에 군기 주부 장광부가 3년간 부모의 묘 옆에서 지낸 효행과 관련하여 그의 마을 거리에 정문을 세워 그를 표창하였다(『高麗史』卷20, 「世家」20, 〈明宗 12〉).

⑧ (공민왕 때 정도전은) 연이어 부모가 죽었는데 묘측에 여막을 짓고 삼년상을 마쳤다(『高麗史』卷119, 「列傳」32, 〈鄭道傳〉).

⑨ (공양왕 때) 정습인은 부모상을 당하여 두 번이나 묘 옆에 초막을 짓고 각각 3년 상을 끝마쳤다. 초상 장사의 범절은 모두 주자가례에 의거하였다(『高麗史』卷112, 「列傳」25, 〈鄭習仁〉).

　　위의 기록들이 고려시대 여묘를 행한 모든 기록은 아니다. 하지만 위의 내용을 보더라도 3년간(만2년) 여묘를 하였던 사례들이 상당히 있었음을 알 수 있다. 특히 위의 G-①부터 ⑦의 기사는 여묘를 하면서 삼년상을 치른 사람에게 왕이 정려를 내리고 표창을 하는 등 여묘 삼년상을 매우 중요시 하고 있다. 여묘라는 모습이 어떤 모습인지는 분명하지 않으나 부모의 상에 소상과 대상을 지내는 등 만 2년간의 상기가 있었음은 분명한 사실이었다.

　　이처럼 고려시대는 유교식 상례법에 따라 성종4년에 3년복이 정해졌고, 이후에도 여러 번 복제와 상기에 대한 개정이 행해졌다. 특히 삼년상의 경우는 상황에 따라 그 제정과 폐지가 빈번하여 최재석은 고려시대에 삼년상이 제대로 이루어질 수 없었다고 했던 것이다.[95] 그러나 박상충이 "본인의 생각과는 달리 취임을 하느라 100일 만에 복을 벗었지만, 3년간 고기를 먹지 않고 삼년상을 치렀다."[96]는 기사에서 보듯 삼년상은 보편화의 길을 걷고 있었음을 알 수 있다.

　　고려 말 충렬왕 16년(1296) 안향安珦(1243~1306)이 원元으로부터 『주자전서朱子

95_　위의 책, 602쪽.

96_　『高麗史』卷112, 「列傳」25, 〈朴尙衷〉조.

典書』를 들여올 때 주자의 『가례』가 함께 도입되면서 화장이 매장으로 완전히 전환되는 계기가 된다. 이와 함께 공민왕 때는 성균관과 과거제도가 부흥되면서 성리학性理學은 관학으로, 또한 정치철학으로 자리를 잡기 시작한다.

이러한 배경에 따라 정계에 진출한 신진 사대부들은 불교와 권문세가를 비판하기 시작한다. 이색이 공민왕 원년(1352)에 "고려 역대 왕들이 불교를 숭상하여 사찰이 난립하고 승려들이 너무 많고 타락했으므로 도첩度牒을 발부하여 승려를 제한하는 등 불교 숭상을 자제하라"는 내용의 상소를 통해 위정자의 폐정을 시정하고 성균관을 되살리는 등 유교식으로 정치를 권하기도 하였다.[97] 성리학은 고려의 친족혼인, 불교의 윤리관, 사회관, 상장관습 등을 신랄하게 비판하게 된다. 공민왕이 왕비 노국공주魯國公主가 죽으니 "불교도들의 말에 혹하여 화장하려고 하였으나 시중 유탁柳濯(1311~1371)이 옳지 않다고 반대하여 그만두었다."[98] 정몽주鄭夢周(1337~1392)는 또한 당시 풍속이 상사나 제사에 오로지 불교의 예법을 숭상하였는데 비로소 일반 양반이나 서민들로 하여금 『가례』에 의거하여 가묘를 세우고 조상에게 제사를 드리게 하는[99] 등 성리학적인 조상숭배의 실천을 강요하였다. 또한 공양왕恭讓王 원년(1389) 사헌부에서 상소하여 화장을 혹평하고 매장을 강조하기도 한다.[100]

장葬이란 장藏하는 것이니 그 해골을 감추어 폭로하지 않게 함이다. 근세에 부도의 다비법이 성행하여 사람이 죽으면 들어서 불 속에서 장사하여 그 해골만을 남기며 심한 자는 뼈를 태워 재를 날려서 물고기나 새가 먹게 함으로서 그 연후에야 하늘에 가서 태어날 수 있고, 가히 서방에 이를 수 있다고 하는 이 이론

97_ 『高麗史』 卷115, 「列傳」 28, 〈李穡〉조 참조.
98_ 『高麗史』 卷24, 「列傳」, 〈柳濯〉조.
99_ 『高麗史』 卷117, 「列傳」 30, 〈鄭夢周〉조.
100_ 『高麗史』 卷85, 「志」 39, 〈刑法2〉.

理論이 한 번 일어남에 사부대부로서 고명한 자 또한 모두 이에 현혹되어 죽으면 땅에 장사하지 않는 자가 많으니 명호라 부인不仁함이 심하나이다. 사람의 정신은 유행하고 화통하여 생사와 인귀가 본래 동일한 기운으로 조부모가 지하에서 편안하면 자손도 또한 편안하고 그렇지 않으면 이에 반대되는 것입니다. 또한 사람이 세상에 사는 것은 나무가 뿌리를 땅에 박은 것과 같아 그 근주根株를 태우면 가지와 잎이 시들고 초췌해지며 그 나무의 가지와 잎을 불태우면 근주가 또한 병들게 됨으로 어찌 꽃을 피우고 무성하게 자랄 수가 있겠습니까. 이것은 어리석은 주부라도 능히 알 수 있는 바입니다. 성인이 4촌의 관과 3촌의 곽을 제정하였으나 오히려 그것이 빨리 썩을까 두려워하며 알곡을 관중에 두어도 오히려 개미가 혹 침범할까 두려워하오니 송종送終의 예가 이와 같은 것인데, 도리어 먼 오랑캐의 무부無父의 교를 쓰니 가히 어진 일이라 하겠습니까. 원컨대 이제부터 일체 통금하시고 위반하는 자는 죄를 논하도록 하소서라고 하였다.

이러한 기록 등을 보면 불교식에 얽매여 있었음에도 불구하고 이를 반대한 일들이 많았음을 알 수 있다. 공양왕 2년에는 6품 이상은 3대까지 제사지내고, 가묘家廟를 세워 제사지내게 하였으며, 제사의 시기와 방법, 제사절차까지도 모두 정하여 두었으며, 3년에는 가묘법을 제정하였을[101] 정도로 유교식 의례의 실천을 강조하였다.

101_ 『高麗史』 卷63, 「志」 17, 「禮」 5, 「吉禮小祀」, 〈大夫士庶人祭禮〉조.

제3장

조선시대 유교식 상례 전통의 확립

1. 불교식 상례와 유교식 상례의 갈등

조선은 잘 알려진 바와 같이 신진 사대부들이 건국하였다. 이들은 고려 말에 전래된 성리학에 대해 상당한 지식을 가지고 있었으며, 새로운 정치체제를 유지하기 위해서는 이데올로기의 변화가 절대적으로 필요하다고 생각하여 성리학을 통치이데올로기로 삼았다. 조선왕조의 개창과 더불어 나타난 지배종교支配宗教의 교체는 기존 가치체계의 모순보다는 지배계급 내에서의 신구 세력 간의 갈등과 사회·경제적인 문제 때문이었다고 할 수 있다.[1]

조선 초기 관혼상제는 고려 말에 유입된 『가례』에 따라 시행하려고 하였다

1_ 안호용, 「조선전기 상제의 변천과 그 사회적 의미」(고려대학교 대학원 박사논문, 1989), 56쪽.

는 것은 이미 잘 알려진 사실이다. 그래서 성리학적 이데올로기에 맞는 『가례』에 입각한 예제를 법제화 하려고 하였다. 그런데 승려에 의해 집례 되는 기존의 불교식 상례는 유교식 상례의 정착에 대한 가장 큰 갈등 요소였다. 불교적 가치체계와 밀접한 관련을 가지고 있던 당시의 사회구조에서는 유교식 상례, 특히 삼년상은 현실성이 없었으며 또한 강요되지도 않았기 때문에 제대로 실천될 수 있는 기반이 없었다는 견해의[2] 원인이 되었다. 특히 왕실에서 지속적으로 행해 온 불교 숭상은 이러한 유교식 상례의 정착에 상당한 걸림돌로 작용하였다. 국가의 정책은 불교를 금지하고자 하였고, 왕실은 불교를 존치시키려 했는데, 이러한 갈등은 태조太祖가 즉위하는 해부터 불거지고 있었다. 이에 따라 조선 초기에는 상례와 제례에 유교적 요소와 불교적 요소가 병용되고 각종 불교 의례가 설행되는 등 일종의 '과도기적 혼합문화'의 양상을 띠게 되었다.[3] 그러므로 조선 초기 불교와 유교식 상례의 양상을 살피기 위해서는 불교와 유교의 갈등양상을 먼저 살펴 볼 필요가 있다.

조선왕조실록을 검색해 보면[4] 불교와 관련된 기사가 수천 건에 이른다. 이 모두를 열거하는 것은 불가능하므로 이 책에서는 몇 가지 범주를 설정하여 대표적인 것만을 제시하겠다.

1) 불교 억압과 승려의 혁파

총체론적 불교의 혁파는 이미 태조 즉위년부터 제기된다. 가장 먼저 등장하는 기사는 태조 1년(1392)의 기사로 "도당에서 팔관회八關會와 연등회燃燈會를 폐지

2_　안호용, 「유교 상례와 상중의 개인행위 규제」, 『사회와역사』 72(한국사회사학회, 2006), 131쪽.
3_　위의 글, 132쪽.
4_　여기서 제시하는 기사는 '국사편찬위원회'에서 제공하는 『조선왕조실록』의 검색 결과를 이용하였으므로, 원문은 생략하고 날짜만 제시하겠다.

하기를" 청하는[5] 내용이다. 이어 그해 9월 21일에는 대사헌大司憲 남재南在(1351~ 1419) 등이 왕이 불교를 숭상하지 말 것을 상소하는[6] 등 이미 초기부터 갈등이 배태되고 있었다. 이처럼 두 개의 이데올로기는 공존할 수밖에 없는 상황이었다.

불교의 혁파에 대한 기사는 거의 모든 왕조에서 나타나는데 정종 2년(1400)에 는 서운관에서 불교의 배척을 상소하고,[7] 귀신과 불사의 혁파를 상소했다. 그러 나 태상왕이 숭상했으므로 모두는 아니더라도 혁파가 가능한 것은 아뢰도록 하라 고 지시하는[8] 것으로 보아 태조 때보다 불교를 탄압하는 강도가 높아졌음을 알 수 있다. 또한 문하부에서 상소하여 초파일에 연등의 설치를 정지하도록 청하나 회답하지 않았다는[9] 기사는 불교의 부분적 혁파론을 확인할 수 있는 기사이다.

태종 6년(1406) 2월 26일 "조계사의 중 성민省敏이 신문고를 쳐서 절의 수와 노비, 전지를 예전처럼 회복해 달라고 요청하였으나 허락하지 않았다."[10]는 기사 는 불교 억압의 강도가 어느 정도였는지 짐작하게 한다. 그리고 태종 15년(1415) 에 이르러서는 상원과 초파일의 연등을 없애고[11] 단지 이미 준비한 연등은 초파 일에 사용하도록 하였다.[12]

이러한 총체론적 불교 혁파론은 세종 대에도 이어지지만 왕이 허락하지 않 는다.[13] 이에 생균생원들이 불교 개혁에 관해 상소할[14] 정도로 왕과의 대립이 심각할 정도였다. 그러나 세종 6년(1424)에는 불교를 선·교 양종으로 나누고 36 개소의 절만을 남겨 두자고 예조에서 계를 올리자 그제야 왕이 허락하였다.[15]

5_ 『朝鮮王朝實錄』,「太祖」1卷 1年(1392) 8月 5日(甲寅)條.

6_ 『朝鮮王朝實錄』,「太祖」2卷 1年(1392) 9月 21日(己亥)條;「太祖14卷」7年(1398) 閏5月 11日(丙戌)條.

7_ 『朝鮮王朝實錄』,「定宗」3卷 2年(1400) 正月 24日(己丑)條.

8_ 『朝鮮王朝實錄』,「定宗」6卷 2年(1400) 11月 13日(癸酉)條.

9_ 『朝鮮王朝實錄』,「定宗」4卷 2年(1402) 4月 6日(辛丑)條.

10_ 『朝鮮王朝實錄』,「太宗」11卷 6年(1406) 2月 26日(丁亥)條.

11_ 『朝鮮王朝實錄』,「太宗」29卷 15年(1415) 正月 18日(丁巳)條; 25日(甲子)條.

12_ 『朝鮮王朝實錄』,「太宗」31卷 16年(1416) 正月 15日(戊申)條.

13_ 『朝鮮王朝實錄』,「世宗」12卷 3年(1421) 7月 2日(壬戌)條.

14_ 『朝鮮王朝實錄』,「世宗」6年(1424) 3月 12日(戊子)條.

이를 마지막으로 세종대의 불교 혁파에 대한 큰 내용은 보이지 않고 사찰의 철폐, 승려의 증가 방지, 수륙재 등 개별적인 불교행사의 중지를 요구하는 내용들이 나타난다. 이는 세종 대에 이르러 불교의 혁파에 대한 대략적인 논의는 일단락되고 실제적인 불교행사, 불교식 상례의 혁파가 행해졌음을 알 수 있다. 그러나 명종 21년(1566)이 되어서야 조정과 유림의 계속적인 상소로 인해 왕은 "양종선과는 공론을 따라 혁파하도록 하겠다."[16]고 하여 불교 혁파의 일단락이 이루어진 것으로 보인다.

불교의 혁파는 곧 승려의 혁파로 이어진다. 이는 승려가 너무 많아 불교가 성행하게 되므로 승려의 수를 줄여야 하고, 놀고먹는 승려에게 공양할 필요가 없다는 논리에 따른 것이다. 조선조에서 가장 중요한 불교혁파의 하나가 승려의 수를 줄이는 것이었지만, 그 일은 그렇게 쉽지 않았다. 사실 조선 건국 후 불교를 억압하기 위해 처음으로 행한 일이 "승려를 도태하는 일"이었다.[17] 승려의 수를 줄이기 위한 다양한 정책 중 하나가 도첩제度牒制의 시행이다. 이에 따라 중이 되기 위해서는 정전을 바치고 도첩을 받아야 하고 마음대로 출가하는 것이 금지되었다.[18] 태조 6년에는 도첩제를 더욱 강화하여 "도첩을 받지 않는 자는 출가를 불허하고, 어기는 자는 부모·사장師長에게 그 죄가 미치게"[19] 하였다.

그러나 이러한 도첩제의 강화에도 불구하고 승려의 문제가 해소되지 않자 다양한 방법의 승려 혁파 정책을 펴나간다. 철저하게 도첩제를 시행하는가 하면 이미 승려가 된 자를 인정하는 등 융화정책과 강력한 규제가 아울러 행해지고

15_ 『朝鮮王朝實錄』, 「世宗」 24卷 6年(1424) 4月 5日(庚戌)조.
16_ 『朝鮮王朝實錄』, 「明宗」 32卷 21年(1566) 4月 20日(辛巳)조.
17_ 『朝鮮王朝實錄』, 「太祖」 1卷 1年(1392) 7月 20日(己亥)조.
18_ 이에 의하면 중이 되려는 사람이 양반의 자제이면 5승 베 1백 필, 서인이면 1백 50필, 천인이면 2백 필을 바치게 하여, 도첩을 주어 출가하게 하고, 제 마음대로 출가하는 사람은 엄격히 다스리게 한다『朝鮮王朝實錄』, 「太祖」 2卷 1年(1392) 9月 24日(壬寅)조.
19_ 『朝鮮王朝實錄』, 「太祖」 11卷 6年(1397) 4月 25日(丁未)조.

있었다.

　　도첩 없이 삭발하는 자들이 많았기 때문에 젊은 승니는 머리를 기르게 하자고 청하였다. 철저하게 재가를 받고 도첩을 주고, 이를 어기면 호주戶主·이정里正과 그 사승師僧, 수령까지 죄를 묻고 범인의 재산을 몰수하며, 승록사僧錄司에서 의정부에 보고하여 계문하여 시행하도록 하였다.[20]
　　태종 8년(1403) 이전에 삭발한 승도는 정전을 면제하고 도첩을 주도록 하다.[21]
　　승도僧徒의 도첩을 정밀히 조사하여, 없는 자는 환속시키다.[22]

　　외형상 머리를 깎아 승려를 구별하고, 그 주변까지 죄를 물어 불법으로 승려가 되는 것을 막았다. 그리고 도첩을 조사하는 등 철저하게 승려 단속을 하여 불교를 억압하였다. 이와 함께 태종 12년(1412)에는 "도첩의 정전은 마포 대신 저화로 대신하도록" 하고,[23] 태종 14년(1414)에는 "초선에 30명, 입선에는 그 1/3을 넘지 않도록" 승려 선발방법을 바꾸었다.[24] 태종 16년(1476)에는 "7월 이후에 원하는 자는 정전을 받고 도첩을 주고, 7월 이전에 삭발한 사람은 정유년(1417) 3월 그믐날로 한정하여 정전을 받지 말고 도첩을 주고, 정유년(1417) 4월 초하루 이후에 대선 이외에 도첩이 없는 승려는 논죄하고, 70세 이상은 도첩을 주지 말도록"[25] 규정하였다. 세종 11년 출역出役한 자에게 도첩을 주지 않고, 도첩이 없는 자는 『육전』의 율에 따라 다스리도록 상소하였고,[26] 세종 14년에는 도첩이 없는

20_　『朝鮮王朝實錄』,「太宗」3卷 2年(1402) 6月 18日(庚午)조.
21_　『朝鮮王朝實錄』,「太宗」15卷 8年(1408) 5月 10日(戊午)조.
22_　『朝鮮王朝實錄』,「太宗」20卷 10年(1410) 11月 21日(癸未)조.
23_　『朝鮮王朝實錄』,「太宗」23卷 12年(1412) 6月 15日(戊辰)조.
24_　『朝鮮王朝實錄』,「太宗」28卷 14年(1414) 7月 4日(乙亥)조.
25_　『朝鮮王朝實錄』,「太宗」32卷 16年(1416) 8月 2日(辛酉)조.
26_　『朝鮮王朝實錄』,「世宗」45卷 11年(1429) 9月 30日(癸酉)조.

승려가 다시 환속을 하면 군역을 면제해 주기로 하는[27] 등 승려의 수를 줄이기 위한 다양한 정책을 편다.

이러한 규제에도 불구하고 승려의 통제가 불가능해지자 세종 24년에는 도첩이 없는 자는 부모, 이정, 사찰 등 연좌제를 적용하여 치죄하도록[28] 강력한 제재 조치를 취한다. 뿐만 아니라 문종 1년(1451)에는 그해 12월 중으로 도첩이 없는 승려가 자수하지 않거나 금령을 어기면 엄격히 단속하도록 한다.[29] 세조7년(1461)에는 승려의 호패를 만들었는데, "용모와 나이와 직명까지 기록하는"[30] 등 도첩을 위반할 수 없도록 조치를 강화한다. 그러나 연산군 때 다시 매년 10명에게 도첩을 주도록[31] 규정하였으나 매년 도승을 허가해 주면 승려 수가 너무 많아지므로 승려수가 줄어들면 그 때 도첩을 주도록 개정하였다.[32]

그러나 이러한 조치와는 달리 왕실에서는 계속적으로 승려에 대해 관대한 정책을 편다. 대표적인 것이 다양한 사역使役을 시키고 도첩을 주도록 하는 것으로써 "흥천사興天寺 사리전 수리에 승도를 활용하고 이들에게 도첩을 주도록 하였다."[33]는 것이 그 중의 하나이다. 그리고 "도첩을 상고하여 도성 출입을 허가하기도"[34] 하였다. 게다가 승려에 대한 대우를 너무 지나치지 않도록 하라는 기사들도 보인다.

승도가 번성하는 것을 왕도 싫어하지만, 대비의 유시가 있었고, 이것이 국가의 대사에 관계되지 않으므로 대신들도 힘써 따르게 하여 도첩제를 폐지하지 않았다.[35]

27_ 『朝鮮王朝實錄』, 「世宗」 57卷 14年(1432) 8月 4日(庚寅)조.
28_ 『朝鮮王朝實錄』, 「世宗」 95卷 24年(1442) 2月 15日(丙午)조.
29_ 『朝鮮王朝實錄』, 「文宗」 7卷 1年(1451) 4月 17日(乙酉)조.
30_ 『朝鮮王朝實錄』, 「世祖」 26卷 7年(1461) 10月 9日(乙亥)조.
31_ 『朝鮮王朝實錄』, 「燕山」 52卷 10年(1504) 正月 6日(戊辰)조.
32_ 『朝鮮王朝實錄』, 「燕山」 53卷 10年(1504) 閏4月 8日(戊辰)조.
33_ 『朝鮮王朝實錄』, 「世宗」 43卷 11年(1429) 2月 5日(辛巳)조.
34_ 『朝鮮王朝實錄』, 「世宗」 77卷 19年(1437) 5月 18日(丁未)조.

왕은 시경試經에 응시한 모든 승려에게 도첩을 주라는 관대한 조치를 내리지만 사헌부에서 반대하는[36] 갈등도 없지 않았다. 또한 도첩과 호패를 받은 승려의 경우 역사를 시키지 못하게 하고[37] 도첩제를 완화할 뿐만 아니라 도첩이 있는 자는 구금하지도 못하게[38] 하는 등 특혜가 이어진다.

그러나 조정과 유림들의 끊임없는 상소로 도첩제는 상당히 강화되었고, 성종 2년에 도첩을 발급하지 않고,[39] 23년에 도첩제를 강화하여 폐지되는 듯 하였으나 임진왜란이 일어날 때까지 존속하게 된다. 그런데 현종 10년(1669) 사헌부가 승려에게 도첩발행을 건의하였으나 시행하지 않았다는[40] 기사는 임진왜란 중에는 도첩제가 중지되었고, 이의 부활이 가능했으나 허락하지 않았다는 것이다. 이로 보아 이때에 비로소 도첩제가 완전히 폐지된 것으로 보인다.

이처럼 불교 자체를 억압하는 일은 물론, 불교 억압을 위한 승려의 혁파는 유교식 상례가 정착될 수 있도록 하는 밑거름이 되었다. 이미 신진사대부와 함께 성리학을 실천하기 위한 사대부, 조정의 노력은 불교의 흥성을 제도적으로 막고 있었다. 이로 인해 임진왜란 이후가 되면 불교식 상례는 거의 사라지고 상례는 유교식으로 완전히 바뀌게 된다. 즉, 도첩제가 완전히 폐지되어 제도적으로 불교가 흥성하거나 승려가 되는 것이 불가능하게 되었다.

2) 왕실과 조정의 유불갈등

불교 혁파론에도 불구하고 왕실에서는 계속적으로 불교를 숭상하고 있었고

35_ 『朝鮮王朝實錄』, 「成宗」 271卷 23年(1492) 11月 22日(己丑)條; 11月 26日(癸巳)條.
36_ 『朝鮮王朝實錄』, 「明宗」 13卷 7年(1552) 7月 4日(甲申)條.
37_ 『朝鮮王朝實錄』, 「明宗」 23卷 12年(1557) 7月 22日(癸酉)條.
38_ 『朝鮮王朝實錄』, 「成宗」 272卷 23年(1492) 12月 7日(癸卯)條.
39_ 『朝鮮王朝實錄』, 「燕山」 2卷, 1年(1495) 1月 13日(丁酉) 〈성종 대왕의 행장〉條.
40_ 『朝鮮王朝實錄』, 「顯宗」 17卷 10년(1669) 12月 22日(辛巳)條.

이로 인한 조정과 왕실의 갈등이 계속되었음을 알 수 있다. 이는 주로 왕실에서 행한 불교식 상례로서 재齋에 관한 것들이다. 조선 개국 후 가장 먼저 재를 올린 것은 "내탕고內帑庫를 내어 관음굴觀音窟에서 중들을 공양供養하였다."[41]는 태조 1년(1392)의 기사이다. 구체적으로 재를 올렸다는 내용은 없으나 '반승飯僧'은 대부분이 재를 올리고 그 사찰의 중들에게 음식을 공양하는 것을 지칭하기 때문에 이것을 최초의 재로 보아도 무방할 것이다.

구체적인 것으로는 "의비懿妃의 기신忌晨이므로 임금이 회암사檜巖寺에 가서 중들을 공양하였다."[42]는 기록이다. 이와 함께 수륙재水陸齋, 소상재, 대상재 등 왕실의 상례는 불교식을 떠나서는 상상할 수 없는 것처럼 보인다. 진관사津關寺의 수륙재,[43] 신덕왕후神德王后의 기일재忌日齋,[44] 경순왕후의 기신忌晨,[45] 태종의 소상 기신재와 대상재를[46] 세종의 7재[47]와 백일재百日齋[48] 및 상기祥期[大祥]를[49] 모두 절에서 행하였다는 것은 삼년상을 치르되 의례의 진행방법은 불교식이었던 것처럼 보인다. 그 뒤를 이은 문종 역시 칠재七齋까지를 절에서 올린다.[50]

상례 절차에 등장하는 재齋 외에도 세자의 병 때문에 중 21명을 경회루 아래에 모아서 공작재孔雀齋[51]를 베풀었다거나[52] 내불당의 법석法席,[53] 빈전殯殿 법

41_ 『朝鮮王朝實錄』,「太祖」2卷 1年(1392) 11月 15日(壬辰)조.
42_ 『朝鮮王朝實錄』,「太祖」3卷 2年(1393) 2月 24日(己亥)조.
43_ 『朝鮮王朝實錄』,「太祖」13卷 7年(1398) 正月 6日(甲寅)조.
44_ 『朝鮮王朝實錄』,「定宗」2卷 1年(1399) 8月 12日(己酉)조.
45_ 『朝鮮王朝實錄』,「世宗」4卷 1年(1419) 7月 22日(乙丑)조.
46_ 『朝鮮王朝實錄』,「世宗」20卷 5年(1423) 5月 9日(戊子)조;「世宗」24卷 6年(1424) 5月 9日(癸未)조.
47_ 『朝鮮王朝實錄』,「文宗」1卷 卽位年(1450) 4月 6日(己卯)조.
48_ 『朝鮮王朝實錄』,「文宗」1卷 卽位年(1450) 5月 27日(庚午)조.
49_ 『朝鮮王朝實錄』,「文宗」12卷 2年(1452) 2月 12日(丙子)조.
50_ 『朝鮮王朝實錄』,「端宗」1卷 卽位年(1452) 5月 19日(辛亥)조.
51_ 공작재孔雀齋란 불교의 밀교密敎에서 공작명왕孔雀明王을 본존本尊으로 삼고 그로 하여금 재앙을 없애고 병마를 덜고 목숨을 오래 살게 하도록 베푸는 재齋이다.
52_ 『朝鮮王朝實錄』,「世祖」8卷 3年(1457) 7月 28日(己丑)조.
53_ 『朝鮮王朝實錄』,「世祖」9卷 3年(1458) 10月 3日(癸巳)조.

석,[54]_ 예종의 칠칠재와 백일재·소상재[55]_를 지내는 등 왕실에서는 불교적인 상례 뿐만 아니라 다양한 불교 의례가 계속되고 있었다.

그러나 이러한 갈등도 임진왜란王辰倭亂을 계기로 수그러들고 불교식 상례는 서서히 사라지기 시작한다. 중종 11년(1516) 왕실이라도 불교식 기신재忌晨齋를 혁파하였고,[56]_ 선조 39년(1606)에는 창의문彰義門 밖에서 승려들이 수륙재를 열었는데, 그렇게 하지 못하도록 하고 병란으로 파괴된 사찰조차도 중건하지 못하도록 하였다.[57]_

인조 25년(1647)에 "원종대왕의 휘일에 재를 지내려고 했는데, 속리산의 사찰에서 재를 베풀지 않아 벌주었다."는 기사를 통해 왕실에서 제사에 관한 사항을 사찰에 의뢰하였으나 사찰에서 제대로 이행하지 않았던 폐단도 있었음을 알 수 있다. 현종 15년(1674)까지도 왕실에서는 재를 사찰에 의뢰하였고, 이를 반대하는[58]_ 조정의 갈등이 계속되고 있었을 정도이다. 따라서 이러한 실록의 기사만으로는 왕실의 불교숭상이 실제적으로 언제 폐지되었는지 가늠할 수 없다.

한편 왕실에서 당연한 것처럼 여겨 공공연하게 재를 베푼 것과는 달리 조정에서는 불교식 상례를 혁파하기 위한 노력이 이어지고 있었다. 예를 들면 세종 2년(1420) 법석을 폐하였으므로 독경讀經도 폐지하였고,[59]_ 세종 28년(1446)에는 의정부에서 10여 회 이상 불사의 정지를 상소할[60]_ 정도로 왕실의 불사 금지에 대한 갈등이 심했다. 문종 1년에는 수륙재 외의 모든 재는 금하도록 하였고[61]_ 9월

54_ 『朝鮮王朝實錄』, 「睿宗」 1卷 卽位年(1468) 9月 13日(己巳)조.
55_ 『朝鮮王朝實錄』, 「成宗」 1卷 卽位年(1469) 12月 5日(甲寅)조; 「成宗」 4卷 元年 3月 6日(乙酉)조; 「成宗」 8卷 元年 11月 28日(壬寅)조.
56_ 『朝鮮王朝實錄』, 「中宗」 25卷 11年(1516) 6月 2日(壬子)조; 「中宗」 25卷 11年 6月 2日(壬子)조.
57_ 『朝鮮王朝實錄』, 「宣祖」 200卷 39年(1606) 6月 1日(戊戌)조.
58_ 『朝鮮王朝實錄』, 「顯宗」 22卷 15年(1674) 6月 3日(丙申)조.
59_ 『朝鮮王朝實錄』, 「世宗」 9卷 2年(1420) 9月 24日(己丑)조.
60_ 『朝鮮王朝實錄』, 「世宗」 114卷 28年(1446) 10月 5日(己亥)조.
61_ 『朝鮮王朝實錄』, 「文宗」 7卷 1年(1451) 4月 18日(丙戌)조.

에는 수륙재 반대 상소를 올렸으나 허락하지 않는다.[62] 그 이유는 조종祖宗에서 계속 행해오던 일이라는 것이었다. 그러나 드디어 성종 25년(1494) 수륙재를 혁파하였고[63] 연산군 1년에 다시 수륙재를 금한다.[64] 이와 함께 중종 3년(1508)에는 기신재 폐지를 10여 회 이상 상소하였으나 역시 조종의 일이라는 이유로 허락하지 않는다.[65] 중종 11년에는 영구히 폐지하도록 하였으나[66] 명종 5년(1550)이 되면 선교禪教 양종의 부립復立을 명하여[67] 불교식 상례가 부활된다. 현종 2년(1661)에야 비로소 사찰에 있는 열성列聖의 위판을 매안埋安하여[68] 사찰과의 인연을 끊는 것처럼 보이지만, 앞의 기사에서 보듯이 현종 15년(1674)에도 수륙재를 베풀었으므로 그 실제적인 혁파는 정확하게 알 수 없다.

1506년 "앞서 혁파했던 수륙사·능침사·내원당의 위전을 돌려주라"[69]는 기사, 1626년 "사헌부가 항산군恒山君 이정李楨이 불사를 일으킨 데 대해 추고하고, 재차 상소하자 파직시켰다."[70]는 기사는 불교식 상례의 혁파 과정에서 나타나는 약간의 혼란으로 볼 수도 있겠다. 또한 현종 15년(1674) "장단長湍에 사는 유생 정탁鄭鐸이 내간에서 대행 왕대비를 위해 송도의 화장사華莊寺에서 수륙재水陸齋를 설행한다는 말을 듣고 양사가 중지를 청하였으나 윤허하지 않자, 3일 동안 잇따라 아뢰니, 비로소 청을 들어주었다. 정원이 파발을 보내 중지하라는 분부를 알리고자 했으나 그곳에 이르자 수륙재가 이미 행해지고 있었다."[71]는 기사 역시 불교식 재가 사라져가는 과정상 나타나는 약간의 혼란으로 볼 수 있을 것이다.

62_ 『朝鮮王朝實錄』, 「文宗」 9卷 1年(1451) 9月 19日 甲寅조.
63_ 『朝鮮王朝實錄』, 「成宗」 287卷 25年(1494) 2月 18日(丁丑)조.
64_ 『朝鮮王朝實錄』, 「燕山」 10卷 1年(1495) 11月 30日(己酉)조.
65_ 『朝鮮王朝實錄』, 「中宗」 6卷 3年(1508) 5月 8日(乙巳)조.
66_ 『朝鮮王朝實錄』, 「中宗」 25卷 11年(1530) 6月 2日(壬子)조.
67_ 『朝鮮王朝實錄』, 「明宗」 10卷 5年(1550) 12月 15日(甲戌)조.
68_ 『朝鮮王朝實錄』, 「顯宗」 4卷 2年(1661) 12月 1日(丙午)조.
69_ 『朝鮮王朝實錄』, 「中宗」 1卷 1年(1506) 10月 25日(庚午)조.
70_ 『朝鮮王朝實錄』, 「仁祖」 13卷 4年(1626) 閏6月 20日(庚申)조.
71_ 『朝鮮王朝實錄』, 「顯宗」 22卷 15年(1673) 6月 3日(丙申)조.

태종조의 불교혁파에도 불구하고 "홍천사興天寺 석탑 속에 있었던 사리를 내 불당에 옮겨 모시게 하였다."[72]는 기사는 세종 조에는 불교숭상이 상당히 구체화 되어 있었고 왕실과 불교가 더욱 가까워져 있었음을 의미한다. 또한 문소전 서북 에 불당을 설치할 것을 명하자 이사철李思哲(1405~1456)·이의흡李宜洽(?~1450) 등이 불가함을 아뢰고,[73] 이후 40여 회의 내불당 건립 반대 상소가 있었음에도 불구하 고 세종은 그해(1448) 12월 5일 내불당이 완성되자 5일간 계속되는 경찬회를 베풀 어 그 뜻을 굽히지 않았다.[74]

왕실과 불교를 가깝게 이어주었던 내불당은 이후 계속적으로 왕실의 지원을 받다가 단종 2년(1454) 이의 철거에 대한 의논이 있었다.[75] 그러나 그 다음날 영 의정·좌의정 정인지鄭麟趾(1396~1478)·우의정 한확韓確(1403~1456) 등이 "세종이 한 일이기 때문에 헐지 말라고 하여 왕이 따르는"[76] 해프닝이 일어나기도 하였다. 그러나 내불당의 폐지에 대한 상소가 빗발치자 이를 다시 논의하게 된다.[77] 그럼 에도 내불당은 폐지되지 않고 세조 3년(1457) 내불당에서 법석을 베풀[78] 정도로 건재하였다.

성종 원년(1470) 사간원司諫院 정언正言 여호呂箎가 "내불당을 폐할 것을 간하 였으나 조종祖宗에서 한 일이라는 이유로 나중에 다시 의논하기로 하였고",[79] "내 불당의 역사를 중지하자는 상소에 대해 불허하였으나",[80] 연산군 8년(1502) "천신 薦新하는 미곡과 소물素物을 지금부터 내불당에 보내지 말라"[81] 고하면서 내불당

72_ 『朝鮮王朝實錄』,「世宗」5卷 1年(1419) 8月 23日(乙未)조.
73_ 『朝鮮王朝實錄』,「世宗」121卷 30年(1448) 7月 17日(辛丑)조.
74_ 『朝鮮王朝實錄』,「世宗」122卷 30年(1448) 12月 5日(丁巳)조.
75_ 『朝鮮王朝實錄』,「端宗」10卷 2年(1454) 正月 3日(乙卯)조.
76_ 『朝鮮王朝實錄』,「端宗」10卷 2年(1454) 正月 4日(丙辰)조.
77_ 『朝鮮王朝實錄』,「端宗」10卷 2年(1454) 正月 11日(癸亥)조.
78_ 『朝鮮王朝實錄』,「世祖」9卷 3年(1457) 10月 3日(癸巳)조.
79_ 『朝鮮王朝實錄』,「成宗」3卷 1年(1472) 2月 26日(乙亥)조.
80_ 『朝鮮王朝實錄』,「成宗」4卷 1年(1472) 4月 9日(丁巳)조.
81_ 『朝鮮王朝實錄』,「燕山」44卷 8年(1502) 6月 9日(己酉)조.

의 기능이 약화되기 시작한다. 드디어 연산군 10년(1504) 7월 29일 내불당을 홍천사로 옮기게 함으로써[82] 내불당은 약 100여 년의 역사를 마감하게 된다. 명종 21년(1566) "내원당의 전답은 내수사로 이속시키라"[83]는 명령으로 내불당의 존재는 궁궐에서 완전히 사라지게 된다.

지금까지 살펴본 것처럼 조선 왕실은 불교식 상례를 당연한 것처럼 행해왔고, 조정과 대신, 성리학자들은 한결같이 불교식 상례를 반대하는 입장에 서 있었다. 이는 조선조가 유교적 상례를 주장하는 입장과는 달리 왕실에서는 불교식 상례를 주장하고 있어 그 갈등이 있었음을 단적으로 보여주는 것이라고 하겠다. 왕이 "내가 숭상하는 것이 아니라, 조종조祖宗朝에서 이미 행하던 일이니, 반드시 하루 아침에 고쳐 없앨 것은 아니다."[84]고 한 답변은 이러한 갈등을 잘 보여주는 예라고 하겠다.

2. 제도화를 통한 유교식 상례의 권장

1) 법전의 편찬

국가의 유교식 상례에 대한 능동적 수용의지는 성리학적 이념에 걸맞은 예제를 갖추고 구현할 수 있는 법제화를 시도하는 것이었다. 태종 때에는 처음 입사한 관료와 7품 이하의 관료들에게 『가례』를 시험 보게 하였고,[85] 평양부에서는 『가례』 150부를 인쇄하여 각 관청에 배부하였으며,[86] 경사經師들에게 『가례』

82_ 『朝鮮王朝實錄』,「燕山」54卷 10年(1504) 7月 29日(丁巳)조.
83_ 『朝鮮王朝實錄』,「明宗」33卷 21年(1566) 7月 14日(癸卯)조.
84_ 『朝鮮王朝實錄』,「中宗」6卷 3年(1508) 5月 8日(乙巳)조.
85_ 『朝鮮王朝實錄』,「太宗」5卷, 3年(1403) 6月 9日(乙卯)조.

를 가르치기도 하였다.[87] 뿐만 아니라 태종대의 의례상정소儀禮詳定所와 그 후의 집현전에서도 『가례』를 연구하는[88] 등 예제의 법제화를 위한 일련의 활동이 진행되고 있었다.

법제화는 법전의 편찬이 대표적이라 할 수 있다. 태조 3년(1394) 정도전이 『조선경국전朝鮮徑國典』을 간행하였고, 이듬해인 태조 6년(1397) 조선 최초의 법전인 『경제육전經濟六典』을 제정하여 시행한다.[89] 태종이 즉위하면서(1401) 의례상정소를 설치하여 각종의례를 제정한다.[90] 그리고 "집현전에서 『국조오례의』의 주해를 상세히 정하게 하였고",[91] 성종 5년(1474)에야 비로소 『국조오례의』를 완성하였는데, 그 중에서 흉례의 경우 국장과 궁중의 상례는 물론이고 권말에 있는 「대부사서인상의大夫士庶人喪儀」의 경우 관료와 일반 백성의 의례를 함께 기록하여 활용할 수 있도록 하였다. 1471년이 되면 『경국대전』을 완성하여 시행하게 된다. 영조 16년(1740)에는 "대신과 유신儒臣에게 물어서 보태어 넣어 『속오례의續五禮儀』를 만들도록 하여"[92] 20년(1744)에야 완성할 수 있었다.[93] 영조 28년(1752) 김재로金在魯(1682~1759) 등이, 34년(1758)에는 홍계희洪啓禧(1703~1771)가 왕명을 받아 궁중의 상례를 기록한 『상례보편喪禮補編』을 간행하여 참고하도록 하였다.

이처럼 조선시대에는 지속적으로 법전을 편찬하였는데, 대부분이 『가례』의 원리를 수용하고 있었다. 따라서 국가에서는 관혼상제의 예를 이러한 법전을 통하여 정립하려고 했음을 알 수 있다. 이는 곧 유교식 상례를 실천할 수 있는 배경

86_ 『朝鮮王朝實錄』, 「太宗」 6卷, 3年(1403) 8月 29日(甲戌)조.
87_ 고영진, 「15・6세기 주자가례의 시행과 그 의의」, 『한국사론』 21(서울대, 1988), 98~99쪽.
88_ 최승희, 「집현전 연구」 상・하, 『역사학보』 32・33(역사학회, 1966・1967).
89_ 『朝鮮王朝實錄』, 「太祖」 12卷, 6年(1397) 12月 26日(甲辰)조.
90_ 의례상정소는 1401년 의례상정사로 출발하여 세종 17년(1435) 폐지될 때까지 35년간 약 70여 건의 중요한 의례・제도・정책들을 확정하였다. 그 중에서 중요한 의례들은 1410년의 능개장의陵改葬儀・1415년 제사의祭祀儀・1429년 향묘의享廟儀・1432년 종묘예악宗廟禮樂・1419년 상제喪制・1432년 가묘제家廟制 등이다.
91_ 『朝鮮王朝實錄』, 「世宗」 106卷, 26年(1444) 10월 11일(丙辰)조.
92_ 『朝鮮王朝實錄』, 「英祖」 51卷, 16年(1740) 6月 3日(壬申)조.
93_ 『朝鮮王朝實錄』, 「英祖」 60卷, 20年(1744) 8月 27日(辛未)조.

이 된다.

2) 삼년상의 정책적 장려

유교식 상례를 정책적으로 장려한 것은 여러 종류가 있을 수 있으나, 그 중에서 가장 중요한 것은 유교식 상례의 핵심이라 할 삼년상이라고[94] 할 수 있다. 단순히 삼년상을 강조하여 장려했다는 것이 아니라 반드시 주자의 『가례』에 따르도록 한 것이 조선시대 삼년상 장려의 특징이다.

태조 4년(1395) 6월 6일 중추원사 권근權近(1352~1409)에게 명하여 관혼상제의 예를 상정하게 하는[95] 등 조선 초기부터 예를 정하는 노력이 시작된다. 이어 28일에는 현직 관리와 산관散官 모두가 '부모의 삼년상'을 마치게 하고, 가묘의 제도를 밝히며, 삼일장三日葬과 화장을 금하되, 모두 석 달 또는 달을 넘겨서 장사지내는 제도를 행하도록 하였다.[96] 그리고 태조 7년에는 삼년상은 물론 부득이한 경우에만 탈정기복奪情起復 하도록[97] 하고, 임의대로 탈정기복하는 자는 엄벌하기도[98] 하였다. 이와 함께 12월에는 불교식 재를 폐하고 유교식 제사를 지내도록 하는[99] 등 불교식 의례를 금한다.

태종이 즉위하면서(1401) 상중의 3년 동안은 과거를 보지 못하게 명하고,[100] 태종 5년(1409)에는 산릉제와 서민들의 담제禫祭에 풍악을 금지하였으며,[101] 태종 13년(1413)에는 사간원에서 불사를 혁파하고 『가례』를 행하도록 한다.[102] 세종

94_ 안호용, 앞의 글(1989), 126쪽.
95_ 『朝鮮王朝實錄』, 「太祖」 7卷, 4年(1395) 6月 6日(戊辰)條.
96_ 『朝鮮王朝實錄』, 「太祖」 7卷, 4年(1395) 6月 28日(庚寅)條.
97_ 상중에도 불구하고, 국정이 급할 때 벼슬에 나아가게 하는 일.
98_ 『朝鮮王朝實錄』, 「太祖」 13卷, 7年(1398) 2月 1日(戊寅)條.
99_ 『朝鮮王朝實錄』, 「太祖」 15卷, 7年(1398) 12月 15日(丁巳)條.
100_ 『朝鮮王朝實錄』, 「太宗」 1卷, 1年(1401) 3月 12日(辛未)條.
101_ 『朝鮮王朝實錄』, 「太宗」 9卷, 5年(1409) 4月 4日(己巳)條.

11년(1429)에는 장삿날에 향도香徒들을 모아 술을 준비하고 풍악을 울리는 등의 일을 하지 못하도록 엄단하였다.[103] 이는 『가례』의 규정에 상례의 풍악이 없었기 때문이다. 태종 17년(1417)이 되면 사대부들은 유월장踰月葬을 하도록 권할[104] 정도로 유교식 상례를 『가례』에 따라 시행하도록 장려하였다.

세종 2년(1420) 친상親喪으로 인해 예문관·성균관·교서관·승문원의 참외관參外官이 자리를 비우고 직무를 폐하는 일이 없도록 그 다음 차례에 있는 자로 보충시키고, 상기를 마치거든 각자 본관청에서 본직에 따라 다시 임용하도록 하였다.[105] 이러한 연유로 세종 24년(1442)에는 "특별한 경우를 제외하고는 담제 전에 관작을 제수하지 못하도록"[106] 하여 관리들이 삼년상을 실천할 수 있도록 적극적인 배려를 한다. 이는 친상을 당하면 당연히 벼슬을 그만두고 삼년상을 치르는 것이 당시의 풍속이었음을 나타낸다. 그러므로 삼년상은 제도적 장려에 따라 사대부를 중심으로 확산되고 있었음을 의미한다.

뿐만 아니라 삼년상의 장려는 군사들에게까지 확대 시행하려는 노력들도 있었다.

> 군사들의 대·소상과 담제에는 『경제육전』에 따라 휴가를 주어 사당에 제사
> 지내게 하였다.[107]
>
> 정병 중에서 삼년상을 원하는 자가 있으면 허락하다.[108]

102_ 『朝鮮王朝實錄』, 「太宗」 25卷 13年(1413) 3月 12日(辛卯)條.
103_ 『朝鮮王朝實錄』, 「世宗」 44卷 11年(1429) 4月 4日(己卯)條.
104_ 『朝鮮王朝實錄』, 「太宗」 33卷 17年(1417) 6月 1日(乙酉)條.
105_ 『朝鮮王朝實錄』, 「世宗」 8卷 2年(1420) 5月 3日(庚午)條.
106_ 『朝鮮王朝實錄』, 「世宗」 97卷 24年(1442) 9月 3日(庚申)條.
107_ 『朝鮮王朝實錄』, 「世宗」 11卷, 3年(1403) 2月 6日(己亥)條.
108_ 『朝鮮王朝實錄』, 「成宗」 14卷, 3年(1472) 正月 24日(辛酉)條.

군사들에게까지 삼년상을 확대 시행하려 했다는 것은 그만큼 『가례』에 따른 유교식 상례의 장려의지가 강했음을 나타낸다. 그러나 중종 11년(1516) 11월 5일 과 6일에 걸쳐 삼년상의 확대시행에 대한 논란이 벌어진다. 11월 5일 왕은 당연 히 삼년상을 서민에게까지 확대 시행해야 한다고 주장하고, 다음날 6일에는 이에 대해 의논하여 아뢰도록 하였다.[109] 이에 대해 대신들의 의논은 둘로 나뉜다.[110] 정광필鄭光弼(1462~1538), 박설朴說(1464~1517), 김응기金應箕(1457~1519), 이계맹李繼孟 (1458~1523) 등은 사역의 폐단과 표창, 『대전大典』에 따라 원하는 자에게만 들어주 고, 서인으로서 시행한 자는 표창하자고 하여 확대시행의 법제화를 반대한다. 이 에 반해 신용개申用漑(1463~1519), 김전金詮(1458~1523), 송천희宋千喜(?~1520)는 귀천 없이 삼년상을 시행하도록 법제화해야 한다고 주장한다. 그러나 11일 "대신들의 의견이 다르고, 폐단이 우려되어 『대전』의 규정에 따라 삼년상을 원하는 사람에 게는 법에 구애받지 말고 들어주도록 하라"[111]고 전교함으로서 확대시행의 법제 화는 이뤄지지 않는다.

이처럼 삼년상의 법제화 논의는 비록 그것이 결실을 보지 못했다 하더라도 중요한 의미를 지닌다. 즉, 이미 사서인까지도 이를 시행하려는 이가 있었다는 의미이고, 이를 좀 더 공고히 하기 위해 법제화를 시도한 것이기 때문이다. 따라 서 삼년상의 정책적 장려는 유교식 상례의 근본을 실행하자는 의지로 보인다.

3) 사당 건립 장려

사당祠堂은 사대부의 집에 건립하여 조상을 함께 제사지내는 건물을 가리킨

109_ 『朝鮮王朝實錄』, 「中宗」 26卷, 11年(1516) 11月 6日(癸未)조.
110_ 『朝鮮王朝實錄』, 「中宗」 26卷, 11年(1516) 11月 6日(癸未)조.
111_ 『朝鮮王朝實錄』, 「中宗」 26卷, 11年(1516) 11月 11日(戊子)조.

다.[112] 원래 묘廟란 선조의 목주木主를 설치하여 제사지내는 건물을 뜻하였으나 뒤에 신에게 제사지내는 곳을 의미하기도 하였다. '사당祠堂'이라는 용어가 최초로 사용된 곳이 『가례』로써 조상숭배의 장소라는 의미로 사용되었다.[113] 그렇기 때문에 조선조가 되면 당연히 사당이라는 용어를 사용하여야 한다. 그런데도 의례의 연구를 위해 참고로 했던 『의례』나 『예기』 등에서 사용하는 용어인 '가묘家廟'를 그대로 사용하고 있어 혼란이 있었던 것으로 보인다.

조정에서 사당 건립을 적극적으로 장려했던 이유는 사당과 신주가 유교식 상례와 제례 제도를 확립하기 위한 핵심이었기 때문이다. 이는 조상의 신체神體인 신주神主를 중심으로 행해지는 성리학적 의례체계를 확립하는 방법이었다. 성리학적 의례체계를 상례와 제례를 통해 구현하려 했던 이유 가운데 가장 중요한 것으로는 사후세계死後世界와 조상祖上에 대한 관념, 그리고 가계계승의 종법원리 등이 기존 고려사회의 것과 상당히 달랐다는 것을 들 수 있다. 따라서 성리학적 의례체계가 전래될 때 관에서는 대성전의 설립이 문제되듯이 민간에서는 사당의 설립이 문제가 되었던 것이다.

이 사당의 존재는 성리학적 의례체계가 보편화된 지표로 볼 수 있으며, 성리학적 의례생활이 영위되고 있는 기준이라고 할 수 있다.[114] 그렇기 때문에 태종 1년(1401)부터 형편이 안 되면 따로 궤를 마련하여서라도 신주를 모시게 할 정도로 사당의 설치와 신주 모시기를 장려하였던 것이다. 이러한 사당 건립과 신주 봉안을 권장한 배경에는 『조선경국전』에 「가묘」조를 두었고, 태종이 관리 초임자들에게 일률적으로 「가례」를 시험 보게 하는[115] 등 일련의 유교식 상례를 권장하였기 때문이다. 다음 기사를 통해 사당을 건립하도록 권장하는 강도를 짐작할 수 있다.

112_ 장철수, 앞의 글(1990), 12쪽.
113_ 위의 글, 12쪽.
114_ 위의 글, 11쪽.
115_ 『朝鮮王朝實錄』, 「太宗」 5卷, 3年 6月 9日(乙卯)조.

도성 안은 집이 협착하여 사당 설치가 어려우니, 따로 궤 하나를 마련하여 신주를 넣어서 깨끗한 방에다 두게 하여 간편한 것을 따르게 하고, 외방에는 각각 주·부·군·현의 공아公衙 동쪽에다 임시로 사당을 설치하여 명을 받고 나가는 수령이 적장자嫡長子라면 신주를 받들고 부임하게 하고, 적장嫡長이 아니면 또한 주현의 사당에서 지방을 써서 행례하게 하고, 조정에 있든지 외방에 있든지 사당의 제사를 주장하는 자는 매일 새벽에 일어나서 분향재배하고, 출입할 때에 반드시 고하며, 모든 제의를 한결같이 『문공가례文公家禮』에 의하여 아랫사람에게 보이면, 권면하지 않고도 자연히 교화가 백성에게 미칠 것입니다. 비록 본래부터 사당을 세우지 않은 자라도 반드시 이로부터 흥기할 것입니다. 서울에서는 명년(1402) 정월부터, 외방에서는 2월부터 시작하여 거행하게 하고, 따르지 않는 자는 헌사에서 규리하여 파직한 연후에 계문하게 하다.[116]

좁으면 궤짝에라도 신주를 모시게 하였고, 사당례祠堂禮를 행하게 하며, 주·부·군·현의 임시사당은 물론 기한을 정하여 사당을 건립하게 하였으며, 이를 어기면 논죄하도록 하였다. 이러한 일은 모두 『가례』에 따라 행하여 선도하면 백성의 교화가 될 것으로 기대하고 있었다. 그러나 태종 6년(1406) 사당을 세운 자들이 1~2%에 머물자 그 해 안으로 사당을 세우게 하고 따르지 않는 자는 논죄하였으나,[117] 역시 사당을 세우지 않는 사대부들이 많아 태종13년까지 사당을 세우도록 명하고 어기는 자는 엄단하기로 한다.[118]

세종 9년 사헌부에서는 2품 이상은 무신년(세종 10년, 1428), 6품 이상은 경술년(세종 12년, 1430), 9품 이상은 계축년(세종 15년, 1433)으로 기한을 삼아 모두 가묘를

116_ 『朝鮮王朝實錄』, 「太宗」 2卷 1年(1401) 12月 5日(己未)조.
117_ 『朝鮮王朝實錄』, 「太宗」 11卷 6年(1406) 6月 9日(丁卯)조.
118_ 『朝鮮王朝實錄』, 「太宗」 25卷 13年(1413) 5月 10日(戊子)조.

세우게 한다. 사당의 가사家舍는 주제主祭하는 자손에게 전하고 다른 사람에게 주지 말도록 한다. 가묘를 세우지 않고 신주를 만들지 않는 사람은, 서울에서는 사헌부가, 외방外方에서는 감사가 고찰하여 풍속을 바로잡도록[119] 하는 계를 내린다. 이어서 "올해(세종 12)가 5, 6품들이 가묘를 세우는 마지막 해인데, 조부가 사는 곳이라 핑계하고 계모 또는 계조모가 사는 집에 사당을 세우려 하는 것은 허락하지 말고, 가묘의 건립 여부만 따지라"고 명한다.[120] 그러나 사당 건립의 비율이 상승하지 않자 명종 15년(1555)에는 가묘를 세우지 않고 제사를 지내지 않고 부모의 상에 복服을 입지 않는 자를 엄히 단속하도록[121] 한다.

이처럼 사당을 건립하도록 적극 장려한 것은 유교식 상례와 제례를 실천하기 위한 신주를 모시는 사당이 유교식 의례체계를 대변하는 상징물로 기능하였기 때문이다. 이는 성리학적 이데올로기에 따라 종법을 세우고 최고의 덕목인 조상숭배를 실천하기 위해서는 신주를 모시는 것을 전제로 하지 않으면 안 되었던 이유와 관련이 있다. 따라서 신주를 모실 공간으로서 사당이 절대적으로 필요했기 때문에 그만큼 적극적으로 권장했던 것으로 보인다.

4) 상복제의 정비

삼년상 실천의 타당성을 담보하기 위해서는 복제의 제정이 무엇보다 시급했던 것으로 보인다. 이는 곧 유교식 상례의 실천을 위한 제도화로, 복제를 규정함으로서 삼년상의 정당성을 확보하려 하였던 것으로 보인다. 상복제의 제정과 규정은 조선 초기부터 나타나는데, 태조 7년(1398) 윤5월에는 탈정기복의 복제를 정

119_ 『朝鮮王朝實錄』, 「世宗」 35卷 9年(1427) 2月 10日(戊辰)조.
120_ 『朝鮮王朝實錄』, 「世宗」 49卷 12年(1430) 9月 16日(甲寅)조.
121_ 『朝鮮王朝實錄』, 「明宗」 19卷 10年(1555) 10月 17日(戊寅)조.

하였으며,[122] 태종 3년(1403)에는 사간원에서 미비한 복제 5가지를 보완하도록 하였는데,[123] 내용은 다음과 같다.

① 남(3년)·녀(100일)의 상복에 차이가 있다.
② 부녀자의 참최복이 없다.
③ 이부형제자매異父兄弟姉妹를 위하여 소공小功 5월복을 입게 되어 있으나
   이것이 『경제육전經濟六典』에 실리지 않았다.
④ 아버지의 첩이 아닌 유모의 복이 누락되어 있다.

누락되고 미비하다고 한 것은 『가례』에는 규정되어 있으나, 당시의 법전인 『경제육전』에는 실리지 않았다는 것으로, 이는 『경제육전』이 주자의 『가례』에 충실하지 못했음을 나타낸다. 이 기사는 조선시대 초기부터 철저하게 『가례』에 의거한 상례의 실행의지를 보여주는 중요한 기사라고 하겠다.

이와 함께 태종 11년(1411) 윤12월 23일에도 예조에서 『경제육전』의 오복제도가 『가례』와 다르므로 이를 고쳐 시행하기로 한다.[124] 그 중 하나를 보면 "『가례』에 생질甥姪의 복은 소공小功이고 그 아내는 시마緦麻이고 생녀甥女는[125] 소공小功이고 출가하면 한 등급을 내린다. 지금 『경제육전經濟六典』에는 이성異姓 형제 사촌은 복이 있으나 이성異姓 삼촌질三寸姪과 질녀姪女는 복이 없어 차서를 잃었다. 그러므로 『가례』에 의하여 이성 3촌 질은 소공을 입고 그 아래는 시마를 입고, 삼촌 질녀는 소공을 입고 출가하면 시마를 입게 한다."고 하여 『가례』의 규정에 따라 복제를 재정비한다. 복제 정비 대상은 이성삼촌생질과 질녀, 이성사촌자매,

122_ 『朝鮮王朝實錄』, 「太祖」 14卷 7年(1398) 閏5月 16日(辛卯)條.
123_ 『朝鮮王朝實錄』, 「太宗」 5卷 3年(1403) 4月 4日(庚戌)條.
124_ 『朝鮮王朝實錄』, 「太宗」 22卷 11年(1411) 閏12月 23日(己卯)條.
125_ 姉妹의 딸.

외손부, 처부모와 사위의 4개 범주에 속하는 친족이다. 다른 복제는 차치하고라도 처부모와 사위에 대한 복은 우리나라 특유의 서류부가의 생활을 고려하여 『가례』보다 훨씬 높이고, 그 밖의 친족원에 대한 복은 『가례』에 따르도록 한 것이 특징이다. 즉, 『가례』에는 처부모妻父母와 여서女壻의 복은 모두 시마복이지만, 『경제육전經濟六典』에는 처부모 기년복, 사위에 대해서는 소공복을 입도록 하여 한 단계 높여 정하였다.[126]

이 외에도 『가례』에 의거하여 계모와 소생모(재최 3년, 부묘할 수 없을 때는 기년복),[127] 서자가 그 어머니를 위해 입는 복(연관과 마의),[128] 아버지가 살아 계실 때 모친상의 기년복을 마치고 심상을 할 때면 모두 천담복淺淡服을 입게 하고,[129] 계모를 위해서는 모와 마찬가지로 재최복을 입고, 아버지가 살아 계실 경우에는 기년에 심상삼년으로 하며,[130] 상殤[131] 가운데 기혼 혹은 관직이 있는 남자와 혼인한 여자는 성인의 예로 정하였다.[132]

이처럼 복제가 후기로 내려오면서 점점 세분화 되고 정제되는 것은 유교식 상례의 보급에 따라 나타나는 문제점을 해소하기 위한 조치로 보인다. 즉, 실행되지 않을 때는 그 문제점을 알 수 없지만 실행하는 과정에서 나타나는 문제로 인해 점점 세분화 되었던 것으로 보인다. 특히 상殤의 복제까지 정한 것을 보면 문종 대(1451)에 이르러 유교식 상례가 정착되도록 상당한 노력을 진행한 것으로 보인다.

126_ 『朝鮮王朝實錄』,「太宗」22卷 11年(1411) 閏12月 23日(己卯)조.
127_ 『朝鮮王朝實錄』,「世宗」65卷 16年(1434) 7月 6日(辛巳)조.
128_ 『朝鮮王朝實錄』,「世宗」68卷 17年(1435) 6月 12日(壬子)조.
129_ 『朝鮮王朝實錄』,「世宗」123卷 31年(1449) 2月 25日(丙子)조.
130_ 『朝鮮王朝實錄』,「世宗」65卷 16年(1434) 7月 6日(辛巳);『朝鮮王朝實錄』,「文宗」6卷 1年(1451) 3月 24日(癸亥)조.
131_ 상殤은 20세 미만에 죽는 것을 말한다. 『禮記』에 "나이 16세에서 19세에 죽는 것을 장상長殤, 12세에서 15세까지를 중상中殤이라 하고, 8세에서 11세까지를 하상下殤이라 한다."고 하였다.
132_ 『朝鮮王朝實錄』,「文宗」9卷 1年(1451) 8月 10日(乙亥)조.

5) 얼음의 사용과 묘지 규모

상례에 얼음을 사용한다는 규정은 이미 앞에서 살펴 본 바와 같이 시신의 온전한 보존과 밀접한 관련을 가진다. 세종 17년(1435)에는 "종친과 대신·공신의 예장에는 얼음을 사용하되, 초상에서 대렴까지는 날마다 얼음 20정丁을 사용하고, 5월 보름 전과 8월 보름 후에는 반을 감하게 하였고 예장도감禮葬都監에서 검찰하여 빙반까지 주게 하였다.[133] 4년 후인 세종 21년에는 정2품·종2품에게 5월 보름 이후 8월 보름 이전에 초상에서 대렴까지 역시 얼음을 쓰게 하여, 정2품은 매일 15정을 주고, 종2품은 매일 10정을 주도록"[134] 개정한다. 얼음을 지급하는 대상이 종2품까지로 제한되고, 양 역시 정2품과 종2품의 구별을 하지만, 시기에 따른 감량에 대한 규제는 없다.

이러한 얼음의 지급은 시신을 매장해야 하는 유교식 장사법을 준용하였기 때문에 나온 이야기다. 왜냐하면 시신을 화장하거나 풍장을 할 경우 시신의 부패를 걱정할 필요가 없기 때문이다. 이에 따라 당연히 매장을 위한 조치들이 나와야 하는데 이것이 묘지 규모 제정이다.

묘지의 규모를 정했다는 것은 매장에 대한 규칙을 정하자는 것으로 그만큼 화장에 비해 매장의 비중이 높아졌다는 것을 의미한다. 이 역시 유교식 상례를 정착시키기 위한 제도적 장치라고 할 수 있다. 태종 4년(1404) "1품은 90보 평방에 사면이 각각 45보, 2품은 80보 평방, 3품은 70보 평방, 4품은 60보 평방, 5품은 50보 평방, 6품은 40보 평방, 7품에서 9품까지는 30보 평방, 서인은 5보 평방으로 이상의 보수步數는 모두 주척周尺을 사용한다. 그리고 사표四標 안에서 경작하고 나무하고 불을 놓는 것을 일절 금지하도록"[135] 하였다.

133_ 『朝鮮王朝實錄』, 「世宗」 70卷 17年(1435) 11月 17日(甲申)조.
134_ 『朝鮮王朝實錄』, 「世宗」 86卷 21年(1439) 7月 26日(壬申)조.

이후 태종 18년(1418)이 되면 "종실 1품은 4면을 각각 1백 보, 2품은 90보, 3품은 80보, 4품은 70보씩으로 한다. 그리고 문무 양반의 묘지는 1품은 4면을 90보, 2품은 80보, 3품 이하는 또한 각각 정한 보수에다 한 배를 더하여 한계를 정하고, 아울러 인호에서 1백 보 안에는 안장하지 못하게" 하여[136] 종친과 사서인의 묘제에 대하여 보다 구체화 한다.

그리고 석실을 폐하고 주자의 『가례』에 의거하여 회곽灰槨만을 사용하도록 하였고,[137] 종친 이하의 예장禮葬에도 석실石室을 없애고 회곽을 쓰도록 하였으며,[138] 사대부가 장사에 석실을 사용하는 것은 불가하니 금지시키도록 하였다.[139] 그리고 종친 부모 분묘의 성묘는 1년에 세 번씩 하도록 정하기도[140] 하였다.

성종 5년에는 영응대군永膺大君 등 대군이나 공주의 묘가 너무 사치스럽고, 석물에 대한 규정이 없으므로 이를 정하도록 하였다. 그리고 이를 어기면 엄중히 다스리도록 하였다.[141] 이때 각 신분에 따른 석물의 종류와 규격을 모두 정하였다.

얼음의 사용과 묘지면적 규제, 그리고 장법의 규제는 모두 유교식 상례의 규정에 의한 것이다. 이 역시 유교식 상례의 구체적 정착을 위한 제도화라고 할 수 있다.

6) 일역월제의 강행과 중단

일역월제는 이미 고려 때부터 시행되었으며,[142] 조선시대에는 태조太祖의 상

135_ 『朝鮮王朝實錄』, 「太宗」 7卷 4年(1404)) 3月 29日(庚午)조.
136_ 『朝鮮王朝實錄』, 「太宗」 35卷 18年(1418) 5月 21日(庚午)조.
137_ 『朝鮮王朝實錄』, 「太宗」 12卷 6年(1406) 閏7月 28日(乙酉)조.
138_ 『朝鮮王朝實錄』, 「太宗」 35卷 18年(1418) 正月 11日(壬戌)조.
139_ 『朝鮮王朝實錄』, 「成宗」 69卷 7年(1476) 7月 1日(壬寅)조.
140_ 『朝鮮王朝實錄』, 「世宗」 105卷 26年(1444) 8月 18日(甲子)조.
141_ 『朝鮮王朝實錄』, 「成宗」 47卷 5年(1474) 9月 19日(辛未)조.
142_ 정종수(앞의 글, 1994, 78쪽)는 고려시대 뿐만 아니라 조선 초기의 일역월제를 상세하게 다루었으나 조선 중·후

레에서 처음으로 사용하였다. 송宋나라의 예를 법으로 삼아 날[日]로 달[月]을 바꾸어 13일에 소상, 25일에 대상, 27일에 담제하여 제복除服하며, 제도는 모두 『가례』에 따르도록[143] 한다. 그러나 태종 8년 송의 일역월제에 따라 정사政事를 듣기를 청하였으나 듣지 않았다고 하였음에도[144] 정종비定宗妃 정안왕후定安王后(1355~1412)의 상례와[145] 정종의 상례에서[146] 이 일역월제를 수용하였던 것으로 보아 상황에 따라 시행에 차이가 있었던 것으로 보인다.

이러한 과정을 거친 일역월제는 세종의 반대에 따라 완전히 막을 내리는 것처럼 보인다. 태종太宗의 상을 당하여 예조에서 일역월제를 사용하기를 청하자 세종은 다음과 같은 이유로 이를 거절하였다.[147]

> 일역월제는 한·당나라 이하의 보통 임금이 하던 일로, 선왕의 법은 아니다. 대비大妃의 초상에서 일역월제를 사용했으나, 내가 부왕께 두 번이나 청하여 산릉을 모신 뒤에 효복孝服을 벗었다. 이제 25일 만에 벗게 되면, 전번 초상만도 못하게 되는 것이므로 나는 최복으로 3년을 지내려고 한다. …(중략)… 여러 신하들도 졸곡 뒤에 복을 벗게 하였다.

이로써 일역월제가 폐지되고, 본격적인 삼년상이 정착하는 것처럼 보인다. 그러나 연산군대에 이르면 다시 일역월제를 실시하여 유교식 상례의 정착과 확립은 주춤하는 듯하다. 연산군은 『오례의』의 '왕비의 부모를 위한 상복' 주註에 '13개월 만에 복을 벗는다'라는 구절을 들어 공제의 예를 행하여 13일 만에 상복

기의 상황에 대해서는 언급을 하지 않았다.

143_ 『朝鮮王朝實錄』, 「太宗」 15卷 8年(1408) 5月 25日(癸酉)條.
144_ 『朝鮮王朝實錄』, 「太宗」 15卷, 8年(1408) 6月 25日(壬寅)條.
145_ 『朝鮮王朝實錄』, 「太宗」 23卷, 12年(1412) 6月 25日(戊寅)條.
146_ 『朝鮮王朝實錄』, 「世宗」 5卷, 1年(1419) 9月 26日(戊辰) 및 9月 27日(己巳)條.
147_ 『朝鮮王朝實錄』, 「世宗」 16卷, 4年(1422) 5月 13日(己巳)條.

을 벗도록 하였다.[148] 또한 중국의 달을 날로 바꾸는 제도에 따라 27일 만에 제상除喪하고, 사대부의 상제는 중국에 가는 사신으로 하여금 중국에서 물어보게 하여, 참작해서 본국의 상제를 정하게 하였으며[149] 국상의 일역월제 시행을 강행하였다. 연산군 11년에는 영의정 류순柳洵(1441~1517) 등이 상제를 의정하였으나 "일역월제에 따라 국가가 27일로 정했기 때문에 위아래의 상제가 다를 수 없으므로 새로 정하게 하였다."[150] 연산군 11년 9월 25일에는 사대부의 상기를 기년으로 한정하였으나 너무 길다고 다시 정하게 하였다.[151]

드디어 연산군 11년에는 영의정 류순 등이 다시 상제를 의정하였다.[152]

① 궁인宮人은 27일로 길복吉服하고, 무수리[水賜] 이하는 12일로 길복하며, 장사지내지 못하였더라도 모두 행소行素하지[153] 못하니, 대궐에서 모시는 직임이 중하기 때문이다.

② 사대부는 27일로 길복하되, 장사지내지 못하였으면 행소하고 장사지냈으면 길복하며, 그 뒤로는 왕래하는 날짜를 빼고 말미 15일을 주고, 연제練祭(소상)·상제祥祭(대상)·담제禫祭에는 모두 말미 7일을 주고, 매월 삭망에는 말미 2일을 주며, 장사 때 및 모든 제사에는 모두 천담복을 입는다.

③ 서인은 12일로 길복하며, 행소行素하는 것은 사대부와 같다.

④ 다른 지방에서라면 상喪의 소식을 들었다면, 들은 날부터 비롯하여 셈한다.

궁인과 사대부는 27일, 서인과 무수리 이하는 12일로 상복을 벗도록 하고,

148_ 『朝鮮王朝實錄』, 「燕山」 39卷 6年(1500) 10月 28日(己酉)조.
149_ 『朝鮮王朝實錄』, 「燕山」 58卷 11年(1505) 6月 30日(癸未)조.
150_ 『朝鮮王朝實錄』, 「燕山」 59卷 11年(1505) 9月 25日(丙午)조.
151_ 『朝鮮王朝實錄』, 「燕山」 59卷 11年(1505) 9月 25日(丙午)조.
152_ 『朝鮮王朝實錄』, 「燕山」 59卷 11年(1505) 9月 27日(戊申)조.
153_ 궁중에서, 고기나 생선이 없는 찬으로 밥을 먹던 일.

장사를 지내지 않았으면 고기를 먹지 않는 소식을 하도록 규정하고 있다. 또한 삭망에는 2일, 소·대상과 담제에는 7일의 말미를 주어 의례를 치를 수 있도록 한다.

그런데 일역월제는 실제 그 기간 내에 상례의 모든 절차를 마친다는 것이 아니라 상복만을 벗고 정사를 본다는 것에 주의할 필요가 있다. 이는 비록 상복은 벗더라도 상례의 절차는 그대로 진행한다는 것을 의미한다. 위의 기사에서 소·대상과 담제, 매월 삭망에 말미를 준다는 것이 그것이다. 세종이 강무 행차를 할 즈음에 사간원에서 "대행상왕大行上王이 빈소에 계시고, 장사도 지내지 않았는데, 거동하는 것을 불가하다."고 상소하자, "후사後嗣된 자로서 날수로 달수를 바꾸어 계산하여 상을 마쳤고, 형제간의 복으로도 모두 마쳤으니 문제가 없다."[154]고 응수한다.

또한 세종 3년 2월에는 "왕대비가 훙서薨逝하였는데, 우리 전하께서 날수로 달수를 계산하는 법도에 따라서 이미 최질을 벗었고, 석 달을 넘어서 장사지냈다."[155] 장사 때는 상복을 입는 것이 아니라 천담복을[156] 입게 한다든가 연산 12년 5월 "이번 친상親喪에 이미 일역월제도를 써서 상례를 정하였다. …(중략)… 지금부터 모든 벼슬아치는 상제를 마치면, 아직 장사지내지 않았더라도, 공회公會에서 고기를 먹도록 하라"[157]고 한다. 또 "소혜왕후가 죽었을 때 이일역월제以日易月制제를 적용하였고, 대행大行이 아직 빈소에 있는데도 풍악을 그치지 않았다."는 기사[158] 역시 일역월제가 실제 상기喪期를 마치는 제도가 아니었음을 알 수 있게 한다.

154_ 『朝鮮王朝實錄』, 「世宗」 6卷 1年(1419) 11月 2日(壬寅)조.

155_ 『朝鮮王朝實錄』, 「世宗」 11卷 3年(1421) 2月 23日(丙辰)조.

156_ 옥색의 제복.

157_ 『朝鮮王朝實錄』, 「燕山」 62卷 12年(1506) 5月 2日(辛巳)조.

158_ 『朝鮮王朝實錄』, 「燕山」 63卷 12年(1506) 9月 2日(己卯)조.

"내관은 부모상을 당했을 때 부고를 받고 집으로 가서 3일 만에 복을 벗고 곧 예궐하며, 승전 내관은 소임이 긴요하니 부고를 들은 이튿날 저녁에 집에 나가 복을 입은 3일의 이른 아침에 예궐하되 모두 화려한 옷을 입으며, 대궐 밖에 나갈 때에는 도로 복을 입도록 하라. 어기는 자는 제서유위률制書有違律로 논죄하라"159_ 고 하면서 일역월제를 강행한다. 연산군이 일역월제를 강행한 이유는 아마도 조정의 업무를 원활히 하고 중국의 제도를 무조건 따르지 않으려 하였기 때문이다. 예를 들면 "어찌 중국의 제도에 얽매이겠느냐. 상기를 줄이면 사람을 쓰기에도 편하니 (하략)…"160_라고 하여 일역월제를 강행하였던 것으로 보인다. 그러나 일역월제는 정착 일로에 있던 삼년상의 제도를 완전히 무시하고, 그 이전의 제도로 복귀하게 만드는 결과가 되었다. 이로 인해 유교식 상례가 문화적 전통으로 정착하는 시기를 늦춘 것만은 사실이다.

연산이 폐위되고 중종이 즉위하면서 삼년상의 제도 등 『가례』에 준거한 상례가 다시 복원되기에 이른다. 그 중에서 서민이라도 삼년상을 원할 경우 시행할 수 있도록 하였으며,161_ 군사까지도162_ 삼년상의 제도를 지킬 수 있도록 제도화를 다시 시작한 것으로 보인다. 이후 큰 변화가 없다가 현종 대에 이르면 삼년상으로 완전히 복구할 수 있도록 제도를 정한다. 영조 28년이 되면 최복 등의 상복을 다시 정하는 등 제도화를 더욱 공고히 하여 삼년상의 제도 즉, 유교식 상례를 문화적 전통으로 정착시키기에 이른다.

이 제도(삼년상)를 복구하고자 하는 것은 경자년(1660, 현종 원년)에 3년으로 복구하면서 예를 제정한 것을 깊이 유념해서이다. 아! 향곡鄕曲의 서인도 사

159_ 『朝鮮王朝實錄』, 「燕山」 62卷 12年(1506) 5月 19日(戊戌)조.
160_ 『朝鮮王朝實錄』, 「燕山」 59卷 11年(1505) 9月 25日(丙午)조.
161_ 『朝鮮王朝實錄』, 「中宗」 26卷 11年(1516) 11月 11日(戊子)조.
162_ 『朝鮮王朝實錄』, 「中宗」 26卷 11年(1516) 9月 21日(己亥)조.

대봉사四代奉祀를 하는 법인데 하물며 대통을 이어 주창하는 주자胄子야 말해 무엇 하겠는가? 그것을 대신과 유신에게 문의하도록 하라.[163]

영조 28년경(1752)이면 이미 서인이 사대봉사를 하여 규제하지 않을 정도로 유교식 상례와 제례가 일반화 되어 있었고, 이에 따라 삼년상은 당연한 것으로 인식되었음을 알 수 있다. 이러한 제도적인 강제와 장려로 유교식 상례는 조선 후기에 들어오면서 문화적 전통으로써 확고하게 정착되기에 이른다.

3. 유교식 상례의 실천

1) 삼년상과 여묘의 실천

명종 9년(1554) 9월 27일 헌부에서 아뢰기를 "무덤을 지키며 여묘하는 것은 옛적부터 하던 것이 아닌데 우리나라에서는 3년간 여묘를 삽니다."[164]라는 보고를 한다. 이로 보아 여묘를 시행하기는 하였으나 그 근거가 분명하지 않았던 것으로 보인다. 그런데 유교식 상례에서 볼 때 제주전題主奠을 지내고 혼백魂帛을 모시고 반곡反哭을 하는 절차가 있기 때문에 여묘는 사실상 불가능하다. 이러한 이유로 여묘의 풍속을 행하지 않는 경우가 생기게 된다.[165] 이에 노수신盧守愼(1515~1590)은 반곡反哭 때문에 여묘가 없어져 상례의 기강이 야박해진다고 비난하자, 김우옹金宇顒(1540~1603)은 여묘를 위해 반혼을 하지 않는 것이 오히려 예가 아니기

163_ 『朝鮮王朝實錄』, 「英祖」 77卷 28年(1752) 7月 24日(壬午)조.
164_ 『朝鮮王朝實錄』, 「明宗」 17卷, 9年(1554) 9月 27日(乙丑)조.
165_ 고영진, 「16세기 후반 상제례서의 발전과 그 의의」, 『규장각』 14(서울대학교규장각관리실, 1991), 38쪽.

때문에 민간에서 여묘하지 않는 것을 금하지 못한다고 반론한다. 이에 류성룡柳成龍(1542~1607)은 두 사람의 말이 다 옳다고[166] 하여 논쟁은 결말을 맺게 된다.

유교식 상례에서 가장 중요한 것은 아마도 삼년상의 실행이었을 것이다. 『조선왕조실록』에 등장하는 삼년상 관련 기사 중 첫 번째 내용은 『가례』에 입각한 삼년상 등을 실행하지 않아 비웃음을 샀다는 것들이다.

> 전백영全伯英이 여묘살이 중에 명령을 받고 상의중추商議中樞의 벼슬을 수임한 것에 대해 사람들이 비웃었다.[167]

이러한 기사는 정종 대에 등장하는데, 이는 사대부 계층에서는 상당 수 삼년상을 실행하고 있었다는 것을 말한다. 왜냐하면 삼년상을 지키지 않았다고 비웃었다는 것은 그만큼 삼년상에 대한 인식이 상당히 높았음을 말하기 때문이다.

두 번째는 대신들이 삼년상을 치르기 위해 관직을 사직하고, 탈정기복을 하지 않으려 했다는 것이다. 이들 중 상당수는 왕명을 불복할 수 없어 탈정기복하는 경우도 있었다. 예문제학藝文提學 윤회尹淮(1380~1436)·[168] 이변李邊(1391~1473)·[169] 동지중추원사同知中樞院事 금순金淳(?~1462)·[170] 최항崔恒(1409~1474)[171] 경우 사직을 하고 삼년상을 치를 수 있도록 탈정기복을 거두어 달라고 상소하지만 끝내 허락을 받지 못하는 대표적 사례이다. 그러나 인조 15년(1637) 장유張維(1587~1638)의 경우 18번 소를 올려 삼년상을 허락받는 경우도 있었다.

166_ 『朝鮮王朝實錄』, 「宣祖」 13卷, 12年(1579) 3月 25日(庚午)조.
167_ 『朝鮮王朝實錄』, 「定宗」 3卷 2年(1400) 3月 18日(癸未)조.
168_ 『朝鮮王朝實錄』, 「世宗」 59卷 15年(1433) 3月 15日(戊辰)조.
169_ 『朝鮮王朝實錄』, 「世宗」 71卷 18年(1436) 3月 26日(壬辰)조.
170_ 『朝鮮王朝實錄』, 「世祖」 6卷 3年(1457) 正月 25日(庚寅)조.
171_ 『朝鮮王朝實錄』, 「世祖」 16卷 5年(1459) 5月 11日(壬辰)조.

탈정기복하게 하였던 강회백姜淮伯(1357~1402)이 상을 마치도록 허락하였다.[172]

우의정 장유張維가 상을 마치게 해 달라고 18번이나 소를 올려 허락을 받았다.[173]

이와는 달리 정창손鄭昌孫(1402~1487)은 3번 상소를 올려 허락을 받아 탈정기복을 하지 않은 경우도 있었다.[174] 한편 부제학 정경세鄭經世(1563~1633)는 두 아들의 장사를 치르기 위해 사직하려고 소를 올렸으나 휴가를 주어 다녀오게 하고, 말과 장수葬需를 주는 경우도 있었다.[175]

이처럼 조정에서는 탈정기복을 하려고 하였으나 대신들은 관직을 사퇴하여 삼년상을 치르려고 한 것은 조정의 정사와 효를 다하기 위한 도리와 실천 간의 갈등이라고 할 수 있다. 다시 말하면 이미 대신들은 국가의 지시에서가 아니라, 초상이 나면 당연히 관직을 사퇴하고 삼년상을 치러야 자식 된 도리로 효를 다하는 것으로 인식하고 있었음을 뜻한다. 이러한 기사는 조선 초기부터 후기까지 끊임없이 등장한다. 이는 사대부들이 유교식 상례를 능동적으로 수용하고 있음을 나타낸다고 하겠다.

세 번째는 삼년상을 제대로 지키지 않고 혼인을 하는 등의 비윤리적 행위를 한 자를 처벌하는 기사이다. 대략적으로 성리학적 이데올로기에 따라 부모의 삼년상 중에는 인륜을 지키기 위해 해서는 안 되는 일들을 했을 경우 처벌을 하려 하였거나 한 사례들이다. 혼인을 하여 처벌을 하려 했던 사례로 학생學生 윤문수노尹文殊奴가 부친상에 여러 형들은 모두 상복을 입고 있었으나 1년 만에 스스로 상복을 벗고 도승지 이문화李文和(1358~1414)의 딸에게 장가들어 법을 어겼으므로 규찰하도록[176] 하였다. 지령광군사知靈光郡事 박익문朴益文이 장모 상에 처가 분상

172_ 『朝鮮王朝實錄』, 「太宗」 4卷 2年(1402) 7月 28日(己酉)조.
173_ 『朝鮮王朝實錄』, 「仁祖」 35卷 15年(1637) 11月 5日(己巳)조.
174_ 『朝鮮王朝實錄』, 「世祖」 14卷 4年(1458) 12月 9日(癸亥)조.
175_ 『朝鮮王朝實錄』, 「仁祖」 15卷 5年 正月 6日(甲戌)조.

奔喪하게 하지 않았다고 하여 귀양 보내고[177] 예문제학藝文提學 김말金末(1383~1464)은 5년 동안 성묘를 하지 않은 죄로 파면된다.[178] 조효례趙孝禮는 모상母喪 중에 무과중시武科重試에 응시를 청해 논핵하게 하였는데,[179] 장 80대의 형을 건의하였으나 공신의 아들이라는 이유로 직첩만 거두었다.[180] 이러한 일들이 반복되자 마침내 성종 20년에는 부모의 상중에 인륜을 저버리고 애통을 망각하는 행위에 대해 엄히 다스리도록 한다.

사류士類들이 부모의 상중에서도 소소한 이익을 탐하여 애통哀痛을 망각하고 송사 다툼을 하고, 더러는 도성 안에서 말을 타고 횡행하기도 하며, 여묘하는 예禮 또한 행하지 않아 풍속과 교화를 심하게 손상하여 망치고 있으므로 규탄하였다.[181]

또한 광원부수光原副守 이적李積은 모친상을 종친부宗親府에 알리지 않고 녹祿을 받았고, 서릉도정西陵都正 이욱李煜은 모친상의 대상이 있는 달에 관직을 받았다[182]고 하여 파직되는 등의 처벌을 받는다. 이러한 기사들은 사실 유교식 상례의 실천이 체계적이지 못함을 나타내는 것이기도 하다. 그럼에도 불구하고 유교식 상례를 실천하지 않은 자를 벌하도록 소를 올리거나, 징벌하는 것은 유교식 상례의 실천 정도를 짐작하게 한다.

『조선왕조실록』의 기사와는 달리 『묵재일기黙齋日記』에 의하면 1535년 1월 5일 모친상을 당하자 이문건李文楗(1494~1567)은 장손인 조카와 함께 여묘로 삼년상

176_ 『朝鮮王朝實錄』, 「定宗」 1卷 1年(1399) 正月 9日(庚辰)조.
177_ 『朝鮮王朝實錄』, 「太宗」 7卷 4年(1404) 5月 18日(戊午)조.
178_ 『朝鮮王朝實錄』, 「世宗」 94卷 23年(1441) 11月 22日(乙卯)조.
179_ 『朝鮮王朝實錄』, 「世祖」 6卷 3年(1457) 2月 4日(戊戌)조.
180_ 『朝鮮王朝實錄』, 「世祖」 7卷 3年(1457) 4月 9日(壬寅)조.
181_ 『朝鮮王朝實錄』, 「成宗」 234卷 20年(1489) 11月 12日(丙寅)조.
182_ 『朝鮮王朝實錄』, 「肅宗」 34卷 26年(1708) 5月 18日(庚戌)조.

을 치렀다[183]_고 한다. 여묘의 내용을 보면 조석곡을 하고, 상식을 올리는 등 유교식 상례에서 상중에 행하는 모든 의례를 행하는 것으로 되어 있다. 어떨 때는 몸이 아프다는 핑계로 조석곡에 참여하지 않거나[184]_ 술을 마시기도 한다.[185]_ 이러한 상황에 대해 이복규는 비록 장소만 옮겨 있을 뿐 집안 대소사를 치르고, 유교 이데올로기에 철두철미하지는 않았다고 분석하고 있다.[186]_ 16세기 초반에 이 정도로 유교식 상례가 실천되고 있었다는 사실은 지금까지의 논의보다 앞선 시기에 유교식 상례가 공인되어 보편화 되고 있었을 가능성을 제시해 주고 있다.

이와 함께 이문건 부친 묘의 이장移葬 관련기사는 당시 유교식 상례의 실천의지와 상황을 잘 전달해 준다. 이장 관련 기록은 1535년 1월 5일 모친의 상을 당하자 1536년 2월 현재 서울시 노원구 하계동 산 12-2에 있는 모친의 산소로 부친을 이장하여 합장하는 과정에서 일어난 일을 기록한 것이다. 이에 의하면 복제의 경우 연복을 입는데, 이 옷은 소상부터 대상 때까지 입는 상복의 이름으로 『가례』에서 규정한 옷이다. 그리고 이장을 위하여 관과 곽을 준비하였는데 귀후서歸厚署에서 널판을 구하는 등 관의 준비에 심혈을 기울인다. 관의 경우 송진을 칠하여 지지는 등의 『가례』에서 규정한 관 제작법을 충실히 따르고 있었다. 그리고 시신에 입히는 옷을 '개관의복改棺衣服'[187]_이라고 하였는데, 수의를 지칭하는 것으로 보인다.

그리고 이장에 사용할 축문과 예문을 참고하기 위해 친구인 신정申珽으로부터 『가례의절家禮儀節』을 빌려 예문을 베껴 쓴다. 『가례의절』은 『가례』의 절목을 해설한 책이기 때문에 이는 곧 유교식 상례 실천에 매우 충실하였음을 나타내는

183_ 『默齋日記』, 「1536年 2月 5日」, "與輝共守廬."
184_ 『默齋日記』, 「1535年 11月 28日」, "共守廬 氣弱不參朝哭 服藥如昨."
185_ 『默齋日記』, 「1536年 1月 7日」, "仍往見姑氏及相甫兄主飮酒 夕還廬."
186_ 이복규, 『묵재일기에 나타난 조선전기의 민속』(민속원, 1999), 23쪽.
187_ 『默齋日記』, 「1536年 2月 3日」, "婦人改棺衣服等物…."

것이라 하겠다. 이는 예에 따라 이장을 하려는 성리학자의 진지함을 보여주기도 한다.[188]

한편 김성일金誠一(1538~1593)의 아버지 김진金璡(1500~1580)이 "중종 35년(1540)의 부친상, 명종 5년(1550)의 모친상에 염습하고 장사 지내며 제전祭奠을 올릴 때 『가례』에 따라서 하기를 힘썼다. 중형仲兄과 함께 집상執喪하면서 매우 삼갔고, 3년 동안 여묘살이를 하면서는 끝까지 해이하지 않았다."[189]는 기록은 안동이라는 한양과는 꽤 떨어져 있는 지역임에도 불구하고 유교식 상례에 충실했음을 알 수 있다. 그의 아들 김성일 역시 선조 13년(1580) 부친상을 당하였는데, "장사葬事를 마친 뒤 여막에서 상복을 벗지 않고 지냈으며 …(중략)… 상장喪葬 절차는 일체 『의례』와 『가례』를 따르고 두씨杜氏의 『통전』과 구준丘濬의 『가례의절』 등을 참고하였다. …(중략)… 선조 15년(1582)에 복제를 마쳤다."[190]고 한다. 이 기사에서도 역시 시묘살이로 삼년상을 치렀음을 알 수 있다.

또한 김천석이 조모의 초상을 치르면서 쓴 『연흥부원군부부인광산노씨장례일기』(1636)와 『선비초계정씨상시일기』(1640)에 의하면 여묘를 하였다는 기사는 없으나 삼년상을 치른 것으로 되어 있어 조선 중기에는 이미 삼년상이 상당히 보급되어 일반화 되어 있었던 것으로 보인다.

2) 사당의 건립

앞의 제도화 편에서 살폈듯이 조선 초기부터 사당祠堂이 꽤 존재하고 있음을 알 수 있었다. 그래서 여기서는 실제 민간에서 어떻게 사당을 건립하여 활용하는

188_ 박미해, 「조선 중기 이문건가의 천장례 준비 - "묵재일기"를 중심으로」, 『사회와역사』 68(한국사회사학회, 2005), 147쪽.
189_ 『鶴峯集』 7卷, 「行狀」.
190_ 『鶴峯集』, 「付祿」 2卷, 「行狀」.

가를 살펴보려고 한다.

　　태종 6년(1406)에도 사당을 건립한 비율은 겨우 1~2%였다.[191] 그러나 사사로 이 사당을 없애고 아버지의 집을 판 조질趙秩의 불효를 탄핵하여 간성杆城으로 귀양 보내 현직을 파면하기도[192] 한다. 세종 16년(1634)에는 참찬 성발도成發道(?~1418)의 사위 김련지金連枝(?~1418)·김수지金守智·송석동宋石同 등이 사당이 있는 집을 나누어 가지고 참의 성지도成志道를 업신여기고 욕보이자 조상을 높이는 뜻이 없다하여 집을 다시 돌려주도록 하였다.[193] 세조 5년(1459)에는 적손인 송집宋緝이 사당을 폐쇄하여 제사를 지내지 않고, 모상 며칠 만에 기생 월중매月中梅와 빈소 곁에서 간통하였으므로 장 60대에 장성현長城縣에 귀양을 보낸다.[194]

　　이러한 기사들은 사당은 있으나 신주를 모시는 일 자체를 소홀히 하고 있다는 것을 의미한다. 이는 비록 신주를 모시지 않고 사당을 소홀히 하여 죄를 주었다 하더라도 그만큼 사당이 존재하였다는 것을 말한다. 뿐만 아니라 사당에 대한 인식 자체도 높았던 것으로 보인다.

　　한편 이문건 집안의 사당 역시『묵재일기』에 상세하게 기재되어 있다. 이문건의 집안에 사당이 마련된 곳은 모두 세 곳이었다.[195] 증조부의 사당은 곡산댁谷山宅(적장자의 집)에 있었다. 조고祖高의 사당은 향교동鄕校洞에 있는 백부의 집에 있었다. 그리고 아버지의 사당은 서소문가西小門家에 있었는데, 사방祠房이라고 한 것으로 보아 벽감壁龕으로 추정된다.[196] 이러한 제도는 아마도 태종 1년(1401)에

191_ 『朝鮮王朝實錄』,「太宗」11卷 6年(1406) 6月 9日(丁卯)조.
192_ 『朝鮮王朝實錄』,「世宗」40卷 10年(1428) 6月 14日(乙未)조.
193_ 『朝鮮王朝實錄』,「世宗」65卷 16年(1434) 9月 2日(丙子)조.
194_ 『朝鮮王朝實錄』,「世祖」15卷 5年(1459) 正月 24日(丁未)조.
195_ 김경숙,「16세기 사대부 집안의 제사설행과 그 성격-이문건의 "묵재일기"를 중심으로」,『한국학보』26-1(일지사(한국학보), 2000), 30쪽.
196_ 『묵재일기』에는 기록 날짜에 따라 사당을 다양한 용어로 지칭하고 있다. 예를 들면 사실祠室(1537년 1월 6일), 사방祠房(1537년 3월 18일), 고묘考廟(1537년 5월 1일), 사당祠堂(1537년 5월 5일) 등이 있는데, 이러한 용어의 혼용은 아마도 독립된 건물로서 사당이 아니라 한쪽 방 혹은 벽감 형태로 추정된다.

궤짝에라도 신주를 모실 수 있도록 한 것에 연유한 것으로 보인다.[197] 이 사방에는 이문건의 부모와 백씨부처伯氏夫妻의 신주가 봉안된 것으로 되어 있다. 이러한 상황은 적장자嫡長子의 집에 사당을 건립하도록 한 규정과 정확히 일치하는 것으로서 16세기 초에는 이미 이러한 규범이 제대로 실행되고 있었음을 알 수 있게 한다.

이문건은 사화로 인해 큰 집이 거의 몰락 상태였으므로 큰 집을 대신하여 본인이 직접 제사 등 집안일을 돌보았다. 이문건은 주로 삭망, 설날, 단오, 삼월 삼짇날, 추석과 같은 명절에 사당에 배알하고 관직을 제수 받거나(1537년 4월 5일), 승진하는(1545년 4월 5일) 등의 일이 있으면 배알하여 고유한다. 이러한 내용은 당시 16세기 초반이었음에도 불구하고 사대부 집안에서는 이미 사당이나 벽감에 신주를 모시고 유교식 의례를 충실히 실천하였음을 보여주는 실질적인 사례이다.

그러나 이문건은 을사사화로 장손인 조카 휘煇가 1545년 9월 10일 극형을 당하기 하루 전인 9월 9일 부모의 신주를 자신의 집으로 옮겨 몰수의 화를 면한다. 자신도 유배생활이 시작되자 부모의 신주는 서울에 있는 처가 모시는 형태로 바뀐다. 이에 조카 섬爛이 용인 용인사龍仁寺에 있는 충건忠樓의 사우祠宇에 함께 모신 후 1563년 염의 아들 현배玄培가 서소문에 30여 칸의 집을 마련하자 다시 이문건 부모의 신주를 봉안한다.[198] 용인사에 있는 중형仲兄 충건의 사우에 대해서는 유교식이 아닌 가문별 사우에서 조상을 봉사하는 전통적인 제례의 유지로 보기도 하고,[199] 충건의 사당으로 해석하기도[200] 하는 등 의견이 분분하다. 그러나 아마도 고려 때부터 내려온 사원 중심의 조상숭배와 밀접한 관련이 있을 것으

197_ 『朝鮮王朝實錄』,「太宗」2卷, 元年 12月 5日(己未)조.
198_ 『黙齋日記』,「1563年 12月 17日」, "見玄培書 則於西小門內北邊里門內 得買一家卅間許 可居處也 歲後當奉移先祖 神主于此 似得先神之助云云 深可喜也."
199_ 정긍식,「묵재일기에 나타난 가제사의 실태」,『법제연구』16(1999), 243쪽.
200_ 김경숙, 앞의 글(2000), 31쪽.

로 생각된다. 왜냐하면 이문건은 유배 당시 성주에 있는 안봉사安奉寺에서 매년 2월에 행하는 영당제影堂祭에 참여한다든가, 재실을 승려가 지킨다는 등의 일기에서 보듯 조선 초기에는 불교와의 관련이 매우 깊었기 때문이다.

경북 안동 천전리에 있는 의성김씨義城金氏 종가에는 만력萬曆 9년(1581) 당시에 사당이 있었다고 한다. 만력9년 신유辛酉 4월月 29일日에 작성된『문중완의문門中完議文』에 의하면 "종가의 가묘에서 사중삭제四仲朔祭를 폐한 것은 극히 한심한 노릇이니 지례골 논 8두락을 증조고비曾祖考妣를 모신 동림묘전東林墓田으로서 종가에 귀속시킨다."[201]고 기록하고 있다. 이 내용에 의하면 임진왜란 1년 전인 1581년에 지방에 있는 사대부 집안에 사당이 있었다는 것을 알 수 있는데, 이로써 사당의 건립양상을 짐작할 수 있을 것이다.

3) 비유교식 상례의 처벌과 유교식 상례 시행자 포상

비유교식 상례란 불교적인 것 외에도 유교식 상례의 예에 어긋나는 것을 말한다. 여기서 유교식 상례를 치르지 않았다고 처벌하는 것은 인식에 대한 차이로서 관행의 실천과 제도적 장려의 갈등이 있었음을 나타낸다. 또한 이러한 처벌논쟁은 이미 그만큼 유교식 상례에 대한 지식이 넓어졌다는 것을 말해주기도 한다. 그 첫 번째는 일역월제를 적용해 상기를 줄여 혼인을 하거나 일찍 탈상하지 못하도록 하는 기사이다. 태종 4년(1404) 의정부에서 의논하여, "부모의 상 3년 내와 기년朞年의 상 1백일 내에는 혼가를 금지하고, 기복이 있는 상에는 주혼자主婚者를 물금勿禁하게 하였다."[202] 이러한 것은 이미 유교식 상례 실천이 진행되고 있었고 이를 어긴 자를 처벌하여 유교식 상례를 정착시키자는 것이었다.

201_ 義城金氏「門中完議文」, "右文者宗家窮甚 家廟四仲朔祭祀專廢 不幸子孫 …(中略)… 極爲寒心 爲置知禮谷畓 加耕八斗落只庫乙 先世始叱東林墓田以依屬爲."
202_ 『朝鮮王朝實錄』,「太宗8卷」4年(1404) 8月 20日(己丑)條.

두 번째는 유교식 상례와는 전혀 다른 상례를 행하는 것에 대한 처벌이다. 시신을 매장하지 않고 성 안에 내다 버렸기 때문에 인력충당이나 비용을 추렴하여 처리하게 하고,[203] 풍수나 무속에 따른 상례가 행해지는 상례를 『가례』에 따르도록 하고 어기는 자는 규찰하게 하였다.[204] 그리고 서인들이 상기喪期를 지키지 않는 일이 있으면 엄히 다스리는[205] 등의 일이 있었다. 또한 불교식 화장을 엄금하고 향도를 모아 술을 마시고 풍악을 울리는 일 역시 금하며, 족친이나 이웃이 알고도 금하지 않으면 함께 논죄하도록 하고 있다.[206] 특히 불교식 상례가 행해지기는 하지만 세종 14년(1432)이 되면 이미 10명 중에 3~4명이 불교식 상례를 행하지 않고 있기 때문에 불교식 상장을 폐할 수 있는 기회가 되어 불교식 상례를 엄격히 제한하였다.

세 번째는 3일장의 금지다. 우정승 조영무趙英茂(?~1414)가 금년 안에 길일이 없다는 이유로 장모丈母 상을 3일장으로 지내려고 하였으나 허락하지 않는다.[207] 이는 풍수, 택일 등의 무속적이고 민간신앙적인 관념으로 인해 삼년상의 제도를 무너뜨릴 수가 없기 때문에 허락하지 않은 것으로 보인다. 이러한 내용을 보면 태종대(1411)에도 실제적으로는 어느 정도 삼년상이 실행되고 있었음을 알 수 있다.

네 번째는 무당에게 조상의 제사를 의지하는 사람들을 처벌하라는 내용이다. 세종 11년(1429) "선조의 노비를 '위호노비衛護奴婢'라 일컬으며 무당의 집에 선조의 신을 의탁시켜 제사할 경우 엄단하고, 위호노비는 모두 속공屬公시켜 무당·박수의 풍속을 금단하라"고[208] 지시한다. 또한 세종 26년(1443)에는 무당에게

203_ 『朝鮮王朝實錄』,「太宗」19卷 10年(1410) 4月 8日(甲辰)條.

204_ 『朝鮮王朝實錄』,「世宗」3卷 1年(1419) 3月 9日(癸丑)條;「文宗」8卷 1年 6月 8日(乙亥)條.

205_ 『朝鮮王朝實錄』,「世宗」4卷 1年(1419) 7月 27日(庚午)條;「世宗」29卷 7年(1425) 9月 9日(乙巳)條;「世宗」30卷 7年(1425) 10月 23日(戊子)條.

206_ 『朝鮮王朝實錄』,「世宗」10卷 2年(1420) 11月 7日(辛未)條;「成宗」3卷 1年 2月 7日(丙辰)條;「英祖」56卷 18年 (1742) 8月 28日(甲寅)條.

207_ 『朝鮮王朝實錄』,「太宗」21卷 11年(1411) 6月 12日(辛丑)條.

208_ 『朝鮮王朝實錄』,「世宗」45卷 11年(1429) 9月 30日(癸酉)條.

조상의 혼魂을 맞기거나 무당집에서 조상의 제사를 위해 신의 노비라 하여 노비를 바치는 일 등을 하는 자를 엄격히 처벌하라는 상소가 있었다.[209]

이러한 기사에서 보듯 조선 초기에는 유교식 상례와 함께 무당에게 제사를 의뢰하는 일도 있었음을 알 수 있다. 따라서 조선 전기에는 한 종류의 상례만이 존재하지 않고 유교식, 불교식, 민간신앙식 등 다양한 상례들이 존재했음을 알 수 있다. 이러한 초기의 양상이 조선 중·후기로 이행하면서 유교식 상례로 통일되어 갔다고 할 수 있다.

한편 이러한 비유교식 상례의 처벌과는 달리 교화를 목적으로 유교식 상례를 실천한 사람에게 상을 내리는 일도 많았다. 대표적인 것으로는 『가례』에 의거하여 3년간 여묘를 하고, 연산군 때에 일역월제를 엄하게 시행하였음에도 불구하고 삼년상을 지켜온 사람들이 있었다는 것을 의미한다. 다시 말하면 정책적인 장려에 따라 비교적 빠른 시기에 민간에서도 유교식 상례가 상당히 보급되어 있었음을 나타낸다고 할 수 있다.

모두 삼년상을 하고, 여묘하는 자도 많으며, 한결같이 『가례』에 따르는데, 효자를 포상하라는 명을 내리다.[210]

중외의 신민[臣庶] 중에서 폐주의 단상법短喪法이 엄할 때임에도 불구하고 3년을 복상服喪한 것으로 조사된 전라도 관찰사 임유겸任由謙이, 전 주부主簿 이장손李長孫·습독習讀 임홍任洪·전 훈도訓導 임심任深, 유학幼學 임혼任混·금환金丸·금문조金文祖, 전 참봉參奉 윤종손尹宗孫 등에게 모두 자급資級을 올려 표창하게 하였다.[211]

209_ 『朝鮮王朝實錄』, 「世宗」 101卷 25年(1443) 8月 25日(丁未)조.
210_ 『朝鮮王朝實錄』, 「世宗」 58卷 14年(1432) 11月 28日(癸未)조.
211_ 『朝鮮王朝實錄』, 「中宗」 10卷 5年(1510) 正月 12日(己巳)조.

이 외에도 정평定平의 대호군大護軍 지사池奢가 모친상을 당하여 3년간 여묘 살이를 했다고 하여 정문을 세워주었고,[212] 좌의정左議政 정창손鄭昌孫(1402~1487)이 여묘살이를 하고 돌아왔다고 하여 선온宣醞[213]과 소물素物[214]로 위로하게 하였다.[215] 대표적인 사례들이지만 조선 초기부터 전국에 걸쳐 유교식 상례가 실행되고 있었음을 알 수 있다.

4) 조선 초기 상례문화의 다양성

지금까지 보고된 바에 의하면 조선 초기에는 대부분이 불교식 상례에 따라 화장 등이 주로 행해진 것으로 확인된다.[216] 그러나 조선 초의 상황을 고려해 볼 때 단시간에 유교식 상례로 전환되지는 않았지만, 서서히 저변을 확대하고 있었음을 알 수 있다. 특히 조선 초기의 강력하고도 적극적인 제도화와 상류층을 중심으로 한 신진 사대부들의 유교식 상례를 실행하겠다는 의지는 저변 확대의 속도를 가속했을 가능성도 크다. 특히 왕실에서조차도 비록 7일재 등 불교식 의례를 행하지만 3년 탈상을 하는 것, 민간에서 삼년상의 실천, 군사의 삼년상 허용과 실행은 역시 유교식 상례의 저변확대를 의미하는 것이다.

그러나 조선 초기에 유교식 상례가 그 저변을 확대하였다고 하더라도 어느 한 쪽으로 단정해서는 곤란하다. 이는 조선 초기의 상례를 완전히 불교식으로 보거나 유교식이었다고 단정할 수 없다는 것이다. 즉, 조선 초기에는 불교식 상례

212_ 『朝鮮王朝實錄』, 「世宗」 34卷 8年(1426) 11月 7日(丙申)条.

213_ 임금이 신하에게 술을 내리는 일 또는 그 술을 말하며, 사온서司醞署에서 만들었다.

214_ 고기가 없는 안주이다.

215_ 『朝鮮王朝實錄』, 「世祖」 13卷 4年(1458) 8月 15日(庚午)条.

216_ 조선 초·중기에 유교식 상례의 실행에 대해 의문을 제기하는 관점은 최재석, 앞의 책(1987); 정길자, 「고려시대 火葬에 대한 고찰」, 『역사학보』 108(역사학회, 1985); 구미래, 「불교 전래에 따른 화장의 수용양상과 변화요인」, 『실천 민속학연구 – 민속문화의 전통과 외래문화』 4(집문당, 2002) 등이다.

와 민간신앙, 유교식 상례가 섞여 있었음을 간과해서는 안 된다는 것이다. 다시 말하면 조선 초기의 상례가 혼돈의 시대였다면 조선 중·후기가 되면 이러한 혼돈이 유교식 상례로 안정화, 일반화 되었다고 할 수 있다.

4. 전문적 연구를 통한 유교식 상례 전통의 확립

1) 성리학자의 예학 연구

1623년 덕신정德信正 이문수李文叟가 『상례언해喪禮諺解』를 편찬하였다. 이 책은 김장생이 편찬한 『가례』 중에서 상례의 초종지례初終之禮를 집록輯錄하고 언해하여 이문수의 아들인 이홍오李弘吾가 같은 동네에 살던 김장생에게 부탁하여 서문을 받아 편찬하였다. 이후 둔촌遯村 김만증金萬增(1635~1720)이 교정하여 1716년에 다시 책으로 편찬하였다.[217] 그리고 신식申湜(1551~1623)이 인조 10년(1632)에 『가례』를 한글로 번역하였고, 그의 아들 신득연申得淵(1585~?)이 발문跋文을 붙여 『가례언해家禮諺解』로 엮었다. 1665년의 중간본에는 송시열宋時烈(1607~1689)의 발문이 있을 정도로 신뢰도 역시 인정받았다.

17세기 초에 『상례언해』와 『가례언해』가 간행되었다는 것은 『가례』에 입각한 의례의 보편화를 보여주는 단적인 예라고 할 수 있다. 특히 유교식 상례에 대한 관심의 고조와 함께 보편화의 정도를 가늠하게 한다. 왜냐하면 한자로 된 『가례』를 활용할 수 없는 계층과 사람들을 위하여 번역하였다는 것은 그만큼 필요성이 증대되었음을 나타내기 때문이다. 따라서 이 책은 『가례』에 대한 이해가 절정에 다다랐으며, 『가례』가 광범위하게 퍼져나갈 수 있는 계기를 만들었다는

217_ 홍윤표, 「喪禮諺解 解題」, 『喪禮諺解(異本五種)』(弘文閣, 1997), 1쪽.

의미가 있다.[218] 다시 말하면 이는 17세기 초에는 『가례』의 언해가 등장할 정도로 유교식 의례가 보편화 되어 있었음을 뜻한다. 따라서 조선조 중기까지 유교식 상례의 실행이 미비하였을 것이라는 주장은 일단락되어야 할 것이다.

고려 말의 『가례』는 학문적으로 주목받기보다는 불교나 민간신앙적인 생활 관습에 대응하기 위한 유교의례의 시행이라는 측면에서 강조되었다.[219] 조선 초기도 마찬가지였으나, 임란 후가 되면 『조선왕조실록』에 불교 배척 등의 기사가 거의 나타나지 않고, 『가례』에 입각한 상례의 실행을 강권하는 기사도 현저하게 줄어든다. 이러한 현상은 더 이상 유교식 상례를 강조할 필요가 없어졌고, 그것이 기사 거리가 될 수 없었기 때문으로 보인다. 이는 곧 유교식 상례가 그만큼 보편화 되었다는 것을 말하며, 문화적 전통으로 확립되었음을 말하는 것이다.

성리학자의 예학연구는 16세기 이후 예서의 간행, 임란 후의 사회재건을 위한 유교식 의례의 활용, 그리고 17세기의 예송禮訟, 가가례家家禮의 등장으로 전개된다. 성리학자의 예학 연구는 첫째, 16세기가 되면 성리학의 심화기를 거쳐 유학의 실천방안으로 유교식 의례를 연구하면서 예학이 홍성하게 되어 본격적인 연구가 진행되기 시작한다. 그래서 17세기 전후부터 실학實學이 대두하기 이전의 100여 년간을 조선조 예학의 홍성기라고 한다.[220] 성리학자의 예학 연구 결과 나타난 예서 즉, 가례서家禮書의 출현은 『가례』에 대한 학문적 관심이 본격화 되는 하나의 기반이 되었다고 할 수 있다.[221] 초기의 대표적인 것으로 이언적李彦迪(1491~1553)의 『봉선잡의奉先雜儀』, 송기수宋麒壽(1507~1581)의 『행사의절行祀儀節』 등이 있는데, 주로 주자의 『가례』를 따르거나 실용적인 성격이 강하였다.

조선 초기에는 관[조정]이 유교식 예제 보편화의 주역으로 등장하였다면 16세

218_ 국사편찬위원회, 앞의 책(1998), 178쪽.
219_ 고영진, 「예학의 발달」, 국사편찬위원회 편, 『한국사 – 조선 중기의 사회와 문화』31(국사편찬위원회, 1998), 171쪽.
220_ 노인숙, 「사계예학과 주자가례」, 『유교사상연구』 19(한국유교학회, 2003), 314쪽.
221_ 고영진, 앞의 글(1998), 173쪽.

기부터는 성리학자들의 예학연구가 보편화의 주역으로 등장하였다고 할 수 있는데, 이는 실사구시의 실천적 보편화라고 할 수 있다. 성리학자들에게 있어 '예'는 논어에서 누차 강조한 바와 같이 유학의 본질에 관련된 문제였으며, 그들 자신의 일상생활에서 절실히 요구되는 실용적 학문이었기 때문에[222] 성리학자들은 예학 연구를 소홀히 할 수 없었다.[223] 성리학자들은 『가례』의 틀을 그대로 유지하면서 미비한 내용을 『예기』나 『의례』, 『서의』 등의 고례古禮에 근거하여 보완하거나 수정하여 조선 사회에 적용할 때에는 미비한 내용이 없도록 완벽을 기하려고 하였다. 이는 『가례』에 대한 본격적인 연구로써 중국식의 『가례』를 조선 사회에 어떻게 적용시킬 수 있을까에 대한 고민의 결과라고 할 수 있다.

예학 흥성기의 예서를 들면 다음과 같다. 율곡栗谷 이이李珥(1536~1584)가 선조 10년(1577) 일반 학도들에게 도학의 입문을 지시하기 위해서 저술한 2권 1책의 부록으로 실린 『제의초祭儀鈔』가 있다. 내용은 유교식 상례보다는 제사를 지내는 제도와 방법이 주를 이룬다.

『상례고증』 역시 이 시기의 대표적인 상제례서喪祭禮書의 하나로서 김성일이 부친의 삼년상을 치르던 1581년에 편찬하였다. 김성일은 초기 『봉선제규奉先諸規』나 『길흉경조제규吉凶慶弔諸規』에서 보듯 실용성을 강조하는 예학을 펼쳤으나, 『상례고증』은 본격적인 예학의 연구서로 평가되고 있다. 『상례고증』은 학문적인 성격이 강하며, 『가례』를 따르면서도 김성일이 관료였기 때문에 국가경영에 필요한 『예기』를 상대적으로 중시하였다고 한다.[224] 이 책은 미완성으로 보이지만, 『가례』를 그대로 따르는 것이 아니라 『예기』 등의 고전을 참고하여 당시의 상황에 맞게 유교식 상례를 재편하려 했다는 것에 의의가 있다.

222_ 이영춘, 「다산의 예학과 복제예설」, 『조선시대사학보』 5(조선시대사학회, 1998), 178쪽.
223_ 씨족마을의 답사 때 쉽게 들을 수 있는 말이 보학譜學과 예학禮學이라는 말인데, 이는 곧 성리학을 실천하기 위해서 기본적으로 갖추어야 하는 소양이기 때문으로 보인다.
224_ 고영진, 앞의 글(1991), 54쪽.

『상례비요』는 조선 중기의 학자 신의경申義慶(1557~1648)[225]이 1648년[226]에 찬술한 2권 1책의 상례를 중심으로 한 의례의 지침서이다. 신의경은 당시 김장생 등과 같은 예학자와 동유할 정도로 이 방면에 조예가 깊었던 학자였다. 『가례』가 제시하는 예절 가운데 관혼冠婚은 경사스러운 일이기에 간혹 소략함이 있다고 하여도 웃어넘길 수 있는 일이지만, 상례와 제례 특히 상례의 경우는 한 치의 소홀함도 용납될 수 없는 일이었다. 따라서 16세기 『가례』가 본격적으로 보급되기 시작하던 시절 『가례』에 입각한 상례를 계몽하기 위하여 엮은 책으로 보인다. 이 책은 『가례』 중에서도 상례의 본문을 중심으로, 『예경禮經』과 여러 학자들의 이에 관한 해석을 참고하고 모아서 초상에서부터 장제葬祭에 이르는 모든 예절을 요령 있게 찬술하였다. 뒤에 김집金集(1574~1656)이 이를 다시 교정하여 1648년(인조 26) 2권 1책으로 간행하였다. 책 끝에는 1621년에 쓴 신흠申欽(1566~ 1628)의 발문이 있다. 비록 분량은 많지 않지만 상례의 요긴한 부문을 요령 있게 설명하였고, 권위 있는 여러 학자의 예설을 발췌, 정리하여 해당 부분의 합리적인 해설로 첨부하였다.

1599년에 완성되어 1685년 간행된 김장생의 『가례집람家禮輯覽』은 완벽한 체제와 내용을 갖춘 가례주석서家禮註釋書임과 동시에 사례서四禮書였다. 이 책은 『가례』의 주註까지도 상세히 고증하여 주석을 단 가장 방대하고 수준이 높은 예서로서 중국의 예서와 당시 의례에 조예가 깊었던 이황李滉(1501~1570)이나 김인후金麟厚(1510~1560), 정구鄭球 등의 견해를 인용하는 등 조선의 정황을 담았지만 실용적인 면보다는 『가례』의 증보판이라고 할 정도로 완벽한 연구서라고 할 수 있다.[227]

이와 함께 문답류問答類의 예서는 『가례』에 대한 연구가 그만큼 심화되었음

225_ 위의 글, 48~49쪽.

226_ 1621년 신흠申欽(1566~1628)의 발문이 있으므로 1620년경에 초간되었을 것으로 보인다.

227_ 정옥자, 「17세기 전반 예서의 성립과정 – 김장생을 중심으로」, 『한국문화』 11(서울대학교 규장각한국학연구원, 1990), 428~429쪽.

을 의미한다. 김집金集(1574~1656)이 1646년에 간행한『의례문해儀禮問解』는 김장생이 문하들과 논의한 의례의 내용을 정리한 것이다. 의례에 대해서 중국의 예서를 참조하지 않고 의견을 교환한 내용으로 예서를 만들 수 있다는 것은 당시 예학에 대한 조예의 깊이를 짐작할 수 있다.

『사례편람』은 도암陶菴이재李縡(1680~1746)가 편찬한 편람으로 1844년이 되어서야 경주에서 발간된다. 『사례편람』은 그의 예학에 관한 깊은 조예를 토대로 편술된 것으로 당시『가례』의 허점을 보완하면서 현장에서 사용하기에 편리하도록 요령 있게 엮었다. 사실『가례』는 원칙만을 제시하였기 때문에 그것을 실제에 적용하여 행하기에는 애매한 부분이 많다. 편람이라는 말에서 보듯『사례편람』은 관혼상제라는 의례를 행하면서 직접 참고할 수 있도록 엮었기 때문에 많은 사람들의 애호를 받았다. 1900년에 황필수黃泌秀와 지송욱池松旭 등이『증보 사례편람』을 간행하였고, 이후 20세기 초반까지 수차례 중간되어 관혼상제와 관련하여서는 가장 일반적이고 영향력 있는 예서로 자리매김 되었다.

『가례증해家禮增解』는 조선 후기의 학자 이의조李宜朝가『가례』를 해설하여 10책으로 발간한 책으로 정조 16년(1792)에 송환기宋煥箕(1728~1807)의 서문과 정만석鄭晚錫(1758~1834)의 발문을 붙여 간행하였다. 『사례편람』과 더불어『가례』의 보충서 및 해설서로써 널리 이용되었다. 이 책은 이의조가 가학家學으로 물려받았던 가례의 학문적인 연구 성과와 도암 이재로부터 전수된 예학의 계통을 바탕으로 하여 이룩한 수준 높은『가례』의 해설서이다.

조선 중·후기가 되면 이 외에도 약 200여종의 예서가 발간된 것으로 알려져 있다. 이처럼 예서가 많이 발간되었다는 것은 16세기와 17세기 전후『가례』에 대한 연구 활동이 그만큼 활발하였음을 증명하는 것이다. 이는 유교식 예제를 예학으로 끌어올렸을 뿐만 아니라 유교식 관혼상제가 보편적인 문화적 전통으로 정착되었음을 의미하기도 한다. 더욱이 이는 조선 사회에 있어서 유교식 일생의례의 완전한 정착과 융화를 통한 토착화를 예고하는 것이었다.

이러한 예서들을 참고로 한 『사례편람』은 대표적인 예서로 부각되기에 이른다. 그러므로 현재까지 남아 있는 상례의 절차는 중국의 『가례』를 기본으로 하고 있으나 실제적으로는 조선의 사정에 맞게 개정된 우리의 상례 절차라고 해도 과언이 아니다.

이러한 예서들은 모두 정상적인 상황에서 행해지는 의례를 기준으로 삼고 있었다. 그러나 실제 현실은 항상 정상적인 상황만이 존재하는 것이 아니어서 비정상적인 상황에서 이들 예서를 응용하여 적용하기에는 역부족이었다. 이에 비정상적이고 특수한 상황에 대응할 수 있는 변례變禮를 연구하기에 이른다. 류장원柳長源(1724~1796)이 『가례』의 체제에 따라 상례常禮와 변례變禮에 관한 제설을 참조하여 편찬한 『상변통고常變通攷』가 그 대표적인 것이다. 이 책은 1830년(순조 30) 유장원의 종증손 류치명柳致明(1777~1861) 등 문인과 후손들이 편집하여 간행하였다.

인묵재忍黙齋 권필적權必迪이 지은 『상변집략常變輯略』[228]은 『가례』의 체제를 유지하면서 통상적인 예에 대해 비정상적으로 행해지는 의례를 설명한 책이다. 그러나 제례에 대한 변례는 없다. 『상변찬요常變纂要』는 박종교朴宗喬(1789~1856)가 유장원의 『상변통고』를 요약, 편집한 책으로 1893년(고종 31) 그의 아들 류희수柳禧壽가 김휘철金輝轍 등과 함께 편찬하였다. 이처럼 '보편적인 것[常]'에 대해 '특별한 것[變]'을 처리하기 위한 책을 출간했다는 것은 다양한 실제 상황에 응용해야 할 만큼 유교식 상례가 보편화되어 있었다는 것을 의미한다. 이는 예학의 발달은 물론 『가례』를 당시 실정에 맞게 수정하여 능동적으로 수용하고 있었음을 말한다.

둘째, 『가례』에 입각한 유교식 의례를 활용하기 위한 연구였다. 『가례』는 임진왜란 후 초토화된 조선 사회를 재건하기 위한 더없이 좋은 도구였다. 즉, 임란 후의 사회를 재건하는 데 활용하고 조선의 사정에 맞게 수용하기 위해 성리학자

228_ 계축년(1853) 권중현權重鉉의 지識, 권중기權重起의 후지後識가 있고, 병자년(1876) 변종기邊鍾基(1854~1937)의 발문이 있는 것으로 보아 1876년에 간행된 것으로 보인다.

들이 『가례』를 연구하였던 것이다. 시기적으로 볼 때 조선 개국 후 정확히 200년이 되는 해에 전쟁이 발발하였다. 임진왜란은 조선을 초토화 하여 유구한 문화적 전통을 단절시키는 엄청난 피해를 주었다 할지라도 성리학적 이데올로기로 사회문화적 전통을 바꾸기에는 더 없이 좋은 기회였을 것이다. 왜냐하면 전쟁은 장시간 지속되어 온 유구한 문화적 전통을 일순간에 바꾸어 버리는 계기가 되기 때문이다. 따라서 전쟁 후의 사회 재건과정은 새로운 문화적 전통의 유입과 정착을 가능하게 한다.

약 6년에 걸친 임진왜란 후 조선 사회는 바로 그런 상황이었고, 이로 인해 새로운 사회의 건설을 필요로 하였다. 그렇기 때문에 성리학적 이데올로기에 입각한 사회교화와 질서 확립은 기존의 폐풍과 불교식 상례를 혁파하기에는 더 없이 좋은 기회였다. 이로 인해 성리학적 이데올로기에 따른 『가례』의 의례체계가 신분의 고하를 막론하고 쉽게 침투될 수 있었을 것으로 보인다. 따라서 조선 중·후기부터는 유교식 상례가 자연스럽게 정착될 수 있었고, 이것이 의례문화의 보편적 전통으로 자리 잡을 수 있었을 것으로 보인다. 물론 여기에는 조선 초기 조정에서 지속적으로 유교식 상례를 독려한 배경이 작용하지 않았다는 것은 아니다. 말하자면 조선 초기에는 이미 『가례』에 입각한 의례생활을 정착시킬 준비가 완비되어 있었다는 것이다.

셋째, 예론에 대한 논쟁이 붕당정치의 원인으로 발달할 정도로 예학 연구에 깊이가 있었다. 기해예송己亥禮訟(1659)과 갑인예송甲寅禮訟(1674)은 사실 유교식 가례의 실천방법에 대한 논쟁이었다.[229] 이들 예송은 효종孝宗의 계모인 자의대비慈懿大妃[趙大妃]가 효종과 효종 비의 상례에 입을 복제를 두고 일어났던 분쟁이다. 기해예송은 효종이 승하했을 때 조대비가 입을 복제에 대한 시비로, 그 발단은

229_ 자세한 내용은 황원구, 「所謂 己亥服制 問題에 대하여」, 『연세논총』 2(1963); 국사편찬위원회, 『한국사 - 조선 중기의 정치와 경제』 30(국사편찬위원회, 1998) 참조.

인조仁祖의 맏아들인 소현세자昭顯世子가 왕통을 잇지 못하고 일찍 죽자 둘째 아들인 효종이 세자로 책봉되고 왕위를 이은 데에 있었다. 왕통으로 보면 인조의 계를 이었으나, 가통으로 보면 효종이 장자가 아니라 차자라는 것에 시빗거리가 있었던 것이었다.

송시열·송준길宋浚吉(1606~1672) 등 서인학자들은 효종을 인조의 장자가 아닌 차자로 간주하여 『국조오례의』에 따라 기년복朞年服을 입어야 한다고 주장하였다. 이에 반해 허목許穆(1595~1682)·윤휴尹鑴(1617~1680) 등 남인南人 학자들은 효종이 제왕의 왕통을 이어받았기 때문에 종통宗統의 특수성을 강조하여 가통家統으로서도 효종을 장자로 간주할 수 있다고 하여 참최복(3년복)을 입어야 한다고 주장하였다. 그러나 당시 서인이 실세였기 때문에 조대비의 복은 송시열 측의 주장대로 기년복으로 시행되었다.

갑인예송은 인선왕후仁宣王后 장씨張氏가 죽었을 때 조대비가 장씨를 위하여 입을 복제에 대한 시비로 고례에 근거를 둔 서인들의 주장에 따라 대공大功 구월복九月服으로 정하였다. 이에 영남 유생 도신징都愼徵(1604~1678)이 소를 올려 기년복을 입어야 한다고 주장하였다. 이를 본 현종顯宗은 조정에 그 연유를 묻자, 송시열은 고례를 근거로 하여 체이부정體而不正이기 때문에 조대비의 복을 9개월로 정했다고 했다. 이에 현종은 선왕을 체이부정으로 규정한 것은 지극히 박한 처사라며 장씨의 복을 국제에 따라 기년복으로 하도록 명함으로서 시비는 종결되었다.

두 차례에 걸친 예송은 학문적 경향 차이로 일어난 분쟁이었지만 정치와 결합함으로서 붕당정치를 만들어내었고, 조선시대 예학의 큰 흐름인 기호학파와 영남학파라는 양대 학파의 연원이 되기도 하였다. 이러한 예송 예학의 발달 물론 예제의 구축과 그 실천이 함께 진행되었을 때 가능하다. 이러한 과정을 거치면서 조선의 상례는 실천영역이 확장되고 일상생활 깊숙이 뿌리내려 보편화 되어 정착될 수 있었다고 하겠다.

이러한 예론의 차이는 '가가례家家禮'의 가능성을 내포하고 있었다. 왜냐하면

『가례』는 의례의 원리만 기술하였으므로 의례를 수행하는 과정에서 나타날 수 있는 다양한 변수를 모두 수용할 수 없었기 때문이었다.

예송은 『가례』를 해석하는 방법에 차이가 있었음을 말해준다. 예송이 있었던 17세기 당시 유학자들은 이미 2개 파로 나뉘어져 있었다. 이러한 차이는 의례에 대해 그만큼 깊이 있는 연구가 진행된 결과라고 할 수 있다. 이는 학파와 같은 것으로서 쉽게 통합될 수 없는 것이었기 때문에 노론의 예론과 남인의 예론으로 나뉘게 된 것이다. 따라서 큰 학파의 분리는 가정에서의 의례에 대입해 보면 '가가례'로 표현할 수밖에 없을 것이다. 그러므로 예송은 가가례의 충돌로 볼 수도 있을 것이다.

뿐만 아니라 『가례』가 전래되기 이전부터 『의례』, 『예기』 등의 규범서들이 통용되고 있었기 때문에 『가례』의 세부적인 실천방법에 있어 차이는 이미 예상된 것이었다. 따라서 앞에서 본 것처럼 다양한 예서의 출현은 『가례』를 우리 실정에 맞게 해석하기 위한 것이었다.

그러나 『가례』를 실천하는 과정에서 나타나는 변수는 너무나 다양하였기 때문에 집안마다 적용 방법의 차이를 만들어 냈고, 급기야는 집집마다 의례 수행 방법이 다르다는 '가가례'라는 말을 낳기에 이르렀다. 이는 아무리 많은 예서들이 있었을지라도 변수가 나타날 때마다 적용할만한 정론화正論化 된 규범이 없었다는 것을 의미하기도 한다. 각종 예서들이 제시하는 『가례』의 절차는 저자가 어느 학파에 속해 있든 똑같았음에도 불구하고 자기 식의 절차를 만들어내는가 하면 상차림, 헌작방법 등 예서에서 정확히 규정하지 않았던 방법들은 변이형의 정도가 심하게 나타났던 것이다. 그 결과 집안마다 각기 다른 의례의 실천방법이 등장하였고, 예서와의 차이에 대한 시비를 충돌 없이 무마시켜주는 가장 적절한 수단으로서 '가가례'라는 용어를 사용하기에 이르렀던 것이다.[230] 가가례라는 말

230_ 김시덕, 「가가례로 보는 경기지역 제사의 특성」, 『민속문화의 지역적 특성을 묻는다』(실천민속학회, 2000), 108쪽.

이 등장하였다는 것은 이미 유교식 예제에 그만큼 익숙해 있었다는 것을 의미하기도 한다.

2) 실학자의 실천 예학연구

18세기로 들어서면서 실학자를 중심으로 복잡한 『가례』를 간소화 하여 현실에 적용하기 쉽도록 하려는 실천 중심의 보편화가 시도된다. 이익李瀷(성호星湖, 1681~1763)은 『가례』의 사례四禮는 번문욕례繁文縟禮하고, 허례허식에 치우쳐 경제적 파탄을 가져와 생활기반을 흔들게 되었고, 학문적으로는 시의에 맞는 의례를 모색하는 진전이 없었다는 것을 문제로 삼았다.[231] 그래서 이익은 예학의 주류가 된 사계와 그 학파의 예서에 대해서는 철저한 변정을 가하고 『가례』를 분석하여 주자의 본의를 밝히고 생활화 하고자 하였던 것이다.

이익은 예禮의 보편화를 통하여 사회정의를 구현하는 것을 그 이상으로 삼았다.[232] 당대에 통례로 보편화 되었던 『가례』는 중국에서 사대부를 중심으로 한 시왕時王의 제制로서 조선의 사대부와는 격이 맞지 않으며, 더욱이 사서인들이 이를 생활화 하려 한 데서 경제적인 파탄을 자초였다고 이익은 판단하였다. 그래서 이익은 이를 바로잡기 위하여 사서인士庶人에게 부합되는 예서를 편찬하게 되는데, 『가례』를 충분히 탐구한 다음 생활예서를 편찬하려고 하였다. 『상제법喪祭法』, 『전후상위일녹前後喪威日錄』·『예설유편禮設類編』·『가례질서家禮疾書』·『성호예설유편星湖禮設類編』 등이 그 결과물이다. 이러한 책에서는 사서인을 위한 예와 검소한 의례의 실천, 복제의 재해석, 상례절차의 간소화 등을 모색하여 실천 위주의 예학을 주장한다. 예를 들면 관棺에는 칠 대신 송진을 사용하고, 수의襚衣는 일상

231_ 배상현, 「성호 이익의 예학사상」, 『태동고전연구』 10(태동고전연구소, 1993), 365쪽.
232_ 위의 글, 405쪽.

복인 포의布衣로 대신하고 염습에는 지피紙皮로 대신하였다. 또한 명정 등 상구는 모두 종이로 사용하고 악수, 삽, 공포, 관보 등을 폐지하도록 권장한다.

이익은 예禮를 경세치용經世致用의 본本으로 보았는데, 실증과 실용을 학문의 방법으로 삼아 주자를 비롯한 국내의 여러 학자들의 설을 변정함으로서 실학적 예학이라는 새로운 예학을 개발하였다. 이는 뒤에 오는 정약용 등에 큰 영향을 미쳤다.

다산茶山정약용丁若鏞(1762~1836)은 이익의 예학정신을 이어받았으나 예설이 너무 간소화되었다고 보고, 『상례사전喪禮四箋』과 『사례가식四禮家式』 등의 예서 저술을 통해 사대부가 중심이 되는 새로운 가례의 정립을 모색하였다. 특히 가례의 실천을 위해 『가례』를 비판하면서도 『가례』를 받아들였을 뿐만 아니라 고례를 많이 수용하기도 하였다. 그리고 기존 예설의 오류를 지적하고 이를 바로 잡는 데도 일조를 하였다. 예를 들면 질병이란 목숨이 끊어지는 것, 선비 이상은 말우末虞[233]가 졸곡이며 졸곡제가 따로 없다는 것 등이다.[234] 뿐만 아니라 『가례』 등 중국의 예는 천자국의 것이므로 제후국인 조선에서는 그보다 한 등급 낮춰서 의례의 형식을 갖추어야 한다고 주장하였다.[235]

이처럼 실학자들의 의례 탐구는 실천을 위한 목적이 더 강하였다. 이 실천의 당위성을 확보하기 위해 『가례』에만 의존한 것이 아니라 고래古來의 예서들도 두루 섭렵하여 당시 사회에 적합하고 타당성 있는 실천예학을 정립하려 한 데서 유교식 상례의 능동적 수용을 읽을 수 있다.

233_ 삼우를 말한다.
234_ 이영춘, 앞의 글(1998), 181쪽.
235_ 류권종, 앞의 글(2001), 62쪽.

3) 연구를 통한 유교식 상례의 능동적 수용

지금까지 살펴본 것처럼 조선에서는 중국의 유교식 상례문화를 그대로 모방하지는 않았다. 이미 유입되는 순간 문화의 융화를 통해 변화를 시작했을 것이라는 짐작은 어렵지 않다. 『가례』를 종교의 교리와 같은 '고정'으로 간주한다면 조선에 유입된 후 전개되는 『가례』를 모본으로 하는 유교식 상례의 역사는 이미 '변화'를 수용한 것으로 봐야 할 것이다.[236] 즉, 원래의 원리인 『가례』[고정]가 조선 사회의 상황[민속]과 융화하면서 비고정화[변화] 되어 자연스럽게 흐르고 있음을 알 수 있다. 대표적인 예로 혼례의 친영親迎[고정]을 들 수 있는데, 왕실을 제외하면 거의 받아들이지 않았기 때문에 전통적인 초행[변화]이 일반적이었다.[237] 상례의 경우 『가례』의 「거상잡의居喪雜儀」[고정]를 생략하고, 「길제」[변화]와 「개장」[변화]을 중시하여 차이를 보인다.

이는 비록 중국으로부터 『가례』를 수용하였지만 있는 그대로 답습한 것이 아니라 우리의 실정에 맞는 부분은 적극적으로 받아들이고, 그렇지 않은 부분은 과감히 버리는 형태였다는 것이다. 이것이 중국과는 사회문화적 환경이 다른 조선 사회에서 유교식 의례규범이 문화적 전통으로 정착되고, 지속을 가능하게 하였던 것으로 보인다. 즉, 관혼상제에 대한 체계적이고 구체적인 규범이 정착되어 있지 않았던 조선에 『가례』가 유입되었다는 것은 어쩌면 단비와 같은 것이었고, 계층을 막론하고 능동적으로 수용하였기 때문에 의례의 문화적 전통 즉, 의례 민속으로 정착되었을 것이다.

성리학자들의 실학운동은 상례 뿐 아니라 관혼상제의 보편화를 위한 하나의

236_ 종교의 고정과 비고정에 대한 원리는 편무영, 「종교와 민속 - 이론과 실천의 방법적 고찰」, 『종교와 조상제사』(민속원, 2005), 18쪽 참조.
237_ 왕실에서는 친영을 행하고, 모든 예서에서 친영을 하는 것으로 기록하고 있지만 실제는 친영을 하지 않고 신부집에서 혼례를 올리는 초행初行의 형태로 진행되었다[대한국표준협회, 『생활서비스 표준화 산업기술기반조성에 관한 보고서 - 혼인예식 서비스 표준화』(산업자원부, 2004), 43~49쪽 참조].

방법이었고, 중국의 예제를 있는 그대로 받아들이지 않았다는 것을 의미한다. 이는 가례를 지배층의 지시에 따라 수동적으로 수용한 것이 아니라 필요에 따라 지극히 능동적으로 수용하였음을 의미한다.

이처럼 조선 중·후기가 되면 『가례』를 모본으로 한 유교식 상례가 보편적인 의례의 문화적 전통으로 자리 잡게 된다. 이는 조정의 『가례』에 입각한 의례를 보편화하기 위한 강력한 추진의지를 바탕으로 하고 있다. 이에 편승하여 임진왜란 이후의 사회재편을 위한 수단으로서 『가례』가 중요한 역할을 하게 된다. 이에 따라 가례의 원리에 입각한 관혼상제를 중심으로 한 의례생활이 보편화되기에 이른다. 따라서 다양한 예서들이 편찬되고 심지어 실학에서도 예의 보편화를 촉진하면서 유교식 상례는 보편적인 문화적 전통으로 자리매김 되기에 손색이 없었던 것이다.

한국의 상례문화

제4장

유교식 상례의 문화적 전통화

1. 예서 내용의 발달

앞장에서 살펴본 바와 같이 『가례』를 근간으로 수많은 조선식의 '예서禮書'가 발간되어 그 내용을 통해 유교식 상례의 능동적인 수용과정과 정착되어가는 모습을 유추할 수 있게 되었다. 조선 중기에 간행된 대부분의 예서들은 『가례』의 진행절차를 준용하는 것으로 보이지만 세부적으로 분석해 보면 많은 차이가 있다. 이는 수용하여 공인되고 보편화 되는 과정에서 현실적인 부분을 고려하였기 때문에 나타난 현상이다. 따라서 각 예서를 비교하여 분석하는 것이 유교식 상례의 정착과정을 분석하는 방법의 하나가 될 것으로 생각한다. 그러나 조선시대에 발간된 예서들의 '차이'와 '같음'을 모두 비교하는 것은 그 자체만으로도 방대한 지면은 물론, 별도의 작업을 요구한다. 따라서 시기별 대표적인 예서를 대상으로 상례의 절차만을 비교하여 그 차이와 같음을 밝혀 유교식 상례가 보편화되고 문화적 전통으로 정착되는 모습을 보려고 한다.

상례의 각 절차들은 '대절차'와 '소절차'로 구분되어 있어 자칫하면 순차적인 진행구조의 이해에 혼란을 일으킬 수도 있다. 예를 들면 상례의 시작이라고 할 수 있는 초종의初終儀가 '대절차'라면, 그 안에는 위독해지면 정침으로 옮기는 천거정침薦居正寢, 숨을 거두면 곡을 하는 기절내곡旣絶乃哭, 고인의 혼을 부르는 복復, 상중의 역할을 분담하는 입상주立喪主, 옷을 바꾸어 입고 경중에 따라 금식을 하는 역복불식易服不食, 관을 만드는 일인 치관治棺, 초상이 났음을 알리는 부고訃告 등의 '소절차'가 행해진다는 것이다. 이는 정치인류학에서 의례의 분석을 위해 흔히 사용되는 프로세스 접근법Process Approch[1]의 하나이다. 이에 의하면 의례의 진행과정 속에 담겨진 상징성과 의미를 찾기 위해서는 책의 저작 단계에서 의도적으로 묶은 의미단위를 정확하게 해석해야 한다는 것이다. 그러므로 절차의 이해는 상례를 이해하기 위한 매우 중요한 일이라고 할 수 있다.

상례절차는 순차적으로 진행되기보다는 병렬적으로 진행되는 절차도 많아 이해의 장애가 되고 있다. 예를 들면 '대렴'이 '입관'임에도 불구하고 대렴을 '입관'을 위한 부속적인 절차[2]로 오해하는 경우도 있다. 그렇기 때문에 상례의 절차를 체계적으로 이해하고, 의례적 과정과 구조분석, 그 의미를 정확하게 파악하기 위해서는 대절차와 소절차의 구분이 매우 중요하다.[3]

이러한 절차의 중요성을 염두에 두고, 시차를 두고 간행된 예서를 비교하여

1_ 정치인류학의 프로세스 이론은 공공의 목표를 결정하고 수행하며 권력의 차등적 획득 및 사용 등을 포함하는 프로세스의 연구를 말한다. 빅 터너Victor Turner의 *The Ritual Process*, Cornell Univ. Press, 1969 등이 프로세스 접근법의 실례이다[Lewelen 저, 한경구·임봉길 역, 『정치인류학』(일조각, 1995), 139~140쪽].

2_ "대렴은 입관을 위해 주검을 베로 감아서 매듭을 짓는 것으로"[임재해, 『전통상례』(대원사, 1990), 34~35쪽 참조]라고 하여 대렴이 입관의 부속절차처럼 기술하고 있다.

3_ 그런데 『國朝五禮儀』의 「大夫士庶人喪」의 경우 이러한 의미단위의 묶음을 하지 않고 전 절차를 나열하는 방식이다. 이는 아마도 각 절차의 의미보다는 행위를 중요시하였기 때문으로 보인다.

그 변화와 정착과정을 보기로 하겠다. 이에 사용된 자료는 유교식 상례의 기반이라고 할 수 있는『가례』와『상례비요』, 그리고『사례편람』이다.『사례편람』에는 개장이 상례의 하나로 취급되고 있으나 보편적인 상례절차는 아니므로 비교에서 생략하였다.

〈표 1〉에서 보듯『가례』와『상례비요』,『사례편람』의 상례절차는 약간의 차이가 보인다. 이러한 차이는『가례』를 어떻게 수용하고 있는가를 살피는 데에 매우 중요한 시사점을 제공한다. 이는 중국식의『가례』를 우리 문화의 특성을 고려하지 않고 비판 없이 수동적으로 수용하였느냐 아니면 당시의 사회문화적 환경에 맞게 능동적으로 수정하여 수용하였는가의 차이이다. 즉, 차이가 있다는 것은 능동적으로 수용하였다는 것을 말한다.

두드러진 차이는『사례편람』과『상례비요』는 대절차가 19개이지만『가례』는 이보다 많은 21개로 구성되어 있다는 것이다. 이는『가례』가 의미단위의 항목별 구분을 체계적으로 하지 않아 소절차를 대절차로 묶은 결과이다. 반면『사례편람』과『상례비요』는 의미단위별 항목을 조선의 상황에 맞게 재구성하면서 대절차로 소절차로 다루어 체계화시켰기 때문이다. 대표적인 것으로『가례』 3번의 영좌·혼백·명정이『사례편람』과『상례비요』에서는 습의 소절차로,『가례』 7번의 조석곡전이『사례편람』과『상례비요』에서는 성복의 소절차로, 12번의 견전은 천구의 소절차로 구성되었기 때문이다. 여기에『가례』에는 없으나『상례비요』와『사례편람』에서는 길제를 상례의 마지막 절차로 추가함으로서 절차상 3개의 차이를 보이게 되었던 것이다.

길제를 추가한 것에 대해『상례비요』에서는 "『가례』에는 길제와 개장 2개조가 없으나 여기에서는 고례와 구준丘濬의『가례의절』에 따라 보입한다."[4]고 하였듯이 필요에 의해 추가한 것으로 보인다. 한편 도암 이재는 "『가례』에는 없으나

4_ 『喪禮備要』,「吉祭」, "按家禮無吉祭改葬二條 今采古禮及丘儀補入."

『상례비요』에서 고례를 채택하여 보입하였으므로 이에 따른다. 『상례비요』의 기록은 오히려 자세하지 않기 때문에 다시 보태어 넣어 참고하여 보기에 편리하게 하였다."[5]고 적고 있다.

이는 새로운 신주를 사당에 부묘祔廟하게 되었다는 것을 사당에 모신 윗대 조상에게 고하는 절차인 부제가 있음에도 불구하고, 신주를 개제改題하는 절차가 없어 새로운 신주를 모실 수가 없게 된다. 또한 대상에서 탈상을 하고, 담제를 지내지만, 신주의 분면을 개제하는 절차가 구체적으로 명시되지 있지 않다. 그렇기 때문에 신주의 봉사대수를 바꾸고 봉사자를 세우는 일 등을 분명하게 처리하기 위하여 『가례』에는 없는 길제의 조항을 첨가하여 중요시했던 것으로 보인다.

그리고 소절차의 인식에도 차이가 있다. 『상례비요』와 『사례편람』에는 설치楔齒, 철족綴足, 설빙設氷, 설료設燎 등이 추가되었는데, 이는 당시의 요구에 따른 것으로 보인다. 즉 『가례』를 조술祖述하였으나 간혹 보충해야 하는 부분은 보충하였는데, 그것들이 모두 예경禮經에서 빠뜨릴 수 없었기 때문이라고[6] 하였듯이 필요에 의해 보완하여 삽입된 것으로 보인다. 그리고 『상례비요』와 『사례편람』에서 거상잡의를 생략한 것은 그러한 내용이 소절차에서 모두 다루어졌기 때문으로 생각된다. 이와 함께 개장이 추가된 것은 아마도 당시 조선 사회에서 개장이 빈번했기 때문으로 보인다. 개장이 많았던 것은 풍수사상風水思想의 영향이 컸던 것으로 보인다.

『상례비요』가 다른 예서와 두드러지게 다른 점은 비교표에는 기록하지 않았지만 각 대절차에 필요한 기구와 물품에 대해 상세하게 설명하고 있다는 것이다. 이러한 상구喪具에 대한 전문적인 지식은 실제로 상례에 많이 참여하지 않은 사람은 알기 어렵다. 이는 신의경이 유희경劉希慶(1545~1636)처럼 사대부의 상례를 많이

5_　『四禮便覽』, 「喪禮」, 〈吉祭〉조, "(按)吉祭 家禮所無而 備要旣採古禮補入 故今亦從之而 備要所載則猶欠詳備 故就其中 更加添修 俾便於考閱."

6_　『喪禮備要』, 「凡例」, "此書雖祖述家禮 而其間或有不得已可補者補之 …(中略)… 皆出於禮經 而不可闕者也."

집례 하였다는 것을 반증하는 것이며, 이 책이 처음부터 지극히 실용적인 목적으로 만들었다는 것을 의미한다.[7] 이러한 상구에 대한 설명은 후에 『사례편람』으로 계승된다.

〈표 1〉 『가례』, 『상례비요』, 『사례편람』의 상례절차 비교

순서	『家禮』(12세기)	『喪禮備要』(1648)	『四禮便覽』(1844)
1(1)	初終 薦居正寢, 旣絕乃哭, 復, 立喪主, 易服不食, 治棺, 訃告	初終 薦居正寢, 旣絕乃哭, 復, 楔齒, 綴足, 立喪主, 易服不食, 治棺, 訃告	初終 薦居正寢, 旣絕乃哭, 復, 楔齒, 綴足, 立喪主, 易服不食, 治棺, 訃告
2(2)	沐浴, 襲, 奠, 爲位, 飯含: 掘坎, 陳襲衣, 沐浴, 襲, 爲位, 飯含	襲: 掘坎, 陳襲衣, 乃沐浴, 設冰, 襲, 設奠, 爲位, 飯含	襲: 掘坎, 陳襲衣, 沐浴, 設冰, 襲, 設奠, 爲位, 飯含
3	靈座, 魂帛, 銘旌: 置靈座設魂帛, 立銘旌, 不作佛事, 親友是入哭可	置靈座設魂帛, 立銘旌, 不作佛事, 親友是入哭可	置靈座設魂帛, 立銘旌, 不作佛事, 親友是入哭可, 設燎
4(3)	小斂 祖 括髮 免 髽 奠 代哭: 陳小斂衣衾, 設奠, 具括髮麻, 遷襲奠, 遂小斂, 憑尸哭擗, 袒括髮, 乃設奠, 乃代哭不絕聲	小斂: 陳小斂衣衾, 括髮麻, 設奠, 首絰腰絰麻, 設小斂牀布絞衾衣, 遂小斂, 憑尸哭擗, 袒括髮, 主人拜賓襲絰, 乃奠, 哭盡哀不絕聲	小斂: 陳小斂衣衾, 括髮麻, 遷襲奠, 衾衣, 遂小斂, 憑尸哭擗, 袒括髮, 乃奠, 哭盡哀不絕聲
5(4)	大斂 陳大斂衣衾, 大斂, 設奠, 各歸喪次, 止代哭者	大斂 陳大斂衣衾, 主人及親者袒布席如初布絞衾衣, 乃大斂, 乃設奠, 各歸喪次, 止代哭者	大斂 陳大斂衣衾, 乃大斂, 乃設奠, 各歸喪次, 止代哭者
6(5)	成服 入就位朝哭相弔, 五服說明	成服 入就位朝哭相弔, 五服說明	成服 入就位朝哭相弔, 五服說明
7	朝夕哭奠 上食: 朝奠, 上食, 夕奠, 哭無時, 朔日朝奠設饌	朝哭, 朝奠, 夕奠, 夕哭, 哭無時, 朔日朝奠設饌	朝夕哭奠, 哭無時, 朔日朝奠設饌
8(6)	弔 奠 賻:	弔: 奠, 賻	弔: 奠, 賻
9(7)	聞喪, 奔喪: 易服	聞喪: 易服, 奔喪	聞喪: 易服, 奔喪
10(8)	治葬: 祠后土, 穿壙, 灰隔, 刻誌石, 造明器, 下帳, 苞, 筲, 甖, 翣, 作主	治葬: 祠土地, 穿壙, 灰隔, 刻誌石, 造明器, 下帳, 苞, 筲, 甖, 翣, 作主	治葬: 祠后土, 穿壙, 灰隔, 造明器, 下帳, 苞, 筲, 甖, 大轝, 翣, 作主

7_ 고영진, 「16세기 후반 상제례서의 발전과 그 의의」, 『규장각』 14(서울대학교규장각관리실, 1991), 53쪽.

11(9)	遷柩 朝祖 奠賻 陳器 祖奠: 奉柩朝於祖, 遷於廳事, 乃代哭, 奠賻, 陳器, 祖奠	항목 없음: 啓殯, 奉柩朝于祖將遷柩, 遷于廳事, 乃代哭, 奠賻, 陳器, 祖奠	遷柩: 奉柩朝于祖, 遷于廳事, 乃代哭, 奠賻, 陳器, 祖奠
12	遣奠: 厥明遷柩就轝, 遣奠	厥明遷柩就轝, 遣奠	厥明遷柩就轝, 遣奠
13(10)	發靷: 柩行	항목 없음: 柩行	發靷: 柩行
14(11)	及墓, 下棺, 祀后土, 題木主, 成墳: 乃窆, 祠后土, 藏明器, 下誌石, 題主, 返魂, 成墳	及墓: 乃窆, 祠土地, 藏明器, 下誌石, 題主, 返魂, 成墳	及墓: 乃窆, 祠后土, 藏明器, 下誌石, 題主, 返魂, 成墳
15(12)	反哭:	反哭:	反哭:
16(13)	虞祭: 埋魂帛, 罷朝夕奠, 再虞, 三虞	虞祭: 初虞, 埋魂帛, 罷朝夕奠 再虞, 三虞	虞祭: 初虞, 埋魂帛, 罷朝夕奠 再虞, 三虞
17(14)	卒哭:	卒哭:	卒哭:
18(15)	祔:	祔:	祔:
19(16)	小祥: 陳鍊服, 止朝夕哭, 始食菜果	小祥: 陳鍊服, 止朝夕哭, 始食菜果,	小祥: 陳鍊服, 止朝夕哭, 始食菜果
20(17)	大祥: 陳禫服, 入於祠堂, 食肉而復寢	大祥: 陳禫服, 入于祠堂	大祥: 陳禫服, 入于祠堂
21(18)	禫:	禫: 陳吉服, 始飲酒, 肉食	禫: 陳吉服, 始飲酒, 肉食
(19)	없음	吉祭: 改題告由, 復寢	吉祭: 改題告由, 復寢
	居喪雜儀	改葬	改葬

주 : ( ) 안의 수는 『사례편람』에서 제시한 순서를 표시하였음

한편 이보다 조금 빠른 시기에 간행된 대표적인 상례에 관한 예서로 『상례고증』이 있다. 이 책은 김성일이 1580년 부친의 삼년상을 치르면서 저술하여 1581년에 간행된 것으로 학문적 성격의 예서이다.[8]- 『상례고증』의 체제를 보면 항목은 『가례』의 대절차와 유사하고, 소절차는 『가례』에 해당하는 항목의 내용을 『예기』에서 발췌하여 설명하는 방식이다. 책의 내용은 『가례』와 비교해 보면

8_ 위의 글, 54쪽.

완전한 것은 아니었던 것으로 보인다. 초종初終/ 위위爲位/ 복복復 부訃 목욕沐浴 습습襲 반함飯含 영좌靈座 혼백魂帛 명정銘旌/ 소렴小斂 대렴大斂/ 분상奔喪/ 빈殯/ 조弔/ 전 부奠賻/ 상장지구喪葬之具/ 장葬 조조朝祖 견遣 우虞 부祔 연練 졸곡卒哭/ 거상잡의居 喪雜儀/ 복제服制의 순서로 되어 있다. 앞부분은 『가례』와 유사하지만 졸곡 이후의 과정이 없고 거상잡의와 복제만이 있다. 물론 졸곡 앞에 있는 연練은 소·대상을 의미하는 것으로 볼 수도 있다. 또한 『가례』에 비해 단袒, 괄발括髮, 면免, 좌髽, 대곡代哭, 문상聞喪, 대상大祥, 담禫이 언급되지 않는 반면에 빈殯, 상장지구喪葬之具 가 추가되어 있다. 그리고 상복에 대해서는, 『가례』에서는 성복의 절차에서 다루 었지만, 『상례고증』에서는 복제를 절차와는 상관없이 별도로 처리하였음을 알 수 있다. 이러한 내용은 『예기』의 각 항목을 발췌한 것으로 절차의 순행보다는 각 항목의 내용이나 의의를 이해하는 데에 도움을 주기 위한 것이었다. 그러나 『예기』의 항목들이 여기저기 흩어져 있어 체계적인 절차가 없듯이 『상례고증』 역시 『가례』의 체제를 빌리긴 했지만 체계가 완벽하지는 않았다.

　　한편 김장생의 예학을 통해 예학의 홍성기인 17세기 전후에 『가례』를 조선 의 상황에 맞게 어떻게 수정하여 적용하였는가를 구체적으로 살펴볼 수 있다. 김 장생의 대표적인 예서인 『가례집람』은 그의 나이 55세 때에 완성되었다. 이 책의 발간 동기는 『가례』의 내용이 조선의 현실과 맞지 않는 부분이 있고, 그 의례의 내력과 후세의 여러 해석에 일관성이 있어야 할 필요성을 느꼈기 때문이다. 저술 방법은 『가례』의 각 조목 아래에 여러 학자들의 설을 모아서 주석을 다는 형식이 었으며 그 과정에서 신의경과 율곡栗谷의 지도를 받았다. 숙종 11년(1685) 송시열 을 비롯한 여러 제자들의 노력으로 간행되었다. 김장생은 이외에도 『의례문해』, 『개장의改葬儀』, 『제의정본祭儀正本』, 『예기기의禮記記疑』 등의 예절에 관한 저서를 남겼는데, 이러한 저술들은 김장생이 예학의 본원적인 추구와 사례四禮 중에서도 그 절차에 많은 문제가 있는 것들에 대한 고찰을 위해서 집필한 것이다. 이들 연구 성과는 모두 『가례집람』에 그대로 반영되어 있다.

우선 『상례비요』와 『가례집람』의 내용을 통해 『가례』와의 차이점을 찾아보기로 하겠다. 『가례』에는 없으나 『가례집람』에서 추가된 것으로는 초종의의 '설치철족', 습襲조의 '모冒'와 '설빙設冰'이다. 이러한 차이는 상례의 각 항목마다 상구와 제구祭具에 관한 소항목을 두어 필요한 물품을 자세히 설명하는 과정에서 나온 것으로 이는 실제 경험에서 우러나온 것임을 알 수 있다.

또한 『가례』의 내용을 고친 것도 보이는데, 첫째는 '효자출입복孝子出入服'에 '묵최墨衰' 대신에 '방립에 생포로 된 직령을 입도록' 고친 것이다. 둘째는 의례의 순서를 바꾼 것으로 『가례』에는 대상의 절차에 있는 음주하고 식육하는 일을 『가례집람』이나 『상례비요』에서는 담제의 뒤로 옮겼다. 셋째는 『가례』에는 없지만 길제吉祭와 개장改葬, 참參 3개 항목을 추가한 것이다. 이러한 수정과 첨가는 당시 사회에서 행하는 것을 참고로 하여 덧붙인 것으로 보인다. 다음으로 『가례』의 내용을 삭제한 것도 보이는데, 이는 거상잡의·초조初祖·선조先祖의 3개 항목으로 아마 당시 조선 사회에서 행하지 않았기 때문에 삭제한 것으로 보인다.

여기서 김장생이 예를 제정할 때 지켰던 몇 가지 원칙이 있었음을 알 수 있다.[9] 첫째 『가례』에는 없지만 『의례』를 쫓아 증보한 것이다. 「초종의」에서는 설치철족을, 「습」에서는 모와 설빙을, 「소렴」에서는 수질首経과 요질腰経, 주인지배빈습질主人之拜殯襲経을, 「대렴」에서는 포효금의布絞衾衣를, 「조석곡전」에서는 조곡朝哭과 석곡夕哭을, 「치장治葬」에서는 고계기告啓期를 두었는데, 이러한 것들은 『의례』의 「사상례」와 「기석례旣夕禮」의 두 편에 따라 보충한 것이다. 둘째는 성복에서 심상삼년心喪三年을 『예기』에 따라 보입補入하고, 대상에서 음주식육을 『예기』의 「간전間傳」에 의거하여 담제의 뒤로 옮겼다. 셋째는 정현鄭玄의 설을 따라 「역복易服」의 절차에서 『예기』 「상대기」 편에 있는 정현의 주注를 쫓아 심의深衣로 수정하였다. 넷째는 길제와 개장을 『가례의절』에 따라 추가하였다. 다섯째는 성

9_   노인숙, 「사계예학과 주자가례」, 『유교사상연구』 19(한국유교학회, 2003), 327쪽.

복에서 효자가 속제에 따라 방립을 쓰고 생포로 만든 직령을 입도록 한 것처럼 시속의 예에 따르는 것이다. 이와 같이 사계는 예설을 제정할 때 명확한 기준을 세우되 시속의 편의성을 깊이 고려하였음을 알 수 있다. 『가례집람』은 『상례비요』 와는 달리 『가례』를 연구하고 이해하기 위한 학문적인 목적에서 저술된 본격적인 『가례』의 연구서라고 할 수 있다.[10] 따라서 이 책은 『가례』의 주석서라고 할 수 있다.

위에서 언급한 것과 같은 차이의 발생은 조선시대의 사회문화적 상황에 맞게 『가례』의 내용을 변형시켜 받아들였기 때문에 나타난 현상이다. 예를 들면 당시 사회에서는 '거상잡의'보다 '개장'이 중요하였기 때문에 '거상잡의'를 빼고 '개장'을 보강한 것이라고 할 수 있다. 이러한 사실은 『가례』가 조선의 문화와 접촉하면서 융화되어 조선식의 유교식 '상례화喪禮化' 되고 있음을 보여주는 단적인 예라고 하겠다. 또한 길제의 의미와 절차에 대한 규정을 보면[11] 조선에서 발간된 예서는 『가례』보다 더욱 정교하고 체계적인 상례절차를 만들어 가고 있었음을 쉽게 알 수 있다. 이는 유교식 상례가 조선의 문화와 융화하면서 보편화되고 문화적 전통으로 정착되고 있었음을 보여주는 것이라고 하겠다.

2. 장례일기의 상례절차

'장례일기葬禮日記'란 조선시대에 상례를 치르면서 그 과정을 기록한 일기를 말한다. 이는 일기라는 명칭을 사용하기도 하지만 '신종록愼終錄' 혹은 '종천록終天錄'이란 명칭을 사용하기도 한다. 신종록이란 상례를 치르는 과정에서 일어난 일

10_ 위의 글, 326쪽.
11_ 길제의 의미에 대해서는 김시덕, 「길제의 정치적 성격」, 『비교민속학』 26(비교민속학회, 2004), 411~433쪽 참조.

을 낱낱이 적어 상례에서 치러야 할 일이 누락되지 않도록 하기 위해 호상護喪이 기록하는 것이다. '신종愼終'이란 자전에 의하면 "어버이의 상사를 당하여 상례를 정중히 한다."는 뜻을 가지고 있다. 따라서 신종록이란 "초상을 당하여 상례를 치르는 과정에서 일어난 일을 빠짐없이 기록하여 의례 진행에 누락됨이 없이 하고, 후세에 기록을 남기는 일기"라고 할 수 있겠다.

여기서 소개하는 장례일기는 공교롭게도 모두가 연안김씨延安金氏 집안의 것이다. 하나는 1636년 연안김씨延安金氏 김천석金天錫(1604~1673)이 작성한 선조비先祖妣 『연흥부원군부부인광산노씨장례일기延興府院君府夫人光山盧氏葬禮日記』이다.[12] 일기의 형식은 날짜의 진행에 따라 일어난 일들을 기록하였는데, 상례의 절차를 세세하게 기록하기보다는 문상자, 부조 등에 대한 기록이 더 상세하다. 당시 장사를 치른 곳은 홍산현鴻山縣이고, 장지는 강원도江原道 원주原州 안창리安昌里 선영先塋이었다. 일기의 내용 중에서 상례절차와 관련되는 부분만 발췌하면 다음과 같다.[13]

을해乙亥(1635)

11월　　　김천석金天錫 홍산현감鴻山縣監에 제수되었다.

병자丙子(1636)

5월　　　그믐 병석에 눕다.

9월 14일　기묘己卯　홍산鴻山 현아懸衙에서 졸卒

　　　　　습襲을 하였다. 습용의복襲用衣服

　　　　　김정랑형金正郞兄이 3녀 혼사로 왔다가 병환으로 예를 치르지

12_　부부인 노씨(1557~1637)는 연흥부원군 김제남金悌男(1562~1613)의 부인이고 인목대비仁穆大妃의 모친이며, 영창대군永昌大君의 외조모이다. 계축옥사癸丑獄事로 인해 제주에 유배되는 등의 파란만장한 삶을 살았다.

13_　일기의 번역은 김천석 원저·김종진 편저, 『광산부부인노씨장례일기』(대비공원보존위원회, 연안김씨의민공종회, 연안김씨원성종중, 2007)를 참조하였다.

못하고 머물다가 치상治喪하였다. 그 외 여러 사람이 와서 치
상하였다.

9월 15일   소렴소용의복小斂所用衣服

9월 3일   병환이. 점점 위독하여 간돌艮乭이를 금산에 보내 관재를 구하
           려 하였으나 구하지 못했다.[14]

9월 17일   부여현감夫餘縣監 윤후지 등이 모였다.
           만호 조무曹貿가 판목을 구하여 왔으므로 앞마을에 가서 치관
           하였다.

9월 18일   대렴大斂을 하였다. 집사 이규명李奎明과 조양曹襄이 옻칠을 하
           였다. 대렴 소용 의복 현실玄室[15]을 받들어 향사당鄕舍堂에 빈
           殯을 하였다.

9월 19일   성복成服. 곡비哭婢는 예향禮香 등 5명.

9월 23일   현실玄室 재칠再柒

9월 27일   현실玄室 삼칠三柒

10월 2일   현실玄室 사칠四柒

10월 6일   현실玄室 오칠五柒
           이때 예장禮葬에 대한 논의가 있었다.

10월 9일   발인發靷
           치전致奠 등에 대한 기록

10월 13일   청주淸州에서 점심하고, 본주本州에서 치전致奠
           전前 충주목사忠州牧使 신득연申得淵의 제문祭文

10월 14일   청안靑安 시화역時化驛 점심

14_ 실제 일기의 기록상 날짜의 순서가 맞지 않은 경우가 있었다.
15_ 원래 무덤실을 의미하는데, 여기서는 영구靈柩를 의미하고 있다.

치전, 문상자 기록

10월 18일　산에 도착하여 숙소宿所

10월 29일　중사中使 치제致祭

유제諭祭

11월 7일[16]　김천金泉 이찰방대부李察訪大夫 등 문상, 부조 기록

11월 15일　큰집에서 치전하다.[17]

11월 26일　진시(7~9시) 제사를 지내고 풀을 베었다.

11월 29일　성주가 작목군斫木軍 18명을 보내다.

12월 1일　자신의 집에서 삭제朔祭를 지냈다.

12월 12일　묘시卯時(507시) 금정金井을 열기 위해 서쪽을 7자 정도 팠다.

12월 13일　사조祀曹에서 300명(1일) 등 각 처에서 조기군造基軍 보내왔다.

12월 14일　치전자 기록

12월 15일　공주公州의 방에서 망제望祭를 지냈다.

12월 16일　치전 기록

12월 20일　축시丑時(1~3시)에 빈소殯所를 파하고, 먼저 서쪽을 팠다. 미시
未時(13~15시)에 안장

대홍팽단大紅彭段과 남문사藍紋紗로 구의를 겹으로 하였고, 석
회와 외관 사이에는 송진 100여 두를 사용하였고, 석회는 약
744말을 사용하였고, 총 10회의 달구질을 하였다.

12월 21일　묘를 완성하고 재우제再虞祭를 올리고 진보에 있는 집으로 향
하였다.

12월 23일　삼우제를 지냈다.

16_　원본에는 12월로 되어 있으나 날짜의 진행상 흐름을 볼 때 11월의 오기로 보인다.
17_　망전望奠을 크게 지낸 것으로 보인다.

12월 24일 졸곡제를 지내고, 율봉栗峰으로 갔다.

무인戊寅(1638)

1월 1일~9월 13일 문상자, 부조, 치전에 대한 기록만 있음

9월 14일 김천金泉 이찰방대부李察訪大父가 제수祭需를[18] 보내고 부조.
　　　　　　문상자 기록

기묘己卯(1639)

1월(날짜 없음)~9월 2일까지 문상자 기록만 있음

9월 11일 김천金泉 이찰방대부李察訪大父가 제수祭需를 보내고 문안하였다.

9월 14일 대상大祥을 지냈다.

9월 16일~10월 3일 문상자 기록만 있음

10월 4일(정사丁巳) 담제禫祭를 지냈다.

10월 5일 김천金泉 이찰방대부李察訪大父가 제수祭需를 보내옴. 문상자 기
　　　　　　록만 있음. 이상以上 부목賻木2동同22필疋

　　부부인 노씨의 장사기간은 무려 95일이 소요되었고, 삼년상을 치른 것으로
되어 있다. 이 일기의 번역 출판과 관련한 신문 기사에 의하면 예장을 한 것으로
보도하였지만[19] 실제로는 예장을 하지 않은 것으로 되어 있다. 『조선왕조실록』
에 의하면 난리를 겪은 뒤로 예장 등의 일을 옛날처럼 할 수 없어 광산부부인光
山府夫人과 정빈貞嬪의 상사도 예장으로 치르지 못하고 다만 관곽棺槨, 역군役軍,
제수祭需를 지급하였을 뿐이니, 옹주의 상사도 이에 따르도록 했다는 것이다.[20]

18_ 소상제小祥祭를 위한 제수로 보이는데, 소상에 대한 기록은 없다.
19_ 김승욱 기자, 「인목대비 어머니 광산부부인의 인생유전」, 『연합뉴스』, 2007.3.2.

일기에 등장하는 주요 상례절차는 다음과 같이 정리할 수 있다. 우선 병환으로 인해 5월 그믐부터 병석에 누운 100여일의 기간을 천거정침이라고[21] 할 수 있다. 9월 14일 운명 한 날 목욕을 시키고 수의襚衣를 입히는 습을 하고, 9월 15일에는 소렴을 하고 상례의 역할분담을 하는 입상주立喪主에 해당하는 절차를 진행한다. 9월 3일 병환이 위독하여 미리 판목을 구하려고 하나 구하지 못한다.[22] 9월 17일에야 겨우 판목을 구하여 치관하고, 운명 후 5일째인 9월 18일 대렴을 하고 관의 겉면에 옻칠을 한다.[23] 대렴 후에는 바로 빈殯을 한다. 6일째인 19일에야 비로소 성복成服을 하는데, 예서에서 규정한 4일째와는 차이를 보인다. 10월 6일까지 현실玄室 즉, 관에 5번의 옻칠을 한다. 10월 9일 발인하여 10월 18일이 되어서야 장지에 도착한다. 12월 15일 큰 집에서 망전을 크게 준비하여 지낸다. 이유는 알 수 없으나 11월 26일이 되어서야 장지의 풀을 베고, 12월 20일이 되어서야 비로소 파빈破殯을 하고 하관을 한 것으로 되어 있다. 하루에 묘역 조성이 불가능하였는지, 21일이 되어서야 봉분을 완성하고 재우제再虞祭를 지내고 진보에 있는 집으로 가서 23일 삼우제를 지낸다.

1638년에는 문상자와 조장弔狀, 부조에 대한 기록만 있다가 9월 14일 김천金泉에 있는 이찰방대부李察訪大父가 제수를 보내왔다고 기록하였는데, 날짜로 보아 소상을 치른 것으로 보이지만 내용은 없다. 1639년이 되면 9월 11일 역시 김천에 있는 이찰방대부가 제수를 보내오고, 9월 14일이 되면 대상을 지낸다. 10월 4일 담제를 지내고, 10월 5일 지금까지 들어온 부조 총액을 기록하는 것으로 일기는 마무리된다.

삼년상을 마친 다음해인 1640년 김천석은 선비先妣의 상을 당하여 1642년까

20_ 『朝鮮王朝實錄』,「仁祖」37卷 16年(1638) 11月 18日(丙子)條.
21_ 병환으로 자리에 누웠다는 기록과 졸하기 전까지의 내용으로 볼 때 이것이 천거정침으로 보인다.
22_ 이로 보아 집안에 위독한 사람이 있으면 미리 관재 등을 구하여 두는 관습이 있었을 것으로 보인다.
23_ 상구喪具 준비로 인해 실제 규정된 날짜를 맞추지 못하는 사례의 하나이다.

지 삼년상을 치르면서 그 과정을 기록하였는데, 그것이 『초계정씨상시일기草溪鄭氏喪時日記』이다.[24] 선비先妣는 초계정씨草溪鄭氏(1575~1640)로 청주목사증좌승청주목사증좌승지김래淸州牧使贈左承淸州牧使贈左承旨金琜의의 부인이다.

경진庚辰(1640)

간산看山과 장일葬日은 이연권李衍權이 하였다.

1월 4일 김수정金守正이 마침 와서 부고를 통지하였다.

1월 5일 감역숙주監役叔主가 부고를 듣고 우곡에서 달려왔다.

1월 6일 습襲을 함. 습의襲衣 종류 기록

오후에 소렴小斂을 하였다. 소렴의小斂衣 기록

1월 7일 문상자 기록

1월 8일 대렴大斂 대렴의大斂衣 기록

현실玄室 초칠初漆

저녁에 상식上食을 올리고 바로 성복成服하였다.

1월 9일(?)~1월27일까지 문상자 부조 기록

2월 1일 삭제朔祭를 지내러 율봉栗峰에 갔다.

현실玄室 재칠再漆

2월 3일 풀을 베고 땅을 팠다. 미시未時(13~15시)에 선영先塋에 고고告하고 사후祀后도 하였다.

금정金井을 열고 땅이 평평함으로 기다려 개가 짖지 않은 때 땅을 팠다. 깊이는 원주척圓周尺으로 7자이다.

2월 4일 문상자 부조 기록

24_ 원명은 '遭先妣喪時日記'로서 『연흥부원군부부인광산노씨일기』에 이어 기록되어 있으나 구분을 위해 『草溪鄭氏喪時日記』라 표기한다.

2월	5일	문상자 기록

행가리 댁에서 삼과상三果床으로 제문祭文을 올렸다. 제문 기록

| 2월 | 7일 | 우리집에서 아침상식을 하고 구과상九果床을 올렸다. 이중휘李 |

重輝가 오과상五果床을 올렸다. 정랑 김형주金兄主가 삼과상三果床에 제문을 올렸다.

| 2월 | 8일 | 제천提川의 숙모가 상식上食을 하고 삼과상三果床을 올렸다. |

이생원댁 매주妹主가 구과상九果床을 올렸다.

| 2월 | 9일 | 축시丑時(1~3시) 남방을 먼저 파서 파빈破殯하였다. 파빈 후 즉 |

시 발인하고, 같은 날 묘시卯時(5~7시)에 안장하였다. 상여가 가는 데 흉방은 갑지甲地와 임지壬地였다.

상주가 복방伏方이 아닌 곳은 사오미지巳午未地이다. 적호的呼[25]는 신사생辛巳生이었다. 취토取土는 경갑지庚甲地, 상주는 불복不伏이다.

석회 초격初隔은 45말이고, 2~9격隔에는 각각 45말을 썼다.

높이는 주척周尺으로 5자 2치이고, 두께는 4면이 1자이다.

덮개 위에 쓴 회는 초격이 60두, 2~6격에는 45말을 썼고, 높이는 주척으로 5자 5치로 총 690말을 사용하였다.

회격과 외관 사이에 사용한 송지는 159말이다. 4면은 두께가 4푼이고, 천개 위는 1치이다.

만장 10개 기록

흑주현黑紬玄 5, 홍주훈紅紬纁 4, 초록운문대단草綠雲文大緞으로 구의를 만들었다.

감역숙주監役叔主 등 21명이 회장會葬하였다.

25_ 하관 시 일진과 상충되는 사람들을 피하게 하는 일.

초우제初虞祭를 지냈다.

2월 10일(?) 재우제再虞祭를 지냈다.

2월 11일   삼우제三虞祭를 지냈다. 부조 기록

2월 13일   졸곡卒哭 율봉댁에서 구과상九果床을 올렸다.

2월 14일 ~ 2월 29일 문상자 부조 기록

3월 1일 ~ 3월 9일 문상자 조장 기록

3월 11일   산저山底 숙모주叔母主가 문상하고 연천의 옛집으로 돌아갔다.

3월 12일 ~ 3월 21일 문상자 부조 기록

4월 2일²⁶⁻~5월 28일 문상자 부조 기록

6월 6일 ~ 6월 25일 문상자 기록

7월 11일   궤연几筵을 박향수朴香守 집으로 옮겼다.

7월 15일 ~ 12월 30일 문상자 부조 조장 기록

신사辛巳 (1641)

1월 3일   감역 정석윤鄭錫胤 숙주께서 오셨다.

1월 4일   단구숙주丹丘叔主 정석연鄭錫衍 등이 와서 제사에 참여하였다.²⁷⁻

1월 5일   소상제를 행하였다. 행가댁行嘉宅 등에서 치전致奠하였다.

1월 6일~12월 12일 문상자 부조 조장 기록

임오壬午 (1642)

1월 5일   대상제大祥祭를 지냈다. 행가숙주行嘉叔主 등 10여 명이 제사에
           참석하였다.

26_   이 기간은 원래 2월 11일과 13일 사이에 끼어 있었으나 이해의 편의를 위해 날짜의 진행순서에 따라 맞추었다.
27_   다음날 소상小祥에 참여한 것을 미리 기록한 것으로 보인다.

3월　8일　담제를 지냈다. 감역숙주監役叔主 등이 제사에 참여하였다. 부
　　　조 기록

　　일기의 첫머리에 의하면 1640년 정월 초 5일에 운명한 것으로 되어 있으나,
실제 일기의 진행을 보면 1월 4일 부고를 통지한 것으로 되어 있다. 이는 아마도
병세의 위독함을 알린 것으로 보인다. 일기를 시작하자마자 장지를 정하기 위해
간산看山을 하고 택일擇日을 하였다는 기록이 나오는 것으로 보아 풍수지리적인
영향이 있었던 것으로 보인다. 정씨는 부부인광산노씨의 삼년상을 치르기 위해
집을 떠나 원주 안창리에서 살다가 졸하였다. 이것은 여묘로 해석할 수도 있으
나, 정확한 내용이 없어 단정할 수는 없다. 따라서 선영이 있음에도 불구하고 선
영을 간산했다는 것은 풍수의 영향이 컸던 것으로 보인다. 아울러 장사택일지葬
事擇日誌를 상세하게 기록한 것에서도 풍수의 영향을 짐작할 수 있다.
　　등장하는 상례의 절차를 보면 1월 4일 사전 부고를 하고, 5일 운명하여 6일
오전에 습을 하고 오후에는 소렴을 한다. 1월 8일 대렴을 하고 현실에 옻칠을
하며, 저녁부터 상식을 올리기 시작한다. 2월 1일 삭제朔祭를 올리기 위해 율봉栗
峰에 간 일 외에는 삭망전을 올리지 않는다. 그리고 상식을 올리고 나서는 친척
들이 삼과상三果床, 오과상五果床, 구과상九果床 등 규모를 달리하여 돌아가면서 전
을 올린다. 2월 9일 파빈을 하고 바로 발인을 한다. 이날 초우제를 지내고 10일
과 11일에 재우제와 삼우제를 지낸다. 2월 13일 졸곡제를 지낸다. 이듬에 1641년
1월 5일 소상을 지냈는데, 행가댁行嘉宅 등에서 치전致奠한다.[28] 1642년 1월 5일
대상을 지내고, 3월 8일 담제를 지내 모든 절차를 마무리한다.
　　한편 이보다 약 200년이 늦은 시기에 기록된 『신종록愼終錄』은 연안김씨 김문

28_ 『四禮便覽』에서는 소상 후에 전을 올리는 것을 비례非禮로서 비판하고 있다["(按)今俗或於小大祥及忌日 支子孫別
具饌酒謂以加共 侑食之後 雜進於卓前 其爲黷褻 孰甚於此 如欲伸情則以物助具饌之需 似合於古禮獻賢之義矣"].

수金文秀가 1883년(癸未)에 모친 초계변씨草溪卞氏의 장사를 치르면서 작성한 장사 일기이다.[29] 당시 장지는 충북忠北 충주忠州 주류면周柳面 창전리倉田里 신전현薪田 峴 손좌원巽坐原이었다. 제1권 표지 왼쪽에는 『일기1 계미日記一 癸未』, 오른쪽에는 제구諸具, 홍성기興成記라고 적었다. 제2권에는 『일기2 계미日記二 癸未』, 오른 쪽에 는 집사執事-하편下篇, 고축告祝, 제찬祭饌, 부의賻儀, 택일기擇日記, 척양尺樣・산도 山圖-병견전상幷見前喪, 부附, 뇌지편誄誌篇, 전령후록傳令後錄, 계기啓期, 묘지墓誌, 만사輓詞, 행장行狀, 위소慰疏, 답소答疏로 구성되어 있다. 일기의 내용에는 의례를 치르는 과정의 세세한 방법에 대해서 구체적으로 기록하지는 않았다. 그러나 『신종 록』「중편中篇」에는 초종치부初終置簿, 역복지구易服之具 등 각 절차에 사용되는 도 구, 홍성기 부록 편에서 각종의 도구라든가 축문, 행사시의 집사자, 전을 올릴 때의 제수, 사용 금액[30] 등을 상세히 기록하였다. 그러나 여기서는 조선 후기 상 례 절차가 어떻게 진행되는지를 고찰하는 것이 목적이기 때문에 생략한다. 일기 내용 중에서 상례의 절차를 일기의 기록 순서에 따라 제시하면 다음과 같다.

〈癸未初終日記〉

癸未(1883)

8월 16일(종일 맑음) 申時(오후 3~5시) 母親이 絶命, 收屍, 皐復, 發喪을 하였다. 三訪里
의 臧獲 等이 밤에 와서 奔喪하여 入哭하였다. ○ 胥吏 2명이 와서 부고를
써서 각처로 전하였다. 徐碩士 道淳 등이 와서 함께 治喪에 대하여 의논하였
다. ○ 左兵校 趙德林이 주민 10여 명을 데리고 와서 放燎하고 徹夜하였다.
○ 木手 陰松德과 李致祥이 棺을 만들 판자를 다루었다(판자는 妹夫 趙鼎九

29_ 국립중앙도서관에 소장된 것으로 1권과 2권으로 나뉘어져 있다. 김문수(江石, 1842~?)는 연안김씨延安金氏 내자사
공파內資寺公派(中原宗中) 22대손이다. 부父는 욱연彧淵이고, 조부는 황鎤, 증조부는 재권載權, 고조부는 육熽이다. 족보를
확인한 결과 1883년 8월 16일에 졸한 것으로 되어 있는데, 오기인 듯하대延安金氏大宗會, 『延安金氏丙戌大同譜』(回想
社, 2006), 3045쪽].
30_ 장사 때 사용된 비용은 현금으로 225량 2전 5푼이었다.

가 5년 전에 사서 보낸 것이다). 저녁 9시경에 柳村의 趙妹夫가 분상하였다.

○ 이날 밤 상하 남녀 20여 인이 내외실당을 지켰다.

8월 17일(종일 비) 治棺 장소를 문밖의 虛廳에 마련하여 치관하였다. ○ 삼방의 山直이와 마을 주민 20여 명이 와서 공역을 하고, 부고를 돌렸다. ○ 三訪의 族叔 達淵, 유촌의 族弟 弼秀 등 6명이 모여 함께 모든 일을 검사하여 보살폈다. ○ 날이 저물었으나 관이 완성되지 않아서, 황혼이 지나서야 목욕을 마치고, 옮겨 陳襲衣를 하고 飯含을 하였다.

8월 18일(개이기 시작) 날이 개이므로 다시 청사 앞으로 옮겨서 치관을 하였다. ○ 午時 (11~13시)에 다시 大斂을 하려고, 펼쳐서 염을 마치고 다시 관을 원래의 자리에 옮겨 柩衣로 덮어 두었다. ○ 戌時(19~21시)에 관을 방 안으로 옮겨 칠성판 위에 요와 베개를 놓고 입관을 하여 다시 원래의 자리에 안치하였다. 밤이 되어도 상복과 도구들을 다 만들지 못했다.

8월 19일(종일 맑음) 초상 후부터 마을의 할머니 7-8명이 상복 도구를 만들었으나 겨우 오시(11~13시)가 되어서야 마무리 되었다. 성복 후에 바로 결관하여 마당 옆에 塗殯하였다. 저녁 식사 때 夕上食을 예에 따라 올렸다. ○ 날이 저물 때 夕奠을 올렸다. 황혼 후에 석곡을 예에 따라 행하였다. ○ 8월 20일(이하 日氣 없음) 새벽(平明)에 위의 예와 같이 朝哭을 하였다. 일출 후 조전을 올렸다. 아침 식사 때 朝上食을 올렸다.

8월 21일 목수가 백색 硯函, 白松盤, 횡대를 만들었는데, 마치지 못했다.

8월 22일 각 처에 부고를 전하고, 횡대 9장을 만들었다.

8월 26일 油張紙 8장 마련하였다(결관을 위한 것이다).

9월 1일 일출 후에 殷奠[31]_을 올렸다.

31_ 제물을 넉넉히 차려서 올리는 전이다. 아마도 초하루 삭전朔奠이기 때문에 다른 전보다 많은 음식을 차린 것으로 보인다.

9월 2일 閑筏里 김생원 商尹이 와서 문상하고 산운이 좋다고 하여 기쁘고 행복했다.

9월 3일 喪人이³²– 竹村 沈生員 집에 날을 잡으러 갔으나 잡지 못하고 돌아왔다.

9월 5일 장남 思述이 한양으로부터 와서 영좌에 곡을 하였다. (장남은 과거를 보러 갔
다가 낙방하고 일이 있어 돌아오지 않았으나, 이번에 돌아와서 분곡하였다)

9월 7일 사술이 한벌리 金生員 商尹 집에 가서 첫 번째 택일을 해서 왔는데, 날짜가
심히 촉박하여 마음이 답답했다(일자는 16일이었다).

9월 8일 목수 陰松德이 와서 喪轝와 馬木를 만들었다.

9월 9일 아침 식사 때 아침상식 겸 重九奠을 올렸다.

9월 11일 음송덕이 칠 한 통을 사왔다.

9월 13일 사술이 노비의 아들 漢哲을 데리고 忠州 嶺竹에 사는 戚叔 이생원 基性 집에
가서 날을 잡아서 돌아왔다(장일은 10월 3일, 하관 寅時(3-5시)).

9월 15일 아침 식사 때 아침상식 겸 望奠을 올렸다. ○ 목수 음송덕이 와서 지석틀과
喪行 때 지석을 실을 기구를 만들었다.

9월 17일 노비 아들 漢哲이 석회 13말을 사와서 바로 묘소에 옮겼다(가격 2량 5전).

9월 19일 아들 형제가 지석을 다 만들지 못했다.

9월 20일 아침 일찍 영좌에 占山 고사를 지낸 후 아이 思述과 노비의 아들 旵先을 데리
고 상주가 직접 선조 묘소로 먼저 갔다. 토지신에게 제사할 때 척숙 權生員
鍾樂이 고축을 할 때 집사를 하였다. 제사를 마치고 다음으로 선조의 묘에 고
하러 갔을 때도 종락씨가 집사를 했다.

9월 21일 회로 지석 깎는 일을 마치지 못했다.

9월 22일 회로 만든 지석 8장이 완성되어 가마에 구웠다(8편은 孺人草溪卜氏之墓).

9월 23일 지석이 완성되지 않았다(흙으로 2장을 만드는데, 誌文이 300여 자이다).

9월 24일 지석 미완.

32_ 이 일기에서는 상주喪主를 상인喪人으로 표기하고 있다.

9월 25일   사시(9~11시)에 啓殯之禮를 올렸다. 사술이 고축 시 집사를 하였다.

9월 26일   계빈을 하여 영구를 받들어 정침으로 옮기고 관을 열고 살폈다. 관 안에 덮었
           던 것들이 조금 축소되어 있었다(관에 칠을 하고, 고석을 까는 일 등을 기록해
           두었다). 오후에 관에 재칠을 하였다.

9월 27일   3칠, 오후에 4칠을 하였다.

9월 28일   5칠, 오후에 지석이 완성되었다. 오후에 6칠을 하였다.

9월 29일   7칠을 하고, 오후에 8칠을 하였다.

9월 30일   9칠을 하고, 오후에 棺上銘旌을 썼다. 삽선을 그렸다. 관을 싸서 성빈을 하였
           다. 內金井을 만들었다.

10월 1일   朝食 때 아침상식 겸 朔奠을 올렸다. 사술과 음송덕이 한벌 김생원 상윤의 집
           에 가서 金井之意 검사하였다. ○ 哺時에 朝祖를 예에 따라 올렸다. 즉, 遷柩
           廳事의 예를 올렸다. 夕奠 때 祖奠을 올렸다. ○ 황혼에 석곡을 하였다. 밤늦
           게까지 行裝을 꾸렸다.

10월 2일   동틀 무렵에 朝哭을 하였다. 날이 밝자 遷柩就轝의 예를 행하였다. 고축을 마
           치고 혼백을 받들어 정침 앞마당으로 천구를 하였다. 遣奠을 올리고 발인을
           하였다. …(중략)… 地師 김생원 상윤과 음송덕이 금정으로 광중을 파고 기다
           리고 있었다. ○ 발인 군정들이 돌아가고, 석식 때 저녁상식을 집에서 올리는
           예처럼 올렸다. ○ 일몰 후 석전을 집에서처럼 올렸다. ○ 황혼 후에 석곡을
           집에서처럼 올렸다. ○ 청내, 광중 앞에 불을 밝히고 친척, 노복, 군정 30여
           명이 철야를 하였다. ○ 닭이 운 후에 조곡과 조전을 마친 후 寅時(3~5시)를
           기다렸다. 인시가 되어 줄로 영구를 들어 천천히 광중에 내리고 관 위를 흰
           종이로 닦았다. 玄纁을 드리고, 橫帶를 덮고 實土를 하였다. 平土 후 誌石 8장
           을 편 후 몇 자 이상 복토를 하였다. 날이 밝아 土地神에게 제사를 올렸다.
           ○ 묘위에 지었던 甕閣 철거를 시작하였다. 아들 사술과 李碩士 益宰가 분면
           에 題主를 하였다. 제주가 끝나고 탁자에 신주를 모시고 題主奠을 올렸는데,

益宰가 고축을 하였다. 申時(3~5)가 되어서야 役事를 마칠 수 있었다. 靈轝에 神主를 모시고 신주 뒤에 魂帛을 모시고 곡을 하고, 返魂을 하였다. 집에 도착하여 서로 문상하고, 바로 初虞祭를 예에 따라 지냈는데, 처음으로 茅沙를 사용하였다. ○ 황혼 후에 예에 따라 석곡을 하였다.

10월 4일 寅時(3~5시)에 再虞祭를 예에 따라 지냈다. ○ 이날부터 朝奠이 없다.

10월 5일 寅時(3~5시)에 三虞祭를 예에 따라 지냈다.

10월 7일 丑時(1~3시)에 졸곡제를 예에 따라 지냈다.

10월 8일 丑時(1~3시)에 祔祀를 예에 따라 지냈다.

10월 9일 날이 밝은 후 朝哭을 예에 따라 행했다. 조식 때 아침상식을 예에 따라 올렸다. 喪人(喪主)이 산소에 가서 성묘를 하고, 혼백을 묘의 우측에 묻었다.

11월 23일 아침 식사 때 아침상식 겸 冬至奠을 올렸다.

甲申(1884)

1월 1일 아침 식사 때 아침상식 겸 正朝奠을 올렸다.

2월 13일 차손이 출생하였다(이름 興純).

2월 22일 둘째 아들 思性이 생남하였다(이름 興雲).

3월 9일 아침 식사 때 아침상식 겸 寒食奠을 올렸다.

3월 27일 季舅(막내 외숙) 변생원이 영좌에 분곡하였다.

4월 27일 손자 흥순이 천연두로 11일부터 아프기 시작하여 죽었다. 慘哉하다.

4월 28일 외종 변석사 鑒씨가 영좌에 분곡하였다.

5월 5일 아침 식사 때 아침상식 겸 端午奠을 올렸다.

6월 15일 아침 식사 때 아침상식 겸 流頭奠을 올렸다.

8월 11일 외종 卞喪人 鋆가 와서 영좌에서 곡을 하였다.

8월 12일 매부 조석사 鼎九가 와서 영좌에서 곡을 하였다.

8월 15일 조식 때 아침상식 겸 秋夕奠을 올렸다. 初昏 때 兄嫂의 아들 千金이 영좌에 전을 올렸다.

8월 16일   계명 후 예에 따라 朝哭을 하였다. 날이 밝아서 예에 따라 제사를 지냈다. 이
　　　　　날부터 아침상식이 없어진다.[33] ○ 이날부터 夕哭이 없어진다. 소상 후부터
　　　　　조석곡이 없어진다.

8월 17일   조곡을 그쳤다.

8월 21일   상인이 성묘를 다녀왔다.

9월 9일   아침 식사 때 아침상식 겸 重陽奠을 차렸다.

10월 20일   척질 卞遇淵 영좌에 곡

10월 22일   외종 卞喪人 鑿이 영좌에 곡을 하였다.

11월 5일   아침 식사 때 아침상식 겸 冬至奠을 올렸다.

乙酉(1885)

1월 1일   아침 식사 때 아침상식 겸 正朝奠을 올렸다.

1월 3일   季舅 변생원 부고가 도착하였다.

1월 17일   靈筵을 이웃 마을의 100보정도 되는 곳의 새로 산 집으로 옮겼다.

2월 20일   아침 식사 때 아침상식 겸 寒食奠을 올렸다.

4월 11일   외종제 변석사 상인 銊과 척숙 변생원 萬基가 와서 영좌에 곡을 하였다.

4월 19일   아침상식 겸 晬辰奠을 올렸다.

5월 5일   아침 식사 때 상식 겸 端午奠을 올렸다.

6월 1일   아침 朔奠 때 매부 趙舜九가 참례하였다.

6월 15일   아침 식사 때 아침상식 겸 流頭奠을 올렸다.

8월 11일   淸風 여동생 李室이가 영좌에 분곡하였다.

8월 15일   아침 일찍 茶禮와 함께 祔廟禮를 先祖의 祠堂에서 올렸다. 아침 식사 때 상식

33_ 소상小祥을 지낸 것으로 보인다. 그러나 예서에는 상식을 올리지 않는다는 규정은 없다.

겸 秋夕奠을 올렸다. ○ 馬浦洞 삼종질부 高씨가 영좌에 분곡하였다.

8월 16일   吉明 제사를 예에 따라 행하였다.[34]- 고축도 예에 따라 행하였다. 삼종질이 고
             축시 집사를 하고, 행사를 마치고 신주를 받들어 入廟 고사를 예에 따라 행하
             였는데, 사술이 집사를 하였고, 봉주 때에도 집사를 하였다. 이어서 제상, 교
             의, 휘장 등속을 철거하였다.

9월 20일   乙卯에 사당 문 밖에 탁자를 설치하고 향로와 향합, 잔, 珓盤(산통 상)을 놓고
             주인이 禫服을 입고 西向하여 날을 점쳐 길일을 얻었다. 사당에 들어가 비위
             앞에 가서 예에 따라 분향하고 재배한 후 상주가 고하였다.

10월 2일   정묘일 예에 따라 禫祀를 예에 따라 지냈다.

10월 3일   복일(담제 때처럼) 길일을 얻어 예에 따라 사당에 고하였다.

10월 10일   예에 따라 齋戒를 하였다.

10월 13일   길제를 지냈다. 신위를 청사에 모시고 이어 4대의 신주를 판 위에 모시고 진
             찬한다. 먼저 고조위를 향하여 초헌 독축 배례 후에 증조, 조, 고위를 앞에서
             와 같이 하였다. 아헌 종헌 유식 합문 계문 진다 후에 사신을 하고(일시에 행
             하였다) 納主하였다.

    일기 형식으로 진행된 절차이기 때문에 대절차와 소절차의 구분이 없는 것
처럼 보인다. 그러나 운명한 날의 예를 보면 병이 위독하여 정침으로 옮겨 약을
쓰는 과정, 운명 후에 바로 행하는 고복, 역복불식, 괄발, 수시, 치관 등의 절차가
행해졌음을 기록하고 있는 것으로 보아 의미단위로 묶어서 진행하고 있음을 알
수 있다. 일기형식으로 기록하되 절차의 행위를 상세하게 기록하지 않고 사건 중
심으로 기록하고 있어 많은 절차가 생략된 것처럼 보이지만, 중·하편에서 제수
등을 기록하여 상례의 세부적인 행위까지도 읽어낼 수 있다.

34_   대상을 지낸 것으로 보인다.

『사례편람』 등과 비교해 볼 때 대절차는 큰 차이가 없다. 우선 첫째 날에는 초종의에 해당하는 수시, 고복, 발상, 분곡, 부고, 철야 등의 소절차가 행해진다. 입상주立喪主라는 중요한 절차가 기록되지는 않았지만 하편에 「전후집사인前後執事人」이라는 항목을 두어 각 절차에서의 업무를 담당할 사람을 지정해 두고 있어 실제로는 입상주의 절차를 진행했음을 알 수 있다. 예서에는 없지만 '발상'이라는 절차를 중요시하고 있다. 관아의 서리들이 와서 일을 도와주고 있음을 알 수 있다. 둘째 날이 되면 부고를 돌리고, 습을 한다. 명정을 쓴다는 기록이 없으나 명정에 필요한 도구를 중편에 기록해 둔 것으로 보아 이 역시 행해졌음을 알 수 있다.35_ 소렴의 절차가 기록되어 있지 않으나 중편에 '소렴지구小斂之具'36_가 있는 것으로 보아 첫째 날 저녁에(申時) 운명하여 행하지 못한 습과 소렴을 동시에 진행한 것으로 보인다. 이때 반함도 한다.

셋째 날이 되면 치관을 마치고, 대렴을 한다. 넷째 날 정오가 되어서야 상복喪服이 완성되어 성복을 한 후에 도빈을 한다. 석전과 석곡을 시작하는데, 예서의 규정과 같다. 상례에 필요한 준비를 하고 9월 1일 삭전朔奠이기 때문에 음식을 넉넉히 장만하여 전을 올리는 은전殷奠을 올린다. 초상 후 약 보름이 지나서야 장삿날을 잡는데, 너무 촉박하다고 다시 잡아 10월 초3일로 정하여 무려 63일장을 하게 된다. 그 사이 기간에 석회를 구입하는 등 치장을 위한 준비를 하고, 9월 25일에는 계빈을 하여 관에 칠을 하는데, 6일에 걸쳐 9번을 칠한다. 장지의 선정에 관한 내용은 보이지 않는데, 이는 선친의 묘소에 합폄合窆을 하기로 하였기 때문이다. 그런데 한벌에 있는 김생원이 문상을 왔기에 산의 운運을 물었더니 길하다고 하여 매우 기분이 좋고, 행복했다는 기사는 풍수에 대한 관심을 간접적으

35_ 명정을 만드는 도구는 홍주紅紬(三尺餘), 단목丹木(少許), 분粉, 녹각교鹿角膠, 대필大筆, 죽竹, 상하축上下軸, 세승細繩이다.
36_ 소렴의 도구는 자리1장, 효포絞布 17자, 금衾(명주로 한다) 상도의上倒衣, 하도의下倒衣, 산의散衣, 신면新綿, 이금侇衾이 필요한 것으로 기록하고 있다.

로 알려주고 있다.

　10월 1일이 되면 삭전을 올리고, 천구를 하며, 석전 때 조전을, 황혼에 석곡을 한다. 10월 2일이 되면 영구를 옮겨 상여에 실으면 견전을 올리고 발인을 한다. 장지에 도착하여(及墓) 밤을 새우고 인시寅時에 맞추어 하관下棺을 한다. 하관을 할 때는 금정을 사용하고, 현훈을 드리며 지석을 묻는 등의 절차를 상세히 기록하였다. 평토가 되면 제주를 하고 제주전을 지내고 반혼하여 집에 오면 우제를 지낸다. 그리고 5일에 삼우제를 지내고, 7일에는 졸곡제를 지내며, 8일에는 부사祔祀를 지낸다. 9일이 되어서야 상주가 성묘를 하고 혼백을 산소의 우측에 묻는데, 예서에서 초우 때 혼백을 묻는 것으로 규정한 것과 차이가 있다.

　1년 후(1884) 8월 16일이 되면 예에 맞추어 소상을 지냈다고만 되어 있으나 중편에 변복지구變服之具가 있는 것으로 보아 소렴 때 역복易服을 하였음을 알 수 있다. 예서의 규정에 따라 소상 후부터 조석곡朝夕哭을 그친다고 기록해 둔 것을 보면 유교식 상례에 대한 인식 역시 상당히 높았던 것으로 보인다. 2년 후(1885) 8월 15일이 되면 아침 일찍 차례를 지내면서 부묘례祔廟禮를 지낸다. 이 부분은 상례에 규정되지 않은 부분이다. 대상이 되면 예에 맞추어 제사를 지낸 것으로 기록하고 있다. 8월 16일이 되면 예에 따라 제사를 지내고 신주를 받들어 사당에 모시고, 영좌를 철거한다. 역복을 한다는 기록은 없으나 대상지구大祥之具가 있는 것으로 보아 역복을 하였을 것으로 보인다.

　9월 20일이 되면 담제를 지낼 날을 잡고 10월 2일에 담제를 지낸다. 그리고 다시 10월 3일 날을 잡아 10월 13일 길제를 지내는 것으로 삼년상을 마친다. 흥미로운 것은 삼년상의 기간 중에 설, 한식, 단오, 유두, 추석, 동지가 되면 정조전, 한식전 등을 올리거나 차례를 올린다는 것이다.

　세 편의 일기를 비교해 보면 부부인 광산노씨와 초계정씨의 상례는 『가례』가 정하는 규정에 보다 근접해 있다. 왜냐하면 이 두 상례는 모두 '담제'로서 상례를 마치기 때문이다. 그러나 초계변씨의 경우에는 '길제'를 상례의 마지막 절차로 하고 있어 약 200년간의 차이를 읽을 수 있다. 그 외의 절차는 유교식 상례에 상당히 충실했던 것으로 보인다. 이러한 사실은 조선 중기까지는 『가례』의 영향을 많이 받았고, 19세기가 되면 조선에서 발간된 예서의 영향을 받은 것이라고도 할 수 있다. 특히, 초계변씨 초상시 장사일기의 경우 『사례편람』의 형식과 거의 유사하게 진행될 정도이다.

게다가 소상을 지내고 나서는 조석전을 그친다는 내용을 기록하는 등 유교식 상례의 진행 절차에 따라 바뀌는 부분까지도 언급하고 있어 유교식 상례에 대한 상당한 지식이 있었음을 알 수 있다. 뿐만 아니라 한양과는 상당한 거리에 있는 충주 설성에 거주하는 사람들이 이 정도로 상례를 치렀다는 것을 보면 이미 유교식 상례가 전국적으로 완전히 정착되었음을 알게 해 준다. 다시 말하면 한양을 중심으로 한 사대부, 조정의 관리 중심이 아니라 이미 지방에서도 유교식 상례가 일반화되어 있었다는 것을 의미한다. 이러한 사실은 유교식 상례가 문화적 전통으로 정착되어 완전히 일반화 되어 있었다는 것을 의미한다.

3. 『사례편람』과 관행의 상례절차

유교식 상례의 절차는 신주神主를 모시느냐 모시지 않느냐에 따라 상당한 차이를 보인다. 신주를 모시는 경우에는 초종初終, 습襲, 소렴小斂, 대렴大斂, 성복成服, 조弔, 문상聞喪, 치장治葬, 천구遷柩, 발인發靷, 급묘及墓, 반곡反哭, 우제虞祭, 졸곡卒哭, 부제祔祭, 소상小祥, 대상大祥, 담제禫祭, 길제吉祭의 19개 절차로 진행된다.[37] 그러나 신주를 모시지 않는 경우 신주와 관련된 절차가 생략되고 당시의 상황에 따라 절차를 생략하거나 통합하여 11~12개 절차 정도로 실행되고 있다.

---

[37] 장철수앞의 책(1984), 90쪽는 문상을 제외하고 18개를 제시하고 있다.

의례절차와 상징을 상세히 해설하려면 상당한 지면을 요구하고 그것을 해설하는 것만으로도 한 권의 책이 되기 때문에 여기서는 의례절차의 대강을 파악할 수 있도록 대절차를 기술하고, 그 아래에서 행해지는 소절차를 간략하게 나열하는 정도로 제시하고자 한다. 따라서 각 절차에서 사용되는 축문이나 제구 등은 생략한다.

　　절차의 기술방법은 『사례편람』에서 제시하는 대절차의 틀을 유지하면서 『가례』와 상례의 현장에서 행해지는 내용을 비교하면서 기술하고자 한다. 『사례편람』을 절차의 기준으로 삼은 것은 첫째, 『사례편람』이 『가례』의 의례절차를 그대로 따른 것이 아니라 조선의 실정에 맞게 상당부분 수정을 가하였기 때문이다. 둘째, 현재에도 예를 숭상하는 집안에서는 『사례편람』, 『상례비요』 등의 예서를 옆에 두고 상례를 치르고 있기 때문이다. 셋째, 『사례편람』을 대표적인 예서로 든 것은 1920~50년대까지 증보판으로 발간되어 이것이 가장 보편적으로 사용되었기 때문이다. 넷째, 『사례편람』은 '편람'이라는 용어에서 알 수 있듯이 의례의 진행을 위해서는 가장 쉽게 활용할 수 있는 예서였기 때문이다. 또한 앞 절에서 보았듯이 당시 상례의 현장에서 행해졌던 상례절차 역시 『사례편람』과 상당히 유사하기 때문이다.

　　『가례』와 『사례편람』, 상례 현장의 자료를 비교하면서 상호보완적으로 고찰하려는 것은 이러한 비교를 통해 한민족의 문화적 전통 즉, 민속으로 자리한 유교식 상례절차를 가장 객관적으로 기록할 수 있을 것으로 보이기 때문이다. 그런데 예서의 경우 문제가 없으나 상례 현장의 자료는 시대적으로 차이가 있는 현대의 유명 종가에서 실행한 상례의 자료를 기술할 수밖에 없는 입장이다. 이는 앞 절에 제시한 조선시대의 자료가 너무 소략하여 대비하여 기술할 수 없는 문제가 있기 때문이다. 그리고 유명종가의 상례는 다양한 예서를 참고하면서 상례를 진행하기 때문에 그 전승 상황을 충분히 확인할 수 있기 때문이다.

1) 초종 : 1일째

초종初終은 '돌아가시다'라는 의미로 죽음을 맞이하는 절차이다. 다음과 같은 소절차가 있다. 주변을 조용히 하고 숨이 끊어지면 곡을 어지러이 하는 기절내곡氣絕乃哭,[38] 저승으로 떠나가는 영혼을 부르는 초혼招魂인 복復을 한다. 예서에는 없지만, 집안에 따라서는 복을 마치면 사잣밥을 차려 대문 앞에 내어 놓는다. 설치철족楔齒綴足은 『가례』에는 없으나, 『사례편람』에서 『상례비요』에 의거하여[39] 보입補入한 절차로서 당시 조선 사회의 상황에 맞게 수정하여 적용하기 위한 것으로 보인다. 이 설치철족은 시신을 처리하는 최초 단계로서 일반적으로는 수시收屍라고 한다.[40]

입상주立喪主라는 소절차는 상중에 담당해야 하는 역할을 분담하는 절차이다. 상주, 호상護喪, 사서司書, 사화司貨 등이 그 역할이다. 역복불식易服不食은 옷을 바꾸어 입고 음식을 먹지 않는다는 의미로 모든 복인이 관과 겉옷을 벗고 머리를 풀고 신발을 벗는 절차이다. 설전設奠은 고인의 영혼이 의지할 수 있도록 전을 차려 제사를 올리고, 혼을 위해 간단한 음식을 차려놓는 절차이다. 이를 시사전始死奠이라고 하는데, 『가례』에는 보이지 않는 것으로 보아 이 역시 조선에서 수정 적용한 것이다. 치관治棺은 관을 준비하는 절차로 옻칠을 하기 위해서는 시간적

38_ 지금까지 이 절차에 대해 흔히 '임종臨終'이라는 단어를 사용하여 하여 '죽음을 맞이하는 절차', '고인이 운명하는 것을 옆에서 지키는 일' 정도로 이해해 왔다. 연구자 역시도 이러한 의미로 사용해 왔으나 전통적으로 임종이라는 용어가 쓰인 예는 거의 없다.

39_ 『四禮便覽』, 「喪禮」, 〈初終儀〉조.

40_ 설치철족을 하는 이유는 머리·얼굴 등 사지로부터 눈썹·수염·머리카락까지 반드시 곧바르게 하고, 손·발·팔꿈치·무릎은 또 따뜻한 손으로 주물러 펴지게 해야 한다. 혹 여러 가지 도구를 마련하지 못해서 염을 제 때에 하지 못하고 이때에 혹 소홀히 하면 손발이 뒤틀려서 이루 말할 수 없는 근심이 있게 되니 반드시 제 때에 들어가 살펴야 한다는 것이다. 공자가 말하기를 "공경이 최상이고, 슬픔은 다음이다."라고 했고, 자사子思가 말하기를 "몸에 붙어 있는 것은 반드시 정성으로 하고 반드시 확실히 해서 후회가 없게 해야 한다."라고 하니 몸에 붙어 있는 것도 그러한데 하물며 신체에 있어서이겠는가? 효자는 시신을 바르게 하는 예절에 있어 더욱 진심과 성의를 다해야 할 것이다(『四禮便覽』, 「喪禮」 「初終儀」, 〈楔齒綴足〉조).

입명정(회정선생 상례)

여유가 필요하다. 부고訃告는 초상을 여러 사람에게 알리는 절차이다.

2) 습 : 1일째

습襲이란 시신을 목욕시키고 수의를 입히며, 반함하는 절차로서 시신을 정화하는 절차이다. 『가례』에서는 목욕을 우선시하여 목욕, 습, 전, 위위, 반함을 대절차의 항목으로 제시하여 차이가 있다. 습에서는 다음과 같은 소절차들이 진행된다.

습구襲具를 버릴 구덩이를 파는 굴감掘坎, 고인에게 입힐 수의襚衣를 진설하는 진습의陳襲衣, 향탕으로[41] 시신을 깨끗이 정화하는 목욕沐浴을 하고, 시신 아래에 얼음에 놓는 설빙設氷을 한다. 이 설빙 절차는 『가례』에서는 보이지 않는다. 습襲은 수의襚衣를 입히는 절차로서 이때 습전襲奠을 차린다. 복인들이 자리를 정하는데, 이를 위위라고 한다. 반함飯含은 시신의 입에 쌀과 엽전 혹은 구슬을 물려 입안을 채우는 일이다. 반함을 하는 이유는 차마 입이 비어 있게 하지 못하기 때문에 맛있고 깨끗한 물건으로 채우는 것이라고 한다.[42]

『가례』에는 규정되어 있지 않지만 저녁이 되면 마당에 화톳불을 피우는 설

41_ 『喪禮備要』에서는 쌀뜨물을 사용하도록 하였다.
42_ 『禮記』「檀弓」, "檀弓云 不忍其口之虛 用此美潔之物而實之."

료設燎의 절차가 있다. 영좌를 설치하고 혼백을 안치하는 절차인 치영좌설혼백置靈座設魂帛이 진행된다. 영좌는 혼백을 안치하는 장소로서 그 앞에 전을 차리는 것은 혼백이 의지할 장소를 의미하기 때문이다. 이어서 명정을 만들어 세우는 입명정立銘旌의 절차가 뒤따른다. 부조불사不作佛事라 하여 불교식 재齋를 지내지 못하게 한다.

3) 소렴 : 2일째

소렴小斂이란 운명 후 이틀째(운명 다음날)에 하는 일로서 시신을 베로 싸서 묶어 관에 넣을 수 있도록 준비하는 절차이다. 소렴에는 다음과 같은 절차들이 진행된다.

소렴할 옷과 이불을 진설하여 소렴을 준비하는 진소렴의금陳小斂衣衾의 절차에서 기물과 옷 등을 준비한다. 준비가 되면 소렴을 하는데, 빈곳을 모두 채워 시신이 전체적으로 직사각형이 되게 하여 염포로 싸서 묶는다. 상주들이 시신에 기대어 가슴을 두드리며 곡을 한다. 참최복을 입는 남자는 단袒을 하고, 초종에서 풀었던 머리를 삼끈으로 묶는다. 재최복 이하와 5세를 같이 하는 사람(10촌)까지는 한쪽 어깨를 드러내지만(단袒) 괄발이 아니라 문免을 한다. 여자 상주들은 북머리[髻]를 한다. 그리고 나서 전을 차린다.

4) 대렴 : 3일째

대렴大斂이란 소렴에서 염포로 싸서 묶은 시신을 다시 네모나게 싸서 관에 넣는 절차이다. 3일째에 염을 하는 것은 혹시 살아나기를 기다리는 효성 때문이라고 한다.[43] 시신을 관에 넣고, 조발랑을 관의 구석에 넣고 보공補空한다. 보공을 하면 관 뚜껑을 닫고 관보로 싸고, 명정을 세운다. 집안에 따라 외빈外

빈(회정선생 상례)

殯을 하기도 한다. 그러나 면담조사에 의하면 상당히 오래 전부터 습과 염을 동시에 진행하여 하루에 마치는 일이 많았다고 한다. 대렴을 하면 대곡代哭을 그치게 한다.

5) 성복 : 4일째

성복成服이란 오복의 제도에 맞추어 상주들이 복을 입는 절차이다. 오복을 입을 사람들이 각기 해당되는 복을 들고 영좌에 나아가 아침 곡을 하고 서로 문상한다. 관행에서는 성복을 한 후에 조전과 상식을 올리기 때문에 이것을 성복제成服祭라고 오해하기도 한다.

오복제도五服制度는 참최삼년斬衰三年(아버지의 상을 위한 옷), 재최삼년齊衰三年(어머니의 상을 위한 옷), 대공구월大功九月, 소공오월小功五月, 시마삼월緦麻三月이 있다. 여기에 관계를 맺게 된 내용과 근거에 따라 각각 그 경중이 다른 4종류의 복이 있는데, 정복正服·가복加服·의복義服·강복降服이 그것이다. 또한 친등관계親等關係에 따라 3년·1년·9월·5월·3월의 상복기간이 정해져 있다. 뿐만 아니라 재최 중에서도 지팡이의 유무에 따라 장기杖朞·부장기不杖朞로 구분될 정도로 복잡하다.

『가례』에서는 중시하지 않으나 『사례편람』에서는 심상삼년心喪三年과 조복가마弔服加麻를 보입補入하고 있다. 심상삼년은 『예기』「단궁檀弓」「소疎」에 따라

43_ 『禮記』, 「問喪」, "三日而后斂者, 以俟其生也."

선생을 위하여 입는 복이다.
조복가마는 『의례경전통해儀
禮經傳通解』에 근거하여 보입하
였는데, 흰색 옷을 입고 베로
수질과 요질을 더하는 일을
말한다. 강복하여 복이 없는
사람과 친구와 선비, 종 등이
조복가마를 한다고 한다.

성복(회정선생 상례)

상복의 구성은 남자의 경
우 효건孝巾 · 굴건屈巾 · 수질首
絰 · 최의衰衣 · 최상衰裳 · 요질
腰絰 · 효대絞帶 · 최리衰履 · 상
장喪杖이다. 여자의 경우는 대수장군, 수질, 요질, 짚신, 상장으로 구성된다.

최의의 앞에는 최衰, 뒤에는 부판負版 좌우에는 벽령辟領이 있으니, 효자의 슬
픈 마음이 없는 곳이 없다는 것을 나타낸다.[44] 그러나 최는 가슴과 심장에서 복
받쳐 오르는 슬픔을 상징하고, 어깨에는 벽령을 달아 슬픔을 어깨에 메고 다님을
나타내고, 등에는 부판을 달아 늘 슬픔을 등에 지고 다닌다는 의미가 있다고 해
석하기도 한다.

성복을 하면 정식으로 문상객을 받는다.[45] 그리고 상주들은 성복하는 날부
터 죽을 먹기 시작한다. 이때부터 조석전朝夕奠과 상식上食을 올리고 무시곡無時哭
을 한다. 삭망전朔望奠을 올리는데, 초하루에 올리는 삭전朔奠은 은전殷奠이라고

44_ 『儀禮』, 「喪服」 「註」, "前有衰 後有負版 左右有辟領 孝子哀戚 無所不在."
45_ 원래 성복을 하지 않으면 문상問喪을 받을 수 없다. 이는 아직 상주로서의 자격을 획득하지 못했기 때문이다.
그러나 요즘에는 성복을 하기 전에도 문상을 하는 경우가 많다. 이는 현대생활이 이러한 절차를 모두 다 갖출 수 없고,
또한 소·대렴과 성복을 한꺼번에 하는 등 상황이 바뀌었기 때문이다.

하여 풍성하게 차리고, 보름에 올리는 망전은 가볍게 차린다. 그러나 일반적으로는 삭망 모두 동일하게 차리는 경우가 많다. 그리고 새로운 것이 들어오면 올리는 천신薦新을 한다.

6) 조

조弔란 상주를 위로하고 고인의 명복을 비는 일을 말한다. 따라서 이에는 영전에 드리는 전奠과 부의賻儀, 그리고 문상 방법에 대한 설명이 주를 이룬다. 문상을 할 때는 모두 흰옷을 입는다. 조는 절차로서의 의미가 없으나, 성복을 한 후에야 문상을 할 수 있기 때문에 성복 다음에 하나의 절차로 위치시킨 것으로 보인다.

7) 문상

문상聞喪이란 상주가 멀리서 부고를 들었을 때 하는 행위와 해야 하는 일, 성복하는 일시 등에 관한 절차이다. 절차로서의 의미가 없고 단지 행해야 하는 일에 대한 설명이 주를 이룬다. 부고를 듣고 집으로 달려가는 것을 분상奔喪이라고 한다. 집에 도착하면 영구 앞에서 재배하고, 다시 옷을 갈아입고 곡을 한다. 만약 집이 멀어 갈 수 없을 경우에는 별도의 전을 차려 올리는데, 절은 하지 않는다.

8) 치장

치장治葬이란 장사할 시간과 장소를 정하고 필요한 도구를 제작하는 절차이다. 이 역시 순차적 절차로서의 의미는 약하나 성복을 한 후 문상을 받게 될 정도가 되었으므로 본격적으로 장사 지낼 준비를 하기 때문에 여기에 위치시킨 것으로 보인다. 다음과 같은 절차가 진행된다.

상기喪期는 천자는 7월, 제후는 5월, 대부와 선비는 3월로 규정되어 있다.[46] 그러나 대부분이 3개월 만에 장사를 지내기 때문에 이 기간 내에 장사 지낼 땅을 잡아야 한다. 터가 정해지면 조전이나 석전을 올릴 때 고유를 한다. 고유를 하면 묘역을 정리하고 토지신에게 고한 후에 광중壙中을 파고, 회격을 한다. 지석誌石은 고인의 공덕을 기록한 표지물로서,[47] 돌이나 도자기로 굽기도 한다. 지석은 묘를 분실하였을 때 묘의 주인을 찾아내는 결정적 역할을 한다. 내용은 고인의 직위, 생년월일, 자식관계, 처가관계, 살아있을 때의 공적 등을 쓴다. 영구를 운반할 상여를 만들고, 삽翣, 제주할 신주를 만든다.

예서에서는 규정하지 않았지만 전통적으로 풍수지리의 원리에 따라 묘지를 선정하려고 하였다. 이는 한국인의 현실 즉, 이승에 대한 집착을 엿볼 수 있는 단서가 된다. 최준식에 의하면[48] 이러한 풍수설은 죽어서도 저승에 대한 고려보다는 이 땅의 어디에 묻히나 하는 것에 더 강한 관심을 보이고 자손들도 조상의 혼백을 저승에 천도하려고 하기보다는 그 유골을 편안히 모시고 더 나아가서는 죽은 조상을 통해 자신의 이익을 도모하는 것, 이 모두가 대단히 현세 이익 중심적이라고 하지 않을 수 없는 것이다. 이것이 한국인 특유의 생사관이라고 한다.

『사례편람』에 의하면 풍수와 관련된 내용은 금하도록 하고 있다.[49] 그러나 조선시대를 비롯하여 장지를 잡지 못해 장기가 길어지는 경우도 많았다. 뿐만 아니라 왕실의 경우 풍수에 지식이 있는 대신들이 교차로 장지를 살펴 그 타당성을 논하고 있는 것 역시 풍수에 영향을 받고 있음을 말해주는 내용이다. 유교식 상례의 규정에서는 비록 풍수를 금하였지만 실제적으로는 종법의 확립과 계승을

46_ 『禮記』「王制」, "天子七日而殯, 七月而葬. 諸侯五日而殯, 五月而葬. 大夫士庶人三日而殯, 三月而葬." 그래서 선비가 달을 넘겨 장사하는 것을 踰月葬이라 한다.
47_ 『四禮便覽』에 의하면 지석은 오지그릇을 불에 구워 사용하는데, 이것은 정결해서 좋고, 거기다 글자를 새기면 더욱 좋다誌今用燔瓮 制極精好 從俗爲宜고 하였듯이 지석은 단순한 묘의 표지 기능이 강했던 것으로 보인다.
48_ 최준식, 「한국인의 생사관; 전통적 해석과 새로운 이해」, 『종교연구』 10(한국종교학회, 1994), 189~190쪽.
49_ 『四禮便覽』, 「喪禮」, 〈治葬〉조 참조.

위해 명당에 선조의 묘를 쓰려는 풍수의 믿음이 작용했음은 부인할 수 없다.

9) 천구

천구遷柩란 장사 하루 전에 발인을 하기 위해 빈을 하였던 영구를 옮겨 조상에게 인사하는 절차이다. 먼저 영구를 모시고 사당에 모신 조상에게 인사를 하고 청사로 옮긴다. 친척과 손님이 술을 올리고 부의賻儀한다. 그리고 발인에 필요한 방상씨方相氏·명정銘旌·영거靈車·대여大轝·삽선翣扇 등을 순서에 따라 진열해 둔다. 오후 3~5시(日晡時) 사이에 조전祖奠을 올린다.

견전(회정선생 상례)

발인하는 날이 되면 영구를 상여에 싣고 행상行喪할 준비를 한다. 영구를 상여에 실으면 견전遣奠을 올린다.[50] 축관이 상여에 올라가 분향한다. 부인 등 여자 상주와 집에 있어야 할 사람들은 곡을 하고 재배하여 하직 인사를 한다. 이때 존장은 절을 하지 않는다. 예서의 규정과는 달리 관행에서는 견전을 발인제發靷祭라고 하고, 발인의 첫 번째 절차로 인식한다.

50_ 『家禮』에서는 견전을 별도의 대절차로 다루었다.

10) 발인

발인發靷이란 영구를 상여에 싣고 장지로 운반하는 절차이다. 현장에서는 방에서 영구를 내올 때 생기가 맞지 않으면 중상重喪이라는 양밥을 행한다. 행상의 순서는 방상시方相氏－명정銘旌－영여靈轝－만장輓章－공포功布－운불삽雲黻翣－상여喪轝－상주喪主－복인服人－존장尊長－무복친無服親－조객弔客의 순서이다. 친척과 빈객이 길가에 장막을 치고 전을 올리는데, 이를 노제路祭라고 한다.

11) 급묘

급묘及墓란 영구가 장지에 도착하여 하는 일로써 장사葬事를 지내는 일이다. 먼저 영악靈幄과 친빈차親賓次, 부인차婦人次를 마련한다. 방상이 장지에 도착하면 창으로 광중의 네 모서리를 찔러 악귀를 물리친다. 영여가 도착하면 축관이 혼백을 악좌幄座에 모시고 신주 상자를 혼백 뒤에 안치한다. 영구를 광중에 내리는 절차를 내폄乃窆이라고 하는데, 흔히 하관下棺이라고 한다. 하관을 하면 구의柩衣와 명정을 덮는다. 주인이 현훈(검은색 6장과 붉은 색 4장, 각장 8자)을 받들어 관 동쪽에 넣는다.

이어 회격灰隔 혹은 회곽灰槨을 하고 성분을 한다. 횡판橫板을 놓아 회가 직접 관에 닿지 않도록 한다.[51] 흙을 채울 때는 한 자 정도 채우면 다지고 이를 반복한다. 예서에서는 규정하지 않았지만 이를 회다지 혹은 달공이라고 한다. 이때 부르는 노래를 회다지노래라고 하는데, 앞소리꾼의 선창에 맞추어 후창을 하면서 회다지를 한다. 그리고 다지기를 하는 층수는 홀수로 하며 많이 할수록 좋은 것으로 인식하고 있다.

---

[51] 석회는 물과 섞이면 열을 내기 때문에 사전에 흙과 잘 섞어 두어 일정한 시간이 지나도록 기다려야 한다.

방상시(화재선생 상례) 　　　　　　　　　　　　　증현훈(인암선생 상례)

성분이 되면 후토신에게 제사한다. 지석을 묻는다. 성분이 되어가는 동안 악좌에서는 신주에 글씨를 쓰는 제주題主를 한다. 제주를 마치면 제주전題主奠을 올린다. 이때 "○○께서는 형체는 이미 광중으로 돌아가셨으나 혼은 집으로 돌아가십시오. 신주가 완성되어 모시겠으니 신께서는 옛것을 버리시고 새로운 것에 기대고 의지하소서"라는 내용의 축문을 읽는다. 『가례』에서는 축문이 없는 것으로 되어 있으나 『사례편람』에서는 축문을 제시하고 있어 차이가 있다.

제주전을 마치면 축관이 신주를 받들어 영좌에 모시고 혼백은 상자 안에 넣어 신주 뒤에 놓는다. 주인이 재배하고 곡을 한다. 집사자가 영좌를 거두어 떠나는데, 자식 중 한 사람이 남아 봉분을 완성할 때까지 지켜보게 한다.

12) 반곡

반곡反哭이란 영여에 제주한 신주를 모시고 장지에서 집으로 돌아오는 절차이다. 축관이 신주를 영좌에 안치하는데, 혼백상자는 신주 뒤에 둔다. 집에 도착하면 부인들이 이들을 맞이한다. 기년과 구월복을 입는 사람은 술을 마시고 고기를 먹을 수 있으나 잔치를 즐기지는 못한다.

13) 우제

우虞는 편안하다는 뜻으로, 우제虞祭는 부모의 장사를 지내고 영혼을 맞이하여 편안하게 위안하기 위해 지내는 제사로 세 번 지낸다. 상중에서 처음으로 지내는 제사로 오례五禮 중 흉제凶祭에 속한다. 반드시 장사 당일 지내야 하기 때문에 길이 멀 경우 도중에 여관에서 지내기도 한다.

『가례』에는 우제의 종류에 초우제初虞祭와 재우제再虞祭, 삼우제三虞祭가 있다는 정도로 기록하고 있다. 그러나 『사례편람』에서는 초우제, 재우제, 삼우제를 소절차로 제시하고 있어 차이가 있다. 예서와는 달리 일반적으로는 이를 반혼제反魂祭라고도 한다.

우제부터 전奠에서 분리되어 제사祭祀로 전이되기 때문에 우제는 매우 중요한 제사이다. 제사를 지내는 절차는 사시제와 동일하다. 그러나 참신 대신 입곡을 하는데, 졸곡, 소상, 대상, 담제도 같다. 이때부터는 축관이 아니라 상주가 주인이 되어 삼헌으로 제사를 지낸다. 축문을 읽을 때 축관이 주인의 동쪽에서 서향하여 읽는데 이는 아직까지 우제가 흉례이기 때문이다. 초우제 후부터 조석곡전을 지내지 않고 상식과 삭망전만 올린다.

14) 졸곡

졸곡卒哭이란 말 그대로 곡을 그치는 의례이다. 졸곡제卒哭祭를 지내는 시기에 대해서는 다양한 의견이 있다. 유월장을 할 경우에는 삼우제 다음날에 지내지만, 유월장을 하지 않았을 경우에는 3개월 후에 지낸다.

졸곡은 흉제를 길제로 바꾸어 가는 제사이기 때문에 우제까지 사용하지 않았던 현주玄酒를 사용한다. 이때부터는 아침저녁의 조석곡만 하고 그 사이에 하는 무시곡無時哭은 하지 않는다. 완전히 제사로 전이되었기 때문에 축문을 읽을 때 축관이 주인의 왼쪽에서 동향하여 읽는다. 축문에도 제사의 주인을 효자孝子라고 칭한다. 주인과 형제는 거친 밥에 물을 마시되 나물과 과일은 먹지 못한다. 자리를 깔고 나무를 베고 잔다.

이때 민간에서는 자리걷이, 혹은 씻김굿, 오구굿 등을 한다. 이즈음에서 문상 온 손님들에게 편지로 보답한다.

15) 부제

부제祔祭란 고인의 신주를 사당에 모신 조상 곁에 함께 모시도록 고하는 절차이다. 즉, 고인의 신주를 조상의 사당에 함께 모시도록 협사祔祀하는 절차이다. 『가례』에서는 언급하지 않았으나 『사례편람』에서는 「사우례」의 규정에 따라 목욕하고 빗질하고 손톱을 깎고 수염을 깎는 조항을 삽입하여 일처리를 쉽게 하고 있다.

부제한다는 것은 함께 모신다는 뜻으로 새로운 신주를 사당에 모시게 되었다는 것을 의미한다. 사당에는 4대의 신주를 모시도록 규정되어 있다. 따라서 새로운 신주를 사당에 모시기 위해서는 반드시 부제를 지내 새로운 신주를 사당에 모시게 되었다는 것을 고해야 한다. 이것이 바로 부제이다. 부제를 지낼 때는 고인의 조부에게 고하는데, 이는 소목계서昭穆繼序형으로 된 사당의 구조에서 유래한다. 즉, 대수가 바뀌어 5대조의 신주를 체천遞遷할 경우 조부의 신주가 5대조의 자리로 옮기게 되고, 새로운 신주가 조부의 자리로 들어가기 때문이다. 따라서 할아버지에게 다른 사당으로 옮겨가야 한다는 것을 고하고 고인의 새 신주가 사당에 들어가게 되었다는 것을 아뢰는 것이다. 협사할 경우에는 아버지는 할아버지에게, 어머니는 할머니에게 협사한다. 아버지를 합사할 경우에는 조고와 조비

를 모두 모시는데, 어머니를 합
사할 경우에는 조비만 모신다.
제사의 절차는 졸곡과 같으나
곡은 하지 않는다. 제사가 끝나
면 신주를 원래처럼 영좌에 모
신다. 축관이 먼저 조고의 신주
를 사당에 모시고, 그 다음에
새 신주는 빈소의 영좌에 모신
다. 만약 청사에서 부제를 지냈
으면 조고의 신주는 새 신주를
모시듯 하면 된다.

부제(화재선생 상례)

　신주를 모시지 않는 집안의 부제 절차는 의미가 없어진다. 따라서 신주가
없는 집안에서는 부제, 담제, 길제의 절차는 생략되는 것이 보통이다.

　16) 소상

　소상小祥이란 기년을 맞아 고인을 추모하는 제사로 운명 후 13개월이 되는
날이다. 소상 때에는 연복으로 역복한다. 남자들은 수질을 떼어내고, 여자들은
요질을 떼어 낸다. 이는 남자는 머리가 중요하고, 여자는 허리가 중요하기 때문
이라고 한다. 그리고, 상복의 최, 부판, 벽력을 제거하여 슬픔이 그만큼 경감되었
음을 상징한다. 기년복을 입는 사람은 길복을 입으나 울긋불긋한 옷은 입을 수
없다. 역복의 내용은 『가례』와 차이가 있다. 소상을 지내면 조석곡을 하지 않고
상주들은 채소와 과일을 먹기 시작한다.

17) 대상

대상大祥이란 운명 후 두 돌 만에 지내는 제사이다. 초상으로부터 대상까지 윤달을 계산하지 않으면 25개월이 된다. 대상을 지내면 젓갈이나 간장, 포를 먹어도 된다. 상복을 벗기 위해 준비하는 옷은 백립·망건·직령대·백화·비녀·의상·신발 등 평복에 가까운 옷이다. 즉, 소복으로 갈아입는다는 것이다. 제사를 마치면 축관이 신주를 모셔 사당에 안치한다. 영좌를 철거하고 지팡이는 부러 뜨려 구석진 곳에 버린다. 이른바 탈상脫喪이다.

18) 담

담제禫祭란 평상의 상태로 돌아가기를 기원하는 제사이다. 날짜를 따지면 27개월째에 해당한다. 담제에서 입는 옷은 참포립黲布笠·망건網巾·참포삼黲袍衫·백포대白布帶·조화皁靴·담황피淡黃帔·백대의白大衣, 그리고 신발을 준비한다. 날이 밝으면 담제를 지내는데, 축문의 내용은 '엄급대상'을 '엄급담제奄及禫祭'로 고치고, '애천상사'를 '애천담사哀薦禫祀'로 바꾼다. 『가례』에서는 담제로서 상례의 모든 절차를 마치기 때문에 우리나라의 상례와는 차이가 있다.

19) 길제

길제吉祭란 신주의 대代를 바꾸고 집을 계승할 주손이 바뀌었음을 공포하는 제사이다.[52] 첫날에는 신주의 분면을 고쳐 쓰는 개제고사改題告祀를 지내고, 다

52_ 『家禮』에 의하면 담제까지로 상례가 끝나는 것으로 되어 있다. 그러나 『喪禮備要』를 비롯하여 우리나라에서 발간된 모든 예서에서는 길제를 상례의 마지막 절차로 간주하고 있어 차이가 난다.

음날이면 길제를 지낸다. 주인은 일상의 제복인 길복吉服으로, 주부는 원삼 족두리를 한다. 길제는 고인의 사후 27개월 혹은 28개월째에 지내는 상례의 마지막 절차로서 매우 다양한 기능을 하는 의례로 규정되고 있다. 첫째 망자와 연관된 상례의 최종절차, 둘째 사당에 모신 신주의 대수를 소목계서 하는 절차, 셋째 친진親盡한 조상신을 성대히 모셔 보내는 의례, 넷째 주손의 지위변화 즉, 새 주손의 탄생의례, 다섯째 상중의 기간에서 일상생활로 복귀하는 통과의례의 의미를 가지고 있다.[53]

이렇게 볼 때 길제는 상례의 마지막 절차로서의 의미는 물론, 한 집안의 새로운 재출발을 의미하는 의례로 자리매김 되는 것이다. 따라서 길제는 한 가문家門의 지도자를 세우는 의례임과 동시에 지역사회에서 이해관계를 같이 하는 하나의 씨족집단으로서 지위를 인정받기 위한 의례로 규정된다.

길제의 아헌(재령이씨)

길제를 지내고 나면 친진한 신주(5대조)를 체천遞遷하거나 매주埋主하는 절차인 조매고유祧埋告由를 한다. 이로서 상주는 완전히 일상으로 돌아오는데, 이때부터 내실에 들어가도 된다. 그리고 상주는 이제 한 집안의 주손冑孫으로서 역할을 수행해 나간다.

지금까지 제시한 절차는 현대사회에서도 유교식 문화적 전통을 유지 전승하는 유명 종가에서 행해지는 상례의 경우 대부분 적용되는 부분이다. 다만 염

53_ 이남식, 「吉祭」, 『慶北禮樂誌』(경상북도 : 영남대학교 인문과학연구소, 1989), 335~336쪽.

과 습을 구분하지 않고 한꺼번에 처리한다든가, 장기葬期와 상기喪期가 줄어드는 차이점이 있다. 사당이 있을 경우 위의 절차를 준용하지 않으면 신주를 모실 수 없기 때문에 지금도 길제吉祭가 옛 모습을 유지하면서 행해지고 있는 것이다.[54]

4. 유교식 상례와 고유문화의 융화

문화융화acculturation[55]란 서로 다른 문화체계를 가진 사회가 어떠한 접촉으로 인해 문화요소가 전파되어 인공물·관습·믿음 등이 새로운 양식의 문화로 변화되는 과정과 결과를 말한다. 주로 종속적인 부족사회가 지배적인 서구사회에 적응하는 것을 가리키는 데 사용된다.[56] 문화는 일정한 역사적 상황에 의해서 사회적 소산으로 나타나기 때문에 두 문화가 서로 접촉하면 유사성이 있는 문화요소가 증가된다. 따라서 새로이 유입된 유교식 상례문화가 유교식 그대로 유지되는 것이 아니라 조선이라는 사회에 존재해 왔던 다양한 문화요소와 접촉하면서 문화융화를 일으킨 것으로 보아야 한다. 다시 말하면 전래되는 과정에서 유교식 상례 문화와 기존의 상례문화가 상호작용을 하여 서로 좋은 점을 선택하면서 그 실체를 지속시켰다고 할 수 있다.

예학자들에 의한 연구 분석적인 의례생활 지침은 『가례』가 정한 범위를 벗어나지 못한 반면, 민간에서는 다양한 사상과 신앙을 유교식 상례의 실천을 위한 수단으로 받아들이고 있었다. 보다 현실적이고 실질적인 의례생활에서 요구된

54_ 2003년 4월 4~5일 양일에 걸쳐 행해진 경북 영덕군 창수면 인량리 재령이씨載寧李氏 이만희李晩熙 씨 부친父親의 길제吉祭, 1988년 경북 안동시 도산면 온혜리 진성이씨 노송정과 길제 등이 이를 잘 말해 준다.
55_ 문화인류학에서는 지금까지 문화접변acculturation이라는 용어를 사용하여 왔다. 그러나 용어의 의미전달이 불분명하기 때문에 최광식의 의견『한국고대의 토착신앙과 불교』(고려대학교출판부, 2007), 262쪽에 따라 '융화融和'라는 표현을 사용한다.
56_ 로저키징 저·전경수 역, 『현대문화인류학』(현음사, 1988), 629쪽.

결과라고 할 수 있다. 그 중의 하나가 사잣밥이다. 사잣밥이란 죽은 혼을 저승으로 잘 데려가 달라는 뜻으로 저승사자에게 차려주는 밥으로[57] 초혼을 하면 차렸다가 발인을 하면 거둔다. 사잣밥은 지역에 따라 다르지만 저승사자가 3명이라고 인식하여 밥 3그릇, 짚신 3켤레, 간장 혹은 소금이나 된장 3그릇과 함께 동전을 소반이나 키[箕]에 차려 대문 밖에 놓는 것을 말한다.[58]

통상 저승사자는『왕랑반혼전王郎返魂傳』에 의하면 5명으로 나타나고 있으나, 일반적인 설명과 무속에서는 3명으로 인식되고 있고, 경기도 화성지역 무가에 의하면 사자는 일직사자·월직사자·강림사자로 확인되었다.[59] 사잣밥은 단정할 수는 없지만 불교적, 도교적, 무속적인 요소가 서로 결합되어 우리의 고유한 문화적 현상으로 융화된 것으로 보인다. 따라서『가례』나『사례편람』등 예서에서는 사잣밥에 대해 규정하고 있지 않으나 관행에서는 매우 중요한 절차로 여기게 된 것이다.

사잣밥의 등장배경은 아마도 고인을 데리고 가는 저승사자에게 잘 보여야 고인이 저승까지 가는 길이 순탄할 것이라고 믿는 관념에서 나온 것으로 보인다. 뿐만 아니라 불교식 상례에 사잣밥이 나타난다. 사찰의 승려가 원적에 들면 범종을 108번 쳐서 열반을 알린다. 그리고 고인이 누워서 입적을 했을 경우는 우협右脇을 하게 한 채 머리는 북쪽으로 얼굴은 서쪽으로 향하게 하여 서방 극락정토를 염원할 수 있게 한다. 만약 앉아서 운명을 했을 경우에는 얼굴이 남쪽을 향하게 몸을 안치한다. 그런 다음 사자반使者飯[사잣밥]을[60] 차린 다음, 시신 앞쪽에 휘장을 설치하고 그 앞에 영정과 위패를 모셔둔다고 한다.[61] 또한 일본에서는 운명을 하면

57_ 장철수, 앞의 책(1995), 61쪽.

58_ 위의 책, 61쪽.

59_ 장철수,「한국의 평생의례에 나타난 생사관」, 한림대인문학연구소 편,『동아시아 기층문화에 나타난 '죽음과 삶'』(민속원, 2001), 27쪽.

60_ 박상민,『釋門家禮抄』(한국불교의례자료총서 2, 삼성암, 1993), 160쪽 上; 박상민,『作法龜鑑』(한국불교의례자료총서 3, 삼성암, 1993), 454쪽 上; 정각(문상련),『불교 제의례의 설행 절차와 방법』(운주사, 2002), 140쪽 재인용.

158   한국의 상례문화

바로 고인의 머리맡에 밥상을 차려
주는데, 이것을 마쿠라메시枕飯 혹은
마쿠라카자리枕飾り라고 한다.[62]

중상(重喪)의 바가지 깨기

집에서 상례를 치를 경우 주로
방안에 영구를 모시는 경우가 많다.
물론 장사를 지내는 기간이 길거나
여름철의 경우 헛간이나 깨끗한 곳
에 빈을 하는 경우가 있다. 유교식
상례의 규범에는 규정되어 있지 않
지만, 발인을 위해 영구를 밖으로 옮길 때 문지방 아래에 바가지를 엎어 놓고
깨고 나오는 것을 종종 볼 수가 있다. 지역에 따라 약간의 차이가 있지만 다음과
같은 사례가 있다.

상여 꾸미기를 마치면 복인들이 영구를 받들고 방의 네모퉁이에 맞추고 방
문을 나설 때 문지방에 한 번 걸치고 나오면서 바가지를 엎어놓고 깨뜨린다.[63]
또한 발인을 위해 영구를 밖으로 내모실 때에는 "금일천구취여감고今日遷柩就轝敢
告"라고 고사告辭를 읽은 다음 영구를 들고 나온다. 이때 그날이 중상일重喪日이면
방 네 모서리에 "중상이요" 하고 3번씩 맞추고 영구가 문지방에 닿지 않도록 하
며 문지방에서 바가지를 깬다.[64] 2005년 서울 동대문의 국립의료원에서는 박바
가지를 구하지 못하자 분홍색 나일론 바가지를 깨는 것이 조사되었다.[65]

중상重喪의 사전적인 정의는 "탈상하기 전에 부모상을 거듭 당하는 것"을 의

61_ 정각, 위의 책, 139쪽.
62_ ㈜ベルコ本部,『冠婚葬祭事典』(㈜ベルコ, 2001), 85面.
63_ 장철수, 앞의 책(1995), 157쪽.
64_ 고대민연 편,『한국민속대관』1권(고대민연출판부, 1982), 481쪽. 뿐만 아니라 경북 안동, 경기도 일원의 현지조
사에서도 대부분 이러한 관습이 있음이 조사되었다.
65_ 2005년 4월 21일 서울 동대문의 국립의료원에서 촬영하였다.

미하기도 하고, 무거운 상을 의미하기도 하여[66] 위의 행위와는 전혀 다르다. 그러나 관습적인 행위로서 중상은 비정상적인 상태를 회복하기 위한 행위로서 일종의 '중상을 해소하기 위한 양밥(중상의 양밥)'이라고 할 수 있다. 이러한 비정상적인 상태를 회복하기 위한 행위가 전통을 이어가면서 지역에 따라서는 당연히 행하는 절차의 하나로 정착되어 유교식 상례의 절차에 삽입된 것으로 보인다.

염습을 할 때 묶는 방법에 대해서도 문화적 융화가 나타난다. 예서의 규정에 의하면 "염포는 가로매가 셋이고 세로매가 하나인데, 양끝을 잘라서 묶기 좋은 길이로 세 가닥이 되도록 한다."라는 정도로 되어 있다. 그러나 실제적으로는 가로매와 세로매를 합쳐 21매듭으로 만들어야 염습의 전통을 계승하는 것으로 여기고, 거기에 고깔을 가지런히 씌우기도 한다. 이러한 사례는 단순히 실제와 규범의 차이라고 할 수 있으나 유교식 상례의 수용과정에서 기존의 고유문화적 요소가 함께 융화된 현상으로 보인다. 이는 아마도 유교식 상례를 능동적으로 수용하는 하나의 과정이기도 하다.

진도 다시래기,[67] 역시 이러한 유교식 상례문화와 융화된 측면이 많다. 장사를 지내기 전날 저녁에 동네의 상여꾼들이 모여 상주를 위로하고 고인의 극락왕생을 축원하기 위해 전문예능인들을 불러 함께 밤을 지새우면서 노는 민속극적 성격이 짙은 상여놀이 역시 유교식 상례의 절차 속에 끼어든 하나의 보조적 절차이다.

이 외에도 추자도의 산다위라든가[68] 진도 씻김굿이나 자리걷이, 오구굿 등과 같은 무속적 요소 역시 이와 같은 맥락에서 이해해야 한다. 이를 유교식 상례

66_ 『四禮便覽』, 「喪禮」, 〈成服〉조.
67_ 이에 대해서는 임재해, 『장례놀이』(문화재관리국 문화재연구소, 1994); 이경엽, 「진도 다시래기 연희본의 비교연구」, 『공연문화연구』(한국공연문화학회, 2005); 허용무, 「진도지방의 장례와 장례놀이를 통해본 생사관 - 다시래기, 씻김굿, 만가를 중심으로」, 『Viscom』(한국다큐멘터리사진학회, 2004) 등의 연구가 있다.
68_ 이에 대해서는 전경수의 연구, 「사자를 위한 의례적 윤간 - 추자도의 산다위」, 『한국문화인류학』 24(한국문화인류학회, 1992) 참조.

와는 전혀 다른 특별한 형태의, 혹은 특별한 종교식의 상례로 간주하는 것은 유교식 상례의 의미를 지나치게 축소시키고 고유요소를 지나치게 확대시키는 것이다. 따라서 이러한 고유 문화적 요소들이 유교식 상례에서 행해지는 것은 주검을 처리하는 과정에서 유교식 상례와 융화된 현상으로 이해해야 할 것이다.

5. 문화적 전통으로 정착된 유교식 상례

송나라로부터 유입된 『가례』를 바탕으로 조선에서 간행한 예서들이 『가례』와 다르다는 것은 유교식 의례의 발달 혹은 진화를 의미한다. 이는 조선의 상황에 맞게 능동적으로 유교식 의례를 수용했음을 의미한다. 따라서 유교식 상례 역시 이와 같은 궤도에 있었을 것으로 보인다.

『가례』, 『상례고증』, 『상례비요』, 『사례편람』의 내용이 점차적으로 진화되었다는 것은 그만큼 유교식 상례에 대한 연구 성과라고 할 수 있다. 이는 실제적으로 유교식 상례가 그만큼 행해진 경험의 축적이라고도 할 수 있다. 왜냐하면 경험을 통해 『가례』가 조선의 상황과는 차이가 있음을 발견하게 되고, 이를 조선의 상황에 맞게 수정하였기 때문이다. 따라서 시대가 내려올수록 예서의 내용은 더욱 심오하게 되었을 것이고, 조선의 상황에 맞게 맞추어졌을 것이란 짐작은 어렵지 않다.

이러한 상황을 잘 보여주는 것이 규범적인 규정이 아니라 실제 현장에서 행해진 『연흥부원군부부인광산노씨장례일기』, 『초계정씨상시일기』, 『신종록』이라고 할 수 있다. 앞의 두 일기는 의례절차가 비교적 소략하게 기록되었지만, 『가례』에 가깝다는 것을 알 수 있다. 이에 비해 『신종록』은 비교적 상례절차를 상세하게 기록하고 있고 『사례편람』에 가깝다는 것을 알 수 있다. 충남 홍성과 충주 설성이라는 시골에 있음에도 불구하고 1883년 당시에 이들이 행한 상례는 약간의 차이는 있지만 유교식 상례와 거의 차이가 없다. 한양과는 꽤 거리가 있는 지방에 살고 있는 잔반殘班 집안의 상례임에도 불구하고 95일 혹은 62일간의 장기葬期, 삼년상三年喪의 실행은 유교식 상례의 보편화 정도를 가늠하는 중요한 척도가 된다.

이들 기록은 일기 형식의 기록임에도 불구하고, 진행되는 절차가 비교적 상세하게 기록되어 있다. 모든 절차를 진행함에 있어서는 항상 예에 따라 행했다고 기록하고 있는 것은 유교식 상례에 따른 것임을 알 수 있다.[69] 천구의 절차에서 김장생의 예에 따라 일포시日晡時가 되어 혼백과 명정을 모시고 사당에 인사를 드리는 것으로 되어 있다. 이러한 예는 다른 부분에서도 나타나는데, 대부분의 절차에서는 '여례如禮'라는 말을 사용하여 예와 같이, 혹은 예에 따라서 의례를 진행했음을 알 수 있다.

이러한 사실은 유교식 상례가 완전히 일반화 되어 있었음을 나타내는 것이라고 할 수 있다. 향유계층 역시 지방에 있는 양반, 선비가 이 정도였다면 주변에 함께 살고 있는 일반 주민들 역시 규모의 차이는 있다고 하더라도 이러한 상례가 모범이 되었을 가능성이 높다. 이는 유식자들이 지방 사회에서 유지로 활동할 경우 마을의 문화가 이들을 따라가는 경향이 있기 때문이다. 즉, 조선 중기에는 유교식 상례가 사대부는 물론 일반 서민에 이르기까지 실천될 정도로 정착되었다는 것이다.[70]

조선 중기의 이러한 보편화는 유교식 상례 규범의 전승은 물론 고유문화와의 융화 없이는 불가능할 것으로 보인다. 이미 반만년의 역사 속에서 형성된 무속, 고유신앙 등과 유교식 상례가 융화되지 않았다고 보기는 어렵다. 따라서 중상, 사자밥 등의 고유신앙과 관련된 문화현상이 융화되어 지역과 계층에 따라서

69_ 예를 들면 癸未年(1883) 10월 1일의 경우 "至晡時行朝祖如禮(依沙溪禮奉魂帛銘旌行之如禮)"라 하여 사계의 예에 따랐음을 알 수 있다.
70_ 최기복, 「유교 상례의 근본 의의와 현대적 쇄신」, 『유교사상연구』 15(한국유교학회, 2001), 95쪽.

다양한 형태의 유교식 상례가 행해졌을 것이다.

조선 중·후기가 되면 유교식 상례는 다양한 종교문화적 현상 중의 하나가 아니라 한민족의 문화적 전통으로 완전히 정착되었음을 알 수 있다. 이러한 문화적 전통화를 부추긴 것이 바로 유교식 상례에 대한 심오한 연구라든가, 그 결과로 나타난 조선의 상황에 맞는 예서의 편찬 등이었을 것이다. 이러한 사실을 증명하는 것이 예서의 내용을 비교해 볼 때 유교식 상례가 우리식 민속으로 진화된다는 것이었다. 그리고 현재에도 유명종가에서 전승되는 유교식 상례의 모습을 『사례편람』과 비교해 보면 거의 차이가 없다는 점이다. 또한 조선 후기에 지방사회에서 행해진 상례를 고찰해 보면 유교식 상례가 문화적 전통으로 정착되었음은 의심의 여지가 없다.

지금까지 살펴 본 내용을 종합하면 조선 중기에 한민족의 문화적 전통 즉, 민속으로 정착된 유교식 상례의 모습을 그릴 수 있을 것이다. 첫째, 유교식 상례는 삼년상을 기본으로 하고 있다. 둘째, 『가례』를 기반으로 하는 의례 체계를 가지고 있지만 조선에서 연구된 의례 체계에 따라 의례절차를 진행하면서도 고유 문화적 요소를 수용하고 있다. 셋째, 매장을 주 장법으로 인정하고, 이를 매우 중요시한다. 넷째, 의례 장소는 사당이 있는 집을 기본으로 하고 있다. 이처럼 한민족 의례문화의 전통은 유교식이고, 이것이 의례민속이라고 할 수 있을 것이다.

한국의 상례문화

제5장

유교식 상례의 구조와 의미

　　유교식 상례의 구조와 의미를 밝히는 일은 곧 유교식 상례에 대한 의례적
측면 전반을 이해하는 일이다. 그런데 유교식 상례는 신주를 모시는 것을 전제로
하고 있음에도 여러 가지 사유로 신주를 모시지 못해 지방으로 대신하는 경우도
많다. 그렇기 때문에 동일한 유교식 상례라 하더라도 신주의 유무에 따라 의례의
형식이나 절차의 구조, 조상신의 인식 등에 약간의 차이가 발생한다. 따라서 이
장에서는 신주의 유무에 따라 상례의 내용이 어떻게 달라지는지를 고찰하고, 유
교식 상례의 구조와 의미를 분석해 보고자 한다.

1. 신주의 유무와 상례의 차이

1) 신주와 유교식 상례

『가례』나『상례비요』,『사례편람』등의 예서에서 제시하는 관혼상제례(유교식 의례체계)는 모두 '신주를 모시는 것을 전제'로 하고 있거나 상례를 치르는 과정에서 '신주를 만드는 것'을 전제로 하고 있다. 따라서 의례는 물론 일상생활의 모든 부분이 신주와 연관을 맺지 않을 수 없도록 규정되어 있다. 예를 들면, 관혼상제를 비롯한 모든 의례에서 사당에 고하는 고유告由가 의례절차로 포함되어 있는가 하면 심지어는 주택의 구조 역시 '당堂'과 '정침正寢'과 '청사廳舍'로 구성하도록 하는 것도 신주의 유무와 직접적으로 연관되어 있

신주(학봉선생종택)

다. 성리학적 이데올로기를 실천했던 유명 종가의 평면 구성을 보면 형태와 평면 배치는 다르더라도 기본적인 구조는 이와 같음을 알 수 있다.[1] 뿐만 아니라 출입고出入告, 유사고有事告라고 하여 주인이 출타하거나 일이 있을 때는 반드시 사당에 고하고 집안에 새로운 것이 들어오면 반드시 먼저 사당에 천신薦新하는 것도 신주와 무관한 일은 아니다. 이러한 신주는 단순한 나무패로서 신적 존재라기보다는 '윗대 조상'이라는 가족적 개념이 강하였다. 따라서 일상생활은 물론 의례를 수행하는 데 있어서도 사당과 관련된 행위의 규제가 작지 않았다. 따라서 신

1_　장철수의 연구『사당의 역사와 위치에 관한 연구』(문화재연구소, 1990)] 뿐만 아니라『家禮』,『家禮考證』,『喪禮備要』,『家禮增解』등의 예서에서 제시하고 있는 주택구조 역시 모두 이와 같은 구성을 하고 있다.

주의 유무에 따른 상례의 차이는 쉽게 짐작이 간다.

그런데 일제 식민지, 한국전쟁, 그리고 산업화 등 현대사회로 이행하면서 생활패턴의 변화에 따라 주택구조가 서구식으로 변화되면서 신주가 사라지게 되었다.[2] 그러나 상례와 제사와 같은 의례문화의 전통은 전통의 근간을 크게 벗어나지 않는 범위에서 전승되고 있다. 이에 따라 의례의 규범과 실천에는 상당한 차이가 발생함은 물론 의례 실천의 혼란마저 일어나고 있다. 신주가 없어짐에 따라 이를 대신할 수 있는 대체물인 지방으로 의례를 진행할 수밖에 없는 상황이 되었다.[3] 물론 예서에서도 지방에 대한 언급은 이미 있어 왔는데, 신주를 대신하는 임시 대체물을 의미하고 있다.[4] 또한 문화유산 중에는 사당도라는 그림이 전해져 온다. 이 그림은 관직의 이동, 여행 등으로 인해 신주를 모시고 제사 등의 의례를 행하지 못할 경우 이 그림이 사당을 대신하고, 여기에 붙이는 지방이 신주를 대신 하였던 것으로 보인다.[5]

지방으로 의례를 행하더라도 신주를 중심으로 한 의례의 전통이 그대로 남아 있어 의례의 진행에는 상당한 혼란이 발생하고 있는 것도 사실이다. 상례의 경우 예서에서 제시하는 절차는 신주를 조성하는 것을 전제로 하고 있어 '신주가 없는 경우'의 상례와 현대사회의 상례와는 절차, 용어, 의미 등 상당부분에서 차이가 있다. 그리고 1934년의 「의례준칙」에 이은 일련의 개정과정을 거친 「가정의례준칙」은 신주를 부정하는 의례절차를 제시함으로서 기존의 전통과의 충돌은 물론 혼란을 가중시키고 있다. 뿐만 아니라 학자들에 의한 조사·연구보고서들

2_　신주가 사라지게 된 가장 큰 원인 2가지는 첫째 1934년의 의례준칙 공포, 둘째는 6·25한국전쟁을 들 수 있다.
3_　신주와 지방에 대해서는 이 글의 한 부분으로 구성하기에는 너무 방대하기 때문에 별도의 글로 예정할 수밖에 없다. 신주에 대해서는 최순권, 「神主考」『생활문물연구』2(국립민속박물관, 2001) 참조.
4_　『四禮便覽』, 「喪禮」, 〈祔〉조, "若喪主 非宗子而 與繼祖之宗異居 則宗子爲告于祖而 設虛位(備要, 用紙榜)以祭".
5_　국립민속박물관에 소장되어 있는 이 그림은 감모여재도感慕如在圖 혹은 신각도神閣圖라고 불리는데, 3칸 건물의 중앙에 신주 모양을 한 빈 공간이 마련되어 있어 이곳이 지방을 붙이는 자리로 보인다. 이 글을 교정하는 과정에서 필자는 「유교식 제사 실천을 위한 감모여재도」, 한국종교민속연구회 편, 『종교와 그림』(민속원, 2008), 271~312쪽을 발표하였다.

역시 신주의 유무를 구분하지 않고, 심지어는 「가정의례준칙」의 의례절차를 전통으로 내세우는 경우도[6-] 있어 혼란은 가중되고 있다.

현대사회에서도 문화적 전통을 계승하고 있는 유수한 종가에서는 아직도 신주를 모시고 있으면서 예서의 규정과 절차에 맞추어 상례를 진행하고 있다.[7-] 신주를 모시고 있는 경우 즉, 예서의 규정에 따른 상례는 단순히 고인의 시신을 처리하는 장사葬事로만 구성되어 있지 않다. 강도의 차이는 있지만 신주를 모시든 모시지 아니하든 상례에는 고인을 조상신으로 승화시키고, 상주가 일상으로 돌아오는 등의 중요한 의례들이 포함되어 있다. 그러나 신주의 유무에 따라 상례절차라든가, 죽음에 대한 인식, 조상신에 대한 인식 시점에는 많은 차이가 난다. 이는 신주를 모실 경우 형태야 어찌되었든 사당이라는 존재를 의식하게 되고, 이로서 조상신에 대한 인식 자체가 달라질 수 있기 때문이다.

2) 상례절차의 차이

앞에서 보았듯이 『가례』와 『사례편람』에서 규정하고 있는 상례절차는 큰 줄거리는 같으나 세부적으로는 서로 다른 부분이 많다. 이는 『사례편람』이 주자의 『가례』를 한국의 정서에 맞게 개정하였다는 것을 의미하기 때문에 한국의 상례를 분석하는 데 있어 『사례편람』이 가장 유용한 예서라 할 수 있다. 신주를 모시는 경우 상례는 19개의 대절차로 구성됨을 위에서 보았다. 그러나 신주를 모시지 않는 경우에는 당시의 상황에 따라 절차를 생략하거나 통합하여 그 절차가 상당히 줄어들어 12개 정도로 진행됨을 알 수 있다.[8-]

6_　『서울육백년사』 민속편(서울시, 1990); 『계룡산지』(충청남도, 1994); 『내고장 안산』(내고장안산편찬위원회, 1990); 『서울민속대관』(서울시, 1993); 『수원시사』 중(수원시, 1997) 등 각종 시군지, 시사 향토사 등이 이에 속한다.

7_　서론에서 제시한 현지조사 자료들의 대부분이 이러한 예에 속한다.

8_　장철수(앞의 책, 1984, 90쪽)는 예서에서는 문상問喪을 제외하고 18개를, 그리고 관행에서는 11개의 절차로 진행

초종의는 상례의 최초 절차로서 죽음을 준비하고, 확인하며, 상례절차를 진행하기 위해 준비하는 등 '죽음처리를 준비하는 의례'이다.[9] 따라서 신주의 유무에 따른 구분 자체가 무의미할 수도 있다. 그러나 신주를 모실 경우에는 사잣밥을 차리지 않지만, 신주를 모시지 않을 경우에는 사잣밥을 반드시 차리는 것으로 되어 있어 차이가 있다. 이는 죽음의 인식차이에서 발생한 것으로 보인다.

습, 소렴, 대렴은 고인의 시신을 처리하는 절차로서 원래 운명한 날로부터 3일에 걸쳐서 행하였다. 그러나 현대 사회에서는 신주의 유무와는 관계없이 '염습'이라는 용어로 고인이 돌아가신 날, 혹은 그 다음날 세 절차를 한꺼번에 처리하고 있다. 이에 따라 각 절차에서 분리되어 나타나던 절차인 영좌를 설치하고, 명정을 써서 세우며, 혼백을 제작하여 모시는 등의 소절차들도 한꺼번에 묶어 진행한다. 이 절차는 신주의 유무에 따른 차이는 거의 없다. 그러나 신주가 없는 경우에는 소렴과 대렴의 진행과정보다는 대렴의 소절차인 입관의 행위 자체에 의미를 두고 있다. 그래서 염습을 하고 입관을 한다고 하는 경우도 종종 발견된다.[10] 이는 신주를 만들지 않을 경우 고인을 조상신으로 승화시키는 구체적인 절차가 없기 때문에 고인의 실제 모습이든 상징적인 모습이든 영원히 그 모습을 감추게 되는 입관의 절차를 중요시함으로서 나타난 현상이라고 하겠다.

이는 죽음에 대한 인식의 차이에서 기인한다. 즉, 신주를 모실 경우에는 매장을 한 다음에야 비로소 조상신으로 인정하는 반면에 관행에서는 죽음과 동시에 조상신으로 인식하기 때문이다.[11] 따라서 신주를 모실 경우에는 매장을 중심으로 의례의 의미가 바뀌는 반면에 신주를 모시지 않는 경우에는 죽음 그 자체

된다고 하였다. 그러나 성복 후에 문상객을 맞이하는 등의 규정 등에 의하면 절차로서의 의미가 있기 때문에 절차로 인정하였다.

9_   장철수, 앞의 책(1984), 98쪽.

10_   이러한 현상은 요즘 활발해지고 있는 장례식장에서 더욱 두드러진다.

11_   장철수, 「儒教喪禮의 招魂에 대하여-儒教의 靈魂觀 研究 序說-」, 『宜民 李杜鉉博士回甲紀念論文集』(학연사, 1984), 93쪽.

즉, 염습의 과정을 중심으로 고인과 조상신의 구분이 이루어진다. 따라서 신주를 모시지 않는 경우에는 대렴의 소절차인 입관이 중요시되는 것으로 보인다. 물론 이에는 가정의례준칙의 영향도 있었을 것으로 보인다. 1969년에 공포된 「가정의례준칙」에서 제시한 상례절차에 의하면 습과 소렴, 대렴을 설명하면서 이것을 "제22조 입관"으로 표기함으로서 일반화되었을 가능성도 크다.[12]

성복 역시 신주의 유무와는 큰 관계가 없는 의례이다. 신주를 모시는 경우에는 친소에 따라 각기 해당하는 복을 갖추어 입고 영좌 앞에 나아가 서로 곡을 하면서 문상을 하는 것으로 성복을 마친다. 신주를 모시지 않는 경우 당堂 혹은 마당 한가운데에 큰 양푼에 물을 떠놓고 고인을 향해 제사를 올리고 서로 문상을 하는데, 이를 '성복제'라고 하여 대단히 중요한 의례로 간주하여 차이를 보인다. 그리고 신주를 모실 경우 습을 하면서 영좌를 설치하고, 혼백을 만들어 모시며, 명정을 세우고, 외빈 등의 방법으로 영구를 별도로 갈무리 한다. 그리고 청사에 영좌를 별도로 설치하는 등 일련의 과정을 진행함으로써 고인을 시신의 단계에서 영혼의 단계로 전이시킨다.

치장은 장사할 시간과 장소를 정하는 등 준비를 하는 절차이다. 따라서 신주의 유무에 따른 절차상의 차이는 크지 않다. 그러나 작주라고 하여 밤나무로 신주목神主木을 만들고, 주독主櫝을 준비하는 소절차가 진행된다.[13] 그런데 신주를 모시지 않을 경우에는 이러한 절차와 규정이 무의미하여 행해지지 않는다.

천구는 2일에 걸쳐 행해지는데, 발인 하루 전날 영구를 옮길 것을 고하고, 영구를 사당에 인사시키며, 영구를 옮겨 상여에 싣고, 견전을 올리는 절차이다. 신주를 모시고 있을 경우 발인 전날 아침 조전을 올릴 때 영구를 옮길 것을 영좌에 고한다. 이어 사당에 모신 조상들에게 하직 인사를 드리기 위해 영구를 사당

12_ 가정의례준칙이 상례에 미친 영향에 대해서는 필자의 논문「가정의례준칙이 현행 상례에 미친 영향」, 『역사민속학』 12집(한국역사민속학회, 2001)] 참조.

13_ 『四禮便覽』, 「喪禮」, 〈作主〉조, "用栗櫝用黑漆"

에 뵙게 한다. 그리고 일포시가 되면 도신道神에게 올리는 조전을 올린다.[14] 다음 날 날이 밝으면 발인에 필요한 상여, 영여 등의 도구와 물품을 점검하고 영구를 상여에 싣고 견전을 올린다.

그러나 신주를 모시지 않을 경우에는 집안에 사당이 없을 뿐만 아니라 신주를 모시지 않기 때문에 사당에 하직 인사를 드리는 절차가 생략된다. 이에 따라 천구의 소절차 대부분이 생략되고 실행 가능한 것은 '일포시'가 되어 올리는 '조전'만이 남게 된다. 다른 소절차를 수행할 수 없는 상황에서 이 절차가 중요한 것으로 간주되었고, 그 결과 '일포제日晡祭'라는 이름으로 성대하게 치러진 것으로 보인다. 뿐만 아니라 천구의 절차를 제대로 수행할 수 없게 되자 천구의 절차에 부속되어 있는 '견전'을 발인의 절차로 둔갑시키기에 이른다. 즉, 견전을 발인의 한 절차로 간주하여 '발인을 위하여 지내는 제사'로 인식하게 되고, 이에 따라 '발인제發引祭'라는 제사로 규정하기에 이른다. 발인은 상여가 장지로 향해 가는 과정이므로 신주의 유무에 따른 큰 차이는 없다.

장지에 도착하여 하는 일은 3인을 매장하는 일이기 때문에 신주의 유무에 따른 차이는 거의 없을 것으로 보인다. 그러나 신주를 모시는 경우에는 반드시 신주에 글씨를 쓰는 제주를 해야 하고,[15] 제주를 마치면 신주가 완성되었음을 확인하고 알리는 제주전을 올려야 한다. 그러나 신주를 모시지 않는 경우에는 장지에서 제주를 하지 않기 때문에 봉분이 어느 정도 완성되었음을 확인하고 알리는 평토제(혹은 성분제, 반혼제)를 올리고 반곡한다.

반곡은 신주를 모실 경우 제주를 한 신주를 영여에 싣고 집으로 돌아오는 일이다. 이때 신주를 앞에 모시고 그 뒤에 혼백을 모시고 있어 행상 때와는 반대

14_ 이때 '永遷之禮 靈辰不留 수奉柩車 式遵祖道'라는 고사告辭를 읽는다.

15_ 제주를 할 때 함중陷中에는 고인의 신상에 관한 일을 기입하는데, '故某官某公諱某字某神主'라고 쓰며, 친진親盡하여 신주를 매장할 때까지 고쳐 쓰지 않는다. 그러나 분면粉面에는 봉사자와의 상대적 관계인 칭호를 쓰기 때문에[顯考某官奉諡府君神主] 봉사자가 바뀔 때마다 대代를 고쳐 써야 한다.

임을 알 수 있다.[16]_ 집에 도착하면 신주와 혼백을 함께 영좌에 모신다. 그러나 신주를 모시지 않을 경우에는 혼백만 영여에 모시고 돌아오고, 빈소殯所에 모실 때도 혼백만을 모신다.

〈표 2〉 신주의 유무에 따른 상례절차의 차이

대절차	소절차	내용	
		有神主	無神主
초종의	사잣밥	없음	저승사자에게 고인의 영혼을 무사히 저승까지 모셔달라고 부탁하는 의미의 행위
습, 소 · 대렴	입관	습, 소렴, 대렴의 세부절차 시행 : 염습	入棺을 중요시함
성복	성복	성복제를 행하지 않음	성복제를 올려 고인을 조상신으로 인정
치장	작주(作主)	栗木으로 神主木을 만듦	없음
천구	조전(祖奠)	朝奠告, 遷柩, 祖奠 등	日晡祭
	견전(遣奠)	遣奠	없음
발인		行喪, 路祭, 신주를 혼백의 뒤에 모심	發靷祭, 行喪, 路祭
급묘	제주	신주의 陷中式, 粉面式	없음
	제주전	題主奠	平土祭, 成墳祭
반곡	반곡	혼백을 신주의 뒤쪽에 모시고 반곡	혼백만 모시고 반곡
우제	초 · 재 · 삼우제	埋魂帛	대상 때 埋魂帛을 함
졸곡	졸곡제	조상신 인정의례, 축관이 東向跪	곡을 그치는 의례
	조주체천(祧主遞遷)	차장방에게 체천하고 개제함	없음
부	부제	새로운 신주를 사당에 모시는 의례	없음
소상	소상	1주기 고인의 추모, 역복	좌동
대상	대상	2주기 고인의 추모, 역복, 탈상준비	탈상, 埋魂帛
담제	담제	역복	없음
길제	길제	개제고사, 종손의 승인의례로서 상례의 마지막 의례	없음

우제는 신주를 편안히 한다는 의미로서 처음으로 상주가 목욕재계하고 제사

16_ 『四禮便覽』, 「喪禮」, 〈虞祭〉조, "(尤庵)曰 發引時主箱在帛後 返魂時帛箱在主後 其徵意可知 (하략)…"

의 주인이 되어 올리는 최초의 흉제이다. 즉, 신주를 모시는 경우 이전까지는 모든 제사의 형식이 전이라는 형태로 행해질 뿐만 아니라 축관이 주재하는 것으로 되어 있다. 그러나 우제부터는 명칭이 제사로 바뀌는 것은 물론 제사를 주재하는 사람도 상주이다.[17] 즉, 이때부터 고인故人을 조상신으로 인정하고 있음을 알 수 있다. 우제는 초우·재우·삼우로 세 번에 나누어 지낸다. 예서에 의하면 초우제를 지내는 날 혼백을 묻는 것으로 되어 있으나[18] 실제의 관행에서는 삼우제를 지내고 성묘를 하면서 혼백을 산소 옆 깨끗한 곳에 묻는 것이 관례로 되어 있다.[19] 그러나 관행에서는 신주를 모시지 않을 경우 탈상을 할 때 혼백을 묻는 것으로 조사되었다.

졸곡은 곡을 그친다는 뜻으로 곡을 그쳐 슬픔의 강도를 약하게 하는 의례이다. 따라서 신주의 유무와는 큰 관계가 없다. 단지 졸곡 때 체천遞遷할 조주祧主를 최장방最長房에게 옮겨 모신 후 개제改題를 할 때 올리는 고사식이 있는[20] 것으로 보아 이때부터 새로운 신주를 조상신으로 인정하기 시작하였음을 알 수 있다.

부제(사)는 새로 조성한 고인의 신주를 사당에 모시게 되었음을 조상신에게 고하는 절차이다. 따라서 신주를 모시는 경우에는 신주를 사당에 모시는 매우 중요하고 의미 있는 의례이다. 그러나 신주를 모시지 않는 경우에는 절차로서의 의미가 전혀 없기 때문에 행하지 않는다.

소상과 대상은 신주의 유무와는 별 차이가 없지만, 신주를 모시지 않는 경우에는 대상을 지내면서 바로 탈상을 한다. 그래서 대상이라 하지 않고 탈상이라

17_ 전奠과 제사祭祀의 구분에 대하여서는 장철수앞의 글(2001), 27쪽에 의해 언급된 바 있다.

18_ 이에 대해 우암尤庵은 (혼백을) 장지에 묻는 것은 안 될 것 같다고 하였다(『四禮便覽』, 「喪禮」, 〈初虞〉조, "尤庵曰 …(中略)… 恐不可埋於葬地也").

19_ 경북 안동 학봉종택 종부 상례(1995), 경북 청도의 박효수옹 상례(1997) 및 여타의 현지조사에서도 삼우제 때 성묘를 하면서 혼백을 묻는 것으로 조사되었다. 신주가 없을 경우 탈상 때 매혼埋魂한다.

20_ 『四禮便覽』, 「喪禮」 「卒哭」조에 신보新補로서 '祧主遷奉次長房後改題告辭式'이 있다. 조주할 신주를 차장방次長房에게 옮겨 제사지내게 되어 신주를 고쳐 쓰겠다는 고사를 올리는 내용이다.

하기도 한다. 즉, 혼백을 묻고[21] 상복을 벗고 빈소를 철거하여 상례의 모든 절차를 마치고 완전하게 일상생활로 돌아온다. 신주가 없기 때문에 신주를 위한 어떠한 의례도 행해지지 않는다. 담제 역시 신주가 없을 경우 불필요한 절차이며, 길제 역시 이와 같다.

신주를 모실 경우 매장까지의 절차보다는 우제, 졸곡, 부제, 담제, 길제 등 매장 후의 절차가 매우 중요하게 인식되고 있다. 이는 신주라는 상징물을 통해 고인의 영혼을 조상신으로 승화시켜야 하기 때문이다.[22] 다시 말하면 반곡까지의 절차는 시신을 처리하는 일이 주가 되므로 신주의 유무에 따른 큰 차이가 없지만, 신주가 없을 경우에는 졸곡 이후의 절차는 사실상 무의미한 것이 된다. 그리고 그 이후에 행해지는 길제까지의 모든 절차는 실제적으로 조상신과 상주들을 위한 의례들로 구성되어 있다.

한편 신주를 모시지 않을 경우에는 매장 이전의 절차가 더 중요시되고, 매장 후의 절차는 우제, 졸곡, 소·대상 정도가 의미를 지닐 뿐이다. 왜냐하면 대상 이후의 담제와 길제는 신주를 모시지 않을 경우 행할 필요가 없기 때문이다. 신주를 모실 경우에도 대상 때에 여막을 철거하고, 고석과 고침, 상장喪杖을 버리는 등의 탈상을 위한 행위들이 진행되지만, 상주는 일상복이 아닌 상복祥服이라고 하여 소복으로 역복을 하는데, 이는 아직까지 상을 완전히 벗어나지 못했음을 나타낸다.

이처럼 신주의 유무에 따라 상례절차는 크게 달라진다. 즉, 신주를 모시는 경우 매장 후의 의례를 중요시하는 반면 신주를 모시지 않는 경우에는 매장 전의 의례에 중점을 두는데, 이는 시신의 처리에 초점이 맞추어져 있기 때문이다.

21_ 신주가 없을 경우 탈상을 할 때까지 빈소에 혼백을 모신다.
22_ 김시덕, 「현행 상례용어의 변용」, 『한국장례문화학회지』 창간호(한국장례문화학회, 2002), 181쪽.

3) 죽음에 대한 인식의 차이

(1) 죽음관의 차이

죽음에 대한 인식의 차이는 곧 죽음관(생사관)의 차이를 의미한다. 그러나 이러한 죽음관은 종교에 따라 이데올로기에 따라 다양하게 나타나기 때문에 하나의 문화공동체가 가지고 있는 죽음관을 한마디로 설명하기란 쉽지 않다. 우리나라의 경우 유교철학적인 죽음관, 불교철학적인 죽음관, 무속적인 죽음관 등 다양한 죽음관이 있을 수 있다. 이러한 죽음관은 대부분이 생물학적인 인간의 죽음을 어떻게 보는가의 경험적 문제를 바탕으로 형성된다.[23] 그리고 경험적인 생물학적 죽음은 산 사람과 죽은 사람 사이의 차이를 통해서 드러난다.[24]

우리나라에서는 『가례』를 수용하면서부터 전통적으로 행해왔던 '우리식'의 상례보다는 '가례식'의 상례를 보급하여 조선시대를 거치는 동안 일반화되기에 이르러, 이를 전통상례라고 규정하고 있다.[25] 이러한 유교식 상례에는 『가례』식 뿐만 아니라 우리식도 함께 행해지고 있어 죽음관 역시 차이가 있다. 즉, 신주의 유무에 따라 죽음에 대한 인식에도 차이가 있다는 것이다.

우선 고복皐復과 사잣밥을 통해 그 차이를 읽을 수 있다. 고복은 사람이 숨을 거두면 그 영혼이 육체와 분리된다는 영육분리관념, 영육이중구조에서 행하는 의례절차이다. 신주를 모시는 경우 고복은 고인의 육체에서 분리되어 떠나가는 영혼을 불러들여 재생을 바라는 마음에서 행해진다.[26] 고복의 배면에는 영혼이

23_ 장철수, 앞의 글(2001), 23쪽.
24_ 죽음의 본질적인 징표에 대해서는 손진태의 연구(손진태 저, 최광식 엮음, 『조선상고문화의 연구』(고려대학교박물관, 2002), 21~28쪽)와 장철수의 연구(앞의 글(2001), 23~30쪽; 앞의 책(1995), 35~86쪽) 참조.
25_ 관혼상제의 의례방식 중에서 '『가례』식'이 아닌 '우리식'의 모습은 혼례에서 찾을 수 있는데, 『가례』에서는 '친영'을 강조하지만 실제적으로는 신랑이 신부집으로 가서 혼례식을 치르는 솔서혼속제率壻婚俗制가 일반적이었던 것처럼 '우리식'이 있었을 것으로 보인다.
26_ 초혼招魂의 방법과 의미에 대해서는 장철수의 연구「유교상례의 초혼에 대하여 – 유교의 영혼관 연구 서설 – 」, 『의민이두현박사회갑기념논문집』(학연사, 1984), 394~418쪽) 참조.

자의적으로 육신을 떠난 것이 아니라 저승사자가 와서 강제로 데려가는 것이라고 하는 믿음이 깔려 있다.[27] 따라서 고복은 북망산천으로 가는 혼을 불러들여 시신의 근처, 혹은 생시에 거처하던 공간에 좌정시키는 절차로 보인다. 이는 고인을 죽은 조상 즉, 죽은 가족성원의 상태로 두는 것이 아니라 조상신으로 승화시키기 위해 반드시 필요한 혼을 좌정시키기 위한 절차이다.

『사례편람』의 초종의에서 시사전을 차리는 이유에 대하여 "고례에 시사전을 드리는 것이 있었는데 …(중략)… 그 사이에 신을 의지하게 할 절차가 전혀 없으면 너무 미안하지 않겠는가. 이에 고례에 의거하여 이곳에 옮겨 놓는다."고 하였다.[28] 이처럼 전을 차리는 이유에는 고인의 영혼이 의지할 수 있는 장소를 마련한다는 의미가 강하다. 그렇기 때문에 습·소·대렴 등의 의례를 행할 때마다 습전·소렴전·대렴전·조석전 등의 '전'이라는 이름으로 음식상을 차려 두는 것은 영혼이 의지할 수 있는 장소를 마련하는 일로 볼 수 있다. 따라서 고복을 통해 되돌아 온 영혼은 매 절차마다 차려지는 전에 의지함과 동시에 습의 절차에서 만들어지는 혼백의 형태로 현현되며, 신주가 만들어지면 신주로 전이되어 조상신으로 승화되는 것으로 인식하고 있다.

반대로 신주를 모시지 않을 경우의 고복은 저승사자에게 고인의 영혼을 소개 시켜주는 역할을 한다고 볼 수 있다. 물론 고복을 하는 방법에는 큰 차이가 없다. 그런데 문제는 고복을 하고 나서 바로 차리는 사잣밥에 있다. 사잣밥을 차리는 이유는 저승사자에게 고인의 영혼을 저승까지 잘 모셔가 달라는 의미에서 차리는 음식상이라고 한다. 이로 보아 사잣밥은 고인을 위해 저승사자에게 음식을 대접하는 행위인 뇌물의 개념이 강하다.

그러나 신주를 모시는 집안에서는 사잣밥을 차리지 않는다. 왜냐하면 "사람

27_ 최준식, 앞의 글(1994), 185쪽.
28_ "(古禮有始死奠 …(中略)… 其間全無使神憑依之節 豈非未安之甚者呼 玆依古禮移置于此(下略)…."

이 죽는 것도 억울한데, 왜 저승사자에게 대접하느냐"는[29] 식으로 사잣밥의 불필요성을 역설한다. 이는 죽음에 대한 인식의 차이를 나타내는 중요한 지표가 된다. 즉, 신주를 모실 경우 고인의 영혼이 저승으로 가는 것이 아니라 집안으로 되돌아오는 것이고, 신주를 모시지 않는 경우에는 고인의 영혼은 저승사자들의 인도에 따라 저승으로 가버리는 것으로 인식하고 있는 것이다.

신주를 모시지 않는 경우에는 저승도 이승도 아닌 곳에서 떠돌지 말고 하루 빨리 저승으로 가라는 의미인 것이다.[30] 왜냐하면 한국의 무속 등에서는 인간의 영혼이 저승으로 천도되지 못하고, 구천을 떠돌게 되면 인간에게 해를 끼치기 때문에 조상신이기 이전에 악신惡神으로 기능할 수밖에 없다는 것이다. 그렇기 때문에 저승사자에게 음식대접을 하면서까지 고인의 영혼이 하루라도 빨리 무사히 저승으로 천도되기를 바라는 것이다.

죽음에 대한 인식의 차이는 전奠과 제사祭祀의 용어 차이에서도 분명해진다.[31] '전'의 사전적인 뜻을 보면 "물건을 바쳐 제사하다.", "상장喪葬 때에 물건을 바쳐 제사하는 일" 등으로 풀이 된다.[32] 또한 성균관에서 춘추로 올리는 석전釋奠이나 향교의 춘추 석전 역시 전이다. 이는 성균관이나 향교에 모신 선현은 조상신이나 제신諸神이 아니므로 제사라 하지 않고 전이라 하였던 것으로 보인다.[33] 그러므로 전은 신을 대상으로 제사를 올리는 것이 아니라 받들고 베푼다는 의미가 강하고, 복을 바라거나 기원에 대한 반대급부를 기대하지 않는다. 즉, 전이라는 형태는 음식을 차려두는 일련의 의례로 보인다. 공자가 유교를 창시하였지만 공자나 그의 제자는 신으로 인정하지 않았기 때문에 전을 올렸고, 전을 올리는

29_　경북 청도군 이서면 신촌리 박효수옹의 상례.
30_　장철수, 앞의 책(1984), 96쪽.
31_　김시덕, 앞의 글(2002), 184쪽.
32_　『大漢和辭典』 卷3, 「奠」조, "物を供えて祭る, 喪葬の時に物を供える祭."
33_　향교의 석전을 알리는 안내장 등에 "○○鄕校春秋釋奠大祭"라고 하여 석전이라는 말이 있음에도 대제라는 말을 붙여 오기하는 경우도 많다.

이유는 성현의 학문을 본받고 기리기 위한 의도였던 것이다.

제祭는 "신을 제사하다.", "선조를 제사하다.", "사람과 신이 서로 접하다." 등의 뜻으로 풀이되고 있다.[34] 제사는 신령에게 음식을 바쳐 정성을 표하는 예절이라는 의미로 풀이될 뿐만 아니라 신령과 사귀거나 접하는 행위 일체를 의미하고 있다. 즉, 제사는 신령에게 무엇인가를 부탁하기 위하여 올리는 정성이라고 할 수 있다. 민속종교의 숭배대상이었던 다양한 신들은 초월적 존재로 인식되어 음식을 올려 제사를 올림으로써 그 반대급부로 공동체의 안위를 보장받았던 것이다.

이러한 전과 제사의 구분은 상례절차에서도 뚜렷이 나타난다.[35] 즉, 신주를 모시는 경우 우제를 지내기 전까지 올리는 모든 음식은 전이라는 형식으로 나타난다. 그리고 시신을 매장하고 반곡을 한 후 당일 집에 돌아와서 올리는 초우제부터는 '제사'라는 형식으로 나타난다. 신주를 모실 경우의 이러한 구별은 '사람'인 '고인'과 '신령'인 '조상신'을 명확히 구별하기 위한 의도이다. 다시 말하면 '사람'과 '신'으로 분명하게 구별하려는 의도가 있었기 때문이다. 따라서 신주를 모시는 경우에는 우제를 지냄으로서 비로소 고인을 조상신으로 인식하고, 그 이전까지는 고인으로 인식하고 있음을 나타낸다. 시사전, 습전, 소·대렴전, 견전, 제주전 등은 모두 고인의 영혼이 의지하는 장소로서의 역할을 한다고 할 수 있으며, 그 이후의 우제에서 조상신을 편안하게 하여 졸곡에서 정식으로 제사로 전환시키는 것이다.[36]

뿐만 아니라 전의 주재자 즉, 주인이 누구냐에 따라서도 구별은 분명해진다.[37] 전을 올릴 때는 제사와는 달리 축관이 분향을 하고 잔을 올리는 등의 역할

34_ 『大漢和辭典』 卷8, 「祭」조, "まつる、人と神と相接する."
35_ 김시덕, 앞의 글(2002), 184쪽.
36_ 졸곡에서 축관祝官이 주인(초헌관)의 왼쪽에서 동향하여 꿇어앉고[우제에서는 초헌관의 우측(동쪽)에서 서향하여 꿇어 앉음], 현주玄酒를 사용함으로서 완전히 제사로 전환되었음을 의미한다.
37_ 김시덕, 앞의 글(2002), 185쪽.

을 수행한다. 전의 절차 역시도 제사와는 다르다. 제사는 원래 초헌, 아헌, 종헌으로 삼헌을 올리고, 축문을 읽도록 규정하고 있으나 전은 축문은 있으되 단헌으로 되어 있는 것이 구별된다. 그러나 부제 후에도 차려지는 삭망전에 대한 해석은 이러한 논지와는 상반된다. 물론 대상까지가 고인에 대한 추모의례라는 점이 인정되지만, 이중적인 성격이 뚜렷하다.[38]

(2) 조상신에 대한 인식 시점의 차이

전과 제사의 구분을 통해 죽음에 대한 인식 시점의 차이를 읽을 수 있다. 신주를 모실 경우 4일째에 성복을 하는 것은 비록 생물학적으로 숨이 끊어졌지만,[39] 대렴을 하기 전까지는 죽음으로 인정하지 않으려는 예의가 수반되기 때문이다. 즉, 습의 절차에서 영좌를 설치하고 혼백을 만들어 모심에 따라 혼의 형상은 혼백이라는 구체적인 형상으로 드러나게 된다. 초혼에서 불러온 영혼을 혼백이라는 형태로 구체화시켰다고는 하지만, 고인의 영혼은 여전히 각 절차에서 차려지는 전에 의존하는 것으로 인식된다. 그러다가 매장을 하고, 반곡을 하여 우제를 지내고, 혼백을 묻으면 혼은 이제 조상신으로 전이되는 것이다. 신주를 모실 경우 발인을 할 때는 신주를 상자에 담아 혼백의 뒤에 두고 장지로 가지만, 제주를 한 후 반곡할 때에는 신주를 앞에 모시고 상자에 넣은 혼백을 신주의 뒤쪽에 붙여 모신다. 이러한 것을 보면 혼백의 역할이 다했음을 말하는 것으로 혼백보다는 조상신의 구체화된 모습인 신주를 중요시함을 알 수 있다.

반면 신주를 모시지 않을 경우에는 습의 절차에서 혼백을 만들고, 성복을 하면서 성복제를 지냄으로서 이미 조상신으로 인정한다. 즉, 성복제는 신주를 모

38_ 이에 대해서는 차후에 구체적으로 논의해야할 과제이다.
39_ 죽음의 확인은 숨의 유무를 통해 이루어지는데, 속광屬纊으로 숨을 확인하여 생물학적인 죽음을 판단한다고 한다. 숨과 죽음의 확인 등에 대해서는 장철수의 일련의 연구[앞의 글(2001), 23~30쪽; 앞의 책(1995), 35~86쪽]와 손진태의 연구[손진태 저, 최광식 엮음, 앞의 책(2002), 21~28쪽] 참조.

실 경우에는 행하지 않는 절차일 뿐만 아니라 '제'라는 용어는 신에 대한 공여의 행위이기 때문에 이 시점에서는 행해지지 않는다. 그리고 그 후부터 등장하는 일포제, 발인제 등 신주를 모실 경우의 전이 제사로 불리는 것을 볼 때 성복제부터 이미 조상신으로 인식하고 있음을 알 수 있다. 그리고 매장을 한 후에도 신주를 모실 때처럼 조상신으로 승화시키기 위한 제주의 과정이 없기 때문에 평토제를 지내고 역시 혼백만을 모시고 반곡을 한다. 그리고 우제 이후에 일어나는 절차들에서도 혼백을 모시고 행한다. 즉, 신주를 모시는 경우는 매장을 중심으로 대전환이 일어나지만, 신주를 모시지 않는 경우에는 성복제를 기점으로 대전환이 이루어짐을 알 수 있다.

신주를 모실 경우 시신이 조상신으로 변화되어가는 과정을 보면 우선 초종의에서 생물학적인 죽음(시신)을 확인하여 고인으로 인식한다. 습과 염을 하면서 고인은 혼백과 명정으로 인식된다. 그리고 매장을 하면 혼백과 신주로 양립되어 있으나 단지 혼백에 깃든 영혼이 신주로 전이되는 전이기이다. 그리고 초우제를 지내면서 매혼을 함으로써 신주의 형태로 구체화된다. 그리고 우제와 졸곡에서 조상신으로 인정된 신주가 윗대 조상들의 거처인 사당으로 영입되는 과정을 거쳐[祔] 길제를 통해 조상신의 위치를 확고히 하게 된다. 신주를 모시는 경우는 고인의 혼은 조상신으로 승화시키려는 의미가 강하여 상례 절차 역시 이에 초점이 맞추어져 있다. 그래서 매장 전까지의 과정보다는 매장 후의 과정이 더 중요시되고 있다. 이는 죽음을 통해서 조상신으로 예우하는 의미가 강하기[40] 때문이다. 즉, 사당에 신주를 모신다는 것은 죽음을 이승과의 단절로 보는 것이 아니라 연속으로 보는 죽음관 때문이다. 다시 말하면 죽음은 삶과 연속되어 있는 것으로 인식되고 있다고 할 수 있다.

그러나 신주를 모시지 않는 경우에는 시신을 처리한다는 의미가 더욱 강하

40_   장철수, 앞의 책(1984), 93쪽.

게 나타나고 있다.[41] 우제 이후의 절차가 거의 생략되는 것에서도 알 수 있듯이 죽음은 이승의 삶과 단절된 것으로 인식되고 있음을 알 수 있다. 신주를 모시지 않을 경우의 조상신으로의 승화과정을 보면 초종의에서 생물학적인 죽음을 확인하고, 염습을 하면서 혼백과 명정으로 구체화된다. 성복을 하면서 성복제를 지내 조상신으로 승화시키며, 매장을 하면서 체백과 영혼을 분리시킨다. 대상과 탈상을 지내면 그나마 조상신을 상징하는 혼백마저 묻게 되고, 무형의 조상신으로 인식하게 된다. 신주가 없는 경우에도 삼년상을 할 때에는 혼백을 모시고 삼년상을 치르고, 탈상을 하면 혼백을 묻는다. 따라서 조상신은 기일이 되면 제사를 받으러 잠시 왔다가[42] 가는 존재 정도로 인식하기 때문에 평상시에는 잊었다가 제사 등의 특별한 경우에는 지방으로 형상화시킨다.

이처럼 신주를 모시는 경우에는 고인의 죽음을 처리하는 것보다는 고인을 조상신으로 승화시키고, 후손들의 삶의 공간에서 신주라는 형태로 삶의 연속으로 인식하고 있다. 반면 신주를 모시지 않는 경우에는 시신을 처리하는 의미가 더욱 강하게 나타나 고인을 조상신으로 승화시키는 과정 및 그 형상물이 나타나지 않는다.

2. 유교식 상례의 구조

의례는 그 집단의 질서를 세우고 생활관을 좌우하는 이념을 표현해 주는 대표적인 문화요소이다. 특히 상례에는 사후세계관, 가족과 친족의 범위, 신앙, 사회조직, 협동관행, 의식주 관습, 규범, 법제 등 한 집단의 문화를 설명해 줄 수

41_ 위의 책, 93쪽.
42_ 김시덕, 앞의 논문(2002), 184쪽.

있는 모든 문화요소가 포함되어 있다. 그러므로 의례를 통해 그 집단의 문화를 총체적으로 살펴볼 수 있는 실마리를 찾을 수 있다고 해도 과언이 아니다.

인간의 죽음에 대한 인류학적 연구는 시신에 대한 터부·사후세계관·유족의 활동 등에 대해 고찰해 왔다. 사회의 재통합을 위한 가장 강력한 수단이 장례라는 기능주의적 견해, 고인의 생시 사회적 지위에 따른 의례의 중요도와 사회적 영향관계에 대한 허츠Hertz의 연구,[43] 통과의례적인 관점에 대한 반 게넵Van Gennep의 연구, 종교학적인 연구 등이 있었다.

상례의 순차적인 진행구조는 시신을 처리하는 과정으로만 보일 수도 있다. 그러나 그 내면에는 고인의 시신을 처리하는 과정뿐만 아니라 가족과 개인, 공동체의 위기를 극복해 가는 과정도 함께 고려되어 있다. 인류학자 허츠Hertz는 로다가LoDagaa의 장례식에는 시신과 영혼과 상주라는 등장인물이 있고, 각 부분은 이 중의 하나로 구성된다는 견해를 밝힌 바 있다.[44] 그리고 유교식 상례에 대한 국내 학자들은 대부분이 삼분구조를 제시한 바 있다.

유교식 상례는 다른 의례와는 달리 산자가 고인의 의례를 대행하는 구조로 되어 있다. 그리고 공동체의 입장에서 시신만의 처리, 혹은 순차적인 절차의 진행만으로는 가장의 죽음이라는 엄청난 위기와 혼란을 극복하기란 불가능하다. 따라서 상례는 고인, 고인의 영혼, 조상신, 상주들을 위한 의례들이 복합되어 진행된다. 총 19개로 구성된 유교식 상례의 절차를 세부적으로 분석해 보면 시신을 다루는 과정, 영혼을 위로하는 과정, 고인을 조상신으로 승화시키는 과정, 상주가 상중의 기간으로 들어갔다가 일상의 시간으로 되돌아오는 과정 등 절차 자체에 이것이 누구를 위한 의례인가를 알 수 있는 몇 가지 단서를 찾을 수 있게 해 준다. 이 책에서는 상례에 등장하는 이들에 대해 '의례주체儀禮主體'라는 조작적 정

43_ 1963년 케네디의 죽음이 미친 사회적 영향이 이를 잘 설명해 준다.

44_ Richard Huntington, Peter Metcalf, *Celebrations of Death*, Cambridge University Press, 1979, p.61.

의의 명칭(Operational term)을 사용하고자 한다.[45]

따라서 이 장에서는 이 네 주체를 중심으로 상례의 구조를 분석함으로써 '상례가 과연 누구를 위한 의례인가'라는 의문을 구체적으로 밝혀 보고자 한다.

1) 고인을 위한 의례

상례에서 주검의 처리는 초종의부터 매장까지이다. 물론 모든 과정이 시신을 처리하기 위한 것만은 아니다. 이 과정은 다른 과정보다 단순하고 짧게 구성되어 있음을 알 수 있다. 주검의 처리를 위한 의례는 천거정침에서부터 시작된다.[46] 그리고 운명을 하면 상주들이 곡을 하는 사이에 고복을 한다. 복은 북망산천으로 떠나가는 혼을 불러 영좌에 안치한다는 의미를 가지고 있지만 실제로는 죽음을 최종적으로 확인하는 절차로 볼 수 있다.[47] 임종, 절명의 확인, 복을 하는 과정은 산 자의 영역에서 죽은 자의 영역으로 이행되는 분리단계分離段階라고 할 수 있다.

복이 끝나면 '수세한다.', '시신 거둔다.'고 하는 설치철족(수시)의 절차가 이어진다. 이는 시신 그 자체를 처리하기 위한 절차로서 성리학적 이데올로기에 따라 시신을 가지런하게 하기 위한 것이다. 기능론적으로 보면 입관할 때 편리하도록 하기 위해 사지를 바르게 펴서 간단하게 묶어두는 절차이다. 『사례편람』에 의하면 설치철족으로 표현되어 있다. 이때부터 시신으로서 본격적으로 다루게

45_ 주체라는 용어는 대상을 지칭하기도 한다. 특히 제사나 혼례 등의 의례에서는 그 대상이 곧 주체가 된다. 예를 들면 혼례의 대상은 혼인당사자이고, 제사의 대상은 제사를 받는 조상신이 되는데, 이것을 의례주체儀禮主體라고 한다.

46_ 『三國史記』 등의 기록에 의하면 머리를 동쪽으로 가게 눕힌다고 되어 있으나, 『四禮便覽』에서는 남수南首라고 하여 머리를 남쪽으로 향하도록設席枕 遷尸其上 南首 한다.

47_ 복復이 끝나면 고인의 상의上衣를 일정 기간 지붕에 던져 놓는 경우가 있는데, 이는 상가를 표시하는 표지標識일 수도 있고, 또 이 집안에 시신이 있음을 나타내는 표지일 수도 있다. 참고로 우리나라에서는 상가를 표시하는 특별한 표지가 없었고, 단지 친지, 친구들이 보내온 만장輓章이 있을 경우 이를 걸어 놓음으로써 표지 역할을 하였다. 조등弔燈은 어떠한 규정도 없고, 최근에 나타난 것으로 보인다.

된다. 수시가 끝나면 시상을 마련하여 시신을 올려놓고 병풍이나 휘장으로 가리고 그 앞에 시사전을 차린다. 이어 대렴에 사용할 관을 미리 준비한다.[48] 시신을 처리하기 위한 준비라든가 실제적인 일은 호상의 진두지휘에 따라 진행되고 복인들은 관여하지 않는다.

운명 당일 늦게 혹은 다음날 시신을 정화하는 습의 절차가 진행된다. 목욕, 반함, 수의입히기, 입명정 등의 절차가 진행된다. 습이 끝난 다음날 시신을 싸서 묶는 절차인 소렴을 행한다. 시신을 염포斂布로 싸서 묶는 절차만을 행하고 소렴전을 차린다. 소렴이 끝나면 3일째에 대렴을 하는데, 입관을 위한 절차들이다. 시신을 전체적으로 네모지게 묶은 다음 입관을 하는데, 관 안에서 시신이 흔들리지 않게 보공補空하고 관의 네 귀퉁이에 조발랑을 넣고 관 뚜껑을 덮고 은정隱釘을 친다. 결관을 하고 관보棺褓를 덮어 휘장 뒤에 안치하거나 외빈을 하기도 한다. 이때부터는 시신에 대한 의례는 없고, 차려 놓은 영좌를 향해 모든 의례를 행한다. 습에서 대렴의 과정까지를 이승에서 저승의 영역으로 전이되어 가는 과정이라고 할 수 있다. '죽인다.'는 의미를 나타내는 말로 농담처럼 "귓전에 은정소리가 들리게 해줄까."라는 표현을 쓰는 것은 이를 잘 나타내 준다.

상기에 따라 기간이 달라질 수도 있지만 장삿날 하루 전에 관을 옮길 준비를 한다. 사당에 모신 조상신과 고인에게 장사지낼 것을 고한다. 장사일이 되면 발인을 하는데, 상여가 집을 떠나기 전에 견전을 올리고 집을 향하여 두 번 절하고 장지로 떠난다. 장지로 가는 상여행렬은 운구運柩, 행상行喪, 상행喪行이라고도 한다. 장지로 가는 도중 친한 친구나 친척집 앞을 지날 경우 노제를 지내 이승에서 자신과 쌓았던 인연과 영원한 작별을 고한다.

48_ 영남지역에서는 관을 '유택幽宅'이라고 할 정도로 중요하게 여겼으며, 이에 따라 맏사위가 준비하는 것으로 되어 있다. 반면 기호지역(경기도, 충청남북도, 전라남북도)에서는 퇴관退棺 또는 탈관脫棺이라고 하여 하관할 때 관을 해체하고 염을 한 시신만을 매장하지만 영남지역에서는 입관한 채로 매장하는 차이가 있다.

〈표 3〉 고인을 위한 의례

대절차	소절차	통과의례	영역
1. 初終儀	殯命, 收屍(楔齒綴足), 復	분리단계	이승 영역
2. 襲	沐浴, 飯含, 襲		
3. 小斂	시신을 베로 싸서 묶음	전이단계	
4. 大斂	칠성판고정, 入棺		전이(중간)영역
8. 治葬	장지의 준비		
9. 遷柩	朝祖, 遣奠		
10. 發靷	行喪	통합단계	
11. 及墓	下棺, 墳墓 만들기		저승 영역

주 : 대절차의 번호는 140쪽 '3.「사례편람」과 관행의 상례절차'에서 제시한 상례절차의 순차적 번호임

장지에 도착하면 관을 내리고 상여는 해체한다. 하관을 할 때 상주들은 영구를 향해 곡을 한다. 이승과의 마지막 시간이 되기 때문에 곡을 하는 정도는 더욱 높아진다. 하관을 하고 산역꾼들이 묘를 만드는 동안 악좌에서는 신주를 만든다. 신주가 완성되고, 광중壙中이 평평해지거나 봉분이 어느 정도 완성되면 제주전을 올리고[49]_ 상주들은 반곡한다. 반곡을 할 때는 반드시 갔던 길로 되돌아 와야 한다는 관념이 있다. 이는 다른 길로 반곡하면 조상의 영혼이 조상신이 되기 위해 집으로 찾아오는 길을 잊어버리기 때문이라고 한다.

여기서 사용되는 저승이라는 개념은 관념적인 것으로 유교식 상례에서는 적용되지 않을 수도 있다. 왜냐하면 유교식 상례에서는 운명을 하면 고인의 영혼이 백을 떠나 어디론가(저승으로 상정된다) 가는 것으로 되어 있다. 그래서 운명하면 바로 초혼으로 고인의 영혼을 불러 집안에 좌정시켜 조상신으로 승화시키는 과정을 거치는 것이다. 사실 유교식 상례에서 저승의 개념은 없다. 유교식 상례에서 고인의 영혼은 혼백에서 신주로 전이되어 이승의 사당에서 자손들과 함께 4대 동안 생활하다가 없어지는 것으로 인식되기 때문에 저승의 개념이 없다. 사자밥

---

[49]_ 신주神主를 모시지 않는 경우에는 이것을 평토제平土祭, 혹은 성분제成墳祭라고 한다.

을 차리지 않는 것도 저승의 개념이 없기 때문이다. 이처럼 유교식 상례에서는 저승의 개념이 없지만, 논의의 편의를 위해 저승이라는 조작적 용어를 사용한다.

천구에서부터 제주전까지를 저승에 통합되는 통합과정統合過程이라고 할 수 있다. 일반적으로 천구를 하고 발인을 하여 매장하는 전체 절차를 '장사葬事지낸다'고 하는데, 이것이 이승의 삶에서 저승의 삶으로 전이되어 완전히 통합됨을 의미한다. 즉, 주검 그 자체를 위한 의례는 매장으로 마무리된다고 할 수 있다. 매장을 마치면 고인은 이승의 영역이 아닌 지하 즉, 저승의 영역으로 통합되어 이승과는 분리된다. '고인을 위한 의례'는 '고인의례故人儀禮'로 축약할 수도 있다.

2) 영혼을 위한 의례

유교식 상례에서 영혼靈魂에 대한 의례는 곧 조상신에 대한 의례와 연결시켜 설명해야 하기 때문에 '영혼과 조상신을 위한 의례'라는 항목으로 묶어서 살펴볼 수도 있다. 그러나 상례의 순차적인 진행구조를 면밀히 분석해 보면 혼은 조상신보다 시신과 더 밀접한 관련을 가지고 있기 때문에 별도의 항목으로 처리하는 것이 바람직하다.

유교식 상례에서 영혼에 대한 의례는 특별하게 나타나지 않는데, 이는 조상신으로 승화시키기 위한 과정으로써 영혼을 다루기 때문이다. 그래서 영혼을 위한 의례는 전奠이라는 형태로 나타나며 다른 절차에 부속되어 진행된다. 즉 구체적으로 명시된 의례보다는 영혼을 상징하는 표지물標識物만 있으면 된다. 상례의 전에 대해서는 별도로 다루어야 할 문제이지만,[50] 전 그 자체가 혼을 위한 의례는 아니다. 다시 말하면 고인은 조상신으로 승화되기 전까지 시신이라는 형태로

50_   류춘규, 「상례의 전과 제사의 성격에 관한 연구 - 안동지역을 중심으로」(중앙대학교 교육대학원 석사학위논문, 1996) 참조.

존재하는데, 유교적 생활관에 따르면 시신 그 자체에 대해 의례를 행하지는 않는다고 한다. 경우에 따라 몇 개월이 소요될 수도 있는 상중의 기간 동안 상청에 시신을 안치할 수는 없기 때문에 시신은 외빈 혹은 토롱이라는 형태로 다른 장소에 모셔지게 된다. 이에 따라 고인을 위한 다양한 의례들은 고인의 영혼을 상징하는 혼백을 모신 영좌에서 행해진다. 따라서 영좌에서 행하는 의례는 혼 자체만을 위한 의례라기보다는 시신에 대한 의례를 겸하고 있다고 보아야 할 것이다.

〈표 4〉 영혼을 위한 의례

대절차	소절차(형태)	통과의례	영역
1. 初終儀	復	분리단계	인간의 영역
	始死奠	전이단계	전이(중간)영역
2. 襲	襲奠, 作魂帛, 書銘旌		
3. 小斂	小斂奠(魂帛)		
4. 大斂	大斂奠(魂帛)		
6. 弔	弔問, 奠物(魂帛)	통합단계	혼과 고인의 영역
9. 遷柩	祖上人事, 日晡時朝奠(魂帛)		
10. 發靷	靈轝(魂帛)		
11. 及墓	下棺		
	題主(魂帛과 神主)	분리단계(조상신)	
12. 反哭	靈座安置(魂帛과 神主)	전이단계(조상신)	
13. 虞祭	初虞祭(神主)		혼과 조상신의 영역
	再虞祭		
	三虞祭, 埋魂帛	통합단계(조상신)	

영혼을 위한 의례는 운명을 확인한 후 곧바로 행하는 초혼으로부터 시작된다. 이는 북망산천(저승)으로 떠나가는 혼을 불러들여서 조상신으로 승화시키기 위해 시신 근처, 혹은 생시에 거처하던 공간에 좌정시킨다는 의미이다. 시사전을 비롯하여 상례의 각 절차에 등장하는 전은 영혼을 집안에 좌정시키는 장치이며,

영혼이 의지할 수 있는 유일한 장소가 된다.

최초로 차려지는 전은 시사전으로 혼을 불러들여 의지하게 하는 의례이자 장소이다. 습, 소렴, 대렴을 하면 고인의 혼은 혼백과 명정으로 변모된다. 매장을 하고 반곡을 하게 되면 혼백과 신주의 두 가지 형태로 존재하며, 우제를 지내는 과정에서 신주인 조상신으로 승화되는 변모과정을 거치게 된다.

습을 하는 과정에서 영좌를 설치하여 혼을 상징하는 혼백을 접어 안치하고, 명정을 만들어 영좌의 동쪽에 걸어 둔다. 따라서 명정과 혼백이 혼과 시신을 상징하는 표지물이 된다. 천구를 하거나 발인을 하고, 또 운구를 할 때 항상 혼백이 따라 다니는 것은 바로 이것이 표지물이 되기 때문이다. 명정은 상가의 표시, 고인의 표지 역할이 더 크다고 할 수 있다. 그래서 매장을 할 때 영구 위에 명정을 덮어서 함께 매장한다.

혼백은 세 종류가 있다. 하나는 속백束帛이라는 것으로 명주 1필의 양쪽 끝에서 안쪽으로 말아서 중앙에서 묶은 것이다. 따라서 두 개의 명주 두루마리를 하나로 묶은 것처럼 보인다. 다른 하나는 결백結帛으로 흰색 한지, 혹은 명주를 이용하여 '사통팔달四通八達'로 접는 형태이다. 간혹 거기에 심장을 상징하는 동심결同心結을 결어서 걸어 놓기도 한다. 결백은 접는 방법이 까다롭기 때문에 "혼백 접는 법을 알다가 잊어버리게 되면 죽는다."는 속설이 있을 정도이다. 다른 하나는 동심결로, 명주실로 사람의 모양으로 결어 묶은 것으로 이의 사용을 꺼리는 경향이 있어 잘 사용되지는 않는다.

혼백을 모신 후부터 매혼埋魂하기 전까지 행하는 모든 의례는 영좌 앞에서 치러진다. 혼은 매장 즉, 급묘라는 절차에서 시신과 완전히 분리되고 동시에 신주와 결합을 시작한다. 하관 후 제주전을 올리는 것은 이를 잘 보여주는 의례이다. 혼은 이때부터 조상신으로 승화되는 과정으로 들어가는데, 제주전은 혼백이 신주로 형태상의 변화가 이루어지고, 고인의 혼이 조상신으로 승화되는 전환점으로 해석된다.

반곡 때는 혼백과 신주를 함께 영여에 싣고 집으로 돌아온다.[51] 이처럼 혼백과 신주를 함께 모시는 과정은 혼백에 의지해 있던 혼이 신주로 '옮겨감'을 의미한다. 실제로 '신주를 앞쪽에 두고 그 뒤에 맞붙여서 혼백을 모시는 행위'는 이러한 전이 과정을 의미함과 동시에 접촉주술적接觸呪術的 효과를 돕기 위한 것이다.

초우제와 재우제, 삼우제를 지내는 3~4일 정도의 시간이 혼백에 의지해 있던 혼이 신주로 전이되는 시간이다. 초우제는 반드시 장사일에 지내야 하는 것으로 되어 있기 때문에 장지가 집에서 멀리 떨어져 있을 경우 반혼 도중에 초우제를 지내는 경우도 있다. 이것은 혼과 백을 빠른 시간 내에 분리하고, 또 혼이 되도록 빨리 신주로 전이되도록 하기 위함이다. 삼우제 후 성묘省墓하면서 산소山所 옆 깨끗한 곳을 택하여 혼백을 매장한다.[52] 혼백을 묻는다는 것은 혼백에 의지해 있던 혼이 완전히 신주로 전이되었음을 의미한다. 또한 살아 있는 사람들은 고인의 백을 완전히 저승으로 보냈으므로 이와 관련된 혼백魂帛 역시 저승으로 함께 보낸다는 의미를 가지고 있다. 이때부터 진행되는 절차는 신주를 모신 영좌에서 행하는데, 이제 고인이 아니라 조상신으로 대한다는 상징적 의미를 가지게 된다. 결국 영혼을 위한 의례는 조상신을 위한 의례를 수행하기 위한 과정으로 해석될 수 있다. 영혼을 위한 의례는 '영혼의례'로 축약하여 표현할 수 있다.

3) 조상신을 위한 의례

조상신을 위한 의례는 제사와도 밀접한 관련이 있다. 제사를 기술하는 입장에서는 우제부터 길제까지의 절차를 제사의 종류로 포함시키기도 한다. 그러나

51_ 영여는 '요여要舉'라고도 하는데, 음의 와전일 수도 있지만 제보자들에 의하면 '허리 높이로 메는 작은 상여'라는 뜻이라고 한다. 이에 비해 상여는 어깨에 메고 운상한다.
52_ 그러나 예서에서는 초우제 때 매혼백을 하는 것으로 되어 있다.

우제부터 길제까지는 상례의 절차로 진행되기 때문에 상례의 한 과정으로 보아야 한다.

매장이 진행되는 동안 악좌에서는 세필細筆을 잘 쓰는 사람을 초빙하여 제주題主를 한다. 제주는 신주에 고인의 성명과 직함, 그리고 봉사자奉祀者를 기록하는 일로서 부처의 점안식과 같은 중요한 의미를 가진다. 그래서 제주자의 선정에 심혈을 기울인다.53_ 이는 조상신의 상징물에 혼을 불어넣는 일이고, 또 신주 분면粉面의 글씨뿐만 아니라 함중陷中의 글씨는 아주 작은 세필로 써야 하며, 다음 봉사자가 바뀔 때까지 유지해야 하는 것이기 때문이다. 신주가 완성되면 상주는 집필자[題主者]에게 큰 절로 인사하는 것이 관례로 되어 있다. 이는 유교식 상례가 신주를 모시는 것을 전제로 하고 있기 때문이다.

완성된 신주는 혼백의 앞쪽에 안치한 후 반혼한다. 집에 돌아오면 안상주들이 먼저 청사廳舍에 들어가 곡을 하고 신주를 맞이하는데, 새로운 조상신을 맞이하는 것으로 인식한다. 영좌의 교의交椅에 신주를 모실 때도 혼백을 뒤에 안치한다. 이러한 형식들은 혼백에 깃들어 있는 고인의 혼이 새로 제작한 신주로 '옮아감' 즉, 전이를 의미한다고 한다. 이광규는 신주를 만드는 것은 초혼의례의 재행이라고 하였다.54_ 그러나 제주를 하기 전까지는 전奠의 형태로 혼과 시신에 대한 의례가 행해지고, 제주 후에는 제사의 형태로 조상신에 대한 의례가 행해진다. 이러한 것들을 보면 제주는 혼을 다시 부르는 행위가 아니라 혼이 조상신으로 승화되었음을 의미한다고 보아야 한다.

우제는 신주에 의지한 조상의 영혼을 편안하게 한다는 의미를 가지고 있는데, 상례의 절차상 대전환점이라고 할 수 있다. 우제를 지내기 전까지 영좌 앞에서 행해졌던 전에서는 상주 대신 축관이 주재자였고, 절차 역시 간단하게 진행되

53_ 학봉종택 14대 종부의 상례 때에는 서울에서 화산서당을 운영하고 있는 李○○氏를 초빙하였고, 청도 인암 박효수옹의 상례에서는 김해 월봉 서당의 이우섭씨를 초빙하여 집필하게 할 정도로 제주에 심혈을 기울인다.
54_ 이광규, 앞의 책(1985), 117쪽.

〈표 5〉 조상신을 위한 의례

대절차	소절차(형태)	통과의례	영역
11. 及墓	下棺(屍身과 魂帛) 題主奠	분리단계	혼과 고인의 영역
12. 反哭	靈座安置(魂帛과 神主)	전이단계	전이(중간)영역 (혼과 조상신의 영역)
13. 虞祭	初虞祭(魂帛과 神主)		
	再虞祭(魂帛과 神主)		
	三虞祭(魂帛과 神主)		
14. 卒哭	卒哭祭, 左設(神主)	통합단계 (완전통합)	조상신의 영역
15. 祔祭	祔祭(神主)		
17. 大祥	大祥, 奉主入廟(神主)		
19. 吉祭	改題告由, 吉祭, 埋安告由(神主)		

었다. 우제의 진설 방법은 살아 있는 사람의 식사법처럼 동쪽을 상위로 진설하는데, 이는 우제에서 혼백을 함께 모시고 있고, 또 조상신에 대한 의례로 전환되는 과정이기 때문이다. 따라서 우제는 조상신을 위한 의례절차를 수행하기 위한 시작으로서 의례, 의례의 대상, 의례의 주인, 의례의 주체가 모두 바뀜을 의미한다.

졸곡제부터는 지금까지의 우설이 아니라 좌설로 진설하는데, 그 중의 하나가 국그릇은 동쪽에 밥그릇은 서쪽에 진설하는 방식이다. 그리고 현주玄酒를 준비하는데, 이는 조상신에 대한 의례로 전환되었음을 의미한다. 즉, 고인은 이제부터 본격적으로 조상신의 영역으로 들어가는 셈이다.

부제는 이제 막 돌아가신 분이 새로운 조상신(새로운 신주로서)으로 탄생하여 조상신의 거주 영역인 사당에 영입됨을 알리고 허락을 받는 절차이다. 이는 살아 있는 사람이든 죽은 사람이든 조상을 따른다는 원칙에 따라 조상과 이어주는 역할을 하므로 매우 중요한 제사이다. 이때에는 고인의 조부모에게 고告하는데, 이는 가묘에 신주를 모시는 소목계서의 원리에서 유래한다. 부제를 지낸다고 해서 바로 신주를 사당에 모시는 것이 아니라 길제를 지내면서 개제를 해야 비로소 고인의 신주를 사당에 모실 수 있다. 그러므로 부제를 지낸 후부터 길제를 지낼

제5장 유교식 상례의 구조와 의미　191

때까지 고인의 신주는 여전히 영좌에 모셔지게 된다.

부제를 지내고 나면 조석전을 폐하고 삭망전과 조석상식만 올린다. 이는 고인에 대한 의례보다는 조상신에 대한 의례로 진척되어 감을 의미한다. 기년忌年이 되면 소상을 지낸다. 소상이란 제사의 이름으로 흉제凶祭에서 좋은 방향의 제사로 이어진다는 뜻을 가지고 있다. 다시 1년이 지나 대상을 지내면 영좌를 철거하여 실제적으로 고인의 신주를 사당에 모시도록 되어 있다. 이때는 임시로 모시기 때문에 동쪽의 벽아래에 모시게 된다.

길제는 약 이틀에 걸쳐 진행되는데, 담제를 지낼 때 날짜를 잡는다. 길제일하루 전에 사당에 모신 모든 신주를 청사로 모셔 내어 신주의 분면을 고쳐 쓰는 개제를 하고 다음날 길제를 올린다. 개제는 신주 분면에 쓰여 있는 봉사자의 이름을 바꾸는 절차이다. 이에 따라 5대조가 되는 신주는 최장방最長房에게 체천하거나 깨끗한 곳에 매주埋主한다.[55] 다음날이 되면 전날 개제한 신주를 청사(대청 등 제사를 지내는 곳)에 모시고 일상 제복으로 성복한 새 종손이 주인이 되어 제사를 올린다. 이때부터 고인의 신주는 완전한 조상신으로 승화되었기 때문에 사당에 모실 때도 동쪽의 가장 끝 쪽에 남향으로 모신다. 따라서 길제는 고인이 조상신의 영역으로 들어가는 마지막 의례가 되는 것이다. 이 의례는 '조상신祖上神 의례儀禮'라고도 할 수 있다.

4) 상주와 그의 공동체를 위한 의례

철저한 가부장적 사회에서 가장의 죽음은 가족이라는 공동체의 지도자(집을

55_ 제사의 봉사대수는 4대로 제한되어 있고, 제사의 봉사자는 한 대를 내려오기 때문에 고인의 고조였던 신주는 새 주인의 5대조가 된다. 항렬을 따져 이 5대조의 고손자가 5대조의 신주를 모시고 가서 기제사를 올리게 하는 것이 체천遞遷이다. 그러나 실제에서는 이런 경우가 드물고 별묘別廟를 지어 새 종손이 모시는 경우가 간혹 있다. 경북慶北 상주군尙州郡 외서면外西面 우복愚伏 정경세鄭慶世(1563~1633)의 종가에는 두 분의 불천지위不遷之位를 모시기 때문에 한 분은 사당에, 다른 한 분은 별묘에 모시고 있다.

지탱하는 기둥)를[56] 잃는 위기와 엄청난 혼란에 직면함을 의미하기 때문에 상례에 충실하였던 것으로 보인다. 이러한 위기와 혼란을 최소화하기 위해 상례의 진행과 정 속에는 살아 있는 사람들 즉, 공동체의 혼란을 최소화할 수 있는 장치를 마련하여 두었다. 이것을 상주와 그의 공동체를 위한 의례(상주의 의례)라고 명명한다.

상주의 의례는 일상의 시간(영역)에서 상중의 시간(영역)으로 들어갔다가 다시 일상의 시간으로 돌아오는 과정으로 구성되어 있다. 일상의 시간에서 분리되는 것을 의미하는 의례들은 초종의에서 나타나는데, 역복불식이 바로 그것이다. 화려한 옷을 벗고 검소하게 입으며, 머리를 풀고, 음식을 먹지 않으며 상주의 경우 왼쪽 소매를 꿰지 않고[肉袒] 겉옷을 입는다. 이러한 과정을 거쳐 살아 있는 공동체의 성원들은 상중의 기간으로 들어가게 되어 일상생활과 분리된다.

4일째가 되면 성복을 하는데, 소렴을 할 때 풀었던 머리를 삼끈으로 묶고 고인과의 친소 관계에 따라 상복을 입게 되면 비로소 상주가 되고, 상중의 기간 으로 들어가게 된다. 가족을 중심으로 한 공동체 성원들은 성복의 과정에서 나타나는 오복제도에 일상으로 돌아올 수 있는 기간들이 명시되어 있다.[57] 이때부터 상주는 문상을 받는다든가 급한 일이 있으면 외출하는[58] 등 상주의 역할을 수행한다. 따라서 문상객들도 성복을 하지 않으면 문상을 하지 않는 것이 예의로 되어 있다.

매장을 한 후 반곡을 하면서부터 상주는 일상으로 돌아올 준비를 해야 한다. 초우제를 지내기 위해 목욕재계沐浴齋戒를 하고, 초우제의 주인으로서 역할을 수행한다. 그리고 졸곡을 지내면서 무시곡을 멈추고, 조석곡을 하면서 슬픔의 강도

56_ 가신신앙 중에서 최고의 신으로 간주하는 성주는 곧 가장을 상징한다.

57_ 이러한 상복은 그야말로 규범이다. 경제적인 사정으로 인해 동당지친同堂之親까지만 상복을 하는 경우도 많고, 현대사회에서는 상복 대신 완장과 리본으로 대신하는 경우도 있다. 요즘 조상을 할 때 입는 검은색 양복은 양복의 유입과 함께 나타난 현상이다.

58_ 외출을 할 때는 부모를 돌아가시게 한 죄인이기 때문에 하늘을 볼 자격이 없다고 하여 방갓을 쓰고 다닌다.

를 줄여나간다. 부제를 지낸 후부터는 삭망전만 올리는 등 의례도 간소화시키며 점차 일상의 시간으로 향한다. 이러한 상례절차는 상주와 그의 공동체 성원들이 성원의 죽음으로 인한 충격을 최소화할 수 있도록 구성되어 있음을 알 수 있다.

1년이 지나면 소상을 지내는데, "기년이 되어서 복을 가볍게 줄이는 것은 상의 도리[朞而除喪道]"라고 했듯이 본격적으로 일상으로 돌아가고 있음을 의미한다. 이것을 상징하는 것이 역복이다. 역복이라 함은 상복을 가볍게 한다는 의미를 가지는데, 소상을 치를 때까지는 효를 다하지 못한 죄인을 상징하여 상복을 갈아입지도, 세탁하지도 않으며, 여막에서 짚으로 만든 고석藁席을 깔고, 고침藁枕을 베며, 엄나무를 섞어 만든 엄신을 신고 고통스러운 생활을 한다.

〈표 6〉 상주와 그의 공동체를 위한 의례

대절차	소절차(형태)	통과의례	영역
1. 初終儀	(日常人) 易服不食	분리단계	일상의 시간 영역
3. 小斂	袒括髮	전이단계	전이(중간)영역
5. 成服	喪服(喪主)	통합단계	상중의 시간 영역
6. 弔 - 12. 反哭	喪服(喪主)		
13. 虞祭	初虞, 再虞, 三虞祭(喪主)	분리단계	
14. 卒哭	止無時哭, 朝夕哭(喪主)		
15. 祔祭	朔望奠(喪主)		
16. 小祥	變服(喪主), 止朝夕哭	통합단계	
17. 大祥	變服, 廬幕과 殯所 撤去(喪主)		
18. 禫祭	變服, 素服(日常人)	(완전통합)	일상의 시간 영역
19. 吉祭	改題告由, 吉祭, 埋安故由(奉祀者)		

소상에서 연복練服으로 역복易服하는데, 내용은 남자는 수질을 제거하고, 여자는 요질을 제거한다. 그리고 만 2년이 되어 대상을 지내면서 상복을 벗는다. 소상과 대상은 각각 1주기와 2주기에 고인을 추모하기 위해 행하는 의례이지만,

내용상 '상주와 그의 공동체를 위한 의례'의 성격이 강하다. 그래서 고인에 대한 추모도 있지만, 주로 상주의 역복과 관련된 의례로 구성되어 있다.[59] 상복이 고인과의 친등親等에 따라 각기 다르게 입도록 설정된 것은 상복이 상주 혹은 복인이 부담하는 슬픔의 강도를 표시하는 하나의 상징물이라고 할 때 변복은 이 슬픔을 경감시켜가는 과정이라고 정의할 수 있다. 그리고 소상을 지낸 후부터는 채소와 과일을 먹을 수 있도록 규정하고 있고,[60] 대상을 지내면 영좌를 거두고 지팡이를 꺾어 외진 곳에 버린다고 규정하고 있어 이 역시 슬픔이 점점 가벼짐을 의미한다.

담제일이 되면 상주는 흰색에서 검은색인 치관緇冠과 도포道袍, 조대縧帶로 역복한다. 그러나 이 옷은 담제를 위한 옷으로만 사용되고, 담제를 치르고 나서 길제를 지낼 때까지는 소복素服하는 것이 예의라고도 한다. 담제 후 정일이나 해일로 택일하여 길제를 올린다. 길제일이 되면 상주는 일상생활에서 입는 제복을 입고, 주부(아헌관)는 혼례 등 길례吉禮를 행할 때 입는 원삼圓衫을 입고, 족두리를 쓴다. 이러한 역복은 상주와 그 공동체 성원 전체가 완전히 일상생활로 복귀하였음을 의미한다. 그야말로 길사로 인식하는 것이다.

주부가 원삼을 입는 것은 혼례가 시댁媤宅이라는 새로운 집단으로 들어가는 동시에 주부라는 새로운 지위로 들어가는 입사식入社式의 하나이듯 주부 역시 종부라는 새로운 지위로의 입사를 의미한다. 즉, 지금까지 고인의 가정에서 이제 새로운 가정이 탄생했음을 상징한다. 상주 역시 일상제복(도포와 갓)으로 갈아입는 것은 상중의 기간에서 일상의 기간으로 완전히 복귀하였음을 의미한다. 또 한 집안의 제사 봉사자로서 길제를 올리는 것은 주손胄孫이라는 새로운 지위로 입사하는 것을 의미한다. 이 역시 새로운 집안의 탄생을 의미한다고 하겠다.

59_ 이러한 상주의 변복 과정은 담제, 길제까지 이어진다. 상주의 변복에 대해서는 이남식(앞의 글(慶尙北道·嶺南大學校, 1989), 318~360쪽)에 자세히 정리되어 있다.
60_ 『四禮便覽』, 「喪禮」, 〈小祥〉조, "始食菜果."

특히 종가의 경우 주손의 탄생은 상주가 '종손의 지위에 올랐음'을 의미한다. 종손이란 지위는 내적으로는 한 가문의 정신적 지주이며, 대외적으로는 그 가문을 대표하는 대표자이다. 그렇기 때문에 한 가문의 대표자로서의 역할을 수행할 '종손의 지위'에 올랐음을 공표하고, 또 인정을 받는 의례가 필요하다.

이렇게 볼 때 길제는 조상신의 의례임과 동시에 상주가 일상으로 돌아가는 의례, 그리고 새로운 종손의 탄생을 공표하는 의례라고 할 수 있다. 이로써 상주와 공동체 성원들은 가족 성원의 죽음이라는 위기와 혼란을 3년이라는 기간에 19개의 상례절차를 치러 내면서 극복하고 완전히 일상생활로 복귀한다. 이때 맏상주는 선조의 제사권을 이어받는 주손胄孫, 혹은 종손이라는 새로운 지위로 통합되어 간다. 이 의례는 상주가 대표이므로 '상주의례喪主儀禮'라고 축약할 수 있다.

5) 유교식 상례 주체들의 상호관계와 중층구조

유교식 상례는 조상신이라는 존재가 개입됨으로 인해 시신의 처리, 영혼의 처리, 조상신으로의 승화, 상주와 그의 공동체가 일상으로 돌아오는 의례들로 구성되어 있음을 알 수 있었다. 또한 유교식 상례의 각 절차들은 이들 주체들을 위한 의례로 구성되어 있음도 알 수 있었다. 이러한 유교식 상례의 구조는 조상신을 인정하지 않는 서양 종교의 상례구조와 변별되는 부분이다.

〈그림 1〉에서 보듯 상례의 의례주체들은 각각 독립적으로 존재하는 것이 아니라 서로 유기적으로 상호관계를 유지하면서 커뮤니케이션을 하고 있다. 상주는 가족 구성원의 한 사람이었던 고인의 시신을 처리하고, 조상신으로 승화시키는 일련의 과정을 진행하기 때문에 모든 의례주체들과 상호 커뮤니케이션을 하지 않으면 안 된다. 반면 고인은 영혼과 상주와의 커뮤니케이션은 직접적으로 이루어지지만, 자신의 영혼이 승화된 모습인 조상신과는 간접적으로만 커뮤니케이션이 이루어진다. 영혼 역시 고인의 백魄[屍身, 體魄]과 상주와 직접적으로 커뮤니

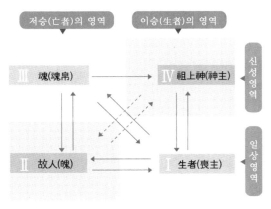

〈그림 1〉 유교식 상례의 중층구조

케이션을 하지만 조상신과는 직접 커뮤니케이션을 하는 것이 아니라 조상신으로 승화되는 과정만 존재하는 일방적 관계만 형성된다. 조상신은 자신을 봉사해 줄 상주와는 직접적으로 커뮤니케이션을 하지만 다른 주체들과는 직접적인 커뮤니케이션을 하지 않는다. 단지 조상신의 생시 존재인 고인과는 간접적으로 커뮤니케이션을 하고, 영혼과는 더 이상 커뮤니케이션이 이루어지지 않는다.

　유교식 상례는 이들 각 주체들의 끊임없는 접촉과 커뮤니케이션의 연속 속에서 진행된다. 유교식 상례가 각 주체들과의 상호 중층적 관계 속에서 커뮤니케이션을 하지 않는다면, 유교식 상례는 그 본래의 기능인 살아 있는 사람들에게 닥쳐오는 위기와 혼란을 극복해 주지 못할 것이다.

　유교식 상례에서는 사람이 죽으면 혼과 백으로 분리되어 혼은 하늘로 올라가고, 백은 땅으로 돌아간다고 믿는다.[61] 즉, 살아 있는 사람으로서 이승이라는 영역(Ⅰ)에서 시신인 백魄은 지하의 영역(Ⅱ)에 묻히게 되고, 혼은 저승의 영역(Ⅲ)에 머물며, 조상신은 인간의 생활공간인 이승의 영역(Ⅳ)에 머물게 된다. 전

61_　『儀禮』,「士喪禮」조, "賈疏; 出入之氣 謂之魂 耳目聰明 謂之魄 死者魂氣去璃於魄."

통사회의 가옥구조는 사당과 정침과 청사라는 구조로 되어 있는데,[62] 사당이 조상신이 머무는 공간이다. 그래서 조상신의 영역인 사당은 일상생활의 공간인 가옥의 울타리 안에 있지만 신성한 영역으로 간주되는 것이다.

〈표 7〉에서 보듯이 상례가 진행되는 동안 각 주체들을 위한 의례들의 진행 과정을 보면 전반에는 고인을 위한 의례들이 중심적이고, 중반부에는 혼을 위한 의례가 강하며, 후반부에는 조상신과 상주를 위한 의례들이 중심적으로 나타난다. 다시 말하면 초종의에서 급묘까지는 시신의 처리를 위한 의례에 중점을 두고 있고, 이와 함께 혼을 위한 의례들이 부차적으로 진행된다. 상주의 의례가 상례 전반에 걸쳐 나타나는 것은 살아 있는 사람들이 주검을 처리하고, 고인의 영혼을 조상신으로 승화시키며, 자신들의 위기와 혼란을 극복하기 위한 주체들이기 때문이다. 우제 이후부터는 조상신의 의례와 상주에 대한 의례에 중심이 맞추어져 있다. 이는 공동체의 성원들, 혹은 상주가 일상생활영역으로 순조롭게 복귀할 수 있도록 한 장치라고 할 수 있다. 즉 조상신의 공간인 사당을 집안에 세우고 생활하는 우리나라의 주거관습과, 생활관습에 쉽게 복귀하도록 한 배려라고 하겠다.

흥미로운 것은 상례의 전 과정을 살펴볼 때 영혼만을 위해 마련된 절차는 없다는 것이다. 물론 혼을 불러들이고, 혼백을 접는 과정들이 초종과 습에서 나타나기는 하지만 이들 의례는 오히려 시신의 처리에 그 중심이 놓여 있기 때문에 영혼을 위해 마련된 의례는 아니다. 영혼을 안치하고 전을 차려 계속적으로 머무르게 하는 것은 시신에 대해 예를 표할 수 없다는 유교사상 때문에 시신의 상징으로 혼백을 모시기도 하지만, 조상신을 위한 의례들을 순조롭게 진행시키기 위한 장치들로 보는 것이 타당하다.

〈표 7〉에서 각 절차와 주체들의 관계는 그 중심이 어디에 있느냐에 따라 구분한 것이다. 예를 들면 습과 소·대렴은 고인에 대한 의례가 표면적이지만, 그

62_ 사당의 위치와 구조에 관해서는 장철수의 글[앞의 글(1990); 앞의 글(1994)] 참조.

〈표 7〉 상례절차의 중층구조

절차	의례의 주체				비고
	故人(魄)	魂(魂帛)	祖上神(神主)	喪主(共同體)	
1. 初終	●	◎		○	
2. 襲	●	◎			
3. 小斂	●	○		○	
4. 大斂	●	○			
5. 成服		○		●	
6. 弔喪	◎	○		◎	● 중심주체
7. 聞喪		○		●	◎ 부속적이지만 비중이 있는 주체
8. 治葬	○	○			○ 비교적 관계가 약한 주체
9. 遷柩	●	○			
10. 發靷	●	○			
11. 及墓	●	○	○		
12. 反哭		○	○		
13. 虞祭		◎→	→●	◎	혼에서 신주로의 전이
14. 卒哭		◎		●	
15. 祔祭			●	◎	
16. 小祥				●	
17. 大祥			◎	●	
18. 禫祭				◔	
19. 吉祭			◎	●	

안에는 고인의 혼을 처리하기 위해 혼백을 접고, 영좌를 설치하는 등의 '혼을 위한 의례'가 부속적으로 진행됨을 나타낸 것이다. 뿐만 아니라 상주들이 상중으로 들어가는 단괄발의 과정까지도 부차적으로 포함되어 있다는 것이다. 다시 말하면, 각 주체들에 대한 의례들은 단독으로 존재하는 것이 아니라, 하나의 절차에 여러 주체들의 의례가 복합되어 서로 상호작용을 하면서 진행되고 있다는 것을 말한다. 이는 각 절차에는 중점을 두는 의례주체들이 있고, 거기에 부차적으로 수행해야 하는 주체들의 의례가 포함되어 있기 때문이다. 즉, 상례절차는 각 의례주체들의 의례를 원활히 수행하기 위해 단순구조가 아니라 중층구조로 되어

있다고 할 수 있다. 또한 각 주체들이 서로 상호관계가 있음을 나타내 주고 있다.

이렇게 볼 때 초종, 습, 염, 천구, 발인, 급묘는 시신을 처리하기 위한 '고인을 위한 의례'가 중심적이다. 반면 우제, 부제는 혼의 승화된 모습인 '조상신을 위한 의례'가 중심적이다. 그리고 상주에 대한 의례는 성복, 문상聞喪, 졸곡, 소상, 대상, 담제, 길제이다. '상주를 위한 의례'가 전반적으로 나타나는 것은 상례가 주검을 처리하는 것으로만 구성되어 있지 않고, 오히려 살아 있는 사람들(생활공동체)의 혼란을 극복해주는 것에 초점이 맞추어져 있다는 것을 의미한다.

3. 유교식 상례의 의미

유교식 상례의 의미에 대해서는 대부분의 학자들이 유교 경전의 해석을 중심으로 분석해 왔다. 그러나 유교식 상례의 의례 과정을 나타내는 절차, 네 주체 등을 면밀히 분석해 보면 유교 경전에서 해석한 의미 외에도 유교식 상례에 대한 의미 해석이 가능하다.

이 장에서는 유교식 상례의 의미가 공동체 성원의 결손으로 인해 직면하는 충격을 완화하고 위기를 극복하기 위한 의례임을 밝혀보려고 한다. 이를 위해 우선 기존의 유교식 상례에 대한 의미 해석을 소개하고, 여운餘韻의 관점에서 본 의미를 고찰하고자 한다.

1) 효의 실천으로 보는 유교식 상례의 의미

유교식 상례는 유교라는 이데올로기를 배경으로 하고 있기 때문에 다양한 유교 경전에서 죽음에 대한 철학적, 심정적 견해를 밝히고 있다. 이와 함께 상례에 대한 다양한 해석을 제시하고 있다. 『예기』, 『의례』, 『이정전서』, 『가례』, 『상례비요』, 『사례편람』, 『가례증해』 등과 같은 예서들은 유교식 상례 뿐만 아니라 유교식 의례 전반에 대한 시대적 변화와 함께 다양한 해석들을 제시하고 있다. 이러한 해석들은 유교 경전을 바탕으로 한 것과 저명한 유학자들의 문답을 토대로 작성되어 있기 때문에 극히 유교주의적이고 주관적인 해석이라고 할 수 있다.

유교식 상례에 대한 주관적인 의미론은 주로 효의 실천에 초점이 맞추어져 있다. 복(초혼)을 하는 것은 혼을 불러 백에 복귀하도록 기원하는 행위로 효자의 종교심에서 나온 것이다.[63] 복을 한 후에도 소생하지 않으면 일단 상사喪事를 진행한다. 부고를 보낼 때 자식의 명의가 아니라 호상의 명의로 보내는 것 역시 차마 상주로써 부모가 돌아가셨다고 광고하지 못하기 때문이다. 그리고 3일간 기다렸다가 대렴을 하는데, 이 역시 죽음을 인정하지 않고 그 사이에 소생하기를 기다리는 효심에서 나온 행위로 해석된다. 그리고 효자의 심정은 애통으로 인해 곡을 해도 제대로 소리를 내지 못하고, 가슴이 터질 듯이 답답하여 벽용擗踊을 하며 슬픔으로 인해 음식도 먹지 못한다고 분석하고 있다.[64]

고인이 운명하면 초혼한 영혼을 의지하게 하기 위하여 시사전을 차린다. 전에는 습전, 소렴전, 대렴전, 조석전, 조전祖奠, 제주전 등이 있다. 이러한 전을 올리는 이유는 우선 고인 섬기기를 산 사람 섬기듯이 하려는 효심의 표현에서 찾을 수 있다.[65] 다음으로 백魄을 떠난 혼은 형상이 없으므로 차려 놓은 음식에 빙의憑依하도록 하기 위하여 전을 차린다는 것에서 찾을 수 있다.[66] 그리고 식사 때가 되면 생시와 같이 상식을 올리는 행위 역시 죽은 이를 산 사람 모시듯 하는 효심의 발현이라는 의미론적 해석을 내린다.

부모를 돌아가시게 한 죄인이기 때문에 행하는 거상생활居喪生活 역시 효심

63_ 『禮記』, 「檀弓」 下, "復, 盡愛之道也. 有禱祠之心焉. 望反諸幽, 求諸鬼神之道也."
64_ 최기복, 앞의 글(2001), 101~102쪽.
65_ 『中庸』, 「19章」, "事死如事生 事亡如事存 孝之至也."
66_ 『儀禮』, 「士喪禮」, 鄭註, "鬼神無象 設奠以憑依之."

의 발로라고 할 수 있다. 이러한 거상생활에는 첫째 곡을 들 수 있다. 울음은 슬픔을 표현하는 인류 공통의 언어라고 해도 과언이 아니다. 사랑하는 부모를 잃은 슬픔을 견디지 못하기 때문에 그것이 애통으로 드러나고, 이 벽용으로 터질 듯이 답답한 심정을 다소나마 안정시키기도 한다.[67] 그래서 대렴을 할 때까지는 곡이 끊이지 않게 해야 하는데, 상주들이 지쳐 곡을 할 수 없게 되면 대곡代哭이라도 두어 곡성이 끊이지 않게 한다. 대렴 후에도 슬픔이 복받치면 수시로 곡을 하는 무시곡을 한다.[68] 졸곡을 지내면 무시곡을 중단하고 조석곡만 하며, 소상을 지내면 조석곡도 그치고 상식과 삭망전을 올릴 때만 곡을 한다. 그리고 담제를 지내면 곡을 그치고, 길제를 지내면 상중에서 완전히 일상으로 돌아온다. 그러나 삼년상을 마쳤다고 하더라도 기제사 때가 되면 곡을 한다.[69] 이러한 곡은 사실 사랑하는 부모를 잃은 슬픔과 부모를 돌아가시게 한 죄를 갚는다는 효심에서 나온 것이라고 할 수 있다.

둘째는 상복이다. 상주는 초종에서 역복불식으로 화려한 옷을 벗고 수수한 옷을 입고, 소렴을 지내면 한쪽 팔을 꿰지 않는 육단肉袒을 하고 머리를 푸는데, 이 역시 비애감의 표시이다. 그리고 거친 삼베로 만들고, 벽령, 부판, 최를 부착한 상복 역시 슬픔의 표현이며 죄에 대한 효를 다하는 행위로 나타난다.

셋째는 음식이다. 초종에서 역복불식이라 하여 참최 3년의 경우 3일간 금식하는 등 음식을 먹지 않는다. 이는 부모가 돌아가신 애통은 마치 몸을 베는 것 같기 때문에 음식을 먹을 수 없다는 것이다.[70]

넷째는 거처이다. 거처 역시 평상시의 편안한 곳이 아니라 대렴을 하기 전에

67_　『禮記』, 「問喪」, "惻怛之心, 痛疾之意, 悲哀志懣氣盛, 故袒而踊之, 所以動體安心下氣也."
68_　『四禮便覽』, 「喪禮」, 〈大斂〉조.
69_　기제사에는 원래 음복의 과정이 없다. 이는 기제사가 기념의 뜻이 아니라 추모의 뜻이 있기 때문에 곡을 하고 음복을 하지 않는 것이다(『四禮便覽』, 「祭禮」, 〈忌日〉조, "若考妣 則主人以下 哭盡哀").
70_　『禮記』, 「雜記」 下, "三年之喪 如斬".

는 시신과 함께 있어야 하고, 대렴을 하여 빈을 한 후에는 거적을 깔고 흙덩이를 베고 잘 때에도 질대経帶를 풀지 않는다.[71] 매장을 한 후에도 역시 이와 같은 생활을 하는데, 이는 부모의 시신이 차가운 땅속에 있다는 것을 생각을 할 때 마음이 아픈 효심의 발로이다.

이와 함께 부모의 죽음에 대해 마냥 슬퍼하고 있지 못하기 때문에 슬픔을 조율하는 기준이 있는데, 이것이 점차의 정신이라고 한다.[72] 이는 시간의 흐름에 따라 부모의 운명을 점차 기정사실로 받아들이게 될 자식의 자연스런 심정을 헤아린 것이다. 또한 상례의 절차를 진행하면서 슬픔을 점차 줄여 일상생활로 복귀하게 하는 의미를 가지고 있다.

이처럼 유교의 입장에서 보면 유교식 상례는 사랑하는 부모가 돌아가시게 한 자식의 죄를 고통으로 감내하는 효를 실천하는 장치로 구성되어 있는 것으로 해석된다. 이러한 해석은 부모의 죽음에 대한 자식된 도리를 갖추게 하는 효의 실천을 유교식 상례의 의미로 보고 있음을 알 수 있다.

2) 여운으로 나타나는 유교식 상례의 의미

죽음이란 공동생활을 하는 인간에게 있어 구성원의 결손을 의미하고, 특히 리더 역할을 하던 연장자의 죽음은 공동체의 구심점을 상실하는 위기에 직면하게 됨을 의미한다. 따라서 상례는 공동체의 위기를 극복하고, 그 충격을 완화하기 위한 의례로 구성되어 있다고 할 수 있다. 반 게넵Van Gennep 역시 국왕이 죽었을 때는 정치적, 경제적, 행정적 필요 때문에 발생하는 커다란 충격을 완화하려고 했던 것으로 보고 있다.[73]

71_ 『禮記』, 「問傳」, "父母之喪居倚廬, 寢苫枕塊, 不說経帶."
72_ 김기현, 「유교의 상제례에 내재된 삶과 죽음의식」, 『퇴계학보』 104(퇴계학연구원, 1999), 33쪽.

죽음으로 인해 발생하는 위기는 그것을 극복하기 위해 위기 상황을 최대한 빨리 벗어나려는 의도도 있지만, 기존의 상황을 조금이라도 더 유지하면서 서서히 극복하려는 것도 있다. 전자는 대체적으로 연고자가 없는 경우 등의 정상적이지 못한 사람들의 죽음에서 나타나는 현상이고, 후자의 경우는 지위가 높거나 재력과 권력이 있는 사람의 죽음에서 나타난다. 후자의 경우 위기를 극복하는 시간이 길어지는 특성이 있다.[74]

앞에서 언급하였듯이 유교식 상례는 3년에 걸쳐 진행된다. 지금까지 대분의 연구자들이 『가례』의 서문, 『예기』, 『이정전서』, 『의례』 등의 기록을 토대로 이를 효의 실천 정도로만 해석해 왔다.[75] 이는 효가 조선의 사회윤리 내지 사회사상에서 매우 중요한 위치를 차지하고 있었기 때문이다.[76] 또한 효는 충忠의 본바탕이 되는 것이기에 그만큼 중요시 했었던 것이다. 그러나 상례의 구조에서 보았듯이, 상례는 단순히 효의 실천을 위해 삼년상을 치르는 것이 아님을 알 수 있었다. 이것은 상례가 지도자의 죽음이라는 충격을 완화하기 위한 의례의 성격이 매우 강하다는 것을 의미한다. 상례 절차에는 충격을 완화하기 위한 과정이 일정하게 나타나는데, 이를 여운이 강하게 개입되어 있는 것으로 볼 수 있겠다. 김기현은 이러한 현상에 대해 점차 슬픔이 줄어드는 '점차'와 차마 죽음을 인정하지 못하는 것과 같은 '차마'의 정신으로 해석하고 있다.[77]

여운이란 단번에 보내 버리거나 행해 버리면 무엇인가 아쉽고 서운한 느낌이 들기 때문에 하나의 행위를 한 번에 마치지 않고 미루거나 추가 반복하게 한

73_ Anold Van Gennep 저, Monika B. Vizedom and Gavrille I. Caffee 역, *THE RITES OF PASSAGE*, University. of Chicago Press, 1960.

74_ 발리섬에서 왕王의 시신을 42일간 빈장殯葬하거나[池上良正・池上冨美子 譯, 앞의 책(1996)], 한국에서 고구려시대 등의 고대사회와 고려시대, 조선시대를 거치면서 행해왔던 빈장의 흐름은 이러한 상황을 잘 보여주는 사례이다.

75_ 대표적인 것으로 정종수의 논문이 있다[앞의 글(1994), 151쪽 참조].

76_ 조광, 「조선조 효 인식의 기능과 그 전개」, 『한국사상사학』 10(한국사상사학회, 1998), 257쪽.

77_ 김기현, 앞의 글(1999), 32~42쪽.

다. 여운의 사전적인 뜻은 "아직 가시지 않고 남아 있는 운치"로서 "감동의 여운을 남기다.", "그녀는 가볍게 응수했지만 목소리에는 어딘가 어두운 여운이 서려 있었다."(이문열, 『그해 겨울』) 등과 같이 사용된다. 그리고 "떠난 사람이 남겨 놓은 좋은 영향"이라고[78]_ 하였다. 따라서 여운이란 무엇인지 알 수는 없으나 남아 있는 일종의 아쉽거나 서운한 감정이라고 할 수 있다.

유교식 상례의 대부분 절차에는 이전 단계에 대한 아쉬운 미련과, 새로운 단계로 나아가는 충격을 완화하는 과정이 나타나는데 이것을 여운이라고 표현할 수 있다. 여운이란 일종의 아쉽거나 서운한 감정이므로 이전 단계에 대한 여운이 해소되어야 비로소 새로운 단계를 받아들일 수 있다. 그렇기 때문에 상례에서 여운은 충격을 완화하는 중요한 기재로 작용한다고 할 수 있다.

공동체 성원임과 동시에 나와 친한 관계(혹은 일정한 관계)에 있는 사람의 죽음은 살아남은 자들에게 슬픔, 아쉬움, 미련 등의 여운을 남기는 경우가 많다. 뿐만 아니라 성원의 죽음은 공동체의 위기를 가져오는 엄청난 충격이다. 그래서 살아남은 자들은 고인의 죽음을 처리할 때 이러한 충격을 완화하기 위해 의례와 그 절차들을 단 한 번으로 마무리 짓지 않고 세번의 반복, 추가, 연장 등으로 유예하는데, 이를 여운이라고 할 수 있다.

(1) 3회, 3일의 여운

① 3번은 불러야 돌아오는 영혼

유교식 생사관 역시 영육 이중구조로 되어 있어 사람이 죽으면 신체로부터 영혼이 떠나는 것으로 인식하고 있다. 사람이 놀랐을 때 흔히 사용하는 '혼비백산魂飛魄散'이라는 말이 있다. 이 말은 "혼魂은 (하늘로) 날아가고 백魄(몸)은 (땅속으로)흩어진다."는 말로써 영육 이중구조를 잘 표현해주는 말이다. 그래서 상례

78_ 국립국어연구원 편, 『표준 국어대사전』(두산동아, 2000).

의 첫 번째 대절차인 초종의에서는 저승으로 떠나가는 영혼을 불러오는 초혼이라는 소절차가 행해지게 된다. 그 방법은 고인의 체취가 묻어 있는 웃옷을 들고 지붕에 올라가 혼들면서 북쪽을 향해 고인의 이름이나 호칭을 부르고 "복~ 복~ 복~"하고 세 번 부른다. 그리고 고인의 웃옷을 들고 내려와 고인에게 덮어주어 소생을 바라는 것이다.

한국에서는 전통적으로 고인의 묘소를 만들고 성묘와 제사를 지내는 등의 조상숭배를 한다. 이와 함께 신주라는 형태로 남아있는 영혼을 더 중요하게 여기기 때문에 저승으로 떠나가는 영혼을 불러와 조상신으로 모시기 위해 초혼을 한다. 그러므로 초혼은 매우 중요한 절차이다.

초혼을 하는 시기가 고인의 절명이 확인된 후 바로 행하는 것은 영혼이 멀리 사라지기 전에 하여야 효과가 있다는 관념이 내재되어 있다. 또한 초혼을 할 때 고인의 이름을 부르고 '돌아오시오'를 세 번 부르는 것은 한 번 불러서는 돌아오지 않을 것 같고, 불안하기 때문에 세 번을 불러 이를 확고히 하려는 것으로 보인다. 이는 한두 번으로는 아쉽고 모자라기 때문에 세 번은 불러야 한다는 여운의 감정으로 볼 수 있다.

이러한 원리는 한국인의 의사 결정 과정에서 등장하는 "삼세번"이라는 말과 깊은 관련이 있다. 즉, '삼'과 '세'는 세 번을 의미하지만, 이를 한자식과 한글식으로 중복해서 표현함으로서 강조를 하게 되고, 이 강조는 숫자 3이 그만큼 중요하다는 것을 나타낸다. 따라서 죽음의 처리에도 '3'의 원리가 작용하는 것으로 보인다.

② 3일에 걸쳐 행해지는 시신처리 준비

시신처리를 준비하는 절차는 습, 소렴, 대렴 등 3일에 걸쳐 3단계로 나누어 행해진다. 세부적인 절차를 보면 운명한 첫날에 시신을 가지런히 하여 간단히 묶어 놓는 설치철족을 한다. 이어서 초혼을 한 후 시신을 씻겨 옷을 입히며, 반함하는 절차인 습을 행한다. 습에는 시신을 깨끗이 정화하여 위생적으로 처리하여 보존하려는 관념이 내포되어 있다.

그리고 하루가 지나야 소렴을 한다. 소렴은 대렴을 하기 위해 습을 한 시신을 흐트러짐 없이 싸서 묶는 절차이다. 이렇게 시신을 묶는 것은 수염 하나라도 흐트러지면 안 된다는 성리학적 이데올로기에서 나온 것이다.[79] 즉, 이렇게 가지런히 싸서 묶는 것은 시신의 부패 과정이 밖으로 드러나지 않게 하기 위한 것이다. 소렴을 마치고도 다시 하루를 기다려 대렴을 한다. 대렴은 시신을 입관하여 관 뚜껑을 닫고 결관結棺을 하는 모든 절차를 말한다. 입관을 하는 것은 이제 고인의 죽음을 완전한 사실로 인정하는 것이 되지만, 실제로는 이때부터 본격적인 상례가 시작된다. 즉 이때까지가 시신을 처리하기 위한 준비단계였으나, 4일째가 되면서부터 성복을 하고, 시신을 처리하는 등 상중의 기간으로 들어가게 된다.

운명하는 순간부터 바로 죽음을 인정하는 것은 너무 매정하고 절박하며 너무나 큰 충격이기 때문에, 이를 완충하기 위해 3일에 걸친 3단계의 시신처리 준비 절차를 마련한 것으로 보인다. 이 3일의 3단계 절차는 공동체 성원의 결손으로 인해 발생하는 충격의 흡수에 필요한 완충기간이고 이것이 죽음을 인정하는 데에 필요한 여운이라고 할 수 있다.

③ 3일이 지나야 완전한 상주

고인이 운명을 하면 상주를 세우는 입상주의 절차가 행해진다. 상주가 되어야 하는 사람들은 역복불식이라고 하여 화려한 옷을 벗고 검소한 옷으로 갈아입고 음식을 먹지 않는다. 음식을 먹지 않는 기간은 고인과의 친소 관계에 따라 다르지만 참최복의 경우 3일 동안 금식하는데, 이웃에서 죽을 만들어 와서 억지로 권하면 조금 먹어도 되는 것으로 되어 있다. 옷을 바꾸어 입을 때는 왼쪽 팔을 꿰지 않고 소매를 허리에 끼워서 입는데, 이는 완전하지 못함을 나타낸다.

79_ 『四禮便覽』, 「喪禮」, 〈初終儀〉조.

역복불식의 기간은 3일간 이어지는데, 이는 3일에 걸친 시신처리 준비기간과 동일하다. 이 기간 동안 상주는 완전한 상주가 되기 위한 유예기간을 갖는다. 이 유예기간이 지나 4일째가 되면 비로소 완전한 상주로서 역할을 수행할 수 있도록 상복을 갈아입는 성복을 행한다. 다시 말하면 상주가 된다는 것은 고인의 죽음을 인정하는 것이기 때문에 완전히 상주가 되기 위해 역시 3일간을 기다리는 것이라고 할 수 있다. 상주는 3일이라는 완충의 공백 기간을 가짐으로서 그 충격을 최소화 하는 것으로 볼 수 있다. 이것이 상주가 되는 과정의 여운이라고 할 수 있다.

또한 역복불식의 기간에는 고인을 애도하는 문상도 허락하지 않는다. 즉, 문상은 반드시 성복 후에 하는 것으로 되어 있는데, 문상을 받으면 죽음을 인정하게 되고, 상중으로 들어가는 것을 인정하게 된다. 그러므로 성복을 하기 전에는 문상을 받지 않는 것으로 규정하였다. 이 역시 상주가 초종의에서 바로 상주로 전이됨으로 인해 나타날 수 있는 충격을 완화하기 위해 두는 유예기간으로 이는 여운 때문이라고 할 수 있다. 다시 말하면 고인에 대해 남아 있는 아쉬움, 상주가 됨으로 나타나는 충격을 완화하기 위해 3일간의 유예기간을 둔다고 할 수 있다. 이는 이전 단계에서 새로운 단계로 가는 과정에서 나타나는 여운이라고 하겠다.

④ 3단계를 거치는 조상신의 승화 과정

유교식 상례에서 고인의 영혼을 조상신으로 승화시키는 단계는 우제란 절차로부터 시작된다. 물론 묘소에서 고인의 신주를 만들고 제주전을 올리는 절차에서 이미 고인이 아니라 고인을 조상신으로 승화시키는 의례가 시작되었으나 이를 공식화 하는 의례는 우제이다.

우제란 시신을 매장하고 고인의 신주를 만들어 반곡을 한 후 첫 번째로 지내는 제사를 말한다. 즉 신주를 모시는 경우, 이전까지는 모든 제사의 형식이 전이라는 형태로 행해질 뿐만 아니라 축관이 주재하는 것으로 되어 있다. 그러나 우제부터 명칭이 제사로 바뀌는 것은 물론 제사를 주재하는 사람도 상주로 바뀐다.

따라서 이때부터 고인을 조상신으로 인정하고 있음을 알 수 있다. 우제를 지내는 절차를 보면 제사라고는 하지만, 일반적으로 제사를 지낼 때 사용되는 현주가 없고, 축관이 서향하여 독축을 한다거나 음복의 절차가 없는 것으로 보아 완전히 제사로 전환된 것은 아님을 알 수 있다.[80]

우제는 고인의 영혼 즉, 조상신이 편안하게 좌정할 수 있도록 하는 제사이다. 그러나 영혼의 단계에서 조상신으로 승화되는 과정은 한 번으로 끝날 수가 없기 때문에 3회에 걸쳐 행해진다. 세 번의 우제가 내용상 큰 차이가 없음에도 불구하고 3회를 행하는 것 역시 영혼에서 조상신으로 전이되는 과정이 단번에 끝날 경우 충격이 있기 때문에 이를 완화시키는 전이기를 두고 있음을 알 수 있다. 이러한 전이과정 역시 여운이 있기 때문이라고 할 수 있다.

(2) 반복과 추가의 여운
① 소상과 대상

소상은 상례의 16번째 절차로 운명 후 1주기를 맞는 13개월째에 올리는 제사이고, 2주기에 행하는 17번째 절차가 대상이다. 소상이나 대상은 2일에 걸쳐 행해지며 절차는 유사하다. 소상은 고인에 대한 추모의 의미가 강하게 나타나지만, 실제로는 상복의 무게를 가볍게 하는 것으로 보아 상주가 일상으로 돌아오는 과정임을 알 수 있다.

소상에서 상주는 상복을 빨아서 입는 연복으로 갈아입는다. 남자 상주의 경우 상복 중에서 수질을 떼어내고 요질의 재질을 마에서 칡으로 바꾼다. 그리고 슬픔을 나타내기 위해 부착했던 부판, 적, 최를 떼어내어 슬픔의 강도가 약해졌음을 나타낸다. 그리고 여자 상주의 경우 요질을 없애고, 수질의 재질을 마에서 칡을 섞은 것으로 바꾸어 슬픔이 경감되었음을 나타낸다.

80_ 『四禮便覽』, 「喪禮」, 〈虞祭〉조, "祝執版出於主人之右 西向跪讀."

대상이 되면 역시 2주기를 추모하는 제사를 지낸다. 그리고 상주는 담복으로 역복하는데, 남자의 경우 흰색의 직령(두루마기)으로 갈아입고 천으로 만든 대를 매고,81_ 흰색의 갓을 쓰며 흰색의 신발을 신는 것으로82_ 정하고 있다. 한편 여자의 경우 흰색 옷으로 갈아입고, 흰색의 신발로 갈아 신는 것으로83_ 정하고 있다. 그리고 신주를 사당에 모시고, 지팡이를 버리고 영좌는 철거하도록 하고 있다. 이것으로 상례의 모든 절차를 마치는 것으로 되어 있다.

그런데 사실 3년으로 규정한 상례이지만 소상 한 번으로 마쳐도 될 의례를 대상이라는 절차를 두어 다시 한 번 추가 반복하는 것 역시 여운이 있기 때문이라고 할 수 있다. 물론 대상으로 상례가 끝나는 것은 아니지만, 소상과 대상으로 이어지는 것은 한 번으로 마무리 지을 경우 오는 충격을 완화하고 단번에 마무리 되는 아쉬움을 해소하기 위해 한 번 더 절차를 반복하는 것으로 보인다.

② 담제
상례의 18번째 절차인 담제는 대상 후 2개월째, 초상으로부터 27개월째에 지내는 제사로 완전히 일상으로 돌아오는 제사이다. 담제는 대상과 같은 절차로 진행되는데, 소상 때 흰색으로 갈아입었던 상복을 검은 색 즉, 일상복으로 갈아 입는 역복의 절차가 중요하다. 이는 담제가 조상신을 위한 의례라기보다는 오히려 상주가 일상으로 돌아오는 의례의 과정에 있음을 알 수 있게 한다.

담제의 담은 "담담하여 편안하다."는 뜻을 가지고 있다. 담제는 25개월째에 행하는 대상에서 상례를 마칠 수 있지만 차마 바로 마치지 못하기 때문에 한 시절을 더 조심하고 근신하는 것으로 되어 있다.84_ 그래서 담제를 지내는 시기를

81_ 『家禮儀節』, 「喪禮」, 〈大祥〉조, "白直領布帶."
82_ 『國朝五禮儀』, 「大夫士庶人喪儀」조, "白笠, 白靴."
83_ 『家禮』, 「喪禮」, 〈大祥〉조, "鵝黃靑碧皀白爲衣履."
84_ 담제는 "사람의 자식으로서 어버이에 효도하는 마음이 여기까지 와서도 잊지 않괴人子孝親至此未忘], 2년 동안

대상을 지낸 다음 중월中月로 규정한 것이다.[85]

이처럼 대상에서 마칠 수 있는 상례를 한 번 더 연장하는 담제는 차마 한 번으로 상례를 모두 마치지 못하기 때문에 추가하여 연장하는 것으로 이 역시 여운이 있기 때문이라고 할 수 있다. 소상과 대상으로 여운이 이어졌지만, 다시 한 번 담제로 이어지는 여운인 것이다.

③ 길제

상례의 마지막 절차인 길제는 사당에 모신 신주의 분면을 바꾸어 쓰는 의례임과 동시에 상주가 집안의 대代를 잇는 주손의 역할을 정식으로 시작하는 것을 알리는 의례이다. 상례의 최종절차로 되어 있다.

길제 역시 이러한 여운으로 이어지는 한국 상례의 원리에서 벗어나지 않는다. 즉 소상과 대상, 그리고 담제로 마무리될 수 있는 상례의 모든 절차를 다시 1달을 기다려 길제로 마무리하는 것은 담제로 상례의 모든 절차를 마칠 수 없다는 이유 때문이다. 따라서 길제 역시 여운으로 마무리되는 상례의 절차라고 할 수 있다.

(3) 여운의 주체

상례에서 나타나는 여운은 절차로 설명할 수도 있지만 이를 상례의 주체에 따라 설명할 수도 있다. 즉 상례에 등장하는 네 주체를 대상으로 상례에서 나타나는 여운을 분석할 수 있다. 따라서 여기서 말하는 여운의 주체란 상례에 등장하는 네 개의 주체를 중심으로 절차에서 설명하지 못한 여운의 설명이 가능하다는 것이다.

정이 더 멀어졌지만 그래도 못 잊는 것이다. 그래서 한 절후 즉, 3개월을 더 계속한대又有未忘繼以一時節]."고 한다.
85_ 『四禮便覽』, 「喪禮」, 〈禫〉조, "二十五月而畢 然則所謂中月而禫者 蓋禫祭."

① 고인의 여운

죽음의 처리과정에서 보이는 죽음에 대한 여운을 고인에 대한 여운이라고 할 수 있다. 이는 초종의부터 대렴과 매장에 이르기까지 여러 차례에 걸쳐 나타나는 여운이다. 설치철족으로 시작하는 시신을 처리하기 위한 준비과정은 가능한 한 긴 시간을 끌고 있음을 알 수 있다. 상례를 빨리 끝내지 않으려는 심리는 이미 부여와 고구려 시대의 상례로부터 이어지는 전통으로[86] 이는 고인에 대한 아쉬움 때문이라고 설명할 수 있다. 다시 말하면 고인을 단번에 저승으로 보내는 것이 아니라 상례절차를 통해 조금이라도 시간을 끌어 그 아쉬움을 줄이려고 하고 있음을 알 수 있다. 초종의에서 시신을 가지런히 하고, 목욕시켜 수의를 입히고, 다음날이 되어야 시신을 싸서 묶는 소렴, 그리고 3일 째에 대렴을 하고 최소한 3일이 지나서야 매장하는 것도 고인을 보내기 싫어하는 여운 때문인 것으로 해석된다.

상중에는 살아 있는 상주들과 고인은 특별한 집단을 이루며, 산자의 세계와 사자의 세계 사이에 위치하게 된다. 또한 상중에는 그 영향을 받은 모든 사람들이 일상적인 모든 삶을 중지하게 되며, 그 기간의 길이는 고인과의 사회적 유대 정도에 따라서 그리고 고인의 사회적 지위가 높을수록 길어진다고[87] 한다. 이러한 반 제넵의 주장 역시 표현은 달라도 고인에 대한 살아 있는 사람들의 여운이라고 할 수 있다.

② 상주의 여운

상주가 상중의 기간으로 들어가는 절차와 다시 일상의 시간으로 돌아오는

86_ 이러한 고구려 상례문화의 성격에 대해서는 김시덕의 글앞의 글, 『역사민속학』 18(한국역사민속학회, 2004), 385~416쪽 참조.

87_ Anold Van Gennep 저, Monika B. Vizedom and Gavrille I. Caffee 역, THE RITES OF PASSAGE, University of Chicago Press, 1960, pp.147~148.

절차에도 역시 여운이 있다. 고인이 운명하면 상주를 정하고 최소한 3일을 기다려 상복을 입어야 완전히 상중으로 들어가 본격적으로 상주 역할을 하게 된다. 이때 갑작스럽게, 혹은 단번에 상중으로 들어갈 경우 상당한 충격이 올 수 있고, 이로 인해 문제가 발생할 수도 있다. 그리고 일상인에서 어느 순간에 갑자기 상주가 되어버린다면 생활의 리듬이 깨어지는 것은 물론 엄청난 충격을 겪게 된다. 따라서 3일에 걸쳐 3단계나 그 이상의 단계를 거치면서 상중의 기간으로 들어가는 충격을 완화시키고, 상주라는 지위 변화의 충격을 감소시키기 위해 유예기간이 필요하다. 이는 여운이 있기 때문이다.

이와 함께 소상에서 시작되는 상주가 일상으로 돌아오는 일련의 과정 역시 바로 일상으로 돌아오는 충격을 완화하기 위한 과정의 여운이다. 소상, 대상, 담제, 길제로 이어지는 일련의 역복과정은 상주가 상중의 기간에서 곧바로 일상으로 돌아옴으로써 나타날 수 있는 충격을 완화하기 위한 기간과 단계이다. 이처럼 상중으로 들어갔다가 일상으로 나올 때 겪는 여러 단계와 기간을 상주의 여운이라고 하겠다.

③ 조상신의 여운

고인의 육신으로부터 영혼이 분리되고 이 영혼이 다시 조상신으로 승화되는 과정에서 나타나는 여운이다. 초혼을 하여 하여 영혼을 불러들이고, 시사전을 차려 영혼을 좌정하게 하며, 소렴을 한 후 혼백을 만들어 영혼을 형상화 한다. 이 과정에서 보이는 3회의 초혼, 시사전과 혼백으로 이어지는 영혼의 형상화 과정은 한 번에 마무리 되는 것이 아니라, 3회 혹은 추가 반복으로 진행된다. 이는 갑작스럽게 육신으로 분리된 영혼이 불안정한 상태에서 벗어나 안정적인 상태로 좌정할 수 있도록 여운을 달랠 기간을 두는 것으로 볼 수 있다.

영혼을 상징하는 혼백은 운명 후 바로 만드는 것이 아니라, 2일 째에 소렴을 하고 나서 만든다. 이는 초혼을 함으로서 영혼이 돌아오게 하고, 초혼 때 사용하였던 옷깃을 고인의 가슴에 올려놓는 행위에서 알 수 있듯이, 고인의 죽음을 바로 인정하지 못하는 것 역시 여운이 있기 때문이다.

이러한 영혼은 시신을 매장한 후 제주전을 지내면서 조상신으로 승화되기 시작한다. 그런 다음 삼우제를 통해 조상신으로 승화되어 졸곡에서 조상신으로 좌정하게 되고, 길제를 통해 정상적으로 사당에 모셔져 안정적이며 정상적으로 조상신으로 승화되는 과정을 완성하게 된다. 이 과정 역시 단번에 바로 조상신으로 승화되었을 때 나타날 수 있는 충격과 불안정을 해소하기 위해 우제를 세 번에 걸쳐 지내고, 다시 졸곡을 지내며, 부제, 담제, 길제를 지내는 등 추가와 반복의 유예기간을 두는 이유 역시 여운을 해소하기 위한 것으로 해석할 수 있다.

한국의 상례문화

제6장

유교식 상례의 변화와 지속

유교식 상례의 변화와 지속의 문제는 동전의 양면과 같다. 변화의 속성상 외형적 변화를 통해 내적인 의미의 변화가 수반되기 때문이다. 유교식 상례 역시 이러한 원리에서 크게 벗어나지 않는다. 따라서 이 장에서는 이러한 원리에 입각하여 유교식 상례의 변화되는 모습과 지속되는 현상에 대해 고찰해 보고자 한다.

1. 유교식 상례의 변화

유교식 상례의 변화를 고찰하기 위해서는 무엇을 변했다고 할 것인가의 기준이 필요하다. 현대사회의 변화 속도는 말 그대로 전통사회의 변화와는 비교할 수 없을 정도로 빠르다. 이러한 변화를 어느 시점을 정하여, 하나의 틀에 넣어서 설명하기는 매우 어렵다. 유교식 상례는 이미 삼국시대부터 유입되고 있었고, 고려 말에 유입된 『가례』에 입각한 유교식 상례가 문화적 전통으로 정착되는데, 이미 조선식으로 변화된 형태였다. 따라서 시대에 따라 유교식 상례 역시 끊임없는 변화를 경험하였다고 할 수 있다. 그럼에도 20세기 초까지는 유교식 상례의 근간을 흔들어 버리는 변화는 없었다.

그로부터 약 100년이 지난 지금의 변화 추세는 그야말로 엄청나다고 할 수 있다. 따라서 현재의 상황을 통해 변화의 요인을 도출할 수 있을 것이다. 가장 두드러지게 변화된 모습으로 나는 것은 장법葬法, 삼년상三年喪과 의례儀禮, 의례장소儀禮場所, 의례전문직종 등장이라는 네 요소로서 이는 유교식 상례의 기본 틀이다. 그런데 이 네 요소가 변했다는 것은 유교식 상례의 근간이 흔들릴 정도의 변화라고 할 수 있다. 따라서 이 네 요소가 변함으로써 유교식 상례 역시 변화되고 있는 것처럼 보일 수밖에 없다.

첫 번째 요소인 장법은 매장에서 화장으로 변화되었다는 것이다. 뿐만 아니라 현대 사회에서는 계층을 막론하고 이미 화장이 보편화 된 것으로 간주하고 있는 다는 것이다. 각종 설문조사 및 통계에서 밝혀지듯 현대 한국사회에서 장법의 대세는 화장으로 흘러가고 있다.[1] 두 번째 요소인 의례의 변화는 삼년상이 삼일탈상으로 바뀌었다는 것이다. 의례의 변화는 이미 1934년에 공포된 「의례준칙」으로부터 태동하고 있었다. 1969년부터 제정되기 시작한 대한민국의 「가정의례준칙」과 「건전가정의례준칙」에 의해 유교식 상례 뿐만 아니라 유교식 의례체계는 상당한 변화를 경험해야 했다. 이에 따라 의례의 도구, 행위 등도 함께 변화되고 있다.

세 번째 요소인 의례장소는 장례식장이다. 유교식 의례체계 속에서 의례의

1_　2010년 현재 전국 평균 화장률은 이미 67.5%를 넘었고, 부산광역시 83.5%, 경남 통영시의 경우 92%에 이르러 장법이 매장에서 화장으로 바뀌었음을 대변해 준대보건복지부 내부자료(2011)].

장소는 반드시 신주를 모시는 사당이 있는 집이어야 한다. 산업화 도시화로 인해 더 이상 의례의 장소는 집이 아닌 공공의 장소, 전문적인 장소인 장례식장으로 그 장소가 변화되었고, 이것이 일반화되어 있어 의례체계에도 영향을 미치고 있다. 네 번째 요소인 의례전문직종 등장은 전문적인 의례 대행 업종이 생겨났다는 것이다. 장례식장의 등장하면서 가족을 중심으로 해야 했던 모든 일들을 전문대행사가 대신한다는 것이다. 예를 들면, 의례음식, 의례대행, 상례용품 납품 등의 의례전문대행이라는 특수 업종이 등장했다는 것이다.

따라서 이 장에서는 이 네 요소의 변화과정을 통해 전통적인 상례가 어떻게 변화되었는가를 제시하고자 한다. 또한 이러한 변화의 양상과 특징에 대해서도 분석하고자 한다.

1) 매장에서 화장으로 변화된 장법

근대 이후 한국에서 행해지는 화장火葬을 두고 일부에서는 조선시대에 단절되었던 전통적인 우리의 화장 문화가 부활되었다고도 한다.[2] 그러나 근·현대의 화장 문화를 전통적인 화장 문화의 부활로 보는 관점은 매우 부적절한 것 같다. 왜냐하면 전통적인 화장은 이미 조선시대의 이데올로기에 따라 권장되고 강요된 매장에 의해 완전히 단절되었기 때문이다. 또한 삼국시대와 고려시대의 화장은 화장유골火葬遺骨을 매장하거나 산골散骨을 하였으나, 근·현대 화장은 일본식 납골 방식을 비판없이 받아들인 것이기 때문이다. 한 마디로 화장후 화장유골을 처리하는 방법 자체가 전혀 다르기 때문에 전통적인 화장이 부활되었다고 할 수는 없다는 것이다. 따라서 이 절에서는 일본의 화장 문화와 묘제를 살펴보고 이것이

2_   정길자, 「고려시대 화장에 대한고찰」, 『역사학보』 108(역사학회, 1985); 구미래, 「불교 전래에 따른 화장의 수용 양상과 변화요인」, 『실천민속학연구 – 민속문화의 전통과 외래문화』 4(집문당, 2002).

우리나라에 어떻게 유입되어 영향을 미쳤는지 살펴보고자 한다.

(1) 일본식 화장과 묘지관행

화장은 매장에 비해 단기간에 시신을 파괴하여 뼈만 남긴다. 그렇기 때문에 불의 정화력이 사자의 부정不淨 관념이나 사령死靈의 공포심을 줄여준다고 한다.[3] 일본의 화장 역사는 죠몬시대繩文時代에서 야요이시대弥生時代에 이르기까지 40여 개소 이상에서 불에 탄 인골이 발굴된 것을 볼 때 상당히 오래 되었음을 알 수 있다. 오사카大阪府 사카이시堺市 도기센총陶器千塚의 가마도총カマド塚에서 보듯 화장은 이미 7세기 초에도 행해지고 있었다. 당시의 화장은 주로 노천에서 행해졌다. 노천화장의 능률을 감안할 때 대량의 장작과 태우는 데 소요되는 장시간의 일손을 생각하면 화장은 누구나 할 수 있는 쉬운 일이 아니었다.[4] 그래서 "화장은 극히 호사스러운 장례방식"이었다고[5] 평하는지도 모른다.

기록상 최초의 화장은 『속일본기續日本記』에 등장하는데, 몬무천황文武天皇 4년(700) 유언에 따라 승려 도쇼道昭(629~700)를 화장했다는 것이다. 이에 의하면 도쇼가 죽자 "제자들이 가르침을 받들어 구리하라栗原에서 화장하였다. 천하의 화장은 이로부터 시작된다."라고 기록하고 있다.[6] 이전에도 화장이 있었음에도 불구하고, 이 기록을 화장의 기원으로 내세우는 것은 불교식 화장이 시작된 시점이기 때문으로 보인다. 이러한 인식으로 인해 여전히 일본의 화장은 불교의 영향을 받은 것으로 여기고 있다.[7]

지도천황持統天皇은 나라奈良로 수도를 옮기기 7년 전인 703년 12월 22일 졸하

---

[3] 浦池勢至, 「火葬」, 新谷尙紀・関沢まゆみ編, 『民俗小事典 死と葬送』(吉川弘文館, 2005), 124面.

[4] 박전열, 「일본의 화장풍속의 정착과정 연구」, 『일본학보』 57-2(한국일본학회, 2003), 642쪽.

[5] 横田睦, 『お骨のゆくえ』(平凡社, 2000), 61面.

[6] 『續日本記』 卷1, 「文武天皇4年」, "弟子等奉教 火葬於栗原 天下火葬從此而始也."

[7] 森謙二, 『墓と葬送の社会史』(講談社, 2003), 12~13面.

여 화장을 하였는데, 불교와 깊이 연관되어 있었다.[8] 그리고 지도持統 · 몬무천황
文武天皇이 화장한 것에 대해 불교식 상례를 채용한 것으로 보기도 하지만,[9] 그보
다는 박장薄葬을 하기 위한 것이었다고 한다. 일본에서는 천황의 경우 빈장殯葬(모
가리조)이라고 하여 장기간 성대하게 장사를 치르는 문화가 있었다. 박장에 해당하
는 불교식 화장을 채택함으로써 화려한 모가리조殯葬를 쇠퇴하게 하였다고[10] 한
다. 헤이안시대平安時代 말기부터 점차적으로 납골신앙納骨信仰이 성행하여 불교적
인 의미를 부여하게 되었다. 이는 빈殯에 투영된 소생 관념이나 시에死穢 관념이
화장을 통한 애도관념으로 바뀌면서 일본인의 영혼관 내지 타계관도 상당한 변모
를 겪게 됨을 의미한다. 다이카大化의 박장령과 불교식 화장으로 변모되는 과도기
적인 모습을 보여주는 것이 바로 천무천황天武天皇의 빈궁의례殯宮儀禮이다.[11]

8세기에는 위생상의 이유로 화장을 하였다는 내용의 노래가 『만요슈万葉集』
에 실려 있다.[12] 이 당시에는 화장한 유골을 산야에 산골散骨하는 풍속도 있었지
만 승려 교기行基(668~749)의 화장에서처럼 습골拾骨하여 납골하는 풍속도 있었다.
천황이 산골한 예는 죠와承和 7년(840) 자신의 희망에 따라 산골散骨한 준노천황淳
和天皇(786~840, 제53대 재위 823~833)의 예가 있다.

10~11세기 서민들의 상례 풍속을 기록한 『곤쟈쿠모노가타리슈今昔物語集』(헤
이안 시대 말)에 의하면 수많은 사람들이 승려와 함께 횃불[松明]를 들고 징鉦을 치
고, 염불을 외우면서 영구를 운반하여 묘지에서 매장하는 것으로 기록하고 있다.
따라서 묘의 참배는 아직까지 이루어지지 않았으며, 묘 참배는 14세기경이 되어
야 확산되는 것으로 생각된다.[13] 고보대사弘法大師의 입적 성지인 고야산高野山에

8_ 碑文谷創, 『葬儀概論』(株式会社表現文化社, 1996), 24面.
9_ 芳賀登, 前揭書(1996), 29面.
10_ 浦池勢至, 前揭書(2005), 124面.
11_ 김후련, 「고대 일본인의 장송의례」, 『비교민속학』 23(비교민속학회, 2002), 373쪽.
12_ 浦池勢至, 前揭書(2005), 124面.
13_ 新谷尚紀, 「死と葬送と歷史と民俗」, 新谷尚紀 · 関沢まゆみ 編, 『民俗小事典 死と葬送』(吉川弘文館, 2005), 5面.

납골하는 풍속이 12세기 이후 유행하기 시작한다. 이 고야납골高野納骨 풍속은 고 보대사와의 결연結緣을 바라는 마음과 심산유곡에 영혼의 안식처를 마련하려는 사람들의 충동에 의한 것으로 생각된다.[14]

무로마치시대室町時代(1392~1573) 초기 기록인 『기츠지시다이吉事次第』에 의하면 화장을 한 후 습골拾骨을 하여 골호骨壺를 사찰의 삼매당三昧堂에 안치하는 것을 보편적인 것으로 설정하고 있다. 이는 화장이 당시 귀족 계층 사이에서는 전형적인 장법이었음을 말해 준다.

에도시대江戸時代가 되면 에도, 교토京都, 오사카 등에는 히야火屋라고도 불렸던 화장장火葬場이 있었다. 『고텐하쿠고古典落語』 가운데 라쿠타ラクダ라든가 고가모치네黃金餅 편에는 "와세다早稲田에서부터 '오치아이落合의 화장터'로 시신을 지고 갔다."라든가, "화장을 하기 위해 시모타니下谷 아자부麻布의 모쿠렌사木蓮寺에서 부적을 받아서 '기리가야桐ヶ谷의 화장터'에서 태웠다."[15]라는 대목이 있는데,[16] 이는 화장풍속이 상당히 보급되어 있었음을 말해 준다.[17] 그러나 아이즈会津나 하기萩 등 지역에 따라서는 화장을 금지하는 곳도 있었다.

에도시대가 되면 데라우케제도寺請制度에 따라 불교식 상례와 불교식 화장이 주류를 이루었다고는 하지만 반드시 그렇지는 않았다. 당시의 통계는 없지만 메이지明治 29년(1896)의 화장률이 26.8%였는데, 이 통계를 바탕으로 추측해보면 에도시대 전국의 화장률은 겨우 20%에도 미치지 못했을 것이다. 물론 도시와 농촌 등의 여건에 따라 차이가 있었다. 1925년(大正 14) 화장률이 65%를 넘은 곳은 홋카이도北海道, 도쿄東京, 니이가타新潟, 이시가와石川, 후지야마富山, 후쿠이福井, 오사카大阪, 히로시마広島 등 8개소였다. 교토는 1906년에 이미 80%의 화장률을 기

14_ 上揭書, 5面.
15_ 박전열, 앞의 글(2003); 644쪽. 현재의 桐ヶ谷斎場의 전신으로 보인다.
16_ 落合와 桐ヶ谷에는 현재에도 화장장이 운영되고 있다.
17_ 横田睦, 前揭書(2000), 61面.

록하고 있어 화장보급이 빨랐다.[18]

그러나 메이지 6년(1873) 정부는 화장이 불교식이라는 이유로 화장금지령을 내린다.[19] 이에 정부의 화장금지령에 대항하여 도쿄에서 화장을 하는 사찰이 연명으로 화장의 장점을 서술한 『화장편익론火葬編益論』으로 반대하였다. 이에 의하면 매장을 할 경우 면적을 많이 차지하기 때문에 도시가 묘로 둘러싸이게 될 것이다. 화장을 하게 되면 유골을 간단히 고향으로 보낼 수도 있고, 분골도 가능하기 때문에 고향의 선조 묘에 안치하는 것도 가능하다는 등의 도시 생활에 편리하다는 것을 강조하였다.

메이지 정부가 불교 사상에 얽매이지 않으려고 한 것은 신도神道의 국교화를 위한 의도 때문이었다. 그러나 2년 후인 메이지 8년(1875) 화장금지령이 지나친 규제임을 인정하여 철회하기에 이른다. 그리고 동년에는 내무성을 통해 화장장의 허가조건을 제시한다. 화장장은 시가지로부터 떨어져 있어야 하고, 연기가 건강에 해롭기 때문에 굴뚝을 높게 할 것, 화장장과 묘지를 분리할 것 등이 조건이었다.

교토시는 이 금지령을 받아들여 시가지에 있는 사원묘지에 매장하는 것을 금지하였다. 도쿄에서도 메이지 24년(1891) 시가지에 매장하는 것을 금지하였다. 당시 화장장의 운영규칙을 보면 화장은 밤 8시부터 해야 하고, 습골拾骨은 오전 8시부터 오후 3시까지로 되어 있다. 주간에 화장이 가능해진 것은 쇼와昭和 2년(1927) 도쿄의 마치야화장장町屋火葬場이 중유를 사용하여 화장하면서부터이다. 한편 1884년「묘지 및 화장단속규칙墓地及埋葬取締規則」이 제정되어 묘지 정비가 본격화 된다.

실제로 화장이 본격화 된 것은 메이지 30년(1897) 전염병예방법이 제정된 이후부터이다. 이 법에 의하면 법정 전염병 환자의 시신은 반드시 화장하도록 되어

18_   碑文谷創, 前揭書(1996), 40面.
19_   上揭書, 40面.

있었다. 현재 화장장 및 묘지는「묘지, 화장 등에 관한 법률墓地, 埋葬等に関する法律」 (墓埋法)에 따라 후세이쇼厚生省 관할로 관리된다. 이 내용은 메이지시대부터 묘지 나 화장은 공중위생의 관점에서 처리되었음을 알려준다. 에도시대의 히야火屋는 전염병 예방법 이후 통폐합되고, 개보수, 신설의 진행, 지자체도 화장장 경영에 참가하게 되었다.[20]

이러한 화장시설의 근대화는 화장률을 급격히 상승시킨다. 1896년 26.8%, 1897년 29%, 1900년 29.2%, 1909년 34.8%, 1940년 55.7%, 1975년대 87%, 1990 년대 97%, 2000년대 이후 99.9%가 되었다. 그러나 1905년(明治 38) 오사카는 90%, 도쿄는 58%였으나 미야기宮城, 암수岩手, 구마모토熊本 등에서는 10% 미만, 미야자키宮崎, 가고시마鹿児島, 오키나와沖縄 등은 1% 이하였다. 도쿄와 가까운 사 이다마埼玉, 지바千葉에서도 5% 미만이었다.[21]

이처럼 일본의 화장은 오랜 역사를 가지고 있지만, 99%라는 놀라운 화장률 의 계기는 근대에 만들어졌다. 이는 고대의 영혼관이나 종교관과도 일정한 관련 이 있지만, 보다 직접적인 영향은 불교식 화장의 전래와 근대 위생개념이 등장하 면서 국가의 정책과 국민들의 편의주의가 영합하면서 가능하게 된 것임을 쉽게 알 수 있다.

한편 일본에서 무덤이 형성되는 시기는 사자의 공양이 유행하면서부터이다. 일본의 석비石碑 또는 석탑형石塔形 묘는 화장 이전부터 존재했던 것으로 인도의 소토바卒塔婆를 모방한 것이다. 이러한 석탑형 묘는 일본의 전통적인 묘제의 하나 인 양묘제両墓制(りょうほせい)[22]의 이해를 전제로 한다.

양묘제란 시신을 매장하는 우메바카埋め墓와 고인의 공양을 위해 세운 마이

20_   上揭書, 41面.
21_   横田睦, 前揭書(2000), 62面.
22_   両墓制에 대해서는 新谷尚紀, 『両墓制と他界観』(吉川弘文館, 1992) 참조.

일본의 묘와 묘지

리하카參り墓가 별도로 있다는 것으로, 고인 한 사람에 대하여 2개의 묘가 있기 때문에 붙여진 이름이다.[23] 양묘제의 등장은 '죽음[死]의 부정不淨[死穢]' 관념과 밀접한 관련을 가진다. 즉, 고대 중세로부터 죽음은 공포의 대상으로서 죽음은 전염된다고 믿어 시신과 접촉하면 유족이 감염되기 때문에 시신을 깨끗이 정화해야 한다고 여겼다. 이러한 관념에 따라 매장을 하는 장소는 기피의 장소가 되기에 이르렀다. 그러나 숭배의 대상이 되는 조상의 영혼을 참배하고 제사를 지내기 위해 집안의 불단佛壇과 함께 청정한 장소라고 생각되는 곳에(예를 들면 사찰의 경내묘지 등) 고인의 영혼을 위해 별도로 묘를 설치하게 되었다. 이처럼 양묘제는 영육 이중구조의 관념이 복합되어 나타난 것으로 일본 고유신앙에 그 뿌리를 두고 있다고 한다.[24] 양묘제는 매장의 전통에서 시작되었는데, 아직까지도 일부 지역에 그 전통이 남아 있다.[25]

일본에서는 '이에家'의 계승이 묘의 계승과 결합될 즈음 분묘와 조상제사가 하나로 합쳐지게 된다. 이러한 관념은 무가계층武家階層에서는 가마쿠라시대鎌倉時代 말기에 형성되었는지 모르지만 서민계층에서는 근대에 와서야 '이에'와 묘의

23_   新谷尚紀, 前揭書(1992), 1面.

24_   上揭書, 6面.

25_   필자는 2000년도에 오사카부 효고현 가사시 키시로쵸(大阪府兵庫縣加西市岸呂町)에서 1999년에도 고인을 매장한 현지를 직접 확인할 수 있었고, 고베시神戸市에서 그 잔재를 확인할 수 있었다.

결합이 보이는데, 17세기 후반의 일이다. 그리고 메이지 정부는 집안이 확대된 것을 국가로 상정하고, '이에'가 안정화되면 국가 역시 안정화 된다는 의식을 심어 나갔다. 이에 따라 '이에'를 계승하기 위해 조상을 모시는 곳으로서 불단과 조상숭배의 실천을 위한 참배묘를 중요시하게 되었다. 따라서 화장 후 뼈단지를 납골하는 형태로 화장 문화가 발달되었고, '○○집의 묘'라는 공양묘供養墓가 전형화 되기에 이르렀다.[26]

이러한 조상숭배를 '이데올로기의 조상숭배'라고 하는데, 이 시기에 분묘 혹은 묘지는 제사를 위한 재산으로 계승되었기에 메이지 민법에서는 이를 '가독상속家督相續의 특권特權'으로 인정하였다.[27] 즉, 일본의 묘지가 일반화 된 것은 17세기 이후의 일이고, 화장 후 납골하는 묘제는 신도神道의 국교화國敎化를 의도했던 메이지시대의 일이라는 것이다. 분묘는 '이에'가 가지는 조상숭배의 상징으로 교화되어 있다. 이러한 관념은 핵가족화 된 현재에도 불식되었다고는 하지 못한다. 그러나 현재는 위생문제 등으로 인해 도시 내에서는 화장이나 매장이 금지되었기 때문에 근대에 신설된 공영묘지는 도시 근교 바깥으로 밀려나고 있다.

화장이 일반화되면서 시신에 대한 금기 역시 약해졌으나 '2개의 묘 전통'은 여전히 유지되고 있다. 예를 들면 기존의 매장을 하였던 묘지에 석탑형의 묘를 만들어 참배하고, 사찰 경내묘지의 참배묘도 그대로 유지하는 형태로 변화되고 있다.[28] 이러한 관습으로 인해 간사이関西 지역에서는 현재도 사찰 납골용 뼈단지와 가족묘 납골용 뼈단지 2개를 만든다.[29] 이는 매장에서 금기시되었던 죽음

26_ ○○家の墓(碑・霊所), ○○家先祖代々之墓(聖霊・霊), ○○家墓所, ○○家累代墓, 各家祖先霊, ○○本家(分家)之墓, 供養塔, 南無阿彌陀佛 등 다양한 묘명이 있다.

27_ 森謙二, 前揭書(2003), 12~13面 참조.

28_ 2000년 神戸市兵庫区奥平野村에서 이러한 현상을 발견하였는데, 그 추이를 보면 한 개인의 참배 묘는 2개가 된다.

29_ 오사카부 스이타시 사쓰키가오카히가시 로즈코포 C-402호(大阪府吹田市五月ケ丘東ローズコーポC-402号) 안노마사키씨安野正紀氏 댁

의 부정이 사라졌음에도 불구하고 양묘제兩墓制의 전통이 그대로 지속되는 것으로 볼 수 있다. 따라서 개인의 묘가 2개가 된다는 것은 매우 자연스러운 일이다.

뿐만 아니라 가족이나 친척이 고인의 뼈를 나누어 가지는 분골分骨 관습으로 인해 개인의 묘는 2개 이상이 되는 경우도 많아 과히 다묘제多墓制라고 해도 과언이 아니다. 또한 형제간에 위패位牌를 나누어 모시는 이하이와케位牌分け도 가능한 일본의 조상숭배관을 볼 때 우리나라의 조상숭배와 묘지에 대한 관습과는 전혀 다른 특징을 가지고 있음을[30]- 알 수 있다.

'죽음의 부정관념'에 근거를 둔 양묘제는 한국과는 전혀 다른 조상숭배관이다. 이러한 양묘제는 매장에서 화장으로 장법이 바뀌었음에도 불구하고 여전히 지속됨으로서 화장 후 납골이라는 화장 문화를 발전시켰던[31]- 것으로 보인다. 뿐만 아니라 분골, 위패나누기 역시 화장 후 납골이라는 형태의 화장 문화 발전에 일조를 하였던 것으로 보인다. 이러한 일본의 화장과 납골 관습은 19세기 말 일본인거류민단을 통해 소개 및 전래 되었고 이것이 한국 고유의 조상숭배와 결합되어 근·현대 한국의 화장 관습에 큰 영향을 미치게 된다.

(2) 일본식 화장문화의 유입

일본인이 한국에 거주하기 시작한 것은 경성에 일본공사관이 설치되었던 1880년경부터다. 1896년이 되면 경성에 거주하는 일본인들이 민단을 형성하여 「거류민규칙居留民規則」을 만들 정도로 늘어난다. 이들은 그들 방식의 생활을 위해 위생규칙을 만들기도 하고 급기야는 죽음의 처리를 위해 화장장 건립을 시도하기도 한다.

1902년 고양군 한지면 신당리 수구문水口門 밖 송림에[32]- 일본식 화장장이 세

30_ 김시덕, 「다시 생각해 보는 현대의 상례문화」, 『한국인의 죽음인식과 장사개혁』(생활개혁실천범국민협의회, 2002), 59쪽.
31_ 박전열, 「현대일본 납골방식의 변천연구」, 『일본학보』 60(한국일본학회, 2004), 584~600쪽 참조.

워져 '신당동 화장장'이라 불렸다. 이 화장장이 한국 최초의 화장장이었으며, 아주 기본적인 시설만을 갖추었다.[33] 이 화장장은 일본 영사관에서 한성부윤과 교섭하여 수구문 밖의 70여 평의 땅을 빌리고 거류민들의 기부금을 모아서 건립한 것으로 되어 있다.[34] 그러나 초기 약 20년 동안 일본인들은 화장장이 없어 양화진이나 한강 제방에 모여 노천화장露天火葬을 하였다고 한다.[35] 그 후 만리현 화장장(1907), 아현리 화장장(1911), 홍제동 화장장(1929), 벽제화장장(1968) 등이 건립되면서 '화장터'에서 '화장장'으로 바뀌는 계기가 되지만,[36] 이러한 일본식 화장법에 의한 화장터는 근대 한국 화장장의 모델이 되었고, "높은 굴뚝에 냄새와 검은 연기가 나는 곳"으로 인식시키는 원인이 되었다.[37]

일본식 납골시설 역시 일본거류민단이 들어오면서 전래된 것으로 보인다.[38] 즉, 1900년대 초의 갈월리・신당리・아현리・홍제동 묘지는 일본인들을 위한 것이었으므로 매장과 납골을 위한 묘지가 혼재하였을 가능성이 높다는 것이다. 왜냐하면 이미 메이지시대에 보편화된 일본의 석탑형 묘는 대부분이 납골을 전제로 하고 있기 때문이다. 물론 극소수 도서지역에서 매장을 하기도 하지만, 일반적으로 일본의 묘라고 하면 석탑石塔 혹은 석비石碑라고 불리는 돌로 만든 탑 형태의 묘석墓石 기단에 유골을 안치할 수 있는 납골함이 설치되어 있는 납골묘이다. 그래서 일본의 묘지를 석림石林(林立する石塔)이라고도 한다.[39]

이러한 일본의 묘제墓制를 감안하면 초기 서울에 거주하였던 일본인들은 납

32_ 현재의 광희동과 신당동이 접한 곳으로 추정된다.

33_ 박태호, 『서울시 장묘시설 100년사』((사)한국장묘문화개혁범국민협의회, 2003), 62~67쪽.

34_ 당시 화장장 건립 기부금 모금을 위해 취지문을 돌렸다[京城府, 『京城府史』2(京城府, 1936), 691쪽].

35_ 위의 책, 691쪽.

36_ 박태호, 앞의 책(2003), 62~67쪽; 김시덕, 「화장 문화 변천의 역사적 의미」, 『산골문화 - 그 새로운 접근을 위한 연구』((사)한국장묘문화개혁범국민협의회, 2004), 43쪽.

37_ 위의 책, 189~190쪽.

38_ '근・현대 봉안시설의 변천'은 위의 글, 78~98쪽을 참고하여 정리하였음을 밝혀 둔다.

39_ 朝倉敏夫, 「韓国の墓をめぐる問題」, 『家族と墓』(早稲田大学出版部, 1993), 63面.

골묘를 만들었을 가능성이 크다. 그렇다면 1900년대 초기에 서울을 중심으로 조성되었던 묘지들은 당연히 납골시설의 하나로 간주되어야 한다. 즉, 화장을 한 후 일본식 뼈단지를 납골하는 전형적인 일본식 묘가 있었을 것이다. 1927년 당시 일본인 전용묘지였던 신당리 묘지에는 총 1천여 기, 아현리 묘지에는 총 450여 기의 묘가 있었는데, 이 중에는 일본식 납골묘가 상당 수 있었을 것으로 보인다. 왜냐하면 1940년대 당시 일본의 화장률은 55.7%였고[40] 이국땅인 조선에다 시신을 매장하기보다는 언제라도 일본으로 옮겨가기 쉬운 화장 후 납골 방식을 선호했으리라는 것은 쉽게 짐작이 가기 때문이다.[41] 따라서 신당리와 아현리 공동묘지에 있었던 일본인 전용묘지에는 일본식 납골묘가 대부분이었을 것으로 보인다. 이를 증명하는 것이 '전일본인 분묘 유골을 일본으로 돌려보내느냐'라는 동아일보 기사이다.[42]

1929년 고양군 은평면 홍제내리에 설치되었던 일본인 전용묘지에는 신당리 묘지에서 이장한 883기가 있었는데, 이 역시 납골묘가 대부분이었을 것으로 추측된다. 1930년 홍제동 화장장에 납골당을 설치하였는데(1933년경), 아마도 이것이 최초의 근현대식 납골당이 아닌가 생각된다. 1942년에 만들어졌을 것으로 보이는 일본식 납골묘가 현재 망우리 묘지에 남아 있고, 수유리 4·19 국립묘지 옆에도 일본식 납골묘가 1993년까지 남아 있었다는 것이 확인되는 것으로 보아[43] 일본식 납골묘의 이용자는 일본인만이 아니고 내국인도 있었을 가능성이 크다.

1912년 6월 조선총독부령 123호로 「묘지, 화장장, 매장 및 화장 단속 규칙墓地, 火葬場, 埋葬及火葬取締規則」이 발포되면서 한국에서도 묘지와 공동묘지라는 새로

40_ 鯖田豊之, 『火葬の文化』(潮社, 1990), 72面.
41_ 高村竜平, 「공동묘지를 통해 본 식민지시대 서울 — 1910년대를 중심으로」, 『서울학연구』 15(서울학연구소, 2000), 131~132쪽.
42_ 「없어지는 日人遺骨 弘濟洞 墳墓整理」, 『동아일보』, 1948.12.6(박태호, 앞의 책(2003), 80쪽 재인용).
43_ 박태호, 앞의 책(2003), 80쪽.

운 단어가 공식적으로 등장하게 된다. 또한 '일본식日本式 화장법火葬法'이라는 새롭고도 낯선 모습의 화장이 본격화 된다. 이와 함께 1934년「의례준칙」의 발포는 화장을 한국 상례의 한 요소로 인정하는 등 전통적인 상례문화에 상당한 영향을 미치게 된다.

「조선총독부령」 제123호는 외형상 근대적인 법제의 효시, 시신의 위생적 처리, 오장방지誤葬防止 등의 긍정적인 목적이 있었다고 선전하였지만, 실제로는 우리민족의 문화적 맥락과 전통을 의도적으로 말살한 것이었기 때문에 반발이 심했다. 그 결과 1920년 9월「조선총독부령」 152호로 동 규칙을 대폭 개정하기도 하였다. 이 규칙으로 인해 풍수지리적 명당을 찾는 등의 자유로웠던 개인묘지 선택권을 상실하였고, 동시에 공동묘지 매장을 강요당하게 된다. 이에 따라 불교신자의 경우 차라리 화장하여 산골을 하기도 하였다.[44] 그러나 일반인들은 매장관습에 따라 낮 시간에는 규정에 못 이겨 공동묘지에 장사하고 밤이면 순사의 눈을 피해 이장하는 진풍경도 있어 왔다.[45]

이러한 저간의 사정을 고려해 볼 때 납골을 전제로 하는 일본식 화장문화가 당시 한국의 장묘 정책과 방법에 영향을 미쳤을 개연성은 부인할 수가 없다. 이와 함께 한국의 조상숭배 관습은 매장을 대신하는 방법으로 봉안을 받아들이게 된다.

(3) 현대 화장문화의 확산

최근 10년, 한국의 상례문화는 급변하고 있다고 표현할 수 있다. 고려시대까지 존속했던 화장이 조선시대의 유교적 이데올로기에 따라 매장으로 전환되는 '역사적 사건'에 버금가는 변화가 진행되고 있다. 이러한 변화의 물결은 '묘지강산을 금수강산으로'[46]라는 슬로건을 내세운 화장 장려 운동이었다. 그 결과

44_ 정길자, 앞의 글(1985), 40쪽.
45_ 김시덕, 앞의 글(2004), 43쪽.

장법에 대한 인식이 급변하기 시작하였고, 2010년 말 현재 전국 화장률 67.5%, 부산 83.5%, 서울 75.9%, 경남 통영시 92.0%로 이미 반수를 넘어섰다. 보건복지부 관계자는 보도 자료를 통하여 향후 사회 환경 변화 등으로 화장률이 더욱 증가할 것으로 예상하고, 이에 따라 화장관련시설을 확충·추진 해 나가겠다고 하였다.[47]

　한국사에서 대세를 이루었던 장법은 매장과 화장이었다. 화장의 최상한은 문헌기록상 삼국시대의 불교식 화장이라고 하지만, 고고학계의 발굴결과에 따르면 청동기 시대 이전으로 거슬러 올라갈 가능성이 높다.[48] 삼국과 고려시대에 성행했던 화장은 조선시대의 숭유억불 정책에 따라 매장으로 바뀌었고, 화장은 전염병 예방을 위한 대책, 혹은 무연고자의 시신처리 등 정상적이지 못한 죽음을 처리하는 장법 정도로 인식되어 왔다. 특히 19세기 말 일본인들에 의해 유입된 일본식 화장은 비록 한국 사회에서 화장장을 혐오시설로 인식하게 만든 원인이었지만 근·현대 화장문화에 큰 영향을 주었음은 부인할 수 없다.

〈표 8〉 1917~1927년 말까지 화장장 이용현황

연도	총화장수	일본인	한국인	비고
1917	1,728	1,630	98	일일평균 4.7
1920	2,807	2,007	800	일일평균 7.8
1921	2,140	1,902	238	
1927	3,288	1,805	1,483	일일평균 9.0

자료 : 京城府衛生課, 『경성부위생시설 개요』(경성부, 1928), 22~23쪽.

46_　1998년 9월 30일에 발족한 (사)한국장묘문화개혁범국민협의회가 화장운동을 전개하는 과정에서 매장의 심각성과 화장의 유용성을 나타내기 위해 내건 슬로건이다.

47_　「이제 장사(葬事)문화는 화장(火葬)이 대세!」(2011년 9월 8일 배포 보건복지부노인지원팀 보도자료, 보건복지부).

48_　강인구, 『한반도의 고분』(아르케, 2000); 김시덕, 앞의 글((사)한국장묘문화개혁범국민협의회, 2004); 박태호, 「한국고대의 화장 문화에 대한 고찰-고고학적 발굴조사 결과를 중심으로」, 『장례문화연구』 2(한국장례문화학회, 2004) 참조.

일제강점기 화장률의 구체적인 변화가 어떠했는지는 알 수 없지만, 화장 건수는
1917년에 비해 10년 후인 1927년에는 무려 14배의 급격한 성장률을 보인다.[49]
이는 1912년 6월 조선총독부령 123호로 「묘지, 화장장, 매장 및 화장단속규칙墓地,
火葬場, 埋葬及火葬取締規則」이 공포되면서 공동묘지 매장을 강요당하게 되자 불교신자
의 경우 공동묘지보다는 화장 후 산골하는 장법을 선택한[50] 것과 관계가 있다.

일제의 강제였다고 하더라고 당시의 화장은 특수한 경우를 제외하면 겨우
10%이내에서 맴돌 정도로 저조한 비율이어서 당시 화장기피 현상은 여전했음을
쉽게 알 수 있다. 화장을 하는 경우에도 사고사, 악상, 극빈가 등 특별한 경우가
대부분이었다. 일제 강점기의 화장률은 아니지만 당시 상황을 대변하듯 해방 후
의 화장률은 1954년 3.6%였고, 1970년 10.7%를 비롯하여 1993년(19.1%)까지 10%
대를 유지하다가 1994년(20.5%) 20%대로 상승하는 등 이웃 나라들보다 현저히 낮
다.[51] 그러나 1999년 30.3%, 2003년 12월 말 현재 46.3%로 급격한 상승을 하고
있다. 특히 (사)한국장묘문화개혁범국민협의회가 발족되었던 1998년 이후 화장
률은 그 이전의 1991년(17.8%)의 화장률과 비교할 때 2003년에는 무려 28.5%가
증가하는 등 급격히 증가되고 있다.

〈표 9〉 연도별 화장률 추이(2010년 12월 현재)

연도별	1954	1970	1981	1991	1992	1993	1994	1995	1996	1997	1998
화장률	3.6	10.7	13.7	17.8	18.4	19.1	20.5	22.0	23.0	23.2	27.5
연도별	1999	2000	2001	2002	2003	2004	2005	2007	2008	2009	2010
화장률	30.3	33.7	38.5	42.6	46.3	49.18	52.6	58.9	61.9	65.0	67.5

주 : 1950년대 연평균 화장건수는 16,791건, 1960년대의 경우 연평균 화장건수는 20,534건(매·화장 인허가증 발행건수 기준)
자료 : 2011년 9월 8일 보건복지부 보도자료

49_ 박태호, 위의 책, 65쪽; 김시덕, 앞의 글((사)한국장묘문화개혁범국민협의회, 2004), 44쪽.
50_ 정길자, 앞의 글(1985), 40쪽.
51_ 김시덕, 앞의 글((사)한국장묘문화개혁범국민협의회, 2004), 45쪽.

이는 1997년 생활개혁실천범국민협의회와 1998년 (사)한국장묘문화개혁범
국민협의회의 발족이 매장에서 화장으로 장법의 변화에 큰 역할을 하였던 것으
로 보인다.[52] 이와 함께 2001년 1월 13일 시행된 「장사 등에 관한 법률」 역시
우리나라 장사정책과 장법의 변화에 매우 중요한 계기가 되었다.

〈표 10〉 전국 화장률(2010년 12월 현재)

시도별	사망자	화장건수	화장률(%)	시도별	사망자	화장건수	화장률(%)
계	255,403	172,276	67.5	강원	10,728	6,877	64.1
서울	40,129	30,444	75.9	충북	9,826	4,914	50.0
부산	19,709	16,459	83.5	충남	14,015	6,786	48.4
대구	12,054	8,095	67.2	전북	13,190	7,524	57.0
인천	12,086	9,804	81.1	전남	16,043	7,771	48.4
광주	6,530	4,000	61.3	경북	20,247	10,691	52.8
대전	6,311	4,205	66.6	경남	19,504	14,444	74.1
울산	4,327	3,364	77.7	제주	3,017	1,457	48.3
경기	47,687	35,197	73.8	기타			

자료 : 2011년 9월 8일 보건복지부 보도자료

2010년 현재 지역별 화장률을 보면 부산이 83.5%로 가장 높고 그 다음이
인천 81.1%, 울산 77.7%, 서울 75.9%이다. 제주도(48.37%)가 가장 낮은 것은 아마
도 도서로 이루어진 지역적 특성과 보수성 등에 기인하는 것으로 보인다.

이러한 화장의 수요를 감당하기 위해서는 그에 상응하는 화장장이라는 시설
을 요구한다. 2010년 현재 화장장은 총 51개소가 있는 것을 보고되어 있다.

52_ 이들이 펼친 의례개선, 화장장려, 화장유언 남기기 운동 등은 SK 회장의 화장, 고건 전 총리를 비롯한 유명인사의
화장서약을 약속받는 등 화장으로의 전환에 중요한 역할을 하였다.

〈표 11〉 전국 지역별 화장장 현황 (2010년 12월 현재)

계	서울	부산	대구	인천	광주	대전	울산	경기	강원	충북	충남	전북	전남	경북	경남	제주
51	1	1	1	1	1	1	1	2	7	3	3	4	5	10	9	1

자료 : 2011년 9월 8일 보건복지부 보도자료

　　한국보건사회연구원은 2010년에 '장사제도 및 장사문화에 대한 국민의식조사'를 실시하였는데, 전국의 만 30세 이상 성인 남녀 3,000명을 대상으로 장사에 관한 일반국민의 태도를 살펴본 것이다. 그 결과 79.3%가 화장을 선호하는 것으로 조사 되었다. 남성(75.3%)보다 여성(83.1%)의 화장 선호도가 높았으며, 연령대별로 보면 60대(70.1%) 이상보다는 30대, 40대, 50대에서 각각 80%이상이 화장을 선호하였다. 화장을 희망하는 이유에 대해서는 비용적인 문제보다는 현실적으로 깨끗하고 위생적이며, 간편함과 관리의 용이함을 들었다. 화장 후 화장유골의 처리방법에 대해서는 응답자 중 39.9%가 자연장, 32.7%는 봉안시설을 이용, 27.3%는 산골을 이용할 것으로 나타났다.[53]

　　이처럼 현대사회의 화장은 조선시대에 형성된 부정적인 측면의 화장이 아니라 선호하는 화장으로 바뀌었음을 알 수 있다. 현대 사회에서 화장은 주류를 이루는 장법으로 자리 잡을 것은 자명한 일이다. 이는 핵가족화, 도시화 등의 사회변동에 따른 문화변동이 가장 큰 원인이지만, 국가나 시민단체의 계몽도 큰 영향을 미쳤을 것이다. 이에 따라 상례와 관련된 다양한 문화 요소들이 등장하고 있는데, 그것이 바로 봉안奉安[54]과 산골이다. 이제 매장문화에서 주로 나타나는 벌초, 성묘, 묘제라는 문화요소보다는 봉안당奉安堂 참배, 산골 장소의 방문 등과 같은 일들이 상례문화, 조상숭배를 위한 새로운 문화요소로 등장할 것으로 판단된다.

53_　이삼식 외, 『사회환경 변화에 따른 묘지제도 발전방향』(한국보건사회연구원, 2011), 124~138쪽.

54_　지금까지 화장 후 유골을 안치하는 장법을 '납골納骨'이라는 일본식(다소 혐오스러운) 용어를 사용하였으나, 2005년 「KS 봉안당 서비스·용어(KSA0968-1 : 2004)」 규정에 따라 납골은 '봉안奉安', 납골당은 '봉안당奉安堂', 납골시설은 '봉안시설奉安施設'로 바꾸어 사용한다. 단지 일본 사정이나 인용의 경우에는 원래의 용어를 그대로 사용한다.

(4) 조상숭배를 위한 봉안에서 자연장으로 탈바꿈

봉안관습의 전개에 대한 전국적인 통계나 지자체의 자료가 거의 없기 때문에 서울시의 봉안당 설립과정을 통해 한국의 봉안관습이 어떻게 전개되는지 기술하고자 한다. 그리고 근래에 이런 봉안관습이 자연장으로 탈바꿈하고 있는 현상에 대해서 간단히 살펴보고자 한다.

우선, 봉안관습은 유교식 상례와 연관된 조상숭배의 실천 방법인 성묘와 밀접한 관련을 가지기 때문에 한국에서 장묘정책을 세울 때는 반드시 조상숭배를 염두에 두어야 한다. 이러한 조상숭배로 인해 화장을 하더라도 화장유골을 봉안하는 문화적 현상이 자연스럽게 받아들여지게 되었던 것이다. 이는 매년 되풀이하는 기제사와도 매우 밀접한 관련을 가진다.

1955년 7월 3일자 「서울특별시 묘지 및 장재장 사용료 징수조례」를 개정하면서 '납골당 사용료'를 명시한 것을 보면[55] 홍제동 화장장에 봉안당이 존재했을 가능성이 있으나 구체적인 규모나 형태는 파악되지 않는다. 1970년 서울시립화장장을 벽제읍 대자리로 이전하면서 화장장 한 귀퉁이에 5평 규모의 납골당(정확한 명칭을 알 수 없음)을 설치하였다. 이 납골당은 목재 선반을 설치하고 그 위에 유골을 안치하는 정도의 시설이었는데, 1986년 개축과 함께 철거되었다.[56]

한편 법령으로는 1961년에 제정된 「매장 등 및 묘지 등에 관한 법률」을 보면 납골당이라는 조문이 등장한다.[57] 그러나 사설 납골당의 설치, 폐지 등에 대한 본격적인 조문은 1981년의 개정 법률에서 나타난다.[58] 그리고 납골묘, 납골당 등 납골시설에 대한 구체적인 규정은 2000년도의 「장사 등에 관한 법률」에서부터 본격적으로 규정된다.[59]

55_　서울특별시사편찬위원회, 『서울육백년사』 5(서울특별시, 1983), 566쪽.
56_　박태호, 앞의 책((사)한국장묘문화개혁범국민협의회, 2003), 81쪽.
57_　「매장등및묘지등에관한법률」[제정 1961.12.5 법률 제799호 보건사회부].
58_　「매장및묘지등에관한법률」[일부개정 1981.3.16 법률 제3389호 보건사회부].

1986년 벽제 화장장의 옛 사무실로 사용하던 건물 40평 정도의 공간에 4천 위를 모실 수 있는 '납골당'을 만든 것이 단독 건물로는 서울시 최초의 봉안당이었을 것이다. 이곳에는 목재로 제작된 봉안단을 설치하였는데, 문이 달려 있었고 일련번호와 고인의 이름을 표시하여 구별하였다. 내부에 의례공간이 없어 잔디밭에 제단을 마련하였으므로 유족들은 유골용기를 이곳에 모시고 제사를 지내기도 하였다. 이 '납골당'은 1995년 현재 6천위 규모의 봉안당을 신축하면서 철거되었다.[60]

1990년 11월에 착수한 '봉안당奉安堂(제1납골당)'이 여러 가지 사유로 1995년에야 겨우 완공될 수 있었다. 이것이 국내에서는 처음으로 지은 단독 건물에 현대식 설비를 갖춘 본격적인 봉안당이었다. 건물은 중정이 있는 원형으로, 지하1층, 지상2층, 연면적 198평에 6천위를 봉안할 수 있도록 지어졌다. 입구 쪽에는 고인에 대한 추모의례를 할 수 있는 고정식 제단이 설치되어 있다. 이 봉안당은 이용료가 1만5천 원으로(15년/1위)로 거의 무료에 가까웠고, 초현대식 시설을 갖춰 이용률이 폭발적으로 증가했기 때문에 준공 1년도 채 안되어 1996년 6월에 만장滿葬되었다.

그런데 서울시는 봉안시설의 역사가 일천함에도 다양한 정책들을 추진한 것으로 보인다. 1991년 7월에 개정된 보건복지부 훈령 「묘지 등의 설치 및 관리운용지침」에 처음으로 "공설묘지 등에는 1개 이상의 납골묘를 개발하여 전시하고, 시도지사는 1개소 이상의 시범 납골묘지를 설치하도록" 하는 규정이 신설된다. 이에 서울시는 1992년 10월 「납골묘지 시범조성계획」을 수립하여 2평 규모의 땅에 6~12위를 봉안할 수 있는 '가족형납골묘家族型納骨墓' 표본을 전시하였다. 그러나 여러 차례 계획을 수정하다가 1997년이 되어서야 최종적으로 144기를 설치하

59_ 「장사 등에 관한 법률」[전문개정 2000.1.12 법률 제6158호 보건복지부].
60_ 이러한 과정에 대해서는 박태호의 글[앞의 책((사)한국장묘문화개혁범국민협의회, 2003), 83~87쪽] 참조.

는 안으로 확정되어 그해 7월부터 단지조성공사에 착수하였고 이용자를 공모하였는데, 경쟁률이 9대1이었다.

　이러한 과정에서 1994년 서울특별시 「중장기 장묘시설 수급계획」이 새로 수립된다. 이 계획은 2만 위를 봉안할 수 있는 규모의 현대식 봉안당을 매년 한 곳씩 착공하여 총 15만 위를 봉안할 수 있는 봉안당을 건립한다는 것이었다.[61] 설계공모를 하여 착공 단계에 이르렀으나 지역주민과의 협상 지연으로 1998년에야 공사를 진행할 수 있었다. 그런데 1998년 8월 초에 발생한 시립묘지 수해로 공사가 중단되었다. 수습과정에서 봉안당 수요가 급격하게 증가하는 추세를 보이자 공사계획을 변경하여 2만 위에서 3만 4천위로 늘리고 부부를 함께 봉안할 수 있는 '옥외벽식납골시설屋外壁式納骨施設'을 추가로 설치하였는데, 이를 용미리 '추모의 집(제2납골당)'이라고 명명하였다.

　'추모의 집'은 1999년 말 다른 봉안시설이 모두 만장되어 마무리 공사를 하면서 유골봉안을 시작하였다. 왜냐하면 1997년도에 비해 1998년 12월에는 2.5배, 2000년에는 거의 4배로 늘어나는 등 봉안수요의 폭발적인 증가 때문이었다. 이러한 수요의 충족을 위해 무연고자를 봉안하던 왕릉식 합동분묘를 일반 봉안당으로 전환하는 한편 화장장 2층에 있던 사무실 공간에 목재 봉안단奉安段을 설치하였는데(7,398위), 이것이 '벽제화장장 2층납골당'이다. 그리고 용미리 제1묘지에 옥외벽식 납골시설(5,350위)을 조기 준공하는 등 납골시설을 계속하여 늘려나갔지만, 1999년 10월 만장에 이르고 말았다.

　1999년 한국식 납골당을 개발하려는 노력의 일환으로 '왕릉식납골당(제3납골당)' 건립을 착수하기로 하였는데(1만5천위), 2001년 하순에 본격적인 공사를 시작하였으나 주민들의 반대로 난관에 부딪혔다. 계속적으로 증가되는 봉안수요에

61_　김희산, 「한국형 가족납골묘 개발보급」, 『장묘문제 해결을 위한 실천적 대응전략』(한국토지행정학회, 1997), 29~ 30쪽 참조.

대처하기 위하여 옥외벽식 납골시설 1만 위를 이 납골당 뒤에 설치하도록 설계를 변경하였다. 2002년 1월 용미리 '추모의 집'이 만장되자 미처 준공되지 않은 '왕릉식납골당'에 유골을 봉안하기 시작하여 그해 11월 초 1만5천위가 만장되고 '옥외벽식 납골시설' 등도 모두 완공되었다.[62]

〈표 12〉 서울시립봉안당 현황(2011년 12월 31일 현재)

구분	연면적(㎡)	안치능력(위)	안치현황(위)	안치율(%)	비고
계	8,517	90,311	82,114	90.9	
승화원 추모의집	985	13,434	10,347	77.0	승화원
용미리분묘형 추모의집	456	7,650	7,469	97.6	용미리 제1묘지
용미리벽식 추모의집	2,644	5,348	5,262	98.4	용미리 제1묘지
용미리건물식 추모의집	2,958	36,945	32,732	88.6	용미리 제2묘지
용미리왕릉·벽식 추모의집	1,474	26,934	26,214	97.3	용미리 제1묘지

주 : 현재 서울시립장사시설은 서울시립승화원(경기도 고양시)과 서울추모공원(서울특별시 서초구)의 2곳이 운영되고 있음.
자료 : 서울특별시시설관리공단 장묘센터 내부자료(2011)

'왕릉식납골당'을 끝으로 서울시에서는 더 이상 봉안시설을 건립하지 않고 민간에서 건립한 봉안당을 활용하기로 방침을 세웠다. 이에 따라 입지를 선정 중이던 제4, 제5봉안당 건립계획은 중단되었고,[63] 2003년 5월에는 서울시 봉안시설에 유골 반입이 중단되었다. 이와 함께 1999년에 기본계획을 세워 추진하던 원지동 서울추모공원은 시민들의 반대와 님비현상으로 어렵게 되었다. 이에 서울시는 당초의 계획을 변경하여 국가중앙의료원을 이곳으로 이전하고 화장로 11기만 짓는 등 계획을 수정하기에 이르렀다. 그러나 건설교통부의 「그린벨트 특별조치법 개정안」에 따라 병원건립마저 무산될 위기에 빠져 더욱 난항을 겪었

62_ 박태호, 앞의 책((사)한국장묘문화개혁범국민협의회, 2003), 88~98쪽 참조.
63_ 위의 책, 98쪽.

다.[64]- 이후 2001년 12월부터 인근 지역민이 반대 소송을 제기했지만 결국에 2007년 4월 12일 소송은 종결됐다. 그리고 곧바로 2008년 6월에는 당시 국토해양부와 도시관리계획 변경 협의를 완료하였다. 비로소 서울추모공원은 화장장 및 봉안시설과 자연장, 산골시설 등을 모두 갖춘 종합장사시설로서 2009년 12월부터 공사가 들어가 2011년 12월에 준공되었다. 추모공원 건립은 서울시가 인근 새원마을 주민들에게 5년간 부대시설의 식당 및 매점 운영혜택과 내곡지구 보금자리 주택 우선입주권을 부여하는 등의 조율을 통하여 가능하게 되었다.[65]-

〈표 13〉 전국 봉안당 현황

연도	개소수	봉안능력	봉안수	비고
1994	48	11,922	210,668	
1995	54	13,375	267,970	
1996	54	13,497	263,886	
1998	72	24,515	529,053	
2000	91	56,154	675,790	
2001	100	841,249	70,732	
2002	126	935,639	62,406	
2003	140	1,253,158	83,231	
2004	153	1,447,987	116,784	
2005	188	1,627,088	508,166	
2006	210	1,918,944	576,286	
2007	242	2,271,003	529,774	
2008	257	2,540,876	676,678	
2009	300	3,026,154	795,520	
2010	309	3,596,943	1,094,880	

자료 : 보건복지부, 『보건복지통계연보 2011』, 2011.

64_　김장하 기자, 「'원지동 국립의료원' 백지화될 듯」, YTN, 2004.3.8.
65_　서울추모공원 홈페이지(http://www.memorial-park.or.kr/) 연혁 참조.

그러나 〈표 13〉에서 보듯이 1994년에 48개였던 봉안당이 2010년에는 무려 309개로 늘어나는가 하면, 봉안실적 역시 11,922위였던 것이 2010년에는 1,094,880위로 무려 91배나 늘어날 정도로 급속히 증가함에 따라 공립 시설수급으로는 한계가 있을 수밖에 없었다. 그 중에서도 서울시가 가장 문제였다. 2004년 충남 금산군 추부면 서대리 서대산 소재 일불사가 사찰에서 운영하는 납골당(2만 위 규모) 가운데 1만 위를 서울시에 기증해 왔고, 서울시가 이를 받아들이면서 상당한 논란이 되었다.[66]

시립 봉안시설의 유골 반입 중단 등 서울시의 정책에 따라 경기도를 비롯한 주변의 사설 봉안당 사업이 활기를 띠고 있다. 공설에 비해 다소 고가인 것이 단점이긴 하지만 시설, 서비스 등에 있어서 수준급의 봉안당이 계속 건립되고 있다.[67] 최근 서울시의 각 구청과 지자체가 컨소시엄 형식으로 봉안시설 건립을 추진하고 있으나 아직까지는 태부족이다. 이와 함께 경기도 등에서는 기존의 공원묘지나 공동묘지를 리모델링하여 봉안묘를 설치하는 방향으로 대책을 세우고 있어 기대된다.

화장이란 매장과는 달리 타고 남은 화장유골火葬遺骨을 처리하기 위해 최소한 또 한 차례의 절차를 필요로 하는 복차장複次葬이라는 특징이 있다. 따라서 화장 후 유골을 봉안 혹은 장골葬骨하는[68] 방법과 분골粉骨하여 자연에 뿌리는 산골散骨이라는 2가지 방법이 있다.

봉안묘나 봉안당 등 추모시설의 발달 배경에는 한국인의 조상숭배 전통이 깔려 있다. 즉 화장을 하더라도 조상의 뼈를 버리지 않고 봉안하고, 추모시설을

66_ 윤진 기자, 「시립 납골당 필요 없다더니 또 유치?」, 『한겨레』, 2004.6.1.

67_ 2003년 12월 31일 현재 경기도에는 공설 2, 종교단체 12, 법인 2, 개인 4개의 봉안당이 있는 것으로 집계되었다(보건복지부 내부자료, 2004년 9월 작성).

68_ 장골葬骨이라는 용어는 고려시대에 화장 후 유골을 매장하는 것을 지칭하는 용어로 장葬이라는 용어가 13회, 장골이라는 용어가 2회 등장하는 예를 따랐다. 이에 비해 정길자는 매골埋骨이라고 하였다(정길자, 앞의 글(역사학회, 1985), 56쪽 참조].

기념비처럼 세워 향후 제사를 봉행할 수 있도록 한다는 것이다. 이는 오랜 기간 형성된 조상숭배의 문화적 전통을 지속하기 위해 외형은 화장으로 바뀌었다 하더라도 추모시설을 만드는 전통이 지속되는 것으로 해석된다.

이에 따라 일본식 납골방식을 따른다 하더라도 봉안관습은 자연스럽게 수용되었던 것으로 보인다. 기존의 문중묘지들이 문중봉안묘(堂)로 바뀌고 있고, 가족봉안당(墓)이 이미 상당수 보급되는 것으로 보아 봉안관습은 당분간 지속될 것으로 보인다. 그러나 현재 「장사등에 관한 법률」로 수용된 수목장樹木葬은 또 한 번의 소용돌이를 예고하고 있다.

이와 함께 2004년부터 불어오는 수목장 등 자연장도 선호도를 더해가고 있다. "자연장이란 화장한 유골의 골분骨粉을 수목·화초·잔디 등의 밑이나 주변에 묻어 장사하는 것을 말한다."고 「장사등에 관한 법률」에서 정하고 있다. 자연장 중에서도 최근 각광을 받고 있는 수목장이 높은 선호도를 나타내는데, 스위스에서 시작되어 독일, 일본, 한국으로 전파되고 있는 실정이다 .

2009년 한국보건사회연구원이 전국 16개 시도의 30세 이상 성인남녀 1,200명 대상으로 자연장 국민의식 조사를 한 결과, 본인의 장례방법으로 80.4%가 화장을 할 것으로 나타났다. 이 중 52.4%가 자연장(수목장)을 선택하였고, 산골은 24.6%, 봉안시설이용은 22.7%으로 조사되었다. 자연장을 선택하는 이유에서는 친환경적인 장사 방법으로 인식하거나 국토 효율의 이용에 대한 생각, 유지관리비의 편리성 등을 내세우며 긍정적인 답을 하였다. 이렇듯 응답자의 반 이상은 자연친화적인 장법을 선호하는 것으로 보인다.[69]

69_ 김수봉 외, 『자연장 활성화 방안 연구』(한국보건사회연구원, 2009), 61~94쪽.

2) 예법에서 간소화로 변화된 의례절차

(1) 「의례준칙」, 「가정의례준칙」, 「건전가정의례준칙」

유교식 상례의 변화를 이야기할 때 가장 먼저 떠오르는 것이 삼년상의 쇠퇴와 폐지이다. 유교식 상례의 삼년상은 사회 문화적 환경변화, 서구 종교의 영향으로 인해 상당히 부정적인 것으로 인식되어[70] 사라진 것으로 보인다. 뿐만 아니라 삼년상의 소멸은 이보다 앞선 「가정의례준칙」과 관련이 있다. 근대로 들어서면서 관혼상제와 관련된 의례를 법률 혹은 규칙으로 제재를 가하기 시작한 것은 1912년의 「묘지, 화장장 매장 및 화장 단속규칙墓地, 火葬場, 埋葬及火葬 取締規則」 24조의 공포가 그 처음이다. 이 규칙의 핵심은 매장보다는 화장을 권하고 있고, 또한 매장의 신고제, 개인별 분묘보다는 공동묘지를 이용하도록 강제하고 있다.[71]

그 후 1934년 11월 10일 총독부는 의례의 간소화를 위해 「의례준칙」을 제정 공포한다.

> 생활양식生活樣式 중中 각종各種 의례儀禮와 같은 것은 구태舊態가 의연依然하여 오히려 개선改善할 여지餘地가 작지 않다. 그 중中에서 혼장례婚葬禮 3가지의 형식관례形式慣例와 같은 것은 지나치게 번문욕례繁文縟禮하여… 엄숙嚴肅하여야 할 의례儀禮도 종종 형식形式의 말절末節에 구니拘泥되어 그 정신精神을 몰각沒却하지 아니할까를 우려憂慮할 정도에 이르렀다. 지금에 와서 이를 혁정개역革正改易하지 않으면 민중民衆의 소실所失을 예측할 수 없을 뿐만 아니라 지방地方의 진흥振興과 국력國力의 신장伸張을 저해하는 일이 실로 작지 않을 것이다…[72]

70_ 김기현, 앞의 글(1999), 29쪽.
71_ 장철수, 「平生儀禮와 政策」, 『비교민속학』 10(비교민속학회, 1993), 58쪽.
72_ 宇垣一成, 「諭告」, 『朝鮮儀禮準則』(朝鮮總督府編, 1934), 1~3面.

실학자들의 비판도 있었지만, 우가키 가즈시게宇垣一成(1868~1956)는 유고諭告에서 문화적 전통으로 전승되는 유교식 상례를 번문욕례한 것으로 치부한다. 그래서 유교식 의례를 개선하지 않으면 국력 신장에 막대한 지장을 초래하는 것처럼 이야기하면서 간소화를 강조하고 있다.

「의례준칙」 중 상례의 경우 전통적인 절차를 무시하고, 상주·상복·습렴·상기 등 복잡한 부분만 발췌하여 새로이 20항목의 절차를 제시하였다. 상례 중 제한하는 내용은 성복의 절차를 생략하고 염습이 끝나면 바로 상복을 입도록 하고 있다. 상복은 굴건제복이 아니라 두루마기에 통두건을 착용하거나 상장喪章을 달도록 제한하고, 양복을 입을 경우에는 왼쪽팔에 검은색 완장을 차도록 하고 있다. 시신 처리 기간인 상기는 5일을 원칙으로 하여 14일까지로 단축하였으나, 복을 입는 기간인 복기服期는 2개월~2년으로 크게 제한하지는 않았다. 그리고 혼백이 아니라 지방을 사용하게 하고, 상례 절차에서 신주를 만드는 제주에 대한 내용이 없어졌다. 또한 우제 역시 삼우제를 1회의 우제로 단축시킨다.

조선총독부의 문화통치를 위한 이 두 규정으로 인해 한국에서는 '가정의례'와 개인의 '무덤과 묘지'는 지금까지도 법적인 제재를 받게 된다. 이 「의례준칙」에 토대를 둔 「가정의례준칙」에 대해 허례허식을 일소하였다는 긍정적 평가를 내리기도 하지만,[73] 이는 한국 의례 문화 전통에 내포된 상징성을 무시하고 형식화를 불러왔으며, 한국인이 스스로 자신의 문화를 말살했다는 비판을 면할 수는 없다.

조선총독부는 「의례준칙」을 제정한 후 1937년에는 이중과세二重過歲를 금지하게 하였다.[74] 해방 후 1950년에 「묘지규칙」을 개정하여 매장의 신고제를 허가제로 변경하였다. 그리고 1956년 재건국민운동본부에서 「표준의례」를 제정하여 발포하였다. 이를 위해 1955년부터 '재건국민운동본부'에서는 「표준의례」를 재정

73_ 장석만, 「한국 의례 담론의 형성－유교 허례허식의 비판과 근대성」, 『종교문화비평』 1(한국종교문화연구소(구한국종교연구회), 2002), 22~23쪽.

74_ 장철수, 앞의 글(1993), 59쪽.

하기 위한 '혼상제례준칙제정위원회婚喪祭禮準則制定委員會'를 구성하여 1957년 「의례 규범」이 완성되는 등의 일련의 준비과정을 거쳐 1961년에 「표준의례」의 성문화를 완성한다. 1955년 약 24명으로 구성된 기초위원 및 심의위원이 20여 차례의 회의를 통해 규정을 제정하였다. 이때 혼상제례준칙제정위원회 발기인회를 37명으로 구성하였다. 그리고 발기인회에서 준비위원 20명을 선출하고, 준비위원회에서 기초위원 9명을 선출하였으며 심의위원은 50명으로 구성하였다. 그리고 제정위원은 교육계 63명, 언론계 44명, 정계 170명, 관계 81명, 기타 각계 107명 등 465명으로 혼상제례준칙제정위원회를 조직하여 「표준의례」를 준비하였다.[75]

이 위원회에서 1년 이상 준비를 하여 「의례규범儀禮規範」이 거의 완성될 무렵 보건사회부에서도 1956년 조근영趙根泳 등 4명을 위원으로 하여 「의례규범」을 정하였는데, 내용이 대동소이하였다. 그래서 해설서 1,000부를 발간하여 전국 각계각층에 보내어 수정 회답을 받아 본 결과 수정사항이 있어 이를 수정하고 대대적인 선전을 하려던 차에 보건사회부의 장차관과 국과장이 중심이 되어 일방적인 수정을 하여 기초안과 많은 차이와 모순점이 발생하게 되었다. 이에 전기한 준칙위원회에서 국회의장에게 건의하여 보건사회분과위원회保健社會分科委員會를 중심으로 양쪽 위원들의 회의를 거쳐 2년 동안 수정한 결과 1959년 단일안을 마련하였다.

그러나 당시 자유당정부自由黨政府는 선거의 악영향을 우려하여 선거 후에 발표하기로 하였으나 4·19혁명과 장정권張政權의 등장으로 힘들어졌다. 그러나 혁명정부에서는 의례를 대폭 간소화하고 실천운동을 적극적으로 하여 의례준칙을 마련하게 되었다. "오인吾人의 조사에 의하면 의례의 간소화로 인하여 국민의 시간절약도 방대하지마는 매년 약 칠백억 환(현재의 3할 정도로도 충분)[76]의 경비절약이 가능하리라고 확신한다."[77]고 한 것처럼 의례의 간소화를 목적으로 「표준의례」

75_ 김종범·조태문 편술, 『의례규범해설』(상제의례준칙제정위원회, 1957), 1~10쪽.
76_ 당시 쌀 1가마가 5천 환이었으므로 1천 4백만 가마니에 해당되어 현재 가치로는 1가마당 16만 5천 원으로 계산하더라도 2조 3천 1백억이나 된다고 보았다.

동아일보(1969.3.5)

가 제정되었음을 알 수 있다.

1967년에는 「국장·국민장에 관한 법률」이 공포되었고[78] 1969년에는 「가정의례준칙」이 법률로 공포되었다. 1969년 1월 16일 법률 제 2079호로 「가정의례준칙에관한법률」이 공포되고, 이와 동시에 대통령령 제 3740호로 그 「시행령」이 발포되었다. 시행령의 내용은 법제3조2항의 가정의례심의위원회에 관한 시행령으로 구성되어 있다. 2개월 후 1969년 3월 15일 대통령고시 제15호로 「가정의례준칙」이 발포되어 가정의례준칙이 법적인 효력을 발생하게 되었고, 또한 개인의 가정의례를 정부에서 간섭하는 모양새를 가지게 되었다.

이때 박정희 대통령이 '「가정의례준칙」 공포에 즈음하여'라는 제목으로 발표한 담화문 역시 조선총독부의 「의례준칙」과 다를 바가 없다.

> …번잡한 옛 의례에 따르는 고루固陋와 낭비가 빨리 시정되기를 바라마지 않는 바입니다. …또 한편으로는 생활의 역사적 사회적 변화에 따라 수정되어 발전하지 않는 한 우리 생활은 불편과 번거로움을 면치 못할 것입니다. …(중략)…
>
> 지금 우리는 모든 국민이 한 덩어리가 되어 조국근대화작업에 총력을 기울이고 있습니다. 그러나 먼저 생활의 합리화·근대화가 이룩되지 않는 한 이 과업 수행은 어려운 것입니다.

77_ 金鐘範 編述, 『再建國民運動本部制定 標準儀禮 解說』(중앙정경연구소, 1961), 20~21쪽 참조.
78_ 1967년 1월 16일 법률 제1884호로 공포되었고, 2011년 5월 30일 「국가장법」(법률 제10741호)으로 전부 개정되어 2011년 8월 31일부로 시행되었다.

…정녕 우리는 예부터 「동방예의지국」이라는 이름 아래 일상생활에서 조차
남의 이목과 체면을 두려워한 나머지, 오랫동안 허례허식에 얽매어 왔습니다…

전통의례는 고루하고 낭비한 것이며, 동방예의지국이라는 미명 아래 지나치게 예를 중시하여 폐가 되고 있고, 형식적인 것이 많아 조국 근대화에 막대한 걸림돌이 된다는 것이다. 그래서 전통적인 의례의 형식과 허례허식을 일소하고 모든 의례를 간소화 하여 조국 근대화 사업을 위해 몸소 실천해야 한다고 주장하고 있다.

그러나 법률로 공포한 「가정의례준칙」은 가정의례가 실정법령實定法令으로 규제를 받게 만들었고, 다른 하나는 강제규정이 전혀 없다는 양면성을 가지고 있었다.[79] 이 법은 강제성이 없어 사생활 영역 중 어느 부분보다도 보수성이 강하고, 개혁하기 어려운 가정의례를 시대적 변천에 부응되도록 합리화하기란 어려운 일이었기[80] 때문에 1973년에 이르러 다시 제정하게 된다. 즉, "가정의례에 있어서 허례허식을 일소하고 그 의식절차를 합리화함으로써 낭비를 억제하고 건전한 사회기풍을 진작함을 목적으로 한다."[81]는 목적을 내세워 법률을 제정하였던 것이다. 이 법의 공포로 「가정의례에관한법률시행령」(대통령령제6552호), 「가정의례에관한법률시행규칙」(보건사회부령제411호)이 제정되어 드디어 법적인 강제성과 규제가 가능해졌다.

이후 이 법은 1980년 12월 31일에 법률 제3319호로, 1981년 3월 16일에 대통령령 제10254호로 그 시행령이 개정되었다. 1985년 3월 30일 「가정의례에관한법률시행령」은 다시 대통령령 제11670호로 개정된다. 그 후 1993년 12월 27일에

79_ 李斗鉉, 『가정의례법령해설』(남문각, 1973), 11쪽.
80_ 위의 책, 11쪽.
81_ 1973년 3월 13일 공포된 「가정의례에관한법률」(법률제2064호)의 제1조(목적).

법률이, 1994년 7월 7일 시행령이 개정되었으며, 1999년 2월 8일에는 「건전가정의례의 정착 및 지원에 관한 법률」로 개정되었고, 2008년 10월 14일 다시 개정되어 오늘에 이르고 있다.

(2) 상례절차의 간소화 강제

1934년에 공포된 「의례준칙」의 내용 중 상례에 대한 규정은 총 20개의 항목으로 되어 있다. 내용은 상례의 순차적인 진행을 위한 절차의 제시보다는 전통상례에서 행하여 왔던 항목 중 문제의 소지가 있는 항목 20개를 선정하여 규정한 것으로 보인다. 「의례준칙」이 제시하고 있는 20개 항목을 『사례편람』과 비교하여 전통상례가 「의례준칙」에서 어떻게 적용되고 있는가를 파악할 수 있을 것이다.

① 〈임종臨終〉: 『사례편람』의 최초 대절차인 「초종의」에서 행하는 의례로서 "병이 중하면 정침으로 옮기고[薦居正寢] 숨이 끊어지기를 기다리는데[內外安靜以竢], 절명絶命하면 곡을 어지러이 한다."[82]는 절차에 해당한다. 이 준칙에서는 초종의 절차 중에서 죽음을 맞이한다는 임종만 설명하고 있다.[83] 그 결과 「초종의」에서 행해지는 역복불식, 곡, 복, 설치철족 등의 소절차가 생략되어 있다.

② 〈상주喪主〉: 상주를 세우고[立喪主], 상례를 진행할 사람들의 역할을 분담을 하는 절차로 『사례편람』의 「초종의」에서 행하는 소절차이다.

③ 〈호상護喪〉: 입상주에 해당하는 절차이지만, 장의위원이라고 하여 상례의 절차를 집례하는 사람을 정하는 절차로 제시하고 있다.

④ 〈부고訃告〉: 『사례편람』의 "부고訃告를 보내 상을 알린다."는 절차와 동일

82_ 『四禮便覽』, 「初終儀」조. 이하 구체적인 각주 표시를 생략함.
83_ 사실 임종이라는 말은 『家禮』, 『四禮便覽』을 비롯한 예서에는 등장하지 않는다.

하나 대절차로 내세운 점이 다르다.

⑤ 〈습급렴襲及斂〉: 『사례편람』의 사후 1일째의 습, 2일째의 소렴, 3일째 대렴의 절차를 한꺼번에 처리하도록 간소화 하였다. '염습'이라는 말이 나온 배경으로 보인다.

⑥ 〈영좌靈座〉: 『사례편람』 「습」의 절차에서 행하는 "치영좌설혼백置靈座設魂帛"의 절차에 해당한다. 이미 이때에 사진이 들어왔기 때문에 혼백魂帛 뿐만 아니라 영정影幀으로서 사진을 모실 수 있도록 하고 있다.[84] 그런데 혼백 대신 지방을 써서 모시게 한 것은 혼백에 대한 정확한 이해가 없었기 때문일 것이다.

⑦ 〈명정銘旌〉: 「습」의 입명정에 해당하는 절차이다. 남녀를 구분하지 않았다.

⑧ 〈상복급상장喪服及喪章〉: 「성복」에 해당하는 절차이다. 오복제도를 생략하고 두루마기와 통두건만으로 상복을 규정하고 있다. 여성의 양장에는 리본을, 남자의 양복에는 완장을 차도록 규정하였다.

⑨ 〈장일葬日〉: 「치장」의 절차에 해당한다. 『사례편람』에는 규정이 없으나 장사 기간을 제한한 것은 장사 기간이 길어지는 낭비를 막기 위한 것으로 보인다. 이에 따라 3일장, 5일장이라는 용어가 등장한 것으로 보인다.

⑩ 〈영결永訣〉: 유교식 상례에서는 어디에서도 볼 수 없는 새로운 절차로 견전과 대비되지만 '특수한 사정이 없는 한 상가에서 행하여야 한다'는 조건이 있어 견전과도 차이가 있다. 서양종교의 영향이 클 것으로 보인다.[85] 요즘 장례식장 영결식의 기원이다.

⑪ 〈발인發靷〉: 발인시간을 이른 아침으로 정한 것은 작업시간의 단축을 목

84_ 우리나라에 사진이 처음 들어온 것은 1884년 지운영池運英이 일본에서 사진술을 배워 마동麻洞에 사진관을 차린 때부터이다(야후 백과사전).

85_ 『增補四禮便覽』에 의하면 기독교인들은 교회에서 기도식을 한 후에 발인하는 것으로 되어 있는데, 이 기도식이 영결식으로 발전된 것으로 보인다[世昌書舘編輯部編纂, 『懸吐註解四禮便覽』(世昌書舘, 1900), 338쪽].

적으로 한 것처럼 보인다.[86]- 행상行喪을 할 때 선소리[呼唱]를 못하게 하고 정숙하게 하여야 한다고 규정하고 있다. 상례의 축제성을 인정하지 않고 있다.

⑫ 〈천광급회격穿壙及灰隔〉: 해설에 의하면 호리狐狸의 발굴, 목근의 천입을 방지하기 위해 회격灰隔을 하는 것으로 되어 있다.[87]- 화장에 대한 언급은 없다.

⑬ 〈하관급성분下棺及成墳〉: 봉분의 조성에 대해서만 언급하고 있고, 유교식 상례의 급묘라는 절차를 생략하여 하관의 중요성을 의도적으로 배제하고 있다.

⑭ 〈위안제慰安祭〉: 성분 후에 묘 앞에서 행한다는 것 정도로 기술하고, 제주전에 대한 언급이 없어 유교식 상례의 문화적 전통을 인정하지 않고 있다.

⑮ 〈우제虞祭〉: 우제의 원래 의미와는 달리 초상의 분위기를 일소하는 절차로 간주하였을 뿐만 아니라 3회는 중복이므로 1회로 제한하고 있어 조상신의 승화 과정과 충격을 흡수하는 전통상례의 기능성을 인정하지 않고 있다.

⑯ 〈상식上食〉: 유교식 상례의 규정을 그대로 수용하고 있으나 상기 중에만 행하는 것으로 제한하고 있다.

⑰ 〈삭망전배朔望奠拜〉: 매월 삭망이 되면 전물을 올리지 않고, 분향재배만 하도록 정하였다.

⑱ 〈소상제급대상제小祥祭及大祥祭〉: 상기喪期에 따라 소상 혹은 대상 후에 탈상하는 것으로 규정하고 있다. 이때 지방과 혼백 등을 소각하도록 하고, 고인의 영혼이 조상신으로 승화시키는 과정을 설명하지 않았다.

⑲ 〈조위弔慰〉: 부의를 현물보다는 현금으로 하도록 하고, 문상시 곡을 금지

86_ 朝鮮總督府, 『朝鮮總督府制定의 儀禮準則과 그 解說』(京城 : 朝鮮通信社, 연도미상), 35쪽.
87_ 위의 책, 35쪽.

시키고 있다. 영전에 참배하지 못하게 하고 있어 고인에 대한 의례는 금지하고 상주와의 인사만 강조하고 있다.

⑳ 〈상기급상복喪期及喪服〉: 상기에는 출근이나 일을 해서는 안 되는 것으로 설명하고 있다. 상기는 장사 즉, 매장을 위해 소요되는 시간으로 5일~14일로 규정하고 있는데, 오복의 예에 따라 이를 간소화시킨 것으로 보인다. 그리고 복기 중에는 화려한 복식을 착용하지 못하게 하고 있다.

한편 「의례준칙」을 토대로 만들어진 「가정의례준칙」(1969)의 상례 부분은 1934년의 「의례준칙」과 큰 차이는 없다. 그 내용을 『사례편람』, 「의례준칙」과 비교하여 보면 다음과 같다.

제15조(임종) : 병자의 유언을 기록한다는 규정이 있고, 임종에 대한 내용과 부고를 명확히 하였다. 또한 면역성이 약한 어린아이의 병실출입을 금지시키고 있다.[88]

제16조(수시) : '설치철족'에 해당하는 절차이다.

제17조(발상) : 검소한 옷으로 갈아입고 근신하는 것이라고 설명하고 있다. 역복불식이라는 초종의의 소절차에 해당하는 것으로 설명할 수 있다.

제18조(상제) : 『사례편람』에서 상주는 비속의 형제를 모두 포함하는 용어이다. 장자를 '주상主喪'으로 표현하고 그 외의 복인들을 '상제'[89]라고 하여 구분하고 있다.

제19조(복인) : 「의례준칙」에서는 '제8조 상복조'에서 설명하고 있고, 『사례편

88_ 보건사회부, 『가정의례준칙 해설』(보건사회부, 1969), 44쪽.
89_ 상제라는 말은 어떤 예서에서도 언급되지 않은 용어이다. 상제는 서울 경기지역의 사투리로 생각되는데, 최초로 등장한 시기는 아마도 1961년에 발간된, 朴昌奎 編, 『婚喪祭禮要鑑』(大造社, 1961), 48쪽에서 처음으로 사용된 것으로 보인다. 그 이후에 「가정의례준칙」(대통령고시 제15호 1969.3.15)에서 사용됨으로서 법령에서 보편화 된 것으로 보인다.

람』에서는 성복에서 다루는 내용이다. 내용은 8촌 이내의 친족으로 복인의 범위를 정하고 있어 전통적인 오복제를 간소화 하였다.

제20조(호상) : 「의례준칙」 및 『사례편람』과 같은 내용이다.

제21조(부고) : 단체명의의 부고를 금하는 규제 조항이 들어 있다.

제22조(입관) : 운명 후 24시간 후에 한다는 규정을 두었다. 습과 소·대렴을 한꺼번에 설명하고 있어 시신을 다루는 의례를 간소화 하였다.

제23조(영좌) : 영좌를 차리는 법에 대해 설명하고 있다.

제24조(명정) : 명정의 식은 전통적인 방법과 같으나 한글로 쓰게 하고 있다.

제26조(성복) : 입관 후에 하되 성복제를 지내지 않도록 규정하였다. 그러나 원래 성복제라는 절차는 존재하지 않는다. 단지 성복을 하는 날 아침에 올리는 조전이 성복제처럼 보일 뿐이다.

제26조(상복) : 상복의 형태를 설명하였다. 한복과 양복을 모두 허용하고, 또한 삼베로 만든 상장을 달도록 하고, 「의례준칙」의 완장에 대한 규정이 사라졌다. 복인의 경우는 마포로 만든 상장을 가슴에 달도록 하고 있다.

제27조(조문) : 성복이 끝나면 문상을 받는 것으로 되어 있어 『사례편람』과 절차가 동일하나 조弔라는 용어 대신에 '조문弔問'이라는 용어를 사용하고 있다. 「의례준칙」에서는 이를 조위弔慰라고 하였다. 음식접대, 조화를 금하고 있다.

제28조(장일) : 장사는 5일 이내에 지낸다고 하였는데, 「의례준칙」과 동일하다.

제29조(장사) : 매장뿐만 아니라 화장을 허용하고 있다.

제30조(장지) : 공동묘지와 납골당을 원칙으로 제시하고 있다.

제31조(천광) : 「의례준칙」에는 광중의 깊이를 제한하지 않았으나 남좌여우의 합장시 위치를 제시한 점이 다르다.

제32조(횡대 및 지석) : 「의례준칙」에는 규정되지 않은 절차로서, 『사례편람』의 급묘 후에 행하는 하관의 절차인 내폄乃窆에 해당된다.

제33조(영결식) : 「의례준칙」에서 처음 등장한 절차로 견전을 대신하는 절차

이다. 즉 송별의 범위를 확대하여 일반 참석자들도 참석할 수 있게 한 배려로도 보인다.

제34조(운구) : 영구차 또는 영구수레를 원칙으로 하고, 부득이한 경우에는 상여로 운구하게 하고 있다. 「의례준칙」에는 없으나 운구 행렬 순서를 명기하였는데, 유교식 상례의 행상과 별 차이가 없다. 노제는 금하고 있다.

제35조(하관 및 성분) : 영구가 장지에 도착하는 즉시 하관하도록 규정하고 있어 풍수적 영향인 하관시를 인정하지 않는다. 회격과 지석을 묻는 일은 인정하나, 현훈으로 알려진 폐백은 금하고 있다.

제36조(위령제) : 성분이 끝난 후 행하는 평토제 혹은 성분제, 반혼제의 절차를 말한다. 이 위령제는 별도의 축문까지 있을 정도로 중요시되지만, 반곡의 절차를 생략하고, 우제는 지내지 못하도록 하였다.

제37조(첫성묘) : 장사 후 3일 만에 성묘하되 재우와 삼우제는 금하고 있다.

제38조(탈상) : 「의례준칙」에서 고인의 상기에 따라 복기服期를 달리했던 것과는 달리 복을 입는 기간을 생략하고, 탈상까지의 상기에 대하여 운명한 날로부터 부모, 조부모, 배우자는 100일, 그 외는 장일까지 복을 입도록 규정하였다. 즉, 상기는 상을 당한 당사자의 집안에서만 필요한 것이고 장남을 제외한 다른 모든 친인척의 복기는 인정하지 않는다는 의미이다. 그리고 상기 중 궤연几筵을 설치하지 않는 상태의 상기를 인정하고 있다. 탈상제는 기제에 준하게 하였다.

「가정의례준칙」은 상례의 절차 제시보다는 상례의 각 항목을 무작위로 제시하고 있다는 느낌이 든다. 예를 들면 상복은 어떤 것을 입어야 하고, 영좌는 어떻게 만드는가 등의 세부적인 실행 방법만 제시하고 있어 상례 전반에 흐르는 본래의 뜻을 전달하지 못하고 있다. 즉, 상례는 살아 있는 사람들이 성원의 죽음이라는 공동체가 당면하는 절체절명의 위기를 극복해 가는 과정으로 되어 있음에도 불구하고 이러한 절차가 지닌 의미상의 중요성을 모두 무시한 채 전통적으로 전해 오는 절차의 부속적인 행위에만 치중하고 있어 이의 실천에는 상당한 어려움이 있었을 것으로 보인다.

「의례준칙」을 비롯한 「가정의례준칙」, 「건전가정의례준칙」의 공통된 특징은 상례절차의 간소화에 있다. 「의례준칙」의 경우는 대부분의 전통적인 절차를 수용하고 있으나 1969년의 「가정의례준칙」, 1973년 개정 「가정의례준칙」에서는 대폭적인 간소화를 표방하고 있다. 「가정의례준칙」에서 제시하는 대폭 간소화한 장례절차는[90]_ '시체거두기', '입관', '혼령자리(시체자리 설치)', '발인제', '관 나르기', '위령제'의 순서로 행한다. 위령제는 분향, 잔 올리기, 축문읽기, 배례의 순으로 하고, 화장을 할 경우에는 유골함으로 대신한다고 한다.

제시된 절차는 상례를 진행하는 데에 활용하기에는 무리가 있다. 또한 절차가 가지는 의례의 의미나 상징 역시 찾아볼 수 없다. 이는 의례 절차에는 그 의례가 의도하는 목적이 실려 있고, 또한 의례 절차의 순차적인 진행과정을 통해 의례의 상징화 과정을 거치면서 의례의 당위성을 확보한다. 특히 전통상례의 경우 다소 복잡해 보이기는 하나 그 의례적 과정Ritual Process을 거치는 과정에서 고인의 영혼을 조상신으로 승화시키고, 공동체 구성원의 죽음이라는 절체절명의 위기를 극복하는 기능이 있다. 그럼에도 불구하고 위에서 제시한 절차는 이러한 과정과 상징성, 의미 등을 모두 무시하고 있다. 전통적인 상례는 그 의례를 통해 공동체 구성원은 물론 외부와의 커뮤니케이션이 이루어지고 그들이 겪어야 하는 난관을 극복해가는 과정으로 되어 있다. 이처럼 다소 복잡한 과정으로 진행되는 의례를 요구하는 것은 성원의 죽음으로 인한 공동체의 위기를 공식적으로 극복해 줄 장치가 필요했기 때문이다.

시신을 처리하는 과정 역시 다분히 형식적이다. 앞에서 언급했지만 습과 염

90_ 李斗鉉, 앞의 책(1973), 48~49쪽.

은 단순히 시신을 갈무리하는 것이 아니라 시신을 정결하고 위생적으로 처리하여 가능한 한 잘 보존하기 위한 장치였다. 그런데 제시된 절차는 단지 관습적으로 해 온 것이기 때문에 그 형식만을 제시한 것으로 보인다. 삼년상의 폐지, 의례 절차의 간소화는 유교식 상례가 가지는 의례적 상징성은 사라지고 형식적인 절차만 남겨 그 의미를 축소시키고 있다.

3) 집에서 장례식장으로 변화된 의례장소

(1) 장례식장의 등장

장례식장은 장례를 치르는 데 필요한 시설과 장례용품 등 각종 장례서비스를 제공하는 시설이다. 장례식장은 도시화라는 현대사회의 구조적 특성의 하나로 죽음을 대면한 사람들이 인간으로서 존엄성을 유지하며 사회적으로 의미 있는 장례의식과 장례방법을 요구함으로서 나타난 현상이라고 할 수 있다.[91]

장례식장의 등장 예고는 일제 강점기부터 있었다. 1934년 공포된 「의례준칙」에 의하면 공회당이 의례의 장소로 등장한다. 「의례준칙」으로 인해 생사관 및 생활공간관념의 변화와 함께 도시형 혼례와 상례의 등장 계기를 마련하면서 혼례식장과 장의사葬儀社[92]가 나타나기 시작하였다고 한다.[93] 이러한 장의사가 곧바로 병원장례식장으로 흡수된 것처럼 이야기하기도 하지만[94] 의문의 여지가 있다.

장의사의 탄생은 1950년대로 알려져 있고, 하는 일은 상례에 필요한 장례용품을 판매하고 간단하게 시신처리를 해주는 정도의 소규모 영세사업자가 대부분

91_ 산업자원부, 『장례서비스 표준화 연구』(산업자원부 기술표준원 · 서울보건대학, 2002), 20쪽. 심사과정에서 장례 전반이 아니라 '장례식장 서비스'로 규격을 한정하였음을 밝혀둔다.

92_ 장의사는 일본에서 들어온 것이다. 일본에서는 상례를 소기葬儀라 하고, 장례에 필요한 용품 등을 리스하거나 판매하는 곳을 소기샤葬儀社라고 한다.

93_ 장철수, 앞의 책(1995), 89쪽.

94_ 송현동, 앞의 글(2003), 300~301쪽.

이었다.[95] 또한 이들 장의사들은 산업화 및 도시화로 인하여 집이 아닌 시신을 안치하는 장소인 영안실에서 장례를 치렀다. 그러나 1993년 이후 장례식장 산업이 본격적으로 시작되면서 이들 영세 장의사는 급격히 쇠퇴하거나 장례식장으로 업종 전환을 하게 된다.[96]

장례관련 산업이 1996년 2,274개소에서 2001년에는 1,755개소로[97] 급격하게 줄어든 것도 장의사의 쇠퇴에 비해 장례식장이 늘어나고 있음을 단적으로 말해주는 것이다. 또한 보건복지부는 1997년부터 2001년까지 장기 저리의 장례식장 설치자금을 융자지원하는 정책을 폈다. 이는 장례식장의 설치 활성화 및 현대화를 촉진함으로써 선진 장례문화 정착 및 국민의 편의 등을 도모하기 위한 것이었다. 신청 자격은 장례식장을 신축 또는 증·개축하기 위하여 건축허가를 받았거나, 융자 신청일 현재 건축허가를 신청한 자면 가능하였다. 총융자액은 70억 원이며, 연리 7.7%에 5년 거치 7년 상환 조건이었다. 이 여파로 장례식장 수가 급격히 늘어났으며, 도심에서는 장의사 혹은 '영안실'이란 간판 대신 장례식장이란 간판이 익숙해져 가고 있었다.

사실 장례식장은 필연적인 변화였다. 왜냐하면, 사당이 있는 집에서 유교식 의례를 행하던 문화적 전통은 도시화로 인해 더 이상 지속이 불가능해졌다. 산업화에 따른 도시화는 농촌인구의 도시유입을 재촉하였고, 이에 따라 주거 환경은 공동주택을 위주로 한 고밀도화로 치닫게 된다. 이러한 주거환경에서는 전통사회에서처럼 집에서 죽음을 처리하기에는 무리가 따른다. 도시 거주자의 특성상 공통 관심사 부재로 농촌사회처럼 이웃관계를 형성할 수가 없다. 따라서 이웃과의 관계는 소원해지고 서로 꺼리는 일을 할 수 없는 상황에 이르면서 도시지역에

95_ 산업자원부, 앞의 책(2002), 19쪽.
96_ 실제로 현재 임대로 운영되는 장례식장의 운영자 중 상당수는 장의사 운영자였다고 한다(한국장례업협회).
97_ 통계청(http://kosis.nso.go.kr) DB 검색자료.

서 자택 혼례, 자택 장례 등은 불가능하게 되었다.[98]

　　다시 말하면 도시화에 따른 거주공간의 협소, 핵가족화, 사회전반의 편의주의의 확산은 장례서비스에 있어서 가정 이외의 다른 장례장소를 필요로 하게 되었다는 것이다. 이는 장례장소가 가정에서 집밖의 장소로 옮겨가고 있음을 말하는 것이다.[99] 일본 역시 산업화 도시화, 그리고 주택의 협소로 인해 집안에서 가정의례를 행할 수 없었기 때문에 혼인예식장, 장례식을 위한 회관會館을 발생시켰다고 한다.[100]

　　필립 아리에스Philippe Ares(1914~1984)에 따르면 아시아 국가뿐 아니라 유럽이나 미국에서 조차 인텔리들 사이에서는 자신의 집 주변에 시신을 두는 것을 지나칠 정도로 혐오스럽게 생각하고 있었다. 따라서 미국에서는 익명의 병원도 지나치게 개인적인 자택도 아닌 '중립적 장소'로서의 장례식장Funeral Home 즉, 죽은 자들을 접대하는 숙련되고 전문화된 일종의 장례식장 지배인에게 시신을 안치하게 하는 것을 창안하게 되었다고 한다.[101]

　　이러한 사회적 환경과 분위기가 장례식장을 탄생시키는 중요한 배경이 되기도 하였지만 국가의 끊임없는 특혜에 가까운 지원도 한 몫을 하였다.[102] 1969년 「가정의례준칙의 보급 및 실천 강화」 훈령을 제정하면서 가정의례준칙의 보급을 위하여 "관공서 등에서는 각종 회관, 공회당 등을 가정의례와 관련이 있는 의식의 장소로 제공하여야 한다."라고 하여 이미 가정의례가 집에서 공공의 장소로

98_　실제로 1980년대까지만 해도 고층 아파트의 이삿짐 운반을 위해 설치하였던 곤돌라Gondola에 영구를 실어서 내렸던 일, 이로 인해 주민 간에 불화가 있었던 일, 옆집에서 곡소리가 난다고 하여 파출소에 신고하는 일 등으로 인해 공동주택에서는 도저히 상례를 치를 여건이 되지 못하였다.

99_　장례식장의 등장배경에 대해 이필도「장례서비스산업의 현황과 발전방안」, 『한국장례문화학회지』 창간호(한국장례문화학회, 2002), 83~84쪽], 송현동[앞의 글(한국종교학회, 2003), 289~314쪽], 박정석[앞의 글(비교민속학회, 2003), 565~589쪽] 역시 주거공간의 협소, 공동주택을 그 이유의 하나로 들고 있다.

100_　김시덕, 「일본의 장제디렉터 제도」, 『장례문화연구』 2(한국장례문화학회, 2004), 57쪽.

101_　필립 아리에스 저·이종민 역, 『죽음의 역사』(동문선, 1999), 228쪽.

102_　이러한 내용에 대해서는 송현동, 앞의 글(2003), 302~303쪽 참조.

이동되고 있음을 암시하고 있다.[103] 이와 함께 1973년부터[104] 의례식장업儀禮式場業과 도구 등의 대여업이 허가제로 공식화되었고, 장례식장의 규격을 시행규칙으로 제시함으로서 장례식장의 공식화를 촉진한다.[105]

장례식장의 허가제는 20년 후인 1993년[106] 신고제로 바뀌면서 사실상 자율화 된다. 그리고 이 시행규칙의 부칙 경과조치로 기존 병원의 영안실이[107] 장례식장으로 인정되면서 의례식장의 신고대상이 된다. 이에 따라 병원 영안실에서 공식적으로 장례를 치를 수 있게 되면서[108] 병원장례식장의[109] 본격적인 태동을 예고한다. 무엇보다 2000년 장례식장이 신고제에서 자유업으로 정책이 바뀌면서 장례식장의 개수는 급증하게 된다.

2010년 12월 말 현재, 전국의 장례식장의 수는 984개로 1993년도까지 총 26개소였던 것에 비하면 17년 동안 약 38배에 가깝게 증가한다. 이는 1993년 경과조치의 결과로 판단된다. 또한 1999년부터 약 6년 동안 매해 50개 이상의 장례식장 수가 증가한 것을 보면 이러한 제도의 변화가 얼마만큼 장례식장의 수를 늘려가는지 쉽게 이해 할 수 있을 것이다.

하지만 문제는 자유업에 풀려있는 장례업계의 비양심적인 행동으로 이어지는 폐단들이다. 이에 급기야 정부는 이러한 해결 노력을 위하여 2010년에 장례식장 영업을 자유업에서 다시 신고제로 바꾼다. 이는 장례식장의 보건위생 수준 제고와 서비스의 질적 향상, 시설의 안정성 확보, 시설의 난립에 따른 과다경쟁 방지 등을 위한 조치였다.

103_ 「가정의례준칙의보급및실천강화」[제정 1969.5.3 국무총리훈령 제77호], "4. 공공시설물 이용편의 제공"
104_ 「가정의례준칙에관한법률」[전문개정 1973.3.13 법률 제2604호 보건사회부], 제5조.
105_ 「가정의례에관한법률시행규칙」[제정 1973.5.17 보건사회부령 411호], 제2조 시설기준.
106_ 「가정의례에관한법률」[전문개정 1993.12.27 법률 제4637호 보건사회부], 제5조.
107_ 의료법에 의하면 시체실屍體室이라고 한다.
108_ 「가정의례에관한법률」[전문개정 1993.12.27 법률 제4637호 보건사회부], 부칙 ③(영안실에 관한 경과조치).
109_ 병원장례식장의 경우 외국인의 눈에 다소 기형적으로 보이기도 한다. 병원의 경우 병을 치료하고 생명을 구하는 곳에서 죽음을 처리한다는 것이 이상하게 보인 것이다.

구분	계	서울	부산	대구	인천	광주	대전	울산	경기	강원	충북	충남	전북	전남	경북	경남	제주
1978	1	1															
1981	1														1		
1983	6									3		1			1	1	
1984	2														1	1	
1986	1	1															
1987	2				1				1								
1988	1			1													
1989	5	1							1	2						1	
1990	1												1				
1992	2										1		1				
1993	4	1		1						2							
1994	84	16	10	2	2	3	4		16	3		1	1	6	12	7	1
1995	18	1	2		1				6	1	1	1	2	1	1	1	
1996	20	5	2	1					3	1		1		1	1	3	
1997	28	3	3	4	2	3	1		5		1	1		2		3	
1998	35	4	2	2		3	1		5	1		1	5	2	5	3	1
1999	55	7	1		4			2	14	2	1	1	5	9	3	5	1
2000	70	9	7	1	3	2			13	1	4	8	3	4	8	2	
2001	54	4	3	5	1	1		1	14	3	2	5	6	4	1	4	
2002	84	10	10	4	2	3	2	2	15	2	2	6	10		4	5	1
2003	105	7	1	8	5	10		4	16	3	6	10	7	9	10	9	
2004	86	1	4	3	1	5		2	13	3	8	5	4	19	9	9	
2005	91	3	6	7	1		2	1	9	2	7	9	4	10	17	12	1
2006	29	1		1		1			2		3	3	2	4	3	8	1
소계	785	75	51	40	23	33	13	14	127	34	34	48	55	78	72	80	8
2007	847	74	54	42	20	36	13	18	135	35	45	53	59	85	79	89	10
2008	899	74	53	47	24	34	13	19	140	40	40	59	62	99	91	95	9
2009	943	74	55	46	24	37	14	21	148	41	43	64	64	104	96	102	10
2010	984	74	57	49	26	40	13	21	155	45	47	64	65	106	102	107	13

주1: 1978년~2006년 현황은 연도별, 지역별 신설 장례식장 현황이고, 소계는 2006년도까지 전국 장례식장 현황임.
주2: 2007년~2010년 연도별, 지역별 전국장례식장 현황임.
자료 : 보건복지부 내부자료, 2011.

이러한 단시간의 기하급수적인 증가 원인은 건축기간 등을 고려해 볼 때 전문장례식장의 신축이 아니라 기존 병원 영안실을 장례식장으로 개조한 결과로 볼 수 있겠다. 그렇지만 이러한 기하급수적인 증가는 오히려 부정적인 현상을 낳기도 하였다. 2010년도 1일 평균 사망자 수는 약 700명인데[110] 비해 2009년 장례식장의 빈소수는 4,409개로 무려 6.3배나 된다. 이는 현재 장례식장의 증가추세가 연간 사망자 수에 비해 이미 공급과잉 상태로 가고 있음을 극명하게 보여주는 현상이다. 그럼에도 불구하고 현재 장례식장은 계속적으로 증가되고 있어 대책이 요구된다.

또한 앞서 잠깐 언급 한 것처럼 정부에서는 장례식장 설치의 활성화 및 현대화를 촉진하고 선진 장례문화 정착 및 국민 편의를 도모하기 위해 1996년부터 장례식장의 융자사업지침을 마련하여 장례식장 설치를 권장하였다.[111] 이에 병원이 장례식장을 본격적으로 운영함에 따라 1994년 S의료원 장례식장이 호텔로비와 같은 1층 로비를 꾸며 화제를 불러일으키자[112] 서울의 대형 병원 장례식장을 중심으로 리모델링을 실시하여 점점 고급화되어 가고 있다.

의료시설의 발달과 의료보험제도의 확대, 병원에서의 사망비율 증가가 병원 장례식장의 등장 배경이 되기도 한다.[113] 즉, 병원 이용률 증가에 따라 병원에서의 사망비율이 늘어나고 이것은 자연적으로 영안실에서의 장례를 치르게 되었다는 것이다.[114] 이와 함께 거주공간, 사회적 환경 등으로 인해 불편한 집보다는 장례식장이 더욱 편리한 구세주와 같은 공간으로 등장했을 것이다. 이러한 편의주의 역시 장례식장의 등장배경이 된다.

110_ 2010년 현재 전체 사망자수 255,403명을 365일로 나누어 산출하였다.
111_ 이필도·박인·송인주·박종서·박희정, 『장례식장 및 납골시설 융자사업 평가』(한국보건사회연구원, 1999) 참조.
112_ 조관연, 앞의 글(1997), 205쪽.
113_ 박정석, 앞의 글(2003), 570쪽.
114_ 이현송·이필도, 『장의제도의 현황과 발전방향』(한국보건사회연구원, 1995), 27쪽.

한편 보건위생적인 시신처리 요구 역시 장례식장을 요구하는 배경이 된다. 아마도 장례식장의 빈소, 접객실과 시신 혹은 영구를 안치하는 안치실이 물리적으로 분리되어 시신으로부터 감염 가능성을 최소화하였기 때문이다. 이는 장례식장이 보건위생적 서비스 요구에 부응하는 의미에서 발생되었다는 것을 의미한다.[115] 이미 엠바밍Embalming이 국내에 유입되어 있고,[116] 시신으로 인한 장례관련 종사자의 감염 가능성과 위험성에 대한 연구 역시 활발히 진행되고 있다.[117]

이러한 현상을 두고 "장례식장에서는 사자는 시체실에 있고, 빈소는 다른 장소에 있어 집과는 달리 사자와 산자의 단절이 이루어지고 있고 살아 있는 자를 위한 장례만 있다."고 지적하기도 한다.[118] 그러나 전통사회에서도 토롱土壟, 토감土坎, 외빈外殯 등으로 지칭되는 빈殯이 있어 시신 혹은 영구가 영좌라고도 하는 빈소에 있는 경우는 드물다. 일본의 경우 장례식장의 제단祭壇 바로 앞에 영구를 안치할 수 있도록 설계되어 있고, 장례식장에 따라서는 이를 위한 이동식 시신 안치용 냉동보관장치가 있는 곳도 있다.

앞에서 언급한 것들과 관련되어 있지만 직장생활을 하는 현대인으로서는 굳이 전통적인 상례절차가 아니라 하더라도 체계적으로 죽음 처리를 하기에는 무리가 따른다. 학교에서도, 직장에서도 이러한 교육을 받을 기회가 없기 때문에 이는 당연한 일다. 이러한 상황에서 시키는 대로 따라 할 수 있는 장례식장은 이들에게 당황하지 않고, 장소의 구애를 받지 않으며, 주변의 아는 사람들에게도 미안하지 않은 대안이다. 문상을 하는 사람들에게도 장례식장은 매우 편리한 장소이다. 서울을 중심으로 보면 근무시간 중에 잠깐의 시간을 내서 다녀올 수 있

115_ 산업자원부, 앞의 책(2002), 20쪽.
116_ 엠바밍은 처음 외국인의 시신을 본국으로 귀환하기 위해 미국 규격에 따라 행해졌다.
117_ 윤정의·황규성, 「장례관련 종사자의 질병감염 위험성에 대한 고찰」, 『한국장례문화학회지』 창간호(한국장례문화학회, 2002), 189~204쪽.
118_ 송현동, 앞의 글(2003), 308쪽.

는 편리함을 제공하고 있다. 따라서 장례식장은 여러 면에서 편리한 공간으로 인식되면서 자연스럽게 자리 잡은 것으로 보인다.

(2) 죽음 인식의 변화

전통사회에서는 집이 아닌 바깥에서 죽을 경우 어떤 경우든 집까지 시신을 운반하였고, 최근까지만 해도 병원에서 운명할 상황이 되면 산소 호흡기를 달고라도 집으로 옮기는 진풍경은 객사를 막기 위한 것이었다. 그러나 요즘은 집에서 운명할 상황이 되면 구급차를 불러 병원으로 모셔가는 진풍경이 정상적인 것처럼 인식되고 있다. 이제 전통사회의 "질병천거정침疾病遷居正寢"이 아니라 현대사회에서는 "질병천거병원疾病遷居病院"이 일반화 되어 있는 것이 사실이다. 이는 장례식장이 그만큼 편리하게 죽음을 처리할 수 있는 장소로 인식되었기 때문이다. 이는 전통적인 죽음 처리관이 바뀌었음을 의미한다.

우리나라에서는 정상적인 죽음과 비정상적인 죽음을 처리하는 죽음의 처리방식이 이원화되어 있음은 주지의 사실이다. 대부분의 조사지에서 집이 아닌 '밖에서' 사망한 경우 집안으로 들이지 않고, 행랑채에 시신을 안치하고 상례를 치르는 것으로 조사되었고, 병원에서 사망했을 때에도 집으로 옮긴다는 조사 결과가 산견된다.[119] 임돈희는 비정상적인 죽음은 주로 무속의례로 행한다는 주장을 하였지만,[120] 시신을 집안으로 들이지 않았을 뿐 다른 절차는 『가례』 등의 예서에서 규정하는 절차를 그대로 따르고 있었고, 별다른 절차를 규정하지는 않았다.

무속에서 행하는 해원굿, 넋건지기굿 등은 원한, 익사 등에 의한 비정상적인 죽음으로 인해 영혼의 억울함을 달래기 위해 행하는 것이다. 이 역시 상례의 절

119_ 장철수, 「일생의례」, 『안산시사』(안산시사편찬위원회, 1999), 419쪽; 김시덕, 「경기남부의 상례」, 『경기도민속지 －일생의례편』(경기도박물관, 2003), 386~387쪽 등 다수가 있다.
120_ 임돈희, 「한국 조상의 두 얼굴 : 조상 덕과 조상 탓－유교와 무속의 조상의례를 중심으로」, 『한국민속학』 21(한국민속학회, 1998), 133~172쪽 참조.

차에 부가적으로 행하는 의례이다. 그리고 고인의 편안한 저승천도를 기원하는 오구굿이나 씻김굿 역시 상례의 절차에 부가적으로 행하는 굿의 일종이다. 그러나 오구굿이나 씻김굿은 비정상적인 죽음이 아니더라도 행하는 집안이 많기 때문에 무속이 비정상적인 죽음을 처리하는 수단이라고 단정할 수는 없다.

농경을 주업으로 하던 전통사회에서는 생활반경이 집을 중심으로 하여 그리 넓지 않았다. 그렇기 때문에 집 이외의 곳에서 죽는다는 것은 당연히 비정상적인 죽음으로 간주될 수밖에 없었던 것이다. 유교식 상례에서는 집이 아닌 다른 장소에서 사망한 경우의 의례절차가 별도로 특별하게 규정되어 있지 않았기 때문에 초종의에서부터 문제가 발생한다. 즉, 바깥에서 죽음을 맞이할 경우 "질병천거정침"이라는 절차를 행할 수 없게 되어 시작부터 혼란에 빠진다. 그리고 "여자가 남자의 죽음을 다루지 않고, 남자가 여자의 죽음을 다루지 않는다."는 원칙을 지킬 수 없게 된다.[121] 이에 유교식 상례가 제시한 절차를 벗어나게 되고, 예의를 지킬 수 없었기 때문에 객사는 비정상적인 것으로 간주될 수밖에 없었다.

이런 점에서 장례식장은 전통적으로 집안에서 운명하는 '정상적인 죽음'과 집이 아닌 곳에서 운명하는 객사라는 '비정상적인 죽음'으로 이원화 되어 있는 죽음 처리관을 하나로 통합시키는 역할을 하였다. 어쩌면 현대사회의 환경에서 피할 수 없는 다수의 객사를 정상화하기 위해 장례식장을 요구하였거나 아니면 장례식장이 객사를 정상적인 것으로 인식시켰을 수도 있다.

소비문화 개선, 생활개선 등을 위한 다양한 단체들에서 가정의례를 행하는 장소에 대해 설문조사를 한 결과를 보면 장례식장의 선호도를 충분히 짐작하고도 남음이 있다. 한국소비자보호원의 2004년도 조사에 의하면 향후 본인의 사망시 희망하는 장례식 장소를 질문한 결과 병원장례식장이 64.0%로 가장 많고, 자택은 불과 6.3%로 나타나 현대인들의 장례장소로 장례식장이 선호되는 것으로

121_ 『家禮』, 「喪禮」, 〈初終儀〉조, "男子不絶於婦人之手 婦人不絶於男子之手"

조사되었다.[122]

　2005년도 갤럽의 조사에 의하면 상가나 장례식 참석 경험자(1,377명)에게 "최근 참석한 장례식 장소가 어떤 곳이었는지"를 질문한 결과, '병원 영안실'이라는 응답이 68.8%로 가장 많았으며 그 다음은 '전문 장례식장'(20.7%), '집'(6.9%), 성당, 교회, 절 등의 '종교기관'(3.6%)의 순으로 나타났다. 이를 1994년과 2001년 한국갤럽의 조사결과와 비교해 보면, '집'에서 장례를 치르는 경우는 1994년 72.2%에서 2001년 34.6%, 2005년 6.9%로 감소하였고, '병원 영안실'에서 장례를 치르는 경우는 1994년 22.6%에서 2001년 53.9%로, 2005년 68.8%로 점점 늘어나고 있다. '전문 장례식장'은 2001년 5.6%에서 2005년 20.7%로 증가하여 지난 10년 동안 장례 장소의 변화가 두드러졌다. 한편 '이상적인 장례식 장소'에 대한 질문에 전체 응답자(1,506명)의 42.7%는 '전문 장례식장'을, 42.1%는 '병원 영안실'을 꼽았다. 특히 '전문 장례식장'에 대한 선호도는 2001년의 2배에 달하며, 이후 실질적인 수요가 증가하고 있다.[123]

　다만 이제는 설문조사에서 희망하는 장례의 장소를 묻기 보다는 어떠한 장례서비스를 원하는지에 대한 질문을 더 많이 한다. 왜냐하면 2009년 빈소수가 4,409실임을 감안 할 때, 장례를 치르기 위한 수요보다 공급이 과잉되었기 때문이다. 따라서 장례식장은 이제는 생소한 장례를 위한 장소가 아닌 마치 장례를 치르기 위한 당연한 공간으로서 자리매김 했다는 것이다.

　2005년 이후 설문조사에서 본인이 희망하는 장례 장소가 어디냐는 질문을 하기보다는 장례의 방법이나 그 이후의 장례과정에 대한 질문과 새로운 장례서비스에 대한 질문이 주를 이루고 있다. 예를 들어, '본인의 장례방법으로 화장을 선택할 것인지 아니면 매장을 선택할 것인지' 또는 '화장 이후의 화장유골 처리

122_ 한국소비자보호원, 앞의 글(한국소비자보호원, 2004.10), 17쪽.
123_ 이형웅 기자, 앞의 기사, 2006.3.14.

방법으로서 어떤 것을 선호하는지' 등의 질문들이어서 장례에 대한 관심 역시 변화되고 있음을 알 수 있다.

4) 일생의례 대행 전문직종의 등장

(1) 의례 대행업체의 등장과 성업

일생의례의 역사를 기술하면서 일생의례가 전문직업화 될 것이라는 예측을 한 적이 있다.[124] 이제 일생의례는 식구들이 모든 역할을 직접 수행해야 하는 가정의례가 아니라, 전문적으로 이를 대행해 주는 직업인의 도움을 받는다는 것이다. 예를 들면 문상객 접대를 위한 음식 제공업체, 상중에 차려지는 전奠의 상차림에 소요되는 음식 제공은 물론 제사음식까지도 공급하는 전문 직종이 성황을 이루고 있다.[125] 집에서 의례를 행할 경우 가족이 이 모든 준비를 해야 하지만, 예식장이라는 공간적 제약으로 인해 이러한 전문 직종의 도움을 받지 않을 수 없게 되면서 전문직종이 등장하게 되었던 것으로 보인다. 필립 아리에스가 미국의 장례가 상업화 되어 가고 있다고 비판적으로 기술한 것도 이와 같은 맥락이다.[126]

불과 2~30여 년 전만 하더라도 초상이 나면 장의사에 가서 상복과 수의를 만들 천과 관을 구입하고, 각종 상례용품을 대여 또는 구입하여 달구지에 싣고 오는 것이 큰일이었다. 그러나 요즘은 장례식장 이용 상담시 사전 예약에 따라 모든 것이 정해진 시간에 공급되기 때문에 상주는 장례용품이나 의례 절차에 대한 시간관리 등에 신경을 쓸 필요가 없다.

예를 들면 염습을 할 때가 되면 장례지도사가 알아서 미리 주문된 수의를

124_ 김시덕, 앞의 글(1996), 432~433쪽.
125_ 명절 연휴가 되면 관광지의 호텔이나 콘도에서 차례상을 대신 차려 주기도 하기 때문에 명절은 반드시 집에서 보내야 하고, 반드시 집에서 차례를 지내야 한다는 등의 고정관념이 깨어지고 있다고 해도 과언이 아니다.
126_ 필립 아리에스 저, 이종민 역, 앞의 책(1999), 224~234쪽.

가지고 와서 염습을 하고, 성복을 할 때가 되면 장례지도사가 상복을 갖다 주고 성복의례의 절차를 지도해 주기도 한다. 또한 조석전 등 전을 올릴 시간이 되면 장례식장 측에서 그 시간을 알려주고 식당에서는 정확한 시간에 주문한 음식을 배달해 준다. 그리고 발인을 하거나 영결식을 할 시간이 되면 이 역시 예식장에서 정확하게 알려주기 때문에 의례 진행을 위해 치밀한 계획을 세울 필요도 걱정할 필요도 없다. 단지 유족은 그저 알려준 시간에 배달해 준 음식을 차리고, 장례지도사의 지도 아래 절을 하면 되는 정도이다. 이로 인해 상포계, 상두계, 마을 공동상여 등의 마을 문화(민속)가 사라지게 되었다.

반면 장례식장의 등장은 또 하나의 문화적 현상을 만들어냈는데, 이는 도시민속과도 연관된다. 장례식장과 관련된 다양한 직업군의 등장은 곧 새로운 민속으로서 도시민속의 등장이라고 할 수 있다. 산업화 현대화의 특징이 분업화이고, 이에 따라 다양한 직업군이 등장한다. 한국표준산업분류에 의하면, 장례서비스는 기타 공공, 수리 및 개인서비스업 내에 기타서비스업(93)으로 장의 및 묘지관리업(9392)으로 다시 장례식장 및 장의업(93921), 묘지 및 화장업(93922)으로 구분하고 있다.[127] 이처럼 다양한 직업군의 등장은 곧 새로운 민속을 탄생시키고 있다고 할 것이다.

최근에는 장례식장이 황금알을 낳는 거위로 인식되면서 기존의 장소대여 개념에서 토털 서비스 개념으로 그 영업방식을 바꾸어가고 있다. 장례식장에서는 이용자 중심의 서비스 개념을 도입하고, 장례지도사를 채용하여 의례상담은 물론 의례절차, 행정적인 절차까지 대행해주는 정도로까지 진보되어 있다. 더불어 상조회는 의례장소의 대여보다는 의례의 진행 등 의례중심의 서비스를 강조하는 새로운 업종으로 등장하여 각광을 받고 있다. 2002년부터 산업자원부 기술표준원의 주관으로 행해지는 '생활서비스 표준화 기술기반조성사업'의 하나로 장례식

127_ 괄호의 의미는 산업분류코드임.

장표준화, 화장장표준화, 납골당표준화, 혼인예식서비스 표준화와 같이 생활서비스를 표준화하기에 이를 정도로 서비스개념을 도입하고 있다.[128]

② 장례지도사의 등장과 전문화

혼인예식장과는 달리 장례식장에는 시신의 처리, 최소한 3일에 걸친 의례의 진행이라는 특수한 업무로 인해 반드시 전문인이 필요하다. 전통사회에서는 이러한 일을 하는 사람을 염사, 염쟁이라고 하여 얼마 전까지만 해도 천시하였다. 그러나 직업의 다양성과 시신처리의 전문화, 장례의 서비스 개념 도입 등으로 인해 장례서비스는 하나의 직업군으로 등장하게 되었고, 이에 종사하는 사람 역시 직업분류의 하나로 자리 잡기에 이르렀다. 한국표준직업분류에 의하면, 서비스 종사자(4), 대인서비스 관련 종사자(41), 장의 및 관련 서비스 종사자(414), 장의 및 관련 서비스 종사자(4140) 아래에 장의사(41401)와 기타 장의 및 관련 서비스 종사원(41409)으로 구분하고 있다.[129] 이에 따라 기존의 염사에 대한 천시하는 민속은 새로운 직업군으로서 장례지도사의 민속이 도시민속의 한 요소로 등장하고 있다.

장례지도사 제도는 우리나라보다는 미국, 일본이 먼저이다. 미국의 경우 Funeral Director가 있고, 일본에서는 '기능심사인정규정技能審査認定規定'에 따라 1996년 11월 노동성으로부터 국가공인으로 인정된 장제디렉터葬祭ディレクー제도가 운영되고 있고, 자격시험을 거쳐 자격을 부여하고 있다.[130]

장례식장이 성업하기 전까지는 장의사 직원인 염사가 상가로 출장을 가서 염을 해주는 형태였다. 이들은 장례사, 전문염사, 염사, 염습사 등의 다양한 이름으로 장례업협회를 중심으로 한 민간 자격이 있어왔다. 그러나 이미 대학의 '장

128_ 산업자원부, 앞의 책(2002); 산업자원부, 『화장장 서비스 표준화』(산업자원부 기술표준원·한국장례업협회, 2003); 한국표준협회, 앞의 책(2003); 한국표준협회, 앞의 책(2004) 등 참조.
129_ 괄호안의 숫자는 직업분류 코드임. http://www.sousai-director.jp/
130_ 일본의 장제디렉터 제도에 대해서는 김시덕의 글앞의 글(2004), 51~74쪽] 참조.

례지도과', '장례문화학과', '가정의례학과' 등 전문인력 양성을 하고 있을 정도로 장례서비스의 전문화가 이루어지고 있다. 이러한 저간의 상황에 발맞추어 민간자격으로 존재하는 장례지도사를 국가공인으로 해야 할 필요성이 대두되면서 관련학과와 장례업협회 등을 중심으로 '민간자격 국가공인을 위한 장례지도사 자격검정원'을 설립하여(2003.3.22)[131]_ 국가공인으로 제도화하려고[132]_ 하였다. 그러나 2005년 내분으로 인해 현재는 학교연합과 장례업협회가 분리되어 각각 시험을 치르고 있어 민간자격조차도 둘로 나누어졌다. 2011년 8월 장례지도사 자격증이 국가공인으로 법규화되어 향후 장례지도사 제도에 기대가 된다.[133]_

현재 병원을 비롯한 전문 장례식장에는 장례지도사들이 전문직으로 종사하고 있다. 장례식장의 규모에 따라 다르지만 빈소가 10개 미만의 경우는 장례지도사와 사무직의 구분이 없으나 그 이상의 경우 업무가 구분되어 있다.[134]_ 장례식장에서 장례지도사가 하는 일은 주로 염습과 관련된 시신처리이다. 이들은 장례식장을 이용하는 이용자와 상담을 하면서 임대차 계약서를 작성한다. 빈소의 선정, 염습시 장례지도사(염습사) 활용, 발인날짜, 화장과 매장에 따른 행정절차 등을 상담해 준다.

장례식장에서는 입관비를 별도로 받고 장례지도사가 염습을 해준다.[135]_ 그

131_ 장례지도사추진위원회, 『국가공인을 위한 장례지도사 자격검정원 창립대회 자료집』(국가공인을 위한 장례지도사 추진위원회, 2003) 참조.

132_ '자격기본법(일부개정 1999. 1.29 법률 제05733호)' 제2조에 의하면 "'민간자격'이라 함은 국가외의 법인, 단체 또는 개인이 신설하여 관리·운영하는 자격을 말한다."라고 정의하고 있다. 그리고 제17조 (민간자격의 공인)에 의하면 "①민간자격관리자는 당해 민간자격에 대하여 국가의 공인을 받을 수 있다. 공인받은 민간자격의 검정기준 기타 대통령령이 정하는 중요한 사항을 변경하고자 하는 경우에도 또한 같다."라고 규정하고 있다.

133_ 하지만 현 장례지도사 자격취득 특례 등의 내용을 보면 일본이나 미국 등 다른 나라의 엄격한 장례지도사 자격 취득 제도에 비하여 기능적인 면을 너무 강조한 나머지 그 취지에 부합되지 않는 것으로 판단된다. 이에 자격시험과 교육의 강화 등을 통해 장례지도사 자격 제도의 본래 취지를 살릴 수 있도록 해야 할 것이다.

134_ 2008년에는 국립의료원의 경우 빈소가 15개이고(현재와 동일한 수준), 장례지도사(염습사) 6명, 사무원 5명이라고 한다. 같은 해 건국대학교병원 장례식장의 경우 빈소 9개, 관리 3명, 상담사 4명, 안내 4명, 염습 3명, 매점 10명, 주방 11명 등이 있으나, 그 중 장례지도사 자격을 갖춘 사람은 3명뿐이었다.

135_ 부산 영락공원의 겨우 염습비는 3만 원에서 10만 원이며, 염습실 사용료는 3만 원이고, 건국대학교병원 장례식장의 경우 상황에 따라서 차이는 있지만 염습비(입관비)는 30만 원에서 50만 원 사이로 책정 돼 있었고, 염습실 사용료가

러나 이용자에 따라 개인적으로 하는 경우도 가끔 있다. 종교인의 경우 종교단체에서 운영하는 연화회나 연령회와 같은 단체가 염습을 한다. 또한 회사나 친목회 등에서 운영하는 상조회에 가입되어 있는 경우 상조회에서 염습을 한다. 따라서 모든 시신을 장례지도사가 염습하는 것은 아니다.

장례식장에 따라 조석전, 상식 등의 의례에서 장례지도사가 집사를 하거나 의례를 진행하는 경우가 있었으나 요즘은 거의 하지 않는다고 한다. 단지 상담시에 의례의 진행절차에 대해 문의를 할 경우에 조언을 해주는 정도이다. 부산 영락공원에는 8명의 장례지도사가 근무하는데, 처음에는 고객 편의를 위해 의례진행을 도와주었으나[136] 인력부족으로 요즘에는 거의 불가능한 형편이라고 한다. 그 외에 장례지도사들이 하는 일은 대부분이 관리와 관련된 일들이라고 해도 과언이 아니다. 이처럼 장례지도사의 역할은 아직까지는 매우 제한적임을 알 수 있다.

한편 상조회사의 등장과 성업은 장례지도사의 새로운 진로를 제시해 주고 있다. 상조회사는 말 그대로 상부상조의 정신에 입각하여 정해진 금액을 나누어 내거나 한꺼번에 내면 상조회사에서 의례를 대행해 주는 산업이다. 상조회사는 자체적으로 장례지도사를 채용하거나 양성하여 서비스를 제공하기 때문에 장례식장의 토탈 서비스를 무색하게 하고 있다. 즉, 이들은 장례식장보다 유족에게 밀착서비스를 제공함으로써 장례식장의 의례 서비스 기능을 대행하고 있다. 따라서 장례지도사의 활동영역이 그 만큼 넓어지게 되었다고 할 수 있다.[137]

포함되어 있다.

136_ "장례지도사는 …(중략)… 유족遺族·참석자·종교인宗敎人이 어떻게 장례를 진행하고 싶어 하는가를 잘 헤아려서 그들로부터 지시를 받거나 동의를 얻어 그들의 생각이 실현될 수 있도록 협력하는 사람이어야 한다."고 장례지도사의 직업윤리를 강조한 히몬야碑文谷 씨의 주장을 귀담아 들어야 한대碑文谷 創, 앞의 책(1999), 279~281쪽].

137_ 상조회사는 현재 여러 가지 문제점을 안고 있기도 하지만, 긍정적인 면도 없지 않다. 따라서 이에 대해서는 별도의 지면에서 다룰 계획이다.

2. 유교식 상례의 지속

현대 사회에서 유교식 상례의 변화되는 모습에 비해 지속되는 모습은 상대적으로 드러나 보이지 않는다. 변화라는 속성이 표면적이라면 지속이라는 속성은 내면적이라고 할 수 있다. 따라서 유교식 상례의 지속되는 측면은 외형적으로 다소 변화된 형태라 하더라도 내면적인 의미를 그대로 지속하고 있는 것으로 보인다. 그러므로 내면의 의미를 지속하기 위해 외형적 변화를 수반하는 모습도 없지 않다. 이는 사회 문화적 상황의 변화에 따른 도구의 변화, 수단의 변화에 불과하다. 따라서 이 절에서는 유교식 상례의 지속되는 양상을 분석하기 위해 유교식 상례절차 중 지속되는 절차, 예를 들면 염습, 밤샘, 전과 상식, 혼백, 상복, 부고와 감사편지, 견전, 삼우제 등을 대상으로 삼았다.

현대 사회는 종교의 다양화로 인해 각 종교에서 규정하는 상례의 의절을 정하고 있다. 유교식 상례는 한민족의 문화적 전통인 민속으로 정착되어 있었기 때문에 자연스럽게 이러한 종교의 상례에 침투되어 그 모습을 지속하는 상황도 분석하였다. 아울러 유서 깊은 종가의 경우 아직도 유교문화의 전통을 계승하면서 유교식 상례를 지속시키고 있는 상황을 고찰하였다. 따라서 이 절에서는 이러한 세 가지 측면에서 유교식 상례의 지속되는 모습을 분석하려고 하였다.

1) 유교식 상례절차의 지속

(1) 염습

염습이란 시신을 처리하기 위해 시신을 다루는 절차로서 습, 소렴, 대렴을 통칭하는 최근의 용어이다. 전통적으로는 예서의 규정을 따를 경우 통상 3일에 걸쳐 이 일들이 진행되는 것으로 되어 있다. 그러나 요즘에는 의사의 사망진단이 확인된 후 24시간이 경과하면 장례지도사가 유족이 지켜보는 가운데 염습을 진행한다.

화장을 권하는 시민단체나 화장장에서는 염습을 할 때 너무 화려하거나 두꺼운 관의 사용을 자제할 것을 권장한다. 특히 화학제 칠의 사용으로 인한 화장 시간의 소요, 유해 가스 발생 등 환경오염을 방지하기 위해 치장하지 않은 관의 사용을 권장하지만 장례식장에서는 유족들의 요구로 염습은 여전히 전통적인 그 모습 그대로 진행된다. 화장을 하기 때문에 목제木製 혹은 지제紙製의 화장용관火葬用棺이 개발되기도 하였지만 여전히 염습의 전통은 지속되고 있다.[138]

염습의 전통이 지속되는 것은 화장 후 산골을 하지 않고, 봉안을 하는 문화적 전통과도 관련이 있다. 이는 매장의 전통에서 집안에 신주를 모시고 있음에도 불구하고 체백이 묻혀 있는 산소에도 제사를 올리는 문화적 전통과 관련되어 있다. 즉, 매장의 전통은 땅속에서 시신이 부패하더라도 그 모습을 밖으로 드러나지 않도록 하기 위해 시신을 잘 감싸서 묶어 입관을 하였던 것이다. 이는 묘소가 또 하나의 조상신으로 존재하도록 하기 위한 것이었기 때문이다. 그래서 습과 염은 그만큼 중요시 되었고, 석실이나 회격이 중요시 되었던 것이다.

이에 따라 화장을 하면 순식간에 시신이 타 없어지고 뼈만 남는다 하더라도 화장유골을 봉안하기 위해 습과 염을 중요시하는 전통이 지속되게 했다는 것이다. 다시 말하면 비록 분골된 뼈의 형태로 모셔지더라도 유골을 봉안함으로써 참배를 할 수 있는 공간을 만들 수 있다는 인식이 있었기 때문이다. 그래서 화장을 하더라도 시신을 경건하고 정성스럽게 다루는 전통은 변하지 않고 그대로 지속되는 것이다.

(2) 밤샘

『사례편람』에 의하면 고인이 운명한 그 날에는 밤새 횃불을 켜두었다가 새벽

138_ 참고로 이러한 전통은 중국에 있는 조선족들 사회에서도 지속되고 있다. 반면 일본이나 러시아 뚜바공화국의 경우 우리나라처럼 철저하게 시신을 가지런히 싸서 묶어 염습하는 전통은 보이지 않는다.

에 끈다고 하였다. 이재李縡는 "가례에는 없지만,『예기』의 상이 있으면 뜰 중앙에 화톳불을 밤새 피우고 새벽에 끈다고 했으니, 이것으로 보면 염습 전이라 하더라도 당일 밤에는 마땅히 피우는 것이 옳겠다."라고 하였다.[139] 이는 아마도 초상이 났을 때 화톳불을 피워 밝히고 밤샘을 하는 내용을 서술한 것으로 해석할 수 있다.

우리나라에서는 이러한 전통에 따른 것인지는 알 수 없지만 초상이 나면 당연히 밤을 지새우는 것으로 인식되어 있다. 한국 남성들에게 있어 친구의 상가에 간다는 것이 외박이나 늦은 귀가의 가장 좋은 핑계가 되고 있다. 이 웃지 못 할 에피소드를 만들어낸 문화적 전통 역시 '상가=밤샘'이라는 등식이 성립하기 때문이다.

도시 속의 전문화된 장례식장임에도 불구하고 밤샘의 문화적 전통은 계속되고 있다. 그래서 상가에서는 물론 심지어는 장례식장 측에서 화투 등의 오락 기구를 준비하는 것이 장례식장 운영 매뉴얼에는 없지만 필수 사항이 되어 있음은 이미 잘 알려진 사항이다. 단지 S병원의 경우 종교적 이데올로기에 따라 이러한 문화에 대해 허례허식이고, 버려야 할 관습으로 치부하여 장례식장에서 밤샘하는 것을 허용하지 않았다. 그러나 2008년 5월 재개관하면서 이러한 경영방식을 포기하고 이제는 여타 장례식장들과 같은 접객실, 문상방법을 모두 수용하기로 했다고 한다. 이는 전통적인 방법을 배제하고, 종교적 이념이나 서구화 등을 내세운 합리주의가 문상객이나 이용자 불만의 원인이 되고 있었기 때문이라고 한다. 아직까지 한국사회에서는 전통적인 상례와 문상방법이 지속되고 있다고 해야 할 것이다.

(3) 전과 상식, 혼백

전奠은 운명 후 초종의에서 고복을 한 후 조상의 영혼이 의지할 수 있도록 차리는 제사 형식의 음식상으로 시사전에서 출발하여 제주를 하고 이를 고하는 제주전까지 차려진다. 『의례』「사상례」에 의하면 "체백을 떠난 영혼은 형상이 없

139_ 『四禮便覽』,「喪禮」,「襲」조.

기 때문에 전을 차려 의지하게 한다."고
하였다.[140] 초종의에 전을 차리는 것은
『가례』나 『상례비요』에는 없으나 습을
한 후 여러 날이 지나 염을 할 경우 신神
이 의지할 곳이 없기 때문에 습의 조항보
다 앞서서 전을 차린다고 한다.[141] 따라
서 전은 초종의에 차리는 전, 습을 할 때
차리는 습전, 소・대렴을 할 때 차리는
소렴전과 대렴전을 차린다. 습을 할 때
혼백을 만들어 영좌에 모시지만 초우제

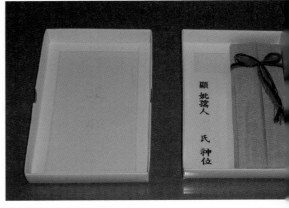

장례식장의 삼베 혼백

를 지내기 전까지는 계속적으로 전을 차린다. 성복을 한 후부터는 아침저녁으로
올리는 조석전과 초하루 보름에 올리는 삭망전을 주기적으로 올리도록 『사례편람』
은 규정하고 있다. 이러한 전은 초우제를 지내면서 그친다.[142] 초우를 지내면서
조석전을 마치는 이유는 전과 제사의 의미구분에서 알 수 있다.

한편 상식은 성복을 한 후부터 식사 때가 되면 음식을 올리는 것을 말한다.
의례는 조전과 같이 하는데, 상식 음식과 숟가락과 젓가락을 접시에 놓고, 술을
따르고 젯메 뚜껑을 열고 삽시정저挿匙正筯한다. 잠시 후 국그릇을 물리고 숭늉을
올리고 조금 뒤에 물리는 형태로 행한다.

상례가 고인을 생과 사의 중간에 두고 행하는 의식과 절차이듯[143] 전과 상
식은 고인을 산 사람과 죽은 사람의 중간쯤으로 인식하는 행위이다. 왜냐하면 상

140_ 『儀禮』, 「士喪禮」
141_ 『四禮便覽』, 「喪禮」, 〈初終儀〉조, "古禮有始死奠 …(中略)… 其間全無使神憑依之節 豈非未安之甚者乎 玆依古禮
移置于此(下略)…"
142_ 『四禮便覽』, 「喪禮」, 〈虞祭〉조. "罷朝夕奠"
143_ 김기현, 앞의 글(1999), 37쪽.

식은 산 사람에게 올리는 식사이고, 전은 살아 있는 사람은 아니지만 그렇다고 제사를 받는 신령도 아닌 상태로 인식하기 때문이다.

이러한 전과 상식은 어쩌면 장례식장에서 가장 잘 지속되는 유교식 상례의 의례요소라고 할 수 있다. 비록 3일 만에 모든 의례절차를 마무리하는 3일장의 시대라고 하더라도 이 3일이라는 기간 동안 전과 제사는 정확한 시간에 전통적인 방법으로 치러진다. 이는 빈소에서 문상객을 맞이하는 일 외에 상주들이 고인을 위해 할 수 있는 마지막이자 유일한 일이기 때문이라고 할 수 있다.

혼백은 신주를 만들기 전까지 고인의 영혼이 빙의憑依하는 신체神體로서 기능한다. 혼백은 습을 한 후에 만들어서 설치하는데, 비단 한 필로 양쪽에서 말아 끈으로 묶는 속백束帛의 형태와 동심결을 만드는 형태, 비단을 사통팔달四通八達로 접는 형태가 있다. 요즘에는 장례용품 공급업체에서 판매하는 혼백의 경우 사진에서 보는 바와 같이 삼베로 만들어 청홍색실로 동심결을 결어 두는 형태이다.[144] 언제부터 삼베로 바꾸었는지는 알 수 없으나 수의의 재질이 삼베로 바뀌고, 이것이 전통적인 수의인 것처럼 오해되는 시기였을 것으로 보인다. 비록 외형이야 바뀌었다 하더라도 혼백은 고인의 영정(사진)과 함께 장례식장의 빈소에는 반드시 모셔야 하는 것으로 인식되고 있어 혼백의 의례요소는 지속되는 것으로 보는 것이 타당하다.[145]

(4) 상복

상복은 상주가 고인의 죽음을 애도하고, 상주임을 표시하기 위해 입는 옷이다. 그래서 상복을 통해 고인과의 사회적 관계를 확인할 수 있으며 고인과의 친소관계를 확인할 수 있다. 우리나라 상복의 전통은 이미 고대사회 이전부터 있었을

144_ 혼백에 지방이 들어가는 것은 공급자의 오류이다.
145_ 요즘 일반적 상례에서는 혼백을 사용하지 않는 경우가 많으며, 불교식 상례에서는 영정과 함께 위位라고 하는 지방틀이 사용되고, 천주교와 기독교는 명패名牌라는 것을 설치하는 경우가 많다.

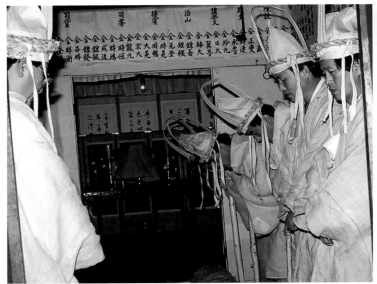

남자재최복(학봉종택 14대 종부상)　　　　　　　　　　　　여자재최복(학봉종택 14대 종부상)

것으로 보이나, 기록으로 확인할 수 있는 것은 부여 및 삼국시대부터이다.[146] 상복을 입는 문화적 전통은 고대 삼국시대부터 있어왔던 문화적 전통이다. 그러나 고대의 상복은 구체적으로 어떤 것인지는 알려지지 않고 상복을 입었다는 정도의 정보만 있을 뿐이다. 그 후 고려시대부터 「본종오복제도本宗五服制度」에 따른 상복 규정이 고려사에 등장하지만, 일반화되지 못하였다. 그러다가 고려 말 『가례』가 유입되면서 「본종오복제도」의 규정에 따라 상복을 입는 전통이 일반화되기에 이르렀다.

상복은 고인과의 친소관계親疎關係에 따라 경중을 달리하여 3년에서(27개월) 3

146_ 부여 및 고구려의 상복에 관한 내용은 『三國志』 卷30, 「魏書」 30, 「烏丸鮮卑東夷傳」 第30, 「夫餘」조를 비롯하여 5건의 기록이 알려져 있다. 고구려의 상복제도에 대해서는 김시덕의 글「고구려 상례문화의 정체성」, 『역사민속학』 18(한국역사민속학회, 2004), 385~416쪽 참조. .

월까지 엄격한 구별이 있었다.[147] 상복제도는『가례』의 규정을 토대로 하였지만, 앞에서 언급한 것처럼 조선시대에는 당시의 상황에 맞게 수차례 수정을 거쳐 일반화되기에 이르렀다. 상복규정이 매우 체계적이었기 때문에 상복의 형태를 통해 고인과의 관계를 쉽게 읽을 수 있는 장점이 있었다. 그래서 "실컷 울다가 '누가 돌아가셨습니까'라고 묻는다."는 속담은 상황파악이나 기본적 상식도 모르는 사람을 비아냥거리는 말로 사용하게 되었던 것이다.

이러한 상복의 전통은 요즘 도시 장례식장에서도 여전히 전승되고 있다. 영남지역을 비롯한 지역사회의 장례식장 및 서울 일부 지역의 장례식장 이용자 중에는 여전히 굴건제복을 요구하고 있기에 상복 공급업체에서는 1벌에 2만5천 원정도의 상품으로 공급할 정도로 일반화 되어 있다.[148] 물론「의례준칙」(1934) 및「가정의례준칙」(1969 등)의 규정에 따라 상복은 검은색 양복, 검은색 한복 등에 삼베 리본을 다는 등 다양화되어 전통사회의 그것과는 외형상 많은 차이가 난다.[149] 뿐만 아니라 검은 색 양복에 행전을 차고 두건을 쓰거나 허리에 마포로 된 띠를 두르는 등의 해괴한 모습 역시 모양은 다르더라도 상복을 대신하여 입었던 것임에는 틀림이 없다. 물론 이러한 현상은 상복 중 가마복의 전통으로 설명할 수 있다. 고인의 유족이 아니더라도 제자나 각별한 사이일 경우 상복은 입지 않더라도 두건을 쓰고 허리에 마포 띠를 두르는 것으로 대신했던 것과 같은 전통이라고 할 수 있다.

또한 이러한 해괴한 현상은 1961년에 제정된「표준의례」에서[150] 상복은 "남자는 평상복에 마포두건을 쓴다, 여자는 평상복에 마포대麻布帶를 두른다."고 규정

147_ 상복에 대해서는 이광규,「오복제도의 연구」,『진단학보』5(진단학회, 1936), 1~59쪽; 장철수, 앞의 책(1984), 72~80쪽의 연구 참조.

148_ 그러나 최근, A장례식장을 비롯한 서울의 일부 장례식장에서는 수요가 없다는 이유로 굴건제복을 판매하지 않거나 대여하지 않는 곳도 있다.

149_ 가정의례준칙이 상례에 미친 영향에 대해서는 김시덕의 글(앞의 글, 81~108쪽) 참조.

150_ 金鐘範 編述, 앞의 책(1961), 26~27쪽.

한 데에서 유래하여 개악이 된 「건전가정의례준칙」(제정 1999.8.31 대통령령 제16544호 보건복지부)에까지 이어진 것으로 보인다. 왜냐하면 「건전가정의례준칙」(1999) 제14 조 상복 등에 관한 규정에 의하면 "상복은 따로 마련하지 아니하되, 한복일 경우에 는 백색 복장, 양복일 경우에는 흑색 복장으로 하고, 가슴에 상장을 달거나 두건을 쓴다. 다만, 부득이한 경우에는 평상복으로 할 수 있다."라고 하였기 때문이다. 여기서 여성의 검은색 한복은 규정되어 있지 않았음에도 여성의 검은색 상복이 인기를 끄는 것은 역시 서구적 영향이라고 하겠다.

이러한 해괴한 모습이 장례식장에 등장하는 것은 "상례를 치르기 위해 상주 는 반드시 상복을 입어야 한다."는 관념의 지속으로 설명할 수 있다. 다시 말하면 상복을 모두 갖추어 입지 못하더라도 삼베로 만든 천을 두르거나 상복의 일부를 몸에 걸치는 것으로 최소한의 상복을 입는 예를 갖추는 것으로 생각했기 때문이 다.[151] 따라서 상례장소가 장례식장으로 변화되고, 의례 형식의 변화에도 불구하 고 상복을 입어야 한다는 의식은 지속되고 있고, 외형상 그 모습은 바뀌었다고 하더라도 상복의 문화적 전통은 여전히 지속되는 것으로 보아야 할 것이다.

(5) 문상

헌화는 고인을 위해 꽃을 바친다는 뜻으로 해석될 수 있는 문상의 한 방법이 다. 유교식 상례에는 헌화의 규정이 없으나 최근 사회 저명인사의 죽음에서 행하 는 영결식과 합동분향에서 사용된 관습이 개인의 상례로 이전된 것으로 보인다.

한국에서 헌화 혹은 조화가 언제부터 등장하는지는 정확하게 알 수 없다. 『어장의사진첩御葬儀寫眞帖』(1926)에 의하면 일본식 조화弔花를 세워 놓은 장면이 보이긴 하지만 헌화의 모습은 보이지 않는다. 즉 1934년의 「의례준칙」에 의하면

151_ 이러한 예는 얼마 전까지만 해도 농촌지역의 상례 조사 시에 종종 나타나는 일로 상가에서 두건이라도 얻어 쓰는 것을 매우 좋은 일로 여기고, 상가에서는 두건이라도 쓰고 있어야 하는 것으로 여겼다.

발인에 앞서 '영결식永訣式'을 하도록 하였다. 규정은 없지만 이때 다양한 애도 방법이 등장하였을 것으로 보이는데, 그 중의 하나가 헌화로 보인다. 뿐만 아니라 1910~20년대의 '신식상례新式喪禮'에 의하면 교회에서 기도식을 한다는 내용이 있는데,[152] 기독교식의 발인 관행을 참고할 때 이때 헌화를 한 것으로 보인다. 실제 요즘 장례식장에서 헌화를 하는 경우는 대부분이 기독교 계열 신도들의 상례인 경우를 감안할 때 헌화는 종교와 밀접한 관련을 가지고 등장하였을 것으로 보인다. 또한 집안에서 행하는 '가례'의 범위가 아니라 공적으로 행하는 상례의 경우 다수의 사람들이 문상을 하고 공개적인 영결식이 이루어지는 경우 공공의 장소에서 행해진다. 그렇기 때문에 문상의 간소화를 위해 절을 하지 않고 서서 행할 수 있는 헌화가 선호되었을 것으로 보인다.

그런데 헌화의 경우 절을 하지 않고 향을 피우지 않는 것을 전제로 하고 있다. 그러나 우리의 상례에서는 향을 피우고 고인을 향해 절을 하는 것이 민속으로 정착되어 왔다. 이로 인해 다양한 종교인과 전통에 익숙한 문상객과 상가측의 문화적 충돌이 생길 수밖에 없다. 그 결과 빈소에 들어서서 첫마디가 "헌화를 합니까?", "분향을 합니까?"라는 말로 시작하는 에피소드가 등장하게 되었다. 이러한 충돌과 불편한 상황을 해소하기 위하여 대부분의 상가에서는 헌화도 하고, 분향도 하며, 절도 하는 형태의 절충형을 선택하는 경우가 많다. 문화적 차이를 인식하는 상가의 경우 대부분 선택의 자유를 보장하지만 그렇지 않은 경우도 종종 나타난다.

이와 함께 좋은 게 좋다는 식으로 생각하여 헌화를 먼저 하고 분향한 후 다시 고인을 향해 재배再拜하는 형태의 문상 모습도 이제는 자연스러운 현상으로 일반화되어 있는 것 같다. 이러한 혼합 중복 현상은 문상은 역시 분향하고 절을 해야 한다는 문화적 전통이 깔려 있기 때문이다.

152_ 世昌書舘 編輯部編, 「新式喪禮」, 『懸吐註解 四禮便覽』(世昌書舘, 1900), 338~339쪽.

(6) 견전

견전이란 유교식 상례의 9번째 대절차인 천구의 절차에서 행해지는 제사의 일종이지만, 발인하기 직전에 행하기 때문에 발인과 관련된 제사의 일종으로 오해를 하는 경우가 많다. 그러나 견전은 분명히 천구의 소절차로 진행된다. 천구는 발인 하루 전 아침에 전을 올리고 영구를 옮길 것을 고하고, 고인이 사당에 하직 인사를 하며, 길을 떠날 것을 고하는 조전祖奠을 올리고, 발인을 하기 위해 상여를 꾸미고 영구를 상여에 싣는 절차, 고인을 장지로 보내는 견전을 지내는 절차로 구성되어 있다. 따라서 견전을 모두 마치면 비로소 장지로 출발하는 것을 의미하는 발인이라는 절차를 진행하게 된다.

「의례준칙」(1934)에 의하면 상가에서 영결을 행한 후에 발인을 하도록 각기 절차를 구별하여 규정하고 있다. 이 준칙의 영향을 받은 우리나라 최초의 공식적인 가정의례준칙인 1969년의 「가정의례준칙」에서는 제33조에 영결식이라는 조항을 두어 개식−주상 및 상제들의 분향 배례−고인의 약력 보고−조사−조객분향−호상인사−폐식 등으로 진행하도록 규정하고 있다. 여기서 '영결'이라는 말은 견전을 올릴 때 읽는 축문인 "영이기가靈輀旣駕 왕즉유택往則幽宅 재진견례載陳遣禮 영결종천永訣終天"에 등장한다. 따라서 '영결'이란 가서 돌아오지 않기 때문에 완전히 이별을 한다는 뜻으로 쓰인 용어이다.

그런데 요즘 장례식장의 '영결식'은 기독교 계열의 전유물이 되었고, 그 외는 대부분이 영구차 앞에서 견전을 올린다고 한다. 그런데 이때 올리는 전의 이름은 발인에 앞서 행하는 것이기 때문에 대부분이 발인제라 부른다고 한다.[153] 주로 영구차 앞에 발인제상을 차리는데, 일반적인 전보다 제수가 많은 것이 특징이라고 한다.

「건전가정의례준칙」(1999)의 발인제는 개식 → 주상 및 상제의 분향 → 헌주

153_ 건국대학교 병원 장례식장 심규현 제보.

→조사 →조객분향 →일동경례 →폐식의 순서로 진행된다. 사실 이 절차는 상주가 분향을 하도록 설정하고 있어 문제가 많다. 그러나 실제 장례식장에서는 오히려『사례편람』의 절차에 더 가깝게 진행된다. 예서에서 규정한 양식을 보면 축관이 잔을 올리고 꿇어 앉아 축을 읽어 고한다. 주인 이하 상주들이 곡을 하고 재배를 하면 전을 치운다. 그리고 축관이 혼백을 받들어 영여에 싣고 분향을 한다. 준비가 되면 발인을 하는 것으로 되어 있다.[154]

현재 장례식장에서 행해지는 발인제의 진행절차는 호상 역할을 하였거나 연장자가 위의 견전 축문을 읽고 절을 두 번 하는 것으로 마친다. 가정의례준칙에서 규정하는 절차와는 전혀 다른 형태로 진행되는데, 간혹 고인의 약력 소개를 하는 경우도 드물게는 발견된다고 한다.

장례식장에는 빈소도 있고, 또한 영결식장이라는 공간도 마련되어 있다. 그럼에도 불구하고 대부분의 상가에서는 발인을 할 때쯤이면 영구차 앞에 영정을 세워두고 발인제를 지낸다는 것이다. 이는 상여가 아니더라도, 사당이 없음에도 불구하고 발인을 하기 전이면 반드시 견전을 지내야 한다는 문화적 전통의 지속이라는 측면에서 이해되어야 할 것으로 보인다.

(7) 삼우제

성균관 석전 교육원에서 행하는 한국의 제사제도, 한국민속학 개론 등의 강의에서 수강생들을 대상으로 "삼일장의 전통이 언제부터 행해졌는가?"라는 질문에 대부분이 전통적으로 행해왔다고 대답한다. 이들의 평균연령은 약 60대 이상이고, 간혹 젊은 학생들도 있다. 그런데 고려시대 3일장의 가능성은 이미 불가능함이 밝혀졌기 때문에[155] 실제로 삼일장의 역사는 매우 짧다. 「의례준칙」(1934)에

154_ 『四禮便覽』, 「喪禮」, 「遷柩」조 참조.
155_ 최재석, 앞의 책(1987), 600쪽.

서는 5일장을 권장하고, 그리고 상기를 두어 부모의 상일 경우 14일간 휴가를 주며 1년간은 음식 등을 근신하도록 규정하여 전통적인 상황과 크게 다르지 않다.

「의례규범」(1957)[156]에서는 3일장을 원칙으로 하나 사정에 따라 조정할 수 있고, 상기는 부모상의 경우 7일간으로 한다고 정하였다. 그리고 탈상 시기는 부모는 1주년, 기타는 100일로 정하고 있다. 그러나 이 규범은 당시의 상황에 따라 빛을 보지 못하고 사장되기에 이른다. 이어 「표준의례」(1961)[157]에 의하면 장일은 3일장을 원칙으로 내세우고, 상기는 아예 언급을 하지 않는다. 그리고 1969년 「가정의례준칙에 관한 법률」이 공포되어 최초로 「가정의례준칙」(대통령고시 제15호, 1969.3.15)이 대통령령으로 공포되고 법적 효력을 갖게 된다. 여기서 장일은 5일 이내로 하였고, 탈상은 부모와 조부모, 배우자는 100일로 하고 기타는 장일로 탈상하도록 규정해 버린다.

1973년 「가정의례준칙」(제정 1973.5.17 대통령령 제6680호 보건사회부)이 개정되면서 부득이한 경우를 제외하고 장일은 3일로 하고, 상기는 1969년의 것과 동일하게 규정하였다. 이러한 규정은 이후 수차례 개정이 행해졌음에도 불구하고 바뀌지 않고 지속되고 있다. 따라서 3일장의 전통은 1957년에 그 시초를 두고 1973년부터 고착된 것으로 볼 수 있겠다.

예서의 규정에 따르면 3일장은 거의 불가능해 보인다. 왜냐하면 3일에 걸쳐 시신처리를 위한 준비 단계를 거치기 때문이다. 그리고 비로소 4일째가 되어 성복을 함으로서 유족은 비로소 상주로서의 역할을 할 수 있기 때문이다.

「건전가정의례준칙」(1999) 제13조 상기에 의하면 "① 부모·조부모와 배우자의 상기는 사망한 날부터 100일까지로 하고, 기타의 자의 상기는 장일까지로 한다. ② 상기 중 신위를 모셔두는 궤연은 설치하지 아니하고, 탈상제는 기제에 준

156_ 趙文台·金鐘範 共編, 앞의 책(1957) 참조.
157_ 金鐘範 編述, 앞의 책(1961), 27쪽.

하여 행한다."라고 규정하고 있다. 그러나 요즘 3일장뿐만 아니라 삼일탈상이 당연한 것으로 받아들여지고 있다. 3일탈상이라는 개념은 장사를 지낸 후 3일째에 탈상을 한다는 뜻으로 상기喪期를 두지 않는다는 말과 같다.

상례의 절차를 보면 매장을 하든 화장을 하든 고인의 사후 3일째에 시신처리를 마치고 그날에는 반드시 초우제를 지낸다. 그리고 둘째 날에는 재우제를 지내고, 3일째가 되면 삼우제를 지내고 성묘를 하며 혼백을 산소 옆에 묻는다.[158] 성묘를 마치고 집으로 돌아오면 대상에 해당하는 제사를 지내거나 생략하고 상복을 벗어 탈상을 한다. 「가정의례준칙」(1999)에서 규정한 100탈상은 거의 지켜지지 않는다.

실제적으로 탈상을 하기 위해서는 신주를 모시지 않더라도 시신을 처리한 후부터 삼우제, 졸곡, 소상, 대상이라는 일련의 제사를 지내야 한다. 이는 상주가 상중이라는 충격으로부터 일상으로 돌아오기 위한 충격완화를 위한 절차와 기간이기 때문이다. 그러나 현대 상례에서는 이러한 절차와 시간이 무시되지만, 삼우제는 반드시 지내고 탈상을 한다.

(8) 부고와 감사편지

부고訃告는 초상을 알린다는 뜻이다. 그래서 초상이 나면 바로 부고를 하도록 규정하여 가능한 한 빨리 알리도록 하고 있다. 전통사회에서 부고는 직접 일일이 손으로 쓰거나 최근까지는 인쇄소에서 부고장과 봉투를 인쇄하여 인편으로 발송한다. 따라서 지역별로 분산하여 부고를 보내기 때문에 상례에서 가장 많은 사람을 동원하는 중요한 일이기도 하다. 최근까지만 해도 부고를 받으면 죽음에 대한 부정 때문에 부고를 집안으로 들이지 않고 변소에 걸어놓는 관행이 남아 있었다. 우편이 발달하면서 우편을 이용하다가 요즘에는 유무선 통신, 이메일, 신문사 부

158_ 예서에 의하면 초우제를 지내고 혼백을 깨끗한 곳에 묻는 것으로 되어 있으나, 일반적으로는 삼우제 후에 매혼백埋魂魄을 하는 경우가 많다.

고 등을 이용하는 형태로 변화해 왔다. 이는 물론 통신수단의 발달에 따른 것이다.

신문사 부고는 두 가지 형태로 나타난다. 하나는 비용을 들여 광고란을 이용하는 것으로, 주로 2면이나 4면, 10면[159] 하단에 한 단 혹은 일정 크기의 박스기사를 내는 형태이다. 부고의 양식은 예서의 규정 양식을 크게 벗어나지 않는다. 『사례편람』의 부고서식을 보면 "某親某人以某月某日得疾病不幸於某月某日棄世(今俗某親某公以宿患今月云云)傳人訃告(不傳人則改人爲書)"로 되어 있다. 반면 신문광고 부고를 보면 국한 혼용으로 쓰는 경우 "○○大人金寧金公○○(○○회사회장)老患으로 ○○년○월○일(음○월○일)午前○時○分別世玆以訃告"로[160] 되어 약간의 뉘앙스 차이는 있지만 예서의 것과 대동소이하다. 요즘에는 한자식보다는 한글로 풀어 쓰는 경우가 더 많지만 내용과 형식에는 차이가 없다. 단지 유족의 이름을 나열하고, 빈소라는 장소 표시와 장지라는 장소 표시가 조금 다를 뿐이다.

訃 告

具本茂 大夫人 晉陽河氏 正任 以宿患
二〇〇八年 一月 九日(陰 十二月 二日)
午前 六時 三十九分 於別世 玆以訃告

嗣子 本茂
子 本式 本綾
婦 本俊
女 本美
    車英植 金憲淑 趙恩雅 崔炳敏

孫 光 澄模 雄模
孫女 妍璟 妍樹 妍惜 妍承 妍辰
外孫 尹主迎 崔廷寬
外孫女 金善惠 金善貞 金書瑛 崔書恩 崔閔琇 金賢琇
李海旭 金俊旭 鄭台鉉 金周煥

護喪 卞圭七
殯所 서울大學校病院 葬禮式場 一號
發靷日時 二〇〇八年 一月 十二日 午前 七時
葬地 京畿道 利川市 麻長面 蟹越里 一六五-五
連絡處 本社 (02) 3772-2016
殯所 (02) 2072-2016
葬地 (031) 6300-6111

個別訃告는 省略하오며 弔花 및 賻儀는 정중히 謝絶합니다.

신문의 광고란 부고

159_ 광고 부고는 아래 1단을 쓰는 경우 주로 2면에 게재되는 경우가 많고, 박스형 작은 광고형은 4면이나 10면에 게재되는 경우가 많다. 아마 광고비와 밀접한 관련이 있는 것으로 보인다. 이 결과는 필자가 지난 2년간 각 신문의 부고를 스크랩한 결과로서 좀 더 많은 자료가 모아져야 통계가 가능하다.
160_ 『조선일보』, A2면, 2005.4.13.

다른 하나는 신문의 고정 부고란을 무료로 이용하는 것이다. 이 고정부고란은 전문기자가 있을 정도로 신문에서는 중요시하고 있다. 부고란은 면의 위치는 다르나 대부분이 사람들의 동정을 전하는 페이지로 대략 27~30쪽 중의 한 면을 차지한다. 단지 동아일보의 경우 A27면의 투데이 소식란에 실리는 것이 다를 뿐이다. 부고란을 지칭하는 난의 명칭은 대분이 '부고'로 되어 있지만 조선일보와 세계일보는 '부음', 한겨레신문은 '궂긴소식'으로 되어 있다.

원래 한겨레신문을 제외한 모든 신문에서는 일제시대의 영향에서 벗어나지 못하고 '부음訃音'이라는 명칭을 사용하고 있었다. 그런데 2003년 1월 「장례식장 서비스 표준규격」이 제정되면서 일제식 용어 청산을 청산하고, 표준 용어로 '부음' 대신 '부고'를 제시하였다. 이에 따라 위 두 신문사를 제외한 대부분의 신문사에서 부고란 옆에 "장례용어 국가표준제정으로 '부음'을 '부고'로 바꿉니다."라는 설명을[161] 공지한 후 당시까지 사용하던 부음이란 명칭을 부고로 바꾸었다.

신문에서 부고를 중시하는 것은 고인을 애도하는 관념의 소산으로 보인다. 이는 애경사는 반드시 알려야 한다는 문화적 전통과도 맞닿아 있다. 또한 약간의 복잡한 이야기가 되겠지만 상호부조라는 부조관행의 영향도 적지 않은 것으로 보인다. 따라서 장례식장에서는 유족이 원하면 신문사로 연락해주는 대행서비스도 해주고 있다.

이와 함께 상례를 마친 후에는 문상을 온 고마운 분들에게 감사편지를 쓰는 것도 잊지 않는다. 감사편지의 기원은 이미 오래 된 것으로서 상례의 절차상 졸곡을 지낸 후에 보내는 것으로 되어 있다. 이에 의하면 인사말 및 내용까지도 상세하고 규정하고 있다. 이러한 문화적 전통은 한지 질감의 편지지에 인쇄를 하여 보내는 등 현재에도 여전히 지속되고 있다. 뿐만 아니라 요즘에는 사내 동료들에게는 이메일로 감사편지를 쓰는 것이 유행이다. 이는 직장 중심의 공동체 형

161_ 『동아일보』, A29면, 2003.1.11; 『문화일보』, 26면, 2003.1.10 등 참조.

성 구조로 인해 대부분의 직장 내 인트라넷의 메일 프로그램을 통해 손쉽게 전달할 수 있다는 이점이 있어 자주 이용된다. 그러나 외부 관계에 있는 사람이면 여전히 한지 질감의 편지지를 사용하여 상투적인 어투의 글을 보낸다. 좀 특이한 경우로는 직접 그간의 상황과 감사의 말을 써서 복사하는 경우, 워드프로세서로 작성하여 직접 인쇄하여 보내는 경우도 흔하다. 외형은 변했더라도 부고를 하고 감사편지를 보내는 문화적 전통은 현대의 상례문화 속에서도 여전히 지속되고 있는 좋은 예가 된다.

2) 현대 종교의례와 융화

조선시대에 상례의 문화적 전통으로 자리 잡았던 유교식 상례는 일제시대와 현대 사회의 다종교 사회로 이행하면서 다시 종교적 유파의 하나로 자리매김 되고 있다. 종교적 유파로서 대표적인 것은 천주교식, 기독교식, 불교식, 천도교식, 원불교식 등을 들 수 있다.[162]

다종교 사회로 접어든 현대사회에서 유교식 상례는 더 이상 한국을 대표하는 상례의 문화적 전통으로 치부될 수만은 없는 입장에 처해 있다. 실제로 장례식장에서는 불교, 기독교, 천주교 등의 다양한 종교의례들이 빈소별로 달리 진행되고 있다. 뿐만 아니라 불교식 49재가 가장 일반적인 상례의 한 절차처럼 인식되고 있는 것이 현실이다. 이에 대해서는 3년탈상에서 100일탈상으로 다시 49일탈상으로 변화된 것이라는 주장도 없지 않다. 이러한 종교적 유파 현상은 유교식 상례 역시 다양한 민속 현상 중의 하나가 되었음을 나타내고 있다. 따라서 이 장에서는 이해의 편의를 위해 장례식장에서 소개하는 각 종교의 상례절차 속에 침투되어 있는 유교식 상례를 살펴보고자 한다.

162_ 여기서 제시하는 예는 서울삼성의료원장례식장에서 제공하는 사례를 본보기로 삼았다.

첫째, 천주교식 상례는 흔히 종부성사라고 하는데, 생전에 영세를 받은 사람은 『성교예규聖教禮規』에[163] 따라 상례를 치른다. 종부성사는 임종 전 대사 → 운명 → 초상 → 연미사 → 염습과 입관[164] → 장례식 → 하관 → 소기小忌와 대기大忌의 순서로 진행된다.[165]

천주교의 상례는 『성교예규』에 의해 상당히 정제되어 있는 것처럼 보이지만 집전하는 신부에 따라 차이가 많다. 그 내용을 보면 기도를 하고 성경을 낭독하는 일 외에는 유교식 상례의 모습을 그대로 유지하고 있는 것으로 보인다. 이는 천주교가 유입될 당시 이러한 의례에 대해 규범화된 규칙이나 규범서가 없었기 때문에 그 지역과 사회, 민족이 행하는 원래의 의례에 종교성을 가미하는 과정에서 나타난 현상이라고 하겠다. 또한 천주교가 유입된 시기가 이미 17세기 말이었기 때문에 천주교가 한국 사회에 적응하기 위해 토착문화를 적극적으로 수용한 결과라고 하겠다.

그래서 신자로서 정신에 벗어나지 않는 한도 내에서 우리나라의 풍습이나 장례의식을 존중하였던 것으로 보인다. 예를 들면 신앙에 위배되지 않는 선에서 제사를 지내고 3일, 7일, 30일, 소기와 대기 때에도 연미사를 올리는데, 이러한 절차는 유교식 삼년상의 영향을 받은 것이라고 하겠다. 이러한 보유론적補儒論的 입장은 1797년 진산사건珍山事件[166]으로 인해 일부 와해되었다. 그러나 현재 행해지는 천주교식 상례는 유교식과 닮은 부분이 많다. 특히, 연도煉禱는 고인에게 바치는 위령기도는 전통적인 창唱의 음률로 하는 기도로서 우리나라에만 있는 것이다.

163_ 서울대교구 전례위원회, 『성교예규』(가톨릭출판사, 1991).

164_ 염습과 입관이라는 용어는 사실 모순이다. 염과 습이라는 절차는 시신을 목욕시켜 수의를 입고 염포로 싸서 입관하는 모든 과정을 말하는데, 별도로 입관이라는 절차를 상정하는 것은 모순이다. 유교식 상례에서는 대렴이 입관을 위한 절차로 규정되어 있다.

165_ 천주교의 장례에 대해서는 김시덕의 『김수환추기경 선종』(국립민속박물관, 2011) 참조.

166_ 1791년 윤지충尹持忠과 권상연權尙然이 신주를 불 지르고 제사를 폐지한 사건으로 정조는 천주교 박해를 주장하는 다수의 의견을 듣지 않고 두 사람만을 처형하여 더 이상 확대하지 않았다.

둘째, 개신교식 상례로서 임종예배臨終禮拜라고 한다. 임종예배는 죽음의 순간부터 찬송과 기도로 영혼을 하나님께 맡기는 의식이며, 환자에게 성경이나 성가를 들려주어 평온한 마음을 갖도록 하여 임종을 맞이하도록 하는 것이 목적이다. 임종한 시신의 정제수시에서부터 하관에 이르기까지 모든 의식 절차를 목사의 집례로 행하며 초종 중에도 날마다 목사의 집례로 기도회를 갖고 유가족은 빈소殯所에서 기도회를 가지고 찬송을 그치지 않게 한다. 대략적인 의례과정은 묵도 → 찬송 → 성경봉독 → 설교 → 기도 → 찬송 → 묵도의 순서로 행해진다.

개신교식 상례의 특징은 곡을 하지 않고 음식도 차리지 않으며 절도 하지 않는다는 것이다. 조석으로 전과 상식을 올리지 않고 염습할 때에 묶지도 않는다. 영결식은 교회에서 행하거나 빈소에서 행하는 경우가 있으며, 분향 대신 영전에 꽃을 한 송이씩 바친다. 일반 문상객을 위해 향을 준비하기도 하지만 일반적이지는 않다. 장지로 떠나기 전에 영결식을 하는데, 개식사(목사) → 찬송 → 기도 → 성경봉독 → 시편 낭독 → 신약 낭독 → 기도 → 고인故人의 약력보고 → 주기도문 → 찬송(다같이) → 헌화 → 출관의 절차로 진행된다. 영결식은 각 종파 또는 집례 목사마다 다른 경우도 있다. 장지에 도착하면 개식사(목사) → 기원 → 찬송 → 기도 → 성경봉독 → 기도 → 신앙 고백 → 취토 → 축도의 순서로 하관식이 행해진다.

개신교식 상례는 유교식 상례와 많은 차이가 있는 것처럼 설명한다. 그러나 유교식 상례 절차를 근간으로 하여 절을 하거나 전을 드리는 행위 대신에 찬송, 기도 등을 삽입하여 개신교식 상례로 정착시킨 것으로 보인다. 즉, 절을 하거나 전을 올리는 등의 개신교 교리에 어긋나는 것을 개신교식 기도나 찬송으로 바꾼 외에는 크게 특별한 것이 없다. 찬송가가 끊이지 않게 하는 것은 대곡자代哭者를 써서라도 곡소리가 끊이지 않게 하는 유교식 상례와 닮아 있다. 임종예배, 정제수시, 하관, 취토 등의 용어 역시 유교식의 용어를 차용한 것으로 보인다. 단지 영결식과 같은 경우 동양적 의례 특징보다는 서구식의 의식Ceremony 형태로 발달되어 있음을 알 수 있다.

셋째, 불교식 상례로 임종염불臨終念佛이라고 한다. 불교식 상례에서도 운명하는 순간에서 대렴까지 절차는 유교식 상례와 대동소이하게 행해지지만, 영결식의 방법은 다르다. 불교의 상례는 주로 『석문의범釋門儀範』에 의존하고 있다. 불교에서는 임종 당시의 마음가짐에 의해 사후세계가 결정된다고 보고 있다. 정각스님에 의하면[167] 운명하면 머리를 북쪽으로 얼굴은 서쪽으로 하고 사자밥을 차린다. 장일은 3일, 5일, 7일장을, 고승의 경우에는 9일장을 치르기도 하며, 3일장을 기준으로 대략 제1일에는 임종·수시·시다림 행법이, 제2일에는 염습·입[入龕]·성복의식이, 제3일에는 발인·장의(화장, 매장)·반혼재返魂齋 의식을 행한다. 그리고 입관 전까지는 헌향할 뿐 절을 올리지 않는데, 이는 임종 후 24시간 안에는 고인이 다시 살아나는 경우도 있어 이때까지는 정식으로 죽음을 인정하지 않기 때문이다. 그래서 24시간이 지나야 본격적인 상례의 의례들이 진행된다.

이러한 고례식 다비 절차에 대해 보광스님은 불교식 장례문화 정착을 위해서 기존 불교식 의례들이 시대에 맞게 변화되어야 한다고 주장한다. 즉, 많은 대중들이 함께 할 수 있는 의례의 개발과 함축된 내용을 전달하여 의례를 이해할 수 있도록 변화해야 한다고 주장한다.[168] 이에 의하면 임종염불 → 장례절차(목욕, 세족, 착군, 착의, 착관, 정와, 입관) → 발인제 → 화장장 염불 → 쇄골(이때 사리 간별을 한다) → 산골 혹은 봉안 → 사십구재 → 탈상의 순서로 진행된다.

한편 『통일법요집』에[169] 의하면 또 다른 형태의 불교식 상례를 제시하고 있다. 그 절차를 보면 수계(헌향獻香, 헌작獻爵, 배례拜禮, 문상問喪, 입정入定, 십념十念, 거불擧佛, 청혼請魂, 왕생발원往生發願) → 염습(거불, 이발離髮, 목욕, 세수족洗手足, 착의군관着衣裙冠, 정와訂訛, 입관入棺, 안좌게安坐偈, 장엄염불莊嚴念佛) → 성복제成服祭(거불擧佛, 창혼唱魂, 반혼

167_ 정각(문상련), 앞의 책(2002), 139~156쪽.
168_ 보광스님, 「불교계 장례문화 정착을 위한 과제 – 불교 장례의례 및 장례시설 보완점을 중심으로」, 『불교와 문화』 28((재)대한불교진흥원, 1999), 32~38쪽.
169_ 대한불교조계종포교원, 『한글통일법요집 – ①천도·다비의식집』(조계종출판사, 2005).

착어返魂着語, 진반시식進飯施食, 십념十念, 다게茶偈, 장엄염불莊嚴念佛, 왕생발원往生發願) → 발인發靷(기관起棺, 오방배례五方拜禮, 십이불十二佛, 하직게下直偈, 보례삼보普禮三寶, 의상조사법성게義湘祖師法性偈) → 영결永訣(십념十念, 거불擧佛, 창혼唱魂, 반혼착어返魂着語, 가지공양加持供養, 상주헌작喪主獻爵, 조객헌향弔客獻香 및 헌화獻花, 제문祭文, 장엄염불莊嚴念佛, 거불擧佛) → 매장埋葬(십념十念, 거불擧佛, 하관下棺, 산좌송散座頌, 장엄염불莊嚴念佛) → 평토제平土祭(거불, 창혼, 착어, 진령게振鈴偈, 법성게)의 순서로 진행된다.

만약 매장을 하지 않고 화장을 할 경우에는 거불, 거화擧火, 하화下火, 봉송奉送, 십념, 표백表白,[170] 창의편唱衣篇, 기골起骨, 습골拾骨, 쇄골碎骨, 산골散骨, 산좌송, 반야심경의 소절차가 진행된다. 그리고 말미에 '조문의식'이라고 하여 문상할 때의 의식을 부기하고 있다.

같은 불교식이라 하더라도 장례식장에서는 그 환경에 맞는 불교식 상례를 제시하고 있다. 서울 삼성병원에서는 향 피우고 → 삼귀의 → 반야심경, 수계, 설법, 염불, 왕생발원, 사홍서원으로 진행된다. '다비식茶毘式'이라고는 하지만 화장을 할 때는 개식開式 : 호상(주관) → 삼귀의례三歸依禮 → 약력보고略歷報告 → 착어着語 → 창혼唱魂 → 헌화獻花 → 독경讀經 → 추도사追悼辭 → 소향燒香 → 사홍서원四弘誓願 → 폐식閉式의 순서로 진행된다.

불교식 상례는 다양한 불교 예서들에 의해 진행되는 것으로 보이지만 실제적으로 일반인들의 경우에는 유교식 상례 절차에 따라 진행을 하되 스님이 독경을 도와주는 정도이다. 실제로 현재의 장례식장에서는 의식 형태로 모든 의례들이 진행되고 유교식에서 절을 하거나 축문을 읽을 때 독경을 하여 고인의 명복을 비는 형태로 진행되고 있다. 따라서 장례식장에서 제시하는 불교식 상례 역시 유교식 영향이 큰 것으로 보인다.

넷째, 천도교에서는 인간의 죽음을 '환원還元'이라고 한다. 왜냐하면 생을 마

170_ 스님 다비에 한하여 사용한다(위의 책, 231쪽).

치면 다시 본래 성품자리로 되돌아간다고 보기 때문이다. 따라서 천도교의 상례는 이러한 취지에 맞추어져 있으되 내용은 유교식 상례와 거의 유사하나 제물의 사용, 기도식 등이 다르다. 천도교의 상례는 첫째 수시收屍, 둘째 입관入棺, 셋째 발인發靷과 영결永訣, 넷째 하관下棺 및 사진봉안식의 네 단계로 진행한다. 그 절차를 보면 수시 → 조문弔問과 기도식 → 입관식入棺式(수의, 입관, 성복, 명정)[171]_ → 발인식發靷式 → 영결식永訣式[172]_ → 하관식下棺式(청수봉안, 하관, 성분)[173]_ → 사진봉안식寫眞奉安式 순서로 진행된다. 천도교의 상기는 장례 후 3일까지이고, 3일째 성묘할 때까지 상복을 입고 산소에서 상복은 벗고 탈상한다. 그리고 초우, 재우, 삼우제 등 재래의 상례 행사는 일체 하지 않는다.

천도교식 상례는 유교식을 그대로 옮겨놓지는 않았으나 기본골격은 가장 유교식에 가깝다고 해도 과언이 아니다. 특히 '사진모시기'는 시기가 약간 다르기는 하지만 유교식 상례에서 신주에 글씨를 쓰는 '제주'와 같은 것으로 현재의 유교식 상례에서는 행하지 않는 절차이지만 천도교에서는 행하고 있다고 할 수 있다. 의례를 전반적으로 보면 절을 하지 않는다거나 명당을 찾는 등의 일을 금하는 것은 역시 유교식의 변형이라기보다는 전통적인 명당관념과 신앙에 대한 혁신으로 볼 수 있다. 사실 제사의 경우 일반 유교식과는 전혀 다른 형태인 '향아설위법向我設位法'으로 행하는데, 자신을 향해 제상을 진설하는 방법이다. 이는 신주를 거부하고, 자신의 안에 조상과 한울님이 있다고 보기 때문에 나타난 현상이다. 그렇기 때문에 기제사를 지내지만 전혀 다른 형태로 진행됨을 알 수 있다.[174]_

171_ 입관식의 식순은 개식 - 청수봉전 - 심고 - 주문 3회 병송 - 경전봉독(성령출세설) - 위령송 합창 - 분향(가족 및 참례인) - 심고 - 폐식이다.

172_ 영결식은 개식 - 청수봉전 - 심고 - 주문 3회 병송 - 약력소개(친구나 교우 중에서) - 위령문 낭독 - 조사(교회 대표자 또는 내빈 중에서) - 위령송 합창 - 분향(가족, 친척, 내빈의 순서로) - 인 사(장의위원장 또는 호상) - 심고 - 폐식의 순서로 한다.

173_ 화장할 경우에는 화장장 분구焚口 앞 영구대에 영구를 안치하고 예탁을 설하고 사진을 봉안하고 청수를 봉전하고 촛불과 향을 피우고 식을 행한다. 식이 끝나면 영구를 분구로 옮긴다. 유골은 정한 곳에 안치 또는 매장하거나 뿌린다.

174_ 김시덕, 「천도교의 제사민속지」, 『종교와 조상제사』(민속원, 2005), 337~368쪽 참조.

다섯째, 원불교圓佛敎에서는 죽음을 열반涅槃으로 표현하고 있다. 원칙적으로 원불교에서 규정한 예禮의 기본 성격은 유교적인 예와 일치한다.[175] "사람의 일생을 마치고 보내는 일이라 친근자에 있어서는 그 섭섭함이 비할 데 없는 것이요, 당인에 있어서는 이 몸을 버리고 새 몸을 받을 시기라 반드시 올바른 천도를 얻어야 할 것이다."라고 하여 상례의 중요성을 강조하고 있다. 상장의식에는 친척·친지를 본위하여 그 정곡情曲을 풀며 절차를 갖추는 것과 당인을 본위하여 그 참 열반과 천도를 기원하는 두 가지의 의미가 있다.

원불교의 상례절차는 열반涅槃 및 열반식[176] → 호상護喪 → 입관入棺(목욕, 수의입히기) 및 입관식 → 발인식 및 운상運喪 → 입장식入葬式 및 장사葬事의 순으로 행해진다. 원불교의 복제는 3가지가 있다. 첫째 전기복全期服은 49일(7·7일)간 부모·자녀·부부를 비롯하여 내외숙 3촌간까지 입는다. 둘째 반기복半期服은 21일(3·7일)간 입는데, 열반인과의 척분과 평소 정의에 따라 기타 관계인이 재량에 따라 입는다. 셋째 당일복當日

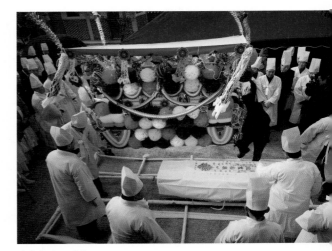

상여에 영구 싣기

服은 장례 당일 입는데, 일반 조객이 장례 당일에 한하여 입는다. 복은 일률로 평상복 또는 보통 예복의 왼편 가슴에 복표만을 부착한다. 반기의 복인이 3·7재

175_ 강석환, 「원불교의 유교 수용에 관한 고찰」, 『정신개벽』 9(신룡교학회, 1990), 107쪽.
176_ 진행방법은 개식 – 입정 – 심고 – 성주 3편 – 천도법문 – 독경(일원상서원문, 반야심경) – 염불(5분내지 10분간) – 폐식의 순으로 한다.

齋에 동참하지 못할 때에는 각자 처소에서 탈복한 후 종재식에 참례하여 전기 복인과 함께 탈복의 예를 행한다.

원불교의 상례는 불교와 관련이 있음에도 불구하고 실제 의례의 절차나 내용은 유교식 상례와 매우 가깝다. 예를 들면 상복의 제도라든가, 호상을 세우는 등의 내용이 그러한 것들이다. 단지, 풍수, 곡, 만가, 유교식의 영위 설치와, 우제·조석삭망상식朝夕朔望上食·소상·대상 등의 예는 폐지하도록 규정하고 있다. 이러한 것들은 가정의례준칙의 영향과 함께 간소화라는 현실화의 영향으로 보인다. 역시 49재는 불교의 영향으로 보아야 할 것이다.

이처럼 현대의 다종교 사회에서 유교식 상례는 지금까지 언급한 것처럼 각 종교에 침투되어 융화하면서 그 문화적 전통을 유지하고 있다. 천주교나 개신교가 서구에서 유입된 종교라 할지라도 그 속에는 죽음을 처리하는 일이 인간의 일생에 매우 중요한 하나의 의례로 존재하기 때문에 그 사회가 지닌 문화적 전통을 받아들여 융화한 것으로 보인다. 다시 말하면 천주교나 개신교라 하더라도 유교식 상례 절차가 유입되어 있어 유교식 상례가 지속되고 있다는 것이다.

불교와 원불교는 불교식 상례의 오랜 전통이 있을 것으로 예상되지만 전승되고 있는 상례는 유교식 요소를 많이 수용하고 있다. 용어는 물론 절차까지도 유교식 상례를 수용하고 있다. 천도교의 경우 민족종교로서 역할을 강조하였기 때문에 상례는 유교식과 대동소이하다.

이러한 각 종교에서 수용한 유교식 상례는 그들 종교적 특성에 따라 변형의 과정을 거친다. 대표적인 것이 염습이다. 유교식 상례에서는 시신을 네모나게 묶는 등 시신 보존을 위한 노력을 많이 하지만, 현대의 각 종교에서는 반드시 시신을 묶지 않아도 되는 것으로 규정하고 있다. 또한 매장 혹은 화장 등의 장사 이후에 행해지는 조상신 숭배와 관련된 의례들을 생략하는 경향이 있다. 그럼에도 불구하고 각 종교에는 유교식 상례문화의 전통이 깊이 침투되어 융화하고 있음은 부인할 수가 없다.

3) 장례식장의 상례절차

우리나라에서는 가정의례준칙을 통해 보편적 상례를 제시하고 있지만 장례식장 등 상례의 현장에서는 잘 지켜지지 않는 것으로 보인다. 이에 따라 장례식장에서는 유교식 상례 절차를 '일반적인 상례절차'로 소개할 뿐만 아니라 활용하고 있다. 장례식장마다 다소 차이는 있지만 서울아산병원 장례식장의 경우 다음과 같이 적용하고 있다.

1. 임종臨終
2. 수시收屍
3. 발상發喪 : 대문밖에 근중謹中, 기중忌中, 상중喪中이라는 상가표시를 한다.
   설전設奠, 상주,[177]—호상, 장의사 선정 등
4. 치장治葬 : 3·5일장의 장일葬日, 장지선성, 영정제작 등
5. 부고訃告 : 부고의 범위[178]
6. 염습殮襲 : 운명 후 2일째에 하도록 함.[179]
7. 입관入棺—영좌靈座
8. 성복成服 : 성복제 규정
9. 발인發靷과 영결식永訣式 : 식순은 개식—주상 및 상제들의 분향재배—
   고인의 약력 보고—조사弔辭—조객분향—호상인사—폐식의 순서[180]

177_ 상주의 항목은 원문에 의하면 '상제喪祭'라고 되어 있으나 오기로 보인다.
178_ "신문에 부고를 낼 때에는 지나치게 많은 유족의 이름을 열거하는 것은 피해야 하며, 행정기관, 기업체, 기타 직장이나 단체의 명의는 사용할 수 없다."고 명시하였는데, 이는 「가정의례에관한법률」[일부개정 1997.12.13 법률 제5454회] 제4조 2항의 규정에 따른 것으로 보인다. 그러나 이 규정은 「건전가정의례의정착및지원에관한법률」(제정 1999.2.8 법률 제5837호 보건복지부)에 의해 그 효력이 소멸되었다.
179_ 이 규정은 「장사등에관한법률」(일부개정 2002.1.19 법률 제6615호 보건복지부) 第6條(埋葬 및 火葬의 時期) "매장 및 화장은 사망 또는 사산한 때부터 24시간을 경과한 후가 아니면 이를 하지 못한다."는 규정에 따른 것이다. 이러한 규정은 「매장등및묘지등에관한법률」(제정 1961.12.5 법률 제799호 보건사회부)에서부터 적용되어 왔다.

10. 하관下棺과 성분成墳

12. 위령제慰靈祭와 반우제返虞祭 : 초우제를 반우제로 보고 있음.

13. 삼우제三虞祭

14. 사십구재四十九齋

15. 탈상脫喪

장례식장에서 일반화되어 행해지는 상례 절차는 대략 15개로 설정되어 있지만 대절차와 소절차의 구분이 모호하여 유교식의 19개 절차에 비하면 매우 간소화 된 것처럼 보인다. 장례식장에서 수용하고 있는 유교식 상례의 특징은 첫째 신주에 대한 언급이 완전히 사라졌다는 것이다. 현대사회에서 신주를 만드는 경우가 거의 없기 때문에 그 필요성이 없어져 사라진 것으로 보인다. 따라서 신주가 있을 경우에 행해지는 졸곡, 부제, 담제와 길제의 절차 역시 생략되어 있다. 둘째 염습이란 입관의 절차를 포함하고 있음에도 불구하고 염습과 입관을 분리하였는데, 이는 입관에 의미를 크게 부여했기 때문으로 보인다.

셋째는 통합되거나 내용이 바뀌어 전승되고 있다는 것이다. 제주전과 반곡의 절차가 위령제와 반우제라는 형식으로 바뀌었고, 삼우제를 별도의 절차로 상정하고 있다. 넷째는 불교식 49재의 유입과 보편화이다. "불교식임에도 불구하고 요즘에는 유교식에서도 한다."는 설명을 붙인 것처럼 유교식 혹은 기독교식 상례에서도 수용할 정도로 보편화 되어 있다. 이는 아마 장례식장을 이용하는 유족들의 요구에 따라 49재가 빈번하게 행해지기 때문에 49재가 일반적인 장례절차로 등장하게 된 것으로 보인다.

이처럼 장례식장에서 '일반적인 장례절차'로 제시한 것이 유교식 상례라면 그것은 현대 한국의 가장 보편적인 상례라는 것을 의미한다. 그러나 한때 문화적

180_ 발인제의 식순 역시 「건전가정의례준칙」(제정 1999.8.31 대통령령 제16544호 보건복지부)과도 차이가 있다.

전통으로 자리매김 되었던 유교식 상례문화도 현재는 다양한 종교적 유파 중의 하나로 자리매김 되어 있음은 부인할 수가 없다.

4) 종가에서 지속되는 유교식 상례

다종교, 다문화의 현대사회라 할지라도, 한국에서는 씨족집단의 구심점에 있는 종가가 유교문화 전통을 비교적 잘 전승하고 있다. 특히, 현재까지 종가의 전통을 잘 지키는 집안의 경우 유교식 의례체계의 전통을 매우 중시하고 있고, 이를 지키려고 노력한다. 현재도 사당에 신주를 모시고, 예서를 참고하면서 관혼상제를 유교식으로 치르는 것이 이를 잘 설명해 준다. 그렇기 때문에 현대사회에서도 지속되는 유교식 상례를 좀 더 자세히 살펴보기 위해서는 반드시 종가에서 행해지는 삼년상에 주목하여야 한다.

종가에서 전승되는 유교식 상례의 문화적 전통을 기술하기 위해서는 유구한 문화적 전통을 유지하는 종가를 대상으로 하여야 한다. 최근까지 곳곳에서 유교식 삼년상이 치러졌지만, 유교식 상례에 따라 치러진 집안은 드물다. 2008년부터 2010년까지 치른 학봉종택 14대 종손 소운召雲 김시인金時寅(1917~2008) 선생의 상례는 유교식 전통은 물론 유구한 전통을 자랑하는 종가의 전통이 어우러져 근래 보기 드문 정통적인 유교식 삼년상이었다.

이미 학봉선생은 부친의 삼년상을 치른 후 『상례고증』을 집필하였고, 서산西山 김흥락金興洛(1827~1899) 선생은 『가제의家祭儀』를 집필하는 등 유교식 의례를 꾸준히 실천해 전통으로 삼은 이름 있는 집안다. 따라서 이번 학봉종택 종손의 삼년상은 종가에서 전승되는 유교식 상례의 전형을 보여주는 사례가 될 것이고,[181]_

181_ 여기에 기록하는 내용은 필자가 삼년상의 전과정을 조사하여 쓴 김시덕, 『소운 김시인 삼년상』(국립민속박물관, 2011)의 내용을 재편집한 것이고, 필요시 여타 자료를 참고할 것이다.

큰사랑채의 향파록

유교식 상례의 지속 원리와 의미를 살펴볼 수 있을 것이다.

소운선생의 상례는 유림장儒林葬으로 치러졌다. 그만큼 고인이 영남지역에서 차지하는 비중이 컸기 때문이다. 이에 운명 3일째에 안동유림에서 유림장을 하기로 결정함에 따라 풍뢰헌風雷軒에 게시하였던 문파록門爬錄을 유림 범위(유림 303명)로 다시 작성한 향파록鄕爬錄을 큰사랑채에 게시하였다. 명정 역시 '처사소운의성김공지구處士召雲義城金公之柩'로 개명정을 하였다.

삼년상을 치를 것인가에 대해서는 다음의 대화에서 이미 준비된 것임을 확인할 수 있었다. 삼우제를 지내고 문중 성원들이 종가를 누가 지킬 것인가 걱정하고 있을 때 맏상주(鍾吉, 1941)가 "저는 이미 서울 생활이 모두 정리되었기 때문에 종가를 지키는 데는 문제가 없습니다."라고 하니 문중 성원들이 "참 고맙고 다행한 일이네."라고 하였다. 맏상주는 이미 학봉종택의 전통을 유지하기 위해 당연히 삼년상을 치러야 하고, 이제부터 종가를 지켜야 한다고 마음먹고 있었다는 것이다. 이것이 학봉종택의 유구한 전통의 저력이고, 이것이 종가의 유교식 문화 전통을 전승하는 힘이라고 할 수 있다.

상기는 일진으로 인해 7일장으로 하였는데, 이는 달을 넘겨 장사하는 유월장踰月葬을 염두에 둔 것이라고 한다. 상례의 성격상 운명의 순간이나 염을 하는 과정, 성복하는 과정은 참여관찰조사가 힘들기 때문에 면담조사로 대체하였다. 조사는 2008년 2월 7일부터 시작하여 2010년 5월 2일까지 10차례에 걸쳐 진행되었다.

(1) 초종의 : 상례 준비를 하다

초종의初終儀란 고인이 운명하면서부터 행하는 상례의 준비 절차이다. 2008년 2월 3일 새벽 학봉선생 종택 14대 종손께서 별세하셨다는 문자메시지가 도착했다. 부고의 방법이 바뀌었음을 새삼 실감하는 순간이었다.

빈소의 명정과 만사

고인은 한양대 병원에서 약 4개월간 노환으로 입원해 있었다. 2월 2일 저녁 식사 후 앉아 있기가 힘들다고 하셔서 장손인 형호亨漠(1980)가 등을 서로 마주 대고 앉아 있었다. 그러나 상태가 위독하여 산소 호흡기를 하고, 안동의 종택으로 향했다. 천거정침薦居正寢을 한 것이다. 고인은 3일 새벽 1시쯤에 운명하셨다. 운명 후 곧바로 족친이 초혼을 하고, 혼백을 만들어 모셨다. 초혼에서 사용한 옷인 복의復衣는 영좌의 병풍에 걸어 두었다.

날이 밝은 후 종가 마당에 천막 3동을 치고 시도소時到所와 문상객들에게 음식을 대접할 공간을 만들었다. 조객을 접대하는 음식은 장례식장에 납품하는 전문업체로부터 공급받기로 하였다. 그러나 전奠과 제사 음식은 직접 준비하기로 하였다.

(2) 습과 염 : 습을 하고 시신을 싸서 입관하다

습襲이란 시신을 목욕시키고, 수의襚衣를 입히는 절차이다. 염斂이란 습을 한 시신을 가지런하게 싸서 묶는 소렴小斂과 소렴한 시신을 네모나게 싸서 입관入棺

하는 대렴大斂을 통칭하는 말이다. 이 2가지 일을 동시에 할 때는 흔히 '염습'이라고 한다.

　운명 후 2일째에 습과 염을 하였다. 전통적으로는 1일째에 습, 2일째에 소렴, 3일째에 대렴大斂을 하였으나 현대사회의 사정에 따라 2일째에 이 3절차를 한꺼번에 진행하였다. 관은 지례의 생가 집 앞에 있었던 은행나무로 미리 관을 짜서, 훗날 사용하자고 20여 년 전에 생가에서 보내 온 관이 준비되어 있었다. 그러나 폭이 좁아 사용하지 못하여 새로 구하여 사용하였다. 습과 염은 가까운 집안 친지들이 모여서 하였다. 대렴을 한 후 풍뢰헌과 운장각雲章閣 사이 빈터에 빈殯을 하였다. 이를 토롱土壟이라고 한다. 바닥에 받침대를 놓고 그 위에 자리를 깐다. 그 위에 영구를 모시고 전체를 솜이불로 싼 다음 천막을 덮고, 그 앞을 병풍으로 가렸다.

　대렴大斂을 마치고, 사랑방의 윗방 안쪽 책방에 영좌를 차렸다. 상에는 주과포를 차리고 상 아래에는 고인의 신발 등 생시 용품을 두었다. 영좌의 앞쪽 사랑방에는 상주들이 영좌를 지키도록 고석藁席을 깔고 고침孤枕을 놓았다. 영좌의 병풍에는 복의復衣와 명정, 지인들의 만사, 고인의 영정을 걸어 두었다. 큰사랑채에는 여막을 상징하는 거적을 쳤다.

　빈을 한 후부터 매일 조석으로 토롱이 있는 곳에 가서 곡을 하는데, 이를 신혼곡晨昏哭이라고 한다. 『사례편람』에 의하면 "자식이 부모를 섬기는 데 있어 정성定省 즉, 혼정신성昏定晨省의 예절이 있다. 초상에서 소상까지 조석곡이 있고, 상례를 마치고 사당에 모시면 신알晨謁의 예절이 있는데, 어찌 소상 후에는 신성이 없는가?"[182]라고 하여 신혼곡이 매우 중요한 일이었음을 알려주고 있다.

182_ 『四禮便覽』「喪禮」,〈小祥〉, "按 子事父母 有定省之節 自喪之練 有朝夕之哭 喪畢入廟則有晨謁之禮 豈獨於小祥後全無晨省之禮."

1	2	4	5
	3	6	7

1 영좌, 고석, 고침
2 여막
3 외빈
4 상주들의 신혼곡
5 조석곡전
6 남자상복
7 여자상복

(3) 성복 : 정식으로 상주가 되다

성복成服이란 상주가 상복을 입고 완전히 상중의 기간으로 들어가는 절차이
다. 운명 후 2일째에 습과 염을 하였으나, 규정에 따라 성복은 4일째에 하였다.
성복은 전통적인 굴건제복으로 하였다. 특히 미리 만들어 둔 무명 바지저고리,
두루마기 등을 사위와 4촌까지 모두 착용하여 전통적인 상복입기 전통을 유지하
고 있다. 상주들의 상복은 굴건屈巾, 승영繩纓, 수질首絰 등은 판매하는 것에 마麻
를 덧붙이는 등의 손질을 하여 만들었다고 한다. 그 외의 후손들은 불천위로 모
시는 학봉선생 14대 종손의 상이므로 선생의 후손 전원이 상복(두건)을 입는 종복

宗服을 하였다.

　　남자 상주의 상복은 최의衰衣, 최상衰裳, 효건孝巾위에 굴건을 쓰고, 수질을 두르고 승영을 늘어뜨린다. 그리고 요질腰絰과 효대絞帶를 하고, 죽장竹杖을 짚는다. 여자 상주는 원래 대수장군으로 되어 있으나 치마저고리를 입고 개두蓋頭에 수질을 두르고, 역시 승영을 늘어뜨린다. 요질과 효대를 하고, 죽장을 짚는다. 신발은 짚신이나 고무신을 신는다. 성복 후부터 조석곡전朝夕哭奠을 올리면서 상식上食을 함께 올린다.

(4) 조 : 문상을 받다

조弔란 상가에 문상을
하는 일을 말한다. 문상을
하는 시기는 원래 성복을 한
후부터이지만, 현대의 형편
상 성복을 하기도 전에 문상
을 받는 것에 대해 탓하지
않는다. 조객弔客들은 상가
앞에 도착하여 문상에 맞는
옷을 갈아입고 들어와 시도
소에서 시도기를 작성한다.
빈소殯所에[183_] 들어가서 분
향한 후 곡재배를 하고, 상
주와 인사를 한다. 여자들의
경우, 옛날에는 별도로 마련
한 방에서 문상을 하였지만
요즘에는 같은 곳에서 한다.

조

안동지역에서는 문상객에서 답례품으로 담배와 여비를 주는 전통이 있다.

(5) 문상 : 출타 중에 초상의 소식을 듣다

문상聞喪이란 상주가 출타 중에 부고를 받았을 때 소복으로 역복易服을 하고
급히 집으로 돌아오는 과정을 말한다. 이때 상주는 분상奔喪이라고 하여 달려서
집으로 돌아오는 것으로 규정하였다. 그러나 고인이 오래 입원해 있었고, 의사의

183_ 안동지역에서는 상청, 혹은 영좌를 빈소라고 한다.

친지들의 분상

예고가 있었기 때문에 자식들이 모두 모여 있었으므로 분상은 없었다.

그러나 촌수가 먼 친척의 경우 늦게 연락을 받고 상가에 와서는 남녀를 불문하고 모두 빈에 가서 곡을 하였다. 즉, 상가에 들어오면서 곡을 하고 상주를 보기도 전에 빈(토롱)을 한 곳부터 들러서 곡을 하고 상복으로 갈아입었다.

(6) 치장 : 장사치를 준비를 하다

치장治葬이란 장지를 선정하여 묘역을 만들고, 신주의 형상을 만들고, 상여와 관련된 장식을 만드는 등 장사에 관련된 준비를 하는 일을 말한다. 집사분정을 할 때는 이 일이 중요하기 때문에 담당자를 여러 사람 지정한다.

2월 8일 오후부터 다음날 발인을 위한 준비를 시작하였다. 고인의 사촌을 중심으로 명정과 만장輓章을 거는 깃대를 준비하였다. 상여는 꽃상여로 맞추고, 대체(단강과 장강)는 마을의 것에 광목을 감아서 사용하였다. 영여는 마을에서 사용하는 목재 영여를 사용하였다.

장지葬地는 옛 종가의 뒷산으로, 15년 전에 돌아가신 14대 종부 한양조씨漢陽趙氏의[184] 묘에 합장하기로 하였다. 당시 광중과 석곽을 모두 준비해 두었기 때문에 별도의 준비는 필요하지 않았다. 단지 합장合葬을 위한 회곽灰槨을 준비하였다.

(7) 천구 : 영구를 옮기다

천구遷柩란 발인 하루 전에 사당에 계신 조상에게 내일 장지로 가게 되었다는 것을 고하고, 인사를 올리기 위해 영구靈柩를 옮기는 절차이다. 이때 상여를 꾸미고, 길의 신에게 고하며, 발인에

석전

앞서 이제 장지로 떠난다는 것을 고하는 견전遣奠을 지내는 등의 절차가 진행된다. 다른 절차와 달리 2일에 걸쳐 진행된다.

2월 9일이 장삿날이기 때문에 2월 8일 오후에 9번째 절차인 천구를 하였다. 아침에 조전朝奠을 올릴 때 "이제 길일에 영구를 옮길 것을 고합니다(금이길진천구감고今以吉辰遷柩敢告)."라는 고사를 읽어 천구할 것을 고한다.

오후 5시 45분경 상식, 석전, 조전祖奠을 한꺼번에 올렸다. 조전祖奠은 비중이 있기 때문에 다른 조석전보다 많은 양의 음식을 차렸다. 절차는 조석전과 같은데, 축관이 나와서 분향을 한다. 그리고 계반개를 하고 헌작을 한 후 "영원히 옮겨 가는 예이니, 좋은 세월은 머물지 않아 지금 영구차를 받들어 조도를 행하겠습니다(영천지례영진불류금봉구차식준조도永遷之禮靈辰不留今奉柩車式遵祖道)."라는 축문을 읽는다. 고축을 마치면 숟가락을 메에 꽂고 젓가락을 다른 제수에 올려 삽시정저

184_ 1993년에도 삼년상을 하였는데, 고인 부부의 생년월일이 같다.

명정과 만장 준비

를 한다. 잠시 기다렸다가 모두 곡을 하며 재배한 후 철상하였다.

철상 후(6시경) 곧바로 명정銘旌을 모시고 사당에 가서 하직인사를 드렸다. 원래는 영구를 직접 옮겨야 하나 『가례의절』에 따라[185_] 혼백과 명정을 모시고 사당 앞에 가서 인사를 드렸다. 축관이 명정을 겹쳐 들고 앞장서고, 그 뒤로 혼백을 모신

영여靈舉, 그리고 남녀 상주와 복인들 순으로 사당으로 향한다. 사당으로 들어가는 길이 좁기 때문에 예서의 지침과는 달리 모든 사람들이 일렬로 이동하였다. 이동할 때, 사당에 도착하여서도 계속 곡을 한다.

사당에 도착하면, 사당의 중문 계단 위에 혼백을 모시고, 그 앞쪽에 명정을 펼쳐 놓는다. 이때 남자 상주들은 동쪽에 여자 상주들은 서쪽에 도열한다. 여자 상주가 사당에 들어가는 유일한 의례이다. 축관이 곡을 그치게 하고, "청조조請朝祖"라는 고축을 한다. 고사를 마치면 모두 재배하고 물러나 명정, 혼백, 상주, 복인의 순서로 영좌로 돌아왔다. 영좌에 혼백을 모시고 명정은 다시 영좌의 병풍에 걸어 둔다.

185_ 『家禮儀節』에 의하면 집이 좁을 경우 옮기기 어려우므로, 혼백과 명정만 모시고 가도 무방하다고 하였다[人家狹隘 難於遷轉 今擬奉魂帛以代柩 則奉奠椅卓前行 銘旌次之 魂帛又次之 至祠堂前 置魂帛於席上北向].

청조조 청조조

(8) 견전 : 집을 떠나 체백을 보내다

견전遣奠이란 상여에 영구를 싣고 나서 발인을 하기 전에 출발할 준비가 완료되었음을 고하는 전이다. 그래서 일반인들은 발인제發靷祭로 오해하지만, 발인 앞에 있는 천구에 해당하는 절차이다.

2008년 2월 9일 아침 8시경 마을 사람들과 일가친척들이 상여의 대체 점검, 영구를 묶을 끈 준비, 명정과 만장 점검, 산소에서 사용할 상, 자리, 향로 등을 점검하느라 분주하다. 그리고 빈소방의 고석과 고침 등을 모두 철거하여 지게에 싣는 등의 준비도 한다.

상여의 대체, 영여, 교의, 제상 등을 진열하는 일이 끝나고, 9시 반 경이 되자 고인의 장손이 혼백을 모시고 앞장서고, 상주들이 빈을 한 곳으로 가서 곡을 한다. 원래는 계빈을 할 때 "이제 옮겨서 영구를 상여에 싣습니다(금천구취여감고수遷柩就轝敢告)."라는 고사를 읽게 되어 있으나 생략하였다. 곡을 하는 가운데, 상두꾼들이 빈 앞을 가렸던 병풍을 걷고 덮어 놓은 솜이불을 걷어내고 영구를 옮겨 상여에 싣는다. 이때 상주들은 곡을 극진히 한다.

영구를 상여에 싣고 단단히 묶은 후 그 위에 관보를 덮는다. 그리고 상여의

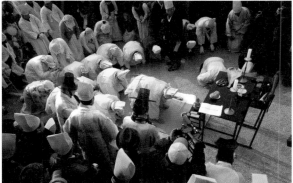

계빈 천구   견전

몸체를 대체에 조립한다. 이때 상주들은 견전상 앞으로 이동한다. 여자 상주들도 견전에 참석하였다.[186]_ 축관의 집례에 따라 도집례가 분향 강신하였다. 상주들과 복인들은 일제히 곡을 하고 재배한다. 축관이 곡을 그치게 하면, 도집례가 "상여에 멍에를 씌워 유택으로 가니 견전례를 베풀어 영원히 작별합니다[靈輀旣駕往卽幽宅載陳遣禮永訣終天]."라는 축문을 읽는다. 독축이 끝나면 도집례와 함께 상주들이 함께 사신재배를 한다. 축관이 혼백을 내려 영여에 신고, 집사자들이 병풍을 걷고, 제상을 철거하여 묘역으로 옮길 준비를 마치면 발인을 한다.

(9) 발인 : 장지로 행상하다

발인發靷이란 영구를 상여에 신고 장지로 가는 절차이다. 영여에 혼백과 제주를 할 신주 형상을 신고 먼저 영여가 출발하면 상두꾼들이 상여를 메고 출발한다. 나머지 사람들이 교의와 제상, 자리 등을 나누어 지게에 지고 먼저 출발한다.

186_ 『四禮便覽』에 의하면 견전에는 주부들이 참여하지 못하도록 하고 있으나[惟婦人不在] 실제로는 모두 참석하였고, 묘지에는 따라가지 않았다.

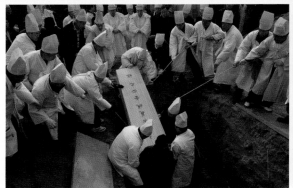

    상여는 영여를 앞세우고 대문 밖으로 나오는데, 명정, 만장 등이 앞선다. 대
문 앞 나와 공터에서 상여가 집을 향해 3번 절을 하고 마당을 돌아서 장지로 향
한다. 행상의 순서는 다소 흐트러지기도 하였지만 명정－영여－만장－공포－삽
선－상여－상주－복인－문상객의 순서로 행상을 하였다. 선소리꾼이 요령을 흔
들며 앞소리를 하면 상여꾼들이 뒷소리로 장단을 맞추면서 행상한다. 주부들은
대문 밖에서 배웅을 하고 산에는 따라가지 않는다.

| 1 | 2 | 3 | 4 |
| 5 | 6 | 7 | |

1 발인 2 · 3 · 4행상
5 하관 6 분금 7 삽선 매장

10) 급묘 : 묘에 도착하여 하관하다

급묘及墓란 영구가 장지에 도착한다는 뜻으로, 장지에서 장사葬事를 치르는 일련의 과정을 말한다. 상여가 묘역에 도착하면 임시로 동남쪽에 정차한다. 상주들은 상여 앞에서 곡을 하고, 한 쪽에서는 영악靈幄을 설치한다. 영악이 설치되면 영좌를 차리고 상주들은 산소에 온 문상객을 맞는다.

아침부터 시작한 광중 작업에서 석곽의 천판이 드러나자 족친 한 분이 패철로 좌향을 확인하고 지관과 상의하기도 한다. 지관은 패철 위에 활을 만들어 올려놓고 좌향을 설정하면 일꾼들이 광중의 좌향을 잡는다. 문상객이 뜸해지면서 상주들도 광중

증현훈, 명정덮기   취토   회다지

작업을 지켜본다. 경오시庚午時로 정해진 하관시간이 되어 상두꾼들이 하관下棺을 하였
다. 하관한 영구를 지관의 지시에 따라 조금씩 움직여 분금을 맞춘다.

　　상석은 자좌子坐이지만 삼살三殺 때문에 자좌에서 임자로 1치 5푼 정도의 분금分
金을 두었다. 득수得水는 해입수亥入水이고, 파수破水는 곤파坤破이다. 안쪽의 득수는
신득수申得水이다. 분금을 잡으면 영구의 좌우 곽과 관 사이에 좌운우아左雲右亞의 위
치로 삽선을 넣는다. 이어서 맏상주가 산역군에게 현훈玄纁을 주면 산역꾼이 이를
받아서 시신의 가슴 위치 정도에 드린다. 방법은 상하로는 상현하훈上弦下纁으로, 방
향으로는 푸른색은 동쪽에 붉은색은 서쪽에 위치하도록 한다. 이를 증현훈贈玄纁이라
고 한다. 그리고 그 위에 명정을 덮고 한지를 덮는다. 한지를 덮으면 맏상주가 오지
랖에 흙을 싸서 3번으로 나뉘어 영구 위에 던지는 취토取土를 한다.[187]

187_ 취토取土는 장사의 현장에서는 모든 사례에서 나타나지만, 예서에서는 나타나지 않는다. 『四禮便覽』(1844, 李縡,

산신제

취토를 한 후 중간의 한지를 접어 영구가 보이도록 하면 일동이 곡을 하고 재배한다. 재배를 마치면 한지를 다시 덮고 석곽의 뚜껑을 덮는다. 이어 석회를 섞은 흙을 내려 광중을 메우고 상두꾼들이 광중에 들어가 발로 다진다. 이를 회다지라고 하는데, 안동지역에서는 '덜구찧는다'고 한다. 광중의 가운데에 중심을 표시하는 대를 세우고 새끼줄을 매단다. 여기에 상주, 친인척, 문상객이 낸 노잣돈을 끼우는데, 나중에 마을을 위해 유용하게 사용된다.

회다지는 굴착기로 흙을 채우면서 하는데, 정해진 횟수는 없다. 이곳에서는 회다지를 '덜구찧는다'고 하고, 이때 부르는 노래를 '덜구소리'라고 한다.

회다지를 하는 동안 묘소의 동쪽(왼쪽)에서는 산신제를 지낸다. 산신제는 김용수와 족친 1분이 담당하였다. 김용수가 분향, 참신하고 "의성김씨 용수는 토지신께 감히 고합니다. 지금 처사 의성김공을 위하여 이 유택을 만들어 장사하오니 신께서 돌보시어 뒤탈이 없도록 해 주십시오. 삼가 맑은 술과 포해를 신께 공손

1680~1746), 『省齋集』(1747, 1928, 辛應純, 1572~1636), 『廣禮覽』(1893, 綏山, ?), 『泣血錄』(?, 尹行恁, 1762~1801), 『家禮輯覽』(1599, 金長生, 1548~1631) 등에도 취토에 대한 언급은 없다. 따라서 취토는 민간의 관습이 유교식과 융화된 것으로 보아야 할 것이다. 이는 조선에서 유교식 상례를 기존의 관습과 융화시키면서 능동적으로 수용하였음을 보여주는 예가 될 것이다.

제주   제주전

히 드리니 흠향하소서."라는 축을 읽는다.

> 維歲次戊子正月丁丑朔初三日己卯幼學義城金龍珠
>
> 敢昭告于
>
> 土地之神今爲處士義城金公窆玆幽宅神其保佑
>
> 俾無後艱謹以淸酌脯醯祇薦于神 尙
>
> 饗

　　독축을 마치면 재배하고 철상한다. 철상 후 참사자와 참석한 사람들에게 음복하는 것으로 마친다.

　　회다지를 하는 동안 영악에서는 제주題主를 하였다. 제주란 신주의 형상에 고인을 나타내는 글씨를 써서 고인의 신주가 되도록 하는 일이다. 제주를 한 사람은 집안 문객인 서예가 이동익李東益이었다. 영좌의 동남쪽에 서향하여 자리를 마련하면, 제주자가 관세를 하고 절을 한 다음에 제주를 한다. 한지에 내용을 기록하여 대조하면서 제주에 정성을 다한다. 분면粉面에는 '현고처사부군 신주顯考處士府

君 神主'라 쓰고, 왼쪽 아래에는 '효자종길봉사孝子鍾吉奉祀'라고 방제식을 쓴다. 제주를 마치면 재배하고, 상주와 인사한다. 신주를 모시고 제주전題主奠을 올린다.

제주전을 지낼 때는 새로 만든 신주를 앞쪽에 모시고, 뒤쪽에 혼백을 모신다. 이는 이제부터 신주에 고인의 영혼이 깃든다고 여기기 때문이다. 제주전은 축관의 주관으로 진행한다. 진설을 하면 강신하고 헌작을 한다. 이때 계반삽시하고, "고애자 종길이 현고 처사부군에게 감히 밝혀 고합니다. 육신은 광중으로 돌아가고 신은 집으로 돌아오시는데, 신주가 이미 이루어졌으니 엎드려 바라옵건대 높으신 신령께서는 옛것을 버리고 새로운 것을 따라 이에 의지하고 또 의지하소서."라는 축문을 읽는다.

維歲次戊子正月丁丑朔初三日己卯孤哀子鍾吉
敢昭告于
顯考處士府君形歸窀穸神返室堂神主旣成伏惟
尊靈舍舊從新是憑是依

독축을 마치면 모두 사신 재배를 한다. 제주전을 마치면 철상하고 바로 반곡反哭한다.

(11) 반곡 : 신주를 모시고 집으로 돌아오다

반곡反哭이란 새로 만든 신주를 모시고 장지에서 집으로 돌아와 영좌에 모시는 절차이다. 영남에서는 이를 반혼返魂이라고도 한다. 조선중기에는 산소에 여막廬幕을 마련하여 시묘살이를 하는 여묘廬墓로 인해 반곡을 하지 않는 예에 대해 예서의 규정에 따라 반혼을 해야 한다는 주장이 대두되어 논쟁이 되기도 하였다. 그래서 반곡을 하고, 빈소가 있는 곳에 여막을 상징하는 거적을 치는 것으로 발전한 것으로 보인다.

반곡　　　　　　　　　　　　　　　　　　　　반곡

　　축관이 새로 만든 신주와 혼백을 영여에 싣는 동안 상주들이 봉분의 상태를
살펴보고 곡을 하면서 재배한 후 반곡한다. 이를 마치면 먼저 향로와 향상이 앞
장서고 그 다음으로 영여, 그 뒤로 상주와 복인이 따른다. 집으로 돌아올 때는
천천히 걸으며 곡을 하는데, 반드시 갔던 길로 돌아와야 영혼이 길을 잃어버리지
않는다고 한다. 집으로 오는 동안 슬픔이 복받치면 곡을 하고, 집의 대문이 보이
면 크게 곡을 한다.

　　집에 도착하면 대문 밖에서 주부와 여자상주들이 일렬로 서서 곡을 하면서
집으로 돌아오는 신주를 맞이한다. 영여와 상주들이 대문 안으로 들어가면 여자
상주들이 그 뒤를 따른다. 신주를 영좌에 모신 후 곧바로 우제 준비를 한다. 원래
초우제를 지내고 바로 혼백을 묻도록 규정되어 있지만, 관행에 따라 삼우제를 지
내고 매혼하기로 하였다.

(12) 우제 : 체백 없는 영혼을 위로하다

　　우虞는 편안하다는 뜻으로 우제虞祭란 부모의 장사를 지내고 영혼을 맞이하
여 편안하게 위안하기 위해 지내는 제사로 3번에 걸쳐 지낸다. 초상이 난 후 처

음으로 지내는 상중제사喪中祭祀로, 오례五禮에서는 흉제凶祭에 속한다. 우제가 상중에 지내는 최초의 제사이기 때문에 지금까지 사용하던 '전奠'이라는 용어 대신에 '제사祭祀'라는 용어를 사용한다. 이는 지금까지는 고인을 '돌아가신 분'으로 모셨지만, 우제부터는 '조상신'으로 승화시키기 때문이다. 즉, 이때까지는 고인을 모시는 상주여서 직접 주인 행세를 하지 못하였지만, 우제부터는 조상신으로 모시기 때문에 주인 행세를 하게 된다는 것이다. 그러나 완전히 제사로 전환되지 않았기 때문에 축관이 주인의 오른쪽에서 서향하여 독축하고, 맏상주를 칭할 때 효자라고 쓰지 않고 고자孤子 혹은 고애자孤哀子라고 쓰도록 하고 있다. 우제를 지낸 후부터 조석전을 올리지 않는다. 다만 매일 상식을 올리고, 초하루와 보름에는 삭망전朔望奠을 올린다.

초우제初虞祭는 14시 55분경부터 준비하였다. 제수를 차리는 순서와 제사를 지내는 절차는 사시제四時祭와 동일하다. 그래서 식어도 되는 제물인 채소와 과일부터 진설하고, 이어 진찬進饌의 절차로 진행하였다. 15시경 참사자들이 모두 모였을 때 초우제를 시작하였다.[188] 15시 07분 강신을 하였다. 맏상주가 주인이 되어 향탁 앞에 나와 꿇어 앉아 분향하고 술로 강신한 후 재배한다.[189] 참사자들이 자리에 들어가 입곡入哭을 한다. 다시 주인이 향탁 앞에 꿇어 앉아 초헌을 한다. 이 집안에서는 헌작할 때 좨주祭酒를 하지 않는다. 그래서 종헌 때 술을 3번에 나누어 모사에 따른 후 올리는 제작除酌으로 대신한다. 헌작을 하고 안주의 개념인 미수味需를 진간적進肝炙의 뜻으로 올린다.[190]

주인이 꿇어앉으면 축관이 독축을 한다. 축관이 초헌관의 오른쪽에서 서향하여 독축하여야 하지만, 촬영 등으로 인해 장소가 비좁아 어쩔 수 없이 초헌관

188_ 원래 홀기에 따라 진행하여야 하나 초우제이기 때문에 홀기 없이 진행하였다.
189_ 우제, 졸곡, 소상, 대상, 담제는 흉제이기 때문에 참신을 하지 않고, 입곡入哭을 한다.
190_ 헌작을 할 때마다 간적, 어적, 계적 등을 올리는데, 서산 김흥락 선생의 『가제의家祭儀』에 의하면 이를 '미수味需'라고 하였다.

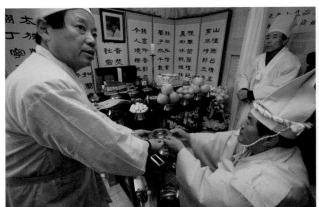

1	2
3	
4	

1 우제 초헌
2 독축
3 아헌
4 종헌

의 왼쪽에서 동향하여 독축하였다. 내용은 "고애자 종길은 현고처사부군께 감히 고합니다. 세월은 머물지 않아 문득 초우가 되었습니다. 자나 깨나 애처롭게 사모하는 마음이 편안하지가 않아 삼가 맑은 술과 여러 음식으로 협사를 슬피 올리니 흠향하십시오."라는 내용이다. 축문에 등장하는 "애천협사哀薦祫事"는 "조상께 합하여 모시는 제사를 슬피 올리니"의 뜻으로 초우에 쓰는 용어이다. 독축을 마치면 초헌관이 조금 물러나 곡을 하면서 재배한다.

維歲次戊子正月丁丑朔初三日己卯孤哀子鍾吉
敢昭告于
顯考處士府君日月不居奄及初虞夙興夜處
哀慕不寧謹以淸酌庶羞哀薦祫事 尙
饗

집사자가 초헌에서 올린 술잔을 내려 퇴주하고 주부主婦가 아헌을 위해 향탁 앞에 꿇어앉는다. 아헌의 헌작하는 방법은 초헌과 같으나 독축이 없는 점이 다르다. 헌작을 하면 아헌관이 재배한다. 이어 종헌관인 둘째 사위가 술을 모사에 제작한 후 헌작하고 재배함으로써 삼헌의 헌작을 모두 마친다.

이어 유식侑食이 이어지는데, 초헌관이 직접 메그릇 뚜껑에 술을 부어 첨작을 한다. 그리고 삽시 정저를 하고, 합문을 한다. 진다를 하고 국궁을 한 후 사신재배를 하면 제사를 마친다. 신주의 독을 닫고 혼보魂褓를 덮어 놓는다.

초우제 다음날인 2008년 2월 10일 아침 재우제再虞祭를 지냈다. 재우제는 원래 유일柔日에 지내도록 되어

『상제홀기』

있으나 대부분이 초우제 다음날 지낸다. 그래서 초우 다음 날 아침 9시경에 재우제를 지냈는데, 절차와 방법은 초우제와 같다. 단지 초우제 때 사용하지 않았던 홀기로 제사를 진행한 점이 다르다. 이 홀기는 『상제홀기喪祭笏記』라는 홀기판에 있는 것으로 이에는 상례와 제사에 사용되는 모든 홀기를 모아 놓았다.[191]

재우제 창홀, 종헌

축문의 내용은 초우와 같으나 단지 "엄급초우奄及初虞"를 "엄급재우奄及再虞"로 바꾸고, "애천상사哀薦祫事"를 "애천우사哀薦虞事"로 바꾼다. 제사를 지내는 절차는 동일하다.

삼우제三虞祭는 재우제 다음날인 2월 11일에 9시경에 지냈다. 삼우제의 형식은 재우제와 같으나 축의 내용을 "엄급재우奄及再虞"를 "엄급삼우奄及三虞"로 바꾸고, "애천우사哀薦虞事"를 일이 성사되었다는 뜻의 "애천성사哀薦成事"로 바꾼다. 삼우제를 지낸 후 성묘를 하고, 이때 혼백을 산소의 동쪽에 묻는 매혼백埋魂帛을 한다. 장삿날 반곡으로 인해 미처 확인하지 못한 묘의 조성상태를 확인하고 부족한 부분이 있으면 보완하기도 한다. 여자 상주들도 성묘를 한다.

08시 50분쯤 창홀에 따라 미리 준비해 둔 제수로 진설을 한다. 절차는 재우제와 같다. 삼우제를 마치고 음복을[192] 한 후 아침 식사를 하고 11시 15분쯤 성묘를 하였다. 정해진 순서는 없었지만 장손 형호가 혼백을 모시고 앞장서고 그 다음으로 맏상주 등의 남자 상주들, 그리고 여자 상주들, 그 외 복인들이 뒤따랐다. 산소에 도착해서는 남자는 동쪽, 여자는 서쪽에 서서 곡을 하면서 먼저 재배

191_ 이 홀기는 약 50-60여 년 전에 정리된 것이라고 한다.
192_ 사실, 우제에서는 음복의 절차가 없다. 그러나 제사를 지내는 관습상 음복을 대단히 중요시하고 있다.

매혼백

삼우제 후 상식

를 하여 묘소에 인사를 하였다. 그리고 산소의 상태를 둘러보고 산소 앞에 한지를 펴고 북어포, 과일(찬합에 담음), 송편(찬합에 담음)을 진설한 후 헌작하고 재배하는 것으로 간단히 성묘하였다.

성묘를 끝내고 봉분의 왼쪽(동쪽)에 괭이로 구덩이를 파고, 혼백상자로부터 혼백을 꺼내어 정성껏 한지로 싼 후 묻었다. 묻을 때 특별한 의례나 형식은 없었다. 매혼백이 끝나면 맏상주가 선두에 서서 산소를 한 바퀴 돈 다음 귀가한다.

오후 5시 30분경 저녁상식을 올렸다. 상식으로 올리는 상은 조그만 상에 별도로 차려 전을 차릴 제상 중앙에 올려놓는다. 상식은 제사음식과는 달리 생시 때의 음식과 동일하기 때문에 매 끼마다 음식이 달라질 수밖에 없다.

상식의 절차는 상주와 복인들, 참사자들이 입곡한 후 축관이 술을 올린다. 메와 국의 뚜껑을 열고 숟가락을 꽂은 다음 곡을 한다. 곡을 한 후 국을 내리고 물을 올리고 메를 3숟가락 물에 푸는 점다를 한다. 숟가락은 물그릇에 걸쳐 놓지만 젓가락은 반찬 위에 올려놓는다. 잠시 기다렸다가 곡을 하면서 재배 한다. 축관이 주독을 닫고 수저를 내리고 철상한다. 약 10분 정도 소요된다.

독축

(13) 졸곡 : 무시곡을 그치다

졸곡卒哭이란 말 그대로 곡을 그치게 하는 의례이다. 이때부터 애통한 마음이 들더라도 무시로 곡을 하지 않는다. 그러나 아침저녁 상식을 올릴 때는 곡을 한다. 졸곡을 기점으로 완전한 제사형식으로 전환된다. 그래서 축관이 주인의 왼쪽에서 동향하여 독축하고, 현주玄酒를 준비한다. 그리고 상주들은 거친 메에 물을 마시지만, 나물과 과일을 먹지 않고, 거적 자리에 목침을 베고 자도록 하고 있다. 졸곡을 지낼 때쯤에 문상을 온 손님들에게 감사 편지를 보낸다.

졸곡은 유월장踰月葬이면 삼우제를 지낸 다음 강일剛日에 지내고, 유월장을 하지 않았으면 삼우제 후 3개월째에 지내는 것으로 되어 있다. 이에 대해 『사례편람』에서는 「상복소기喪服小記」, 「주註」를 인용하여 "장사를 빨리 지내면 우제도 빨리 지내 신을 편안하게 하기를 미룰 수 없으나 졸곡만은 3개월을 기다려야 한다."[193]고 하였다. 그리고 "요즘은 귀천을 따질 것 없이 모두 3개월 만에 장사를 지내나 고례에는 오직 대부大夫만이 3개월, 선비는 유월장을 하였다. 가령 사람이 그믐에 죽어 다음 달 초순에 장사를 치르고 이것으로 달을 넘겼다고 한다면 이는 구차한 것이 되니, 이러한 경우에는 석 달 뒤에 졸곡을 지내야 한다. 무릇 유월이라고 하는 것은 반드시 30일을 지나야만 한다."[194]고 하였다.

193_ 『四禮便覽』, 「喪禮」, 〈卒哭〉, "(小記)註, 旣疾葬 亦疾虞 以安神不可後也 惟卒哭則必竢三月."

유월장의 원리에 따라 삼우제 다음날 2월 12일 졸곡을 지냈다. 하루 전인 11일 오후부터 제사를 준비하여 당일 9시 52분경 참사자의 입곡으로 졸곡제를 시작하였다. 제상에 있던 주과포를 치우고 졸곡 제물을 차렸다. 출주가 없기 때문에 진설과 진찬이 거의 동시에 진행되었다.

창홀에 따라 주독을 열고 만상주가 향안 앞에 나아가 분향한다. 홀기에는 분향 후 재배하는 것으로 되어 있으나[195] 재배하지 않고 바로 뇌주酹酒 강신을 한 후 재배하였다. 이 역시 오래된 관습의 결과이다. 이어 주인이 초헌을 한다.

먼저 주인이 향탁 앞에 꿇어 앉으면 좌집사가 잔을 내려 헌관에게 준다. 헌관이 잔을 받으면 우집사가 주병을 들어 술을 따른다. 주인은 신위를 향해 받들었다가 좌집사에게 잔을 주면 좌집사가 잔을 받아 원래의 장소에 올린다.[196] 홀기笏記에 의하면, 초헌 헌작 때 헌관이 좨주祭酒를 하도록 되어 있으나, 관습적으로 좨주를 하지 않는다.

졸곡 때부터 완전히 상중의 제사 형태로 바뀌기 때문에 축관이 주인의 왼쪽에서 동향하여 축을 읽도록 되어 있다. 그러나 장소가 비좁아 주인의 뒤 오른쪽에서 정면으로 읽을 수밖에 없었다. 축문 내용은 삼우제와 같으나 단지 '엄급삼우奄及三虞'를 '엄급졸곡奄及卒哭'으로 바꾸고, 애천성사哀薦成事 아래에 다음날 조고에게 부제를 올린다는 내용의 '내일제부우조고처사부군來日隮祔于祖考處士府君'을 추가한다.

독축이 끝나면 초헌관이 재배하고 물러나 원래의 자리로 돌아간다. 아헌은 주부가 하였는데, 헌작방법은 초헌과 동일하고, 4배한다. 종헌은 둘째 사위가 하

합문   점다

였다. 종헌에서 비로소 좨주를 하는데, 이를 제작除酌이라고 한다. 헌작을 할 때
는 두부로 만든 미수를 올렸다.

　유식의 절차가 이어진다. 메그릇의 뚜껑에 술을 부어서 종헌의 제작으로 줄
어든 잔에 술을 가득 채우는 첨작을 한다. 그리고 숟가락을 메에 꽂고 젓가락을
가지런히 하는 삽시정저挿匙正箸를 하고, 합문闔門을 한다. 합문이란 말 그대로 문
을 닫는다는 의미로서 신이 제물을 흠향하는 시간으로 여긴다. 집사자가 빈소 앞
의 휘장을 가리면 참사자 전원이 부복한다.

　축관이 헛기침을 세 번 하면, 참사자들이 모두 일어나는데, 계문啓門이다. 계
문을 하면 곧바로 국을 내리고 물을 올리고 여기에 메를 세 숟가락 푼다. 식사를
마쳤으니 차를 올린다는 헌다獻茶의 절차에서 진다進茶, 점다點茶를 한 것이다. 점
다란 밥을 물에 말아 숭늉을 만든다는 의미이다. 『가례』의 규정에도 불구하고,
한국에서는 차를 마시는 풍속이 없기[197] 때문에 차 대신 숭늉을 올린다.

　점다를 하면 일동이 서서 잠시 묵념을 한다. 이른바 국궁鞠躬이다. 국궁을

197_ 『四禮便覽』, 「祠堂」, 〈正至朔望則參〉, "(案)茶是中國所用而 國俗不用 故設茶點茶等文 一幷刪去."

마치고 시저를 내리고 메와 국의 뚜껑을 덮는 철시복반撤匙復飯을 한다. 이때 참석자들이 어지러이 곡을 한다. 곡을 그치게 하고 축관이 앞으로 나와 '고이성告利成'을 외친다. 제사를 무사히 마쳤다는 것을 고하는 것이다. 이어 사신을 한다. 주인 이하가 곡을 하면서 재배하면 신주독의 뚜껑을 덮는 합독闔櫝을 하고 제상의 음식을 거두는 철찬撤饌을 한다. 철찬을 마치면 바로 음복과 함께 아침식사를 한다.

점식 식사 후부터 마을 여자분들이 모여서 내일 있을 부제祔祭의 제수 준비로 분주해지기 시작한다. 오후 5시경이 되어 상식을 올렸다.

(14) 부제 : 사당에 입묘함을 보고하다

부제祔祭란 고인의 신주를 사당에 모신 조상 곁에 함께 모시도록 고하는 절차로 부사祔祀라고도 한다. 지내는 시기는 졸곡 다음날로 2월 13일이다. 부제를 지낼 때는 고인의 조부에게 고하는데, 이는 소목昭穆의 원리에 따른 것이다. 즉, 소목의 원리에 따라 새로운 신주가 사당에 들어가는 위치는 항상 조부의 아래쪽에 있기 때문에 조고에게 고하게 되는 것이다.

제사에 앞서 출주를 위해 사당에 들어가야 하는 종자인 맏상주가 입어야 하는 복제에 대한 의논이 있었다. 율곡栗谷 이이李珥(1536~1584)는 "우리나라 상복이면 된다. 우리나라 상복은 곧 효건孝巾과 직령이다."라고 했고, 구봉龜峰 송익필宋翼弼(1534~1599)은 "평량자平涼子를 쓰고 베로 만든 띠를 띠고 직령을 입고 사당에 들어간다."고 하였다.[198] 퇴계退溪 이황李滉(1501~1570)은 "다른 옷이 준비되지 않았고 또 남에게 대신하게 하는 것도 불가능하기 때문에 최복衰服을 입고 행할 따름"이라고[199] 하였다. 이러한 근거를 참고하였으나 결론을 내리지 못해 만약을 대비해 평량자를

198_ 『四禮便覽』, 「喪禮」, 〈卒哭〉, "俗制喪服當之 俗制喪服 卽孝巾直領", "今以 平涼子 別製布帶直領 入廟似宜"
199_ 『常變通攷』, 「喪禮」, 〈祔〉, "旣無他服 可變 又不可使人代之 只得以衰服行之耳"

미리 구해 빈소 방에 걸어 놓기도 하였다.

문제는 종자宗子가 맏상주인 것에 있었다. 왜냐하면 종자가 곧 맏상주이기 때문에 예서들에 규정되어 있는 것처럼 직령에 베두건, 혹은 평량자를 쓸 수 없는 상황이라는 것이다. 또한 맏상주의 증조위에는 두루마기에 평량자를 쓰고 헌작을 하고, 고인 위에는 다시 최복으로 갈아입고 헌작을 할 수도 없다는 것이다. 따라서 퇴계의 주장에 따라 최복을 입고 출주를 하고, 부제를 지내기로 하였다.

빈소방에 걸어 둔 평량자

09시경이 되어 빈소가 있던 방에 증조부의 제상을 가운데에 남향으로, 고인의 제상은 그 동남쪽에 서향하도록 곡설로 차리는 등 제사준비를 하였다. 아버지의 상喪에서 부제 때에는 맏상주의 증조고비위曾祖考妣位를 함께 모시도록 되어 있으나[200] 증조고위曾祖考位만 모셨다. 신위神位를 마련하고, 제상을 배치한 후 진설을 시작한 시간은 09시 47분경이었다.

10시경이 되어 상주와 참사자들이 들어와 입곡하였다. 이미 고인의 신주를 모셨기 때문에 모두 고인의 상 앞에서 입곡하였다. 입곡 후 바로 출주를 위해 사당으로 향하였다. 종자인 맏상주가 주인이 되어 증조고曾祖考 감실龕室 앞에 꿇어앉는다. 축관이 "효증손 종길은 이제 선고를 올려 현증조고 처사부군께 부제하려는 일이 있어 현증조고의 신주를 정침으로 모시려고 합니다."라는 축문을 읽었다.

孝曾孫鍾吉今以躋祔先考有事于

顯曾祖考處士府君

200_ 『四禮便覽』, 「喪禮」, 〈祔〉, "亡者考妣位於中 南向西上"

顯曾祖考神主出就正寢

독축을 마치면 주독에 신주를 모시고 제청으로 향한다. 제청에 도착하여 계독啓櫝을 하면 참사자 모두가 재배하여 참신參神한다. 증조고위를 모셨기 때문에 참신을 한 것이다. 주인이 증조고위에 나가 분향하고, 뇌주한 후 물러나 재배하여 강신의 절차를 마친다.

이어 증조고위부터 초헌의 헌작을 한다. 헌작을 하면 계반개를 하고, 미수를 올린다. 축관이 주인의 왼쪽에서 동향하여 "효증손 종길은 삼가 맑은 술과 여러 음식으로 현증조고 부군께 나아가 손자 처사부군을 올려 합사하는 부제를 지내니 흠향하소서."라는 내용의 독축을 하였다.

| 1 | 1 분향강신 |
| 2 | 2 고위 독축 |

維歲次戊子正月丁丑朔初七日癸未孝曾孫鍾吉
謹以淸酌庶羞適于
顯曾祖考處士府君隮祔孫處士府君尙
饗

독축을 마치면 주인이 조금 물러나 재배하고 고인의 상으로 나아가 같은 방법으로 초헌을 하였다. 축관이 "고애자 종길은 삼가 맑은 술과 여러 음식을 슬피 올려 현고 처사부군을 현증조고 처사부군께 합사하오니 흠향하소서."라는 독축을 한다.

維歲次戊子正月丁丑朔初七日癸未孤哀子

鍾吉

謹以淸酌庶羞哀薦祔事于

顯考處士府君適于

顯曾祖考處士府君尙

饗

사신

독축을 마치면 재배하고 물러나 제자리
로 돌아온다. 이어서 아헌은 종부, 종헌은 둘째
사위가 하였다. 헌작의 방법은 동일하다.

첨작을 하고 삽시정저하는 유식을 하고,
합문한다. 축관이 기침을 3번 하여 계문을 하
면 다시 곡을 하고, 진다와 접다를 하고 국궁
한다. 국궁을 마치면 수저를 내리고 합반개를
한다. 이어 모두가 재배하여 사신辭神한다. 그
리고 증조고의 신주는 납주한다.

납주를 하고 주인과 축관이 돌아오면 철
상을 한다. 철상을 하는 동안 상주들은 계속
곡을 한다. 증조고위의 상을 치우고 원래의

납주

영좌 모습으로 빈소를 마련한다. 예서나 홀기에는 음복의 절차가 없으나 관습적
으로 제사 후에는 음복을 한다. 음복을 할 때 문중 사람들이 제사를 지내면서
잘 못 진행한 부분, 홀기의 문제점 등에 대한 논의를 하는 유익한 순기능적 측면
이 있었다. 음복을 마치면 아침식사를 하는 것으로 부제까지 절차가 마무리된다.
이후부터 소상까지는 특별한 의례가 없다.

개독

낙시저

(15) 망전 : 초하루 보름에 삭망전을 올리다

2008년 3월 22일은 음력 2월 15일로 삭망전朔望奠의 하나인 망전望奠을 올리는 날이었다. 삼우제를 지낸 후부터 조석전은 폐하지만 삭망전은 삼년상을 마칠 때까지 올린다. 삭전은 은전殷奠이라고 하여 넉넉하게 차리지만, 망전은 은전을 차리지 않는다.

맏상주는 상주의 몸이긴 하나 박약회博約會 중국 방문단 단장으로 책임을 피할 수 없어 박약회를 이끌고 중국엘 갔고, 둘째 아들 역시 일 때문에 참가하지 못했다. 결국 셋째 아들 종성鍾聲(51년생)이 망전을 주관하고 여자 상주들, 사위들, 손자녀들, 그리고 족친들이 참여하였다.

아침 7시경에 진설을 마치고 참사자들이 입곡하면, 주독主櫝을 연다. 이어 집사자가 상 위의 잔에 술을 올린다. 헌작을 하면, 상식상의 메 뚜껑을 열고 숟가락을 꽂고 젓가락을 반찬 위에 걸쳐 둔다. 잠시 기다렸다가 국을 내리고 물을 올리고, 여기에 메를 만다. 헌다에서 점다를 한 것이다. 참사자들이 곡을 하면서 재배한다. 수저를 내리고 합독한 후에 상식상을 내리고 철상하는 것으로 망전을 마친다.

이날은 공교롭게도 고인의 49일째가 되어 사십구재四十九齋를 지내는 날이기도 하다. 이미 초우를 지내고 초재初齋 지냈었다. 사십구재는 봉정사에서 지냈는데, 이는 학봉선생이 봉정사에서 공부를 하였고, 서산西山 김흥락金興洛(1827~1899) 선생 또한 봉정사에서 공부는 물론 토지를 시주 하는 등 학봉종택 대대로 각별한 인연이 있었기 때문이었다. 이러한 연유로 학봉종택에서는 유교식 상례에도 불구하고 봉정사에서 행하는 불교식의 사십구재를 집안의 전통이자 당연한 일로 여기고 있다.

(16) 생신제 : 3년 내의 상중이니 생신제를 지내다

2008년 3월 31일(음 2. 24)은 고인의 생신날이어서 생신제生辰祭를 지냈다. 생신제란 고인의 운명 후 삼년상을 치르는 기간 내에 맞이하는 생신에 지내는 제사로 예서의 규정은 없다. 그러나 남계南溪 박세채朴世采(1631~1695)가 말하기를 "생신의 제사는 비록 예가 아니라고 말하지만 돌아가신지 3년 이내라면 또한 행하지 않을 수 없는데, 그 의례는 시속의 명절을 본떠 별도로 진설한다."고 하였다.[201]_ 또 풍馮씨가 "죽은 사람의 생일제

영좌의 꽃바구니

사인 '생기지제生忌之祭'는 실로 예가 아닌 예라고 하여 선유들은 이미 배척을 했

201_ 『喪變通考』, 「喪禮」, 〈成服〉, "南溪曰 生辰祭 雖曰非禮 三年內 則又不可不行其儀 倣俗節別設"

진설   출주

다. 그러나 삼년 안에는 고인 섬기기를 산 사람 섬기듯 한다는 도리인 상생지의象
生之義가 있으니 아침 상식 뒤에 따로 몇 가지 음식을 차려서 조전 석전과 같이
하는 것이 아마도 무방할 듯하다.”고 하였다.[202]

　　그런데 15년 전에 돌아가신 종부인 고인의 부인의 생년월일이 고인과 같은
날이기 때문에 생신제를 함께 지내는 것이 좋을 것이라는 의견에 따라 논란에도
불구하고 함께 지내기로 하였다. 빈소의 상에는 생일을 축하하는 꽃바구니 2개가
놓여 있다. 유족 중에서 누군가가 준비해 온 것으로 보인다.

　　아침 8시경이 되어 진설을 하였다. 생신에 맞게 준비한 제물이어서 다른 때
보다 양이 많아 진설에 시간이 걸렸다. 생일이기 때문에 케이크를 준비했는데,
상이 비좁아 제상 아래 향탁 옆에 두었다. 그리고 준비한 과일이 많아 2줄로 진
설하였다.

　　8시 25분경이 되어 출주出主를 하였다. 맏상주와 둘째상주, 축관 등이 향탁

202_　『四禮便覽』, 「喪禮」, 〈成服〉, “馮氏 生忌之祭 實非禮之禮 先儒已斥之 三年之內卽有象生之義 於朝上食後 別設數
品饌而儀如朝夕奠恐亦不妨否”

을 가지고 사당으로 향했다. 사당의 서벽 아래에 동향으로 모셔져 있는 비위에 먼저 참신을 한다. 이어 분향한 후 독축하고 재배한다. 그리고 감실로부터 맏상주가 직접 신주 모시고 제청으로 와서 교의交椅에 모셨는데, 고인의 신주 동쪽에 모셨다.

비위계독

　　신주를 모시기를 마치고 진찬進饌을 하였다. 진찬을 마치면 참사자 전원이 곡을 하고 재배하는 참신을 하였다. 참신을 한 후 맏상주가 분향과 뇌주로 강신을 하였다. 이어 초헌을 하였다. 원래 생신제는 명절 차례나 조석전처럼 단헌만 하도록 하였으나, 삼헌을 하여 큰 의미를 부여하고 있다. 초헌에서는 고위와 비위의 잔을 함께 올린다. 이어 축관이 주인의 왼쪽에서 동향하여 "효자 종길은 현고처사부군에게 감히 고합니다. 세월은 흘러 생신날이 다시 돌아왔습니다. 살아계셨으면 당연히 경사스러운 날이지만, 돌아가셨다고 어찌 꺼릴 수 있겠습니까. 지난날을 생각하니 부모님의 은혜가 하늘과 같이 높고 넓어 헤아릴 수 없습니다. 삼가 맑은 술과 여러 음식을 갖추어 올려 추모하니 흠향하십시오."라는 내용의 독축을 한다.

維歲次戊子二月丁未二十四日庚午孝子鍾吉
敢昭告于
顯考處士府君歲序遷易生辰復至生旣
有慶歿寧敢忌追遠感時昊天罔極謹
以淸酌庶羞恭伸追慕尙
饗

강신 재배

아헌 재배

납주

독축을 마치면 주인이 재배하고 물러나 제자리로 돌아온다. 이어서 주부의 아헌, 둘째 사위의 종헌이 이어진다. 종헌에서는 퇴주기에 삼제三除를 한 후에 잔을 올린다. 이어 좌우 집사자가 식기의 뚜껑에 술을 부어 종헌에서 제작하였기 때문에 가득차지 않은 술잔에 첨작을 하였다. 그리고 유식을 하였다.

유식을 하면 참사자 전원이 부복하는 합문을 한다. 축관이 앞으로 나와 기침을 3번 하고 휘장을 걷는 계문을 하면 참사자들이 일어나 곡을 한다. 수저를 내리고 헌다를 한 후 국궁을 한다. 국궁을 마치면 수저를 내리고 그릇의 뚜껑을 닫는 철시복반撤匙復飯을 한다. 참사자 전원이 곡을 하면서 재배하는 사신을 한다. 술잔을 내려 퇴작한다. 고위의 신주는 그대로 두고 비위의 신주는 사당으로 납주納主한다.[203] 역시 음복을 하는 것으로 생신제를 모두 마쳤다.

(17) 상중 기제사 : 상중의 상황에 맞게 선조의 기제사를 지내다

학봉종택에서는 사대봉사를 하고, 또한 불천지위不遷之位인 학봉선생의 기제사를 지낸다. 그래서 상중의 기제사忌祭祀는 학봉선생의 불천위제不遷位祭를 중심을 조사하였다. 삼년상을 지내는 동안 불천위제는 년 1회씩 2번 당도하였다. 이중에서 2008년의 학봉선생 불천위제, 2009년의 학봉선생 불천위제와 학봉선생비위 불천위제를 참여관찰 조사하였다. 따라서 이 세 제사를 동시에 기술하되, 2008년을 기준으로 전개하고자 한다.

학봉선생의 기제인 불천위제는 매년 음력 4월 29일로, 2008년에는 양력 6월 1일이 기일이다. 학봉종택에서는 이날을 대기일大忌日, 큰제사날이라고 하는데, 이는 가문의 입장에서 보면 불천위로 모시는 분의 제사이기 때문에 사대봉사의 범위 내에 있는 다른 기제사와 구별하여 모시기 때문에 나타난 용어이다. 그래서 일반 기제사와 규모는 물론 사용하는 제기, 제물까지도 차이를 두고 있다.

이와 함께 2009년 4월 24일(음 3월 29일)은 학봉선생 비위의 기세사날이다. 비위의 제삿날 역시 고위의 불천위제와 똑같이 중요하게 여겨 규모나 참사자들이 거의 동일하다.

그런데 상주가 선조의 기제사를 주관할 수 없기 때문에 누가 제사를 주관하느냐에 대해 의논하였다. 상중일 경우 기제사를 지낼 때는 집안사람 중에서 복이 가벼운 사람이 대신 제사를 지내는 전통에 따라 그렇게 하기로 하였다. 이에 대해서는 『증보사례편람增補四禮便覽』의 「보유편補遺編」〈행제변례行祭變禮〉의 내용이 전거가 될 수 있다. 즉, "장사를 지내기 전에는 예에 따라 제사를 지내지 않고, 졸곡 이후에는 절사 및 기제사, 묘제를 지내되 복이 가벼운 사람을 시켜서 제물을 올리게 한다. 복이 가벼운 사람이 없으면 세속의 제도에 따라 상복을 입은

203_ 생신제와 함께 종가이고, 불천지위가 있기 때문에 상중의 기제사를 지냈지만, 생략한다. 상중의 기제사에 대해서는 김시덕, 『소운 김시인 삼년상』(국립민속박물관, 2011) 참조.

제수준비

채로 제사를 지낸다. 제물은 평상시보다 줄이고, 헌작은 단헌을 하며, 축문을 읽지 않고 수조受胙도 하지 않는다. 사계는 유식과 합문도 하지 않는다고 했다. 남계는 복이 가벼운 사람이 대신 제사를 지내게 되면 강신한 후에 참신하고, 초헌을 할 때에 삽시정저하나 재배는 하지 않는다. 우암은 부모 기제사에는 참신하고 곡한다."고 하였다.

이러한 예학적 전거에 바탕을 둔 학봉종택의 전통에 따라 문중내의 복이 가벼운 족친이 학봉선생 불천위제를 대신 올리도록 계획을 세웠다. 이에 복이 가벼운 일가친척 김창호金昌鎬(1921년생)에게 부탁하여 제사를 대행하도록 하였다. 2009년 학봉선생 비위 불천위제사에는 김호면金鎬冕(1925년생), 2009년 고위 불천위제사에는 김종환金棕煥(1923년생)이 대행하였다.

저녁 상식을 올린 후 저녁식사를 하였다. 저녁식사는 학봉선생 불천위제사를 지내는 날이기 때문에 다른 때와는 달리 기름기 없는 음식으로 된 소식素食을 한다. 이날의 저녁식사는 잔치국수였다. 이 잔치국수는 저녁상식에 올린 국수와 맥을 같이 한다.

상식을 올리고 나서부터 부엌에서는 여성들이 불천위제사 음식을 장만하느라 바빠진다. 학봉종택에서는 양위합설兩位合設의 원리에 따르지만 상을 따로 마련하기 때문에 제수는 반드시 두벌을 준비해야 한다. 안대청에서는 남자들이 과일과 도적, 편 등을 준비하느라 분주하다. 여기서도 남자들과 여자들의 역할이 분담된다.

주부는 안대청 한쪽에 상을 늘어놓고 학봉선생 양위의 반, 갱, 탕 등을 따로

따로 준비하여 점검하기에 바쁘다. 이
렇게 일일이 점검하지 않으면 제수 준
비에 차질이 생기기 때문에 중간 중간
확인하면서 제수를 장만한다.

밤 10시쯤 되어 제청 준비를 진행
하였다. 학봉선생 불천위 제사에는 제
상, 제기 등을 별도로 마련하여 사용하
지만, 더욱 특별하게 사용하는 기물 3
가지가 있다. 하나는 퇴계선생 병명 자
수병풍이다. 이 병풍은 현재 주부(차종
부)가 시집 온지 얼마 안 되어 종택에

3가지 기물

보관 중인 퇴계병명 목판본을 본으로 하여 약 3년에 걸쳐 수를 놓아 만든 것으로
학봉선생 불천위제에서만 사용한다. 둘째는 제상 뒤 벽에 거는 대형 족자 2폭이
다. 동쪽에 걸리는 족자는 백세청풍百世淸風,[204] 서쪽에 걸리는 족자는 중류지주中
流砥柱라[205] 쓰여 있다. 이 족자의 연원은 정확히 알 수 없으나 중국의 명필 양청
천楊晴川의 글씨를 탁본한 것이라고 전해진다. 유사한 서체가 구미의 야은冶隱 길
재吉再(1353~1419) 묘소 앞과 금산 청풍사淸風祠의 비각 글씨이다.

셋째는 각설各設하는 제상 앞을 가리는 푸른색 휘장으로, 연원은 알 수 없지
만 학봉선생 불천위제사 때만 사용하는 가리개이다. 이 가리개는 진설 준비를 한
후 제사시간을 기다릴 때, 합문을 할 때 제상 앞을 가리는 데 사용한다.

상중의 기제사를 위해 홀기를 별도로 만들어 사용하였다. 기물을 모두 갖추

204_ 오랜 세월을 두고서도[百世] 맑은 바람처럼 깨끗한 삶을 살자는[淸風] 뜻이다.
205_ 난세나 역경 속에서도 지조와 절개를 잃지 않는 의연한 인물 또는 그러한 행동을 비유하는 고사성어로 사용된다.
중국 허난성河南省 싼먼샤시三門陝市 산현陝縣의 동쪽 황허강黃河江 가운데 있는 지주라는 산이 황허강의 격류 속에서 조금
도 흔들리지 않는다는 데서 유래한다.

면 진설陳設을 한다. 밤 12시 23분경 출주를 하였다. 주재자 김창호가 축관과 집사자와 함께 사당으로 가서 불천위 감실 앞에 참신하고, 분향하고 출주 고사를 읽고 신주로 모시고 정침으로 돌아온다.

今以
顯先祖考嘉善大夫行慶尙道觀察使兼巡察
使兵馬水軍節度使贈資憲大夫吏曹判書
兼知經筵義禁府春秋館成均館事弘文館大提
學藝文館大提學五衛都摠府都摠管 諡
文忠公府君遠諱之辰敢請
顯先祖妣
顯先祖考神主出就正寢恭伸追慕

신주를 교의에 모시면 참사자 전원이 참신하는데, 선참후강의 원칙에 따른 것이다. 이어 주재자가 관세를 한 후에 향탁 앞으로 나아가 분향하고, 뇌주한다. 조금 물러나 재배하여 강신한다.

출주고사

참신과 강신을 마치면 진찬進饌을 하는데, 편, 도적, 편적, 매, 갱, 면, 탕 등이다. 진찬이 끝나면 주재자가 향탁 앞으로 나와 헌작을 하면 미수를 올리고, 계반개를 한다. 비위도 동일하게 헌작한다. 상중의 기제사이기 때문에 의례의 절차는 홀기에 따르지만, 독축,

기제사에 직접 참여하지 못하는 상주들　　　　　　　　　제사를 마친 후 별도 재배하는 상주들

첨작은 하지 않는다. 그래서 곧바로 삽시정저를 하고, 합문을 한다. 집사자가 삼
희흠三噫歆을 하면 계문하고, 진다를 한다. 물그릇을 올리면 점다를 하고 국궁을
한다. 잠시 후에 합반개를 하고, 낙시저를 한다. 12시 50분경이 되어 홀기에 따라
참사자 전원이 사신배례를 하여 제사를 마친다.

　　상주는 죄인이기 때문에 선조의 기제사를 지낼 수가 없이 제석 뒤의 한 쪽
구석에 거적을 깔고 제사를 지내는 동안 부복해 있다가 제사가 모두 끝난 뒤 재
배만 한다. 상주 3형제가 별도 제배를 한 후, 1시경 신주를 사당에 납주하고 음복
하는 것으로 상중 기제사를 마쳤다.

(18) 소상 : 첫 기일을 만나다

　　소상小祥이란 고인의 운명 후 기년을 맞아 고인을 추모하고, 상주들의 슬픔
을 경감하는 의례이다. 윤달을 계산하지 않고 고인이 운명한 날로부터 만 13개월
째 되는 날이다. 소상은 첫 번째 기일忌日의 추모일이기도 하고, 상주들이 역복易
服을 하여 슬픔을 더는 의례이기도 하다.

　　소상과 대상에서는 하루 전 저녁에 올리는 기정寄情을[206_] 중요시한다. 기정

1 기정드리기
2 역복
3 역복한 상주

1	
2	3

은 친구나 친척 자손이 제물을 올리고, 제문祭文을 읽어 고인을 애도하는 일이다. 『사례편람』에 의하면207_ 자손이 따로 제물을 마련하여, 유식한 뒤에 음식을 늘어 놓는 가공加供(덧붙여 올린다는 뜻)에 대해 비판하고, 만약 정情을 펴고자 한다면 물 건을 가지고 제물을 마련하는 데에 보태주는 것이 고례의 제물 중 좋은 것을 종 자에게 바치는 헌현獻賢의 뜻에 합치되는 것 같다고 하였다. 또한 김춘택金春澤

206_ 경남 지역에서는 이를 제문을 읽는다는 뜻으로 독제문讀祭文이라고 한다.

207_ 『四禮便覽』,「喪禮」,〈小祥〉, "〈按〉今俗或於小大祥及忌日 支子孫 別具饌酒 謂以加供 侑食之後 雜陳於卓前 其爲 黷褻 孰甚於此 如欲伸情則以物助具饌之需 似合於古禮獻賢之義矣"

(1670~1717)은 "친상의 자녀들의 치전이 비록 속례이지만 삭망전에서 행하면 무방하지 않은가라는 질문에 꼭 치전을 하려면 별도로 차릴 필요 없이 그 삭망에 차리는 것은 무방할 것이"[208]라고 하여 기정이 비례非禮가 아님을 역설하고 있다.

소상 하루 전에 자손들과 문상객이 모여 상식을 올리고 저녁 8시경부터 기정을 올렸다. 기정에 참여한 사람들은 친인척과 문상객, 딸들까지 모두 12명이었다. 직접 음식을 가져오

딸들의 기정

는 경우도 있었지만 상가에 음식비용을 주어 제물과 함께 준비하도록 하기도 한다. 기정을 드릴 때는 준비한 제물을 진설하고, 계독을 한다. 기정을 올릴 사람이 분향 헌작하고 제문을 읽고 나서 재배하고 마친다. 이때 대독代讀을 하기도 한다.

2009년 1월 22일 아침 8시경 소상제를 시작하였다. 진설한 후 빈소에 입곡한 후 남자 상주들은 역복을 도우는 상자相者의 도움으로 수질과 부판, 벽령, 최를 제거한다. 여자 상주들은 수질과 개두를 모두 벗었는데, 『사례편람』의 "여자는 요질을 벗는다."는 규정보다는 『가례』의 규정을 따른 것으로 보인다. 그리고 기년복朞年服을 입는 손자들은 흰색 두루마기로 역복하고, 띠도 하지 않는다. 역복을 마치면 상주들이 다시 들어가 곡을 한다.

제사를 지내는 방법은 졸곡과 같다. 축문의 내용은 졸곡 때와 같으나 '엄급졸곡'을 '엄급소상奄及小祥'으로 바꾸고, '애천성사哀薦成事'를 '애천상사哀薦常事'로 바꾼다. '상常'은 '상祥'의 고형으로 상서롭고 길하다는 뜻이다.

208_ 『草廬先生文集』 8-下 「問答」〈疑禮問答 諸公問先生答〉, "問親喪子女致奠 雖俗禮 因朔行之無妨耶. 答 必欲致奠 不須別設 因其朔望無妨."

대상역복   초헌 헌작

(19) 대상 : 두 번째 기일을 만나다

대상이란 고인의 운명 후 2년째에 지내는 제사이다. 초상으로부터 대상까지 윤달을 계산하지 않으면 25개월째가 된다. 대상은 고인의 빈소와 여막廬幕을 철거하여 고인에 대한 추모 행사를 마치는 절차이다. 또한 상주들이 상복을 벗어 슬픔의 애도기간을 마무리하는 절차이기도 한다. 물론 이후에 담제, 길제로 이어지는 여운餘韻의 절차는 남아 있더라도 공식적으로는 대상을 기점으로 공적인 추모의례는 마무리하는 셈이다. 대상 전날 역시 상식을 올리고 기정을 드린다. 대상의 기정에서는 15명이 참여하였다.

2010년 2월 10일(음력 2009년 12월 27일) 대상을 지냈다. 대상의 역복은 상복을 벗고, 상중의 기간에서 일상으로 돌아오게 한다. 그래서 대상을 지낼 때 상복을 벗고 소복素服으로 역복하는 것이다.[209] 이는 차마 바로 일상으로 돌아갈 수 없어 향후의 담제와 길제를 염두에 두었기 때문이다. 제사를 지내는 절차는 소상과 동일하다. 단지, 축문

209_ 『四禮便覽』, 「喪禮」, 〈大祥〉, "(儀節)白直領布帶 (五禮儀)白笠白靴 婦人用素衣履 (檀弓)祥而縞 (書傳)純白之色日縞 大祥則服乎縞也 (間傳)大祥 素縞麻衣"

납주   여막철거

에서 '엄급소상'을 '엄급대상奄及大祥'으로 바꾼다. 나머지 내용은 모두 동일하다.

대상 제사를 마치고 식사 후 11시 40분경이 되어 빈소의 신주를 사당으로 모신다. 축관과 집사자가 사당으로 들어가 서벽 아래 동향으로 모셔진 비위의 감실에 고인의 신주를 봉안한다. 봉안을 하면 상주들이 곡을 하면서 재배한다. 봉안을 마치면 상주들이 다시 정침으로 돌아온다.

봉안을 마치면, 빈소의 제상과 교의를 철거하고 병풍에 걸려 있던 만장을 걷고 병풍도 거둔다. 여자 상주들은 상복을 싸서 묶고 평복으로 갈아입는다. 상주들과 문중 사람들이 빈소를 철거하고 이어서 큰사랑채에 마련하였던 여막을 철거한다. 여막과 함께 큰사랑채 벽에 게시하였던 향파록과 풍뢰헌에 붙였던 문파록도 모두 떼어낸다. 철거한 여막과 상복 등 상례에 사용되었던 기물들을 태운다. 이로서 대상을 마친다.

(20) 담제 : 차마 바로 끝낼 수 없어 한 시절을 더하다

담제禪祭란 평상의 상태로 돌아가기를 기원하는 제사로 초상으로부터 27개월째다. 담禪은 담담하여 평안하다는 뜻이 있다. 대상을 지내고 차마 바로 일상

담제 역복   주인 첨작

으로 돌아갈 수 없기 때문에 한 시절을 더 연장하는 의미가 있다.

　『가례』에 의하면 담제를 지내면서 완전히 탈상을 하는 것으로 되어 있지만, 우리나라에서는 길제를 최종적인 탈상으로 여긴다. 담제를 지낼 때는 검정색 계통인 담복禫服으로 역복하도록 한 것은 이를 염두에 둔 것이다. 담제 절차는 대상과 같으나 제사를 지낸 후 신주를 사당으로 모실 때 곡을 하지 않는다는 점이 다르다. 담제를 지내고 나면 술과 고기를 먹을 수 있도록 하여 상중의 기간에서 일상으로 돌아가도록 하고 있다.

　담제 당일인 2010년 4월 3일 8시경에 빈소가 있던 방에 교의와 제상을 놓고 진설하였다. 진설을 마치면 역복을 하지 않은 채로 출주한다. 신주를 교의에 모시면 참사자 전원이 곡재배한다. 그리고 상주가 백립을 흑립으로 바꾸어 쓰는 역복을 한다.

　제사를 지내는 방법은 대상과 같다. 축문의 내용 역시 대상과 같으나 '엄급대상奄及大祥'을 '엄급담제奄及禫祭'로 바꾸고, '애천상사哀薦祥事'를 '애천담사哀薦禫事'로 바꾼다. 사신을 하면 신주를 다시 사당으로 모신다. 철찬하여 음복을 하는 것으로 담제를 모두 마친다.

(21) 길제 : 새로운 종손이 태어나다

길제吉祭란 상례의 마지막 절차로, 삼년상을 마치고 사당에 모신 신주의 대수를 새로운 주손胄孫의 입장에서 순서에 맞게 고치고, 상주는 상복을 벗고 완전히 일상생활로 돌아오게 하는 절차이다. 길사吉祀, 협제祫祭, 협사祫祀라고도 한다. 『예기』에 "길제를 지내면 평소의 거소로 되돌아온다."는[210] 기록은 길제가 상례의 마지막 절차임을 나타낸다. 『가례』에서는 담제를 지내면

개제장소 준비

서 완전히 탈상하는 것으로 규정하고 있다. 그러나 『상례비요』를 비롯한 한국에서 간행된 수많은 예서들에는 길제를 상례의 마지막 절차로 기술하고 있어 한국적 상황이 적용된 절차임을 알 수 있다.

길제는 조상신을 위한 의례임과 동시에 상주와 그의 공동체를 위한 의례의 범주에 속한다. 왜냐하면 길제는 고인이 조상신으로 승화되는 과정을 완성하는 의례임과 동시에 상주가 비정상적인 상중의 기간에서 정상적인 일상의 시간으로 복귀하는 의례로 기능하기 때문이다. 따라서 길제는 공동체의 입장에서 본다면 공동체가 성원의 죽음으로 인한 위기를 극복하는 의례인 상례를 완성하는 절차라고 볼 수 있겠다.

길제는 담제를 지낸 다음날 택일하기 때문에 초상 후 27~28개월째에 지내게 된다. 학봉종택에서는 대상을 지낼 때 이미 5월 2일(음력 庚寅 3월 19일) 일요일에 길제를 지내기로 정했다. 길제 하루 전인 5월 1일 9시경부터 큰사랑 대청에 병풍

210_ 『禮記』, 「喪大記」, "吉祭而復寢"

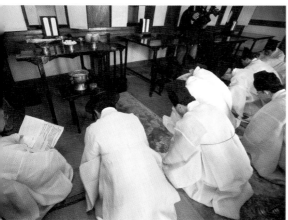

출주고사

출주

을 둘러치고 병풍 아래에 선조위
先祖位부터 5대조, 고조, 증조, 조
위까지 자리를 마련한다. 상 앞에
는 각 위를 표시한 종이표를 부착
하여 혼란을 방지한다. 가운데에
는 개제에 필요한 도구들을 진설한 상을 놓는다.

　　10시 28분 사당으로 가서 선조위를 비롯한 모든 신주를 출주한다. 사당에
도착하면 모든 감실을 열고 출주고사를 한 후 신주를 출주한다. 향탁이 앞장서
고, 주인 이하 모두 신주를 받들고 미리 준비한 큰사랑채 대청에 마련한 상에
순서에 맞게 모신다. 이어서 신주독을 열고 도를 벗긴다. 분면粉面의 대수代數와
글자들을 빈틈없이 확인한 후 신주를 분리한다. 그리고 함중陷中의 내용 역시 확
인하여 별도로 이서移書하여 기록해 둔다. 이어 분면을 지우고 흰색 물감(설백
NO331 한국화채색/NO301 호분胡粉)으로 분면을 칠한 후 향불에 말린다. 이는 건조 속
도를 빠르게 하기 위한 것도 있지만 세균과 해충을 방지하려는 의미가 더 크다.

1 신주내용 확인
2 개제주
3 개제주자 인사

개제는 김시철金時徹이, 분면을 닦고 칠하는 일은 김시상金時尙이 담당하였다. 함중의 내용은 바뀌지 않기 때문에 분면의 내용만 바꾸어 쓴다. 고인이 봉사하는 것을 기준으로 되어 있던 분면의 대수를 맏상주가 봉사하는 것으로 모두 바꾸어 쓰고, 방제식旁題式에도 맏상주이자 종손이 될 종길로 바꾸어 쓴다. 5대조가 되는 선조는 매주하기 때문에 개제하지 않는다. 개제주를 하면 주인이 일일이 확인하고 개제주자改題主者와 인사를 하고 다시 납주한다.

납주를 한 후 내일 길제의 진행을 위해 집사분정을 한 후 파록으로 작성하여 큰사랑채에 게시하였다. 길제는 고인인 학봉선생 14대 종손의 상례를 마무리하

1 집사분정
2 참신
3 분향강신

는 상례의 마지막 절차이기도 하지만 학봉선생 종택의 큰 제사로서 길제의 의미
가 크다는 것이다. 즉, 학봉선생 종택에서 모시는 신주를 개제하고, 새로운 종손
이 탄생했다는 것을 알리는 행사로서 길제의 의미를 강조한 것이다. 의논 결과
길제 행사명을 '학봉선생 종택의 길제'로 표기하게 되었다. 맏상주가 주인이 되
어 길제를 지냈다.

　2010년 5월 2일 예정된 11시에 길제를 시작하기 위해 아침 일찍부터 기물을
설치하고, 진설을 하였다. 제사는 창홀에 따라 진행하였다. 사당에 도착하면 사
당 안으로 들어가 각 위의 감실을 열고 신주를 내어 모신다. 선조위(학봉선생 불천

위) 앞에 나아가 분향하고 출주를 고한다. 고사를 마치면 선조 위부터 이동용 주독에 신주를 모시고 출주하였다.

5대조고 독축

제청에 도착하면 신주를 교의에 모시고 계독한다. 모든 위의 계독을 마치면 참사자 전원이 재배하여 참신參神한다. 참신을 마치면 주인이 선조위의 향탁 앞으로 나와 분향하고, 뇌주한 다음 재배하여 강신을 마치고, 자리로 돌아온다.

좌우 집사자들이 도적, 떡, 갱, 메 등을 차리는 진찬을 한다. 진찬은 모든 위에서 동시에 진행되어 11시 24분경에 마쳤다. 진찬을 마치면 주인이 향탁 앞으로 나아가 초헌을 한다. 주인이 헌작을 하면 미수를 올리고, 메, 국, 탕 등의 뚜껑을 여는 계반개啓飯蓋를 한다. 이어 축관이 주인의 왼쪽에서 동향하여 축을 읽는다. 독축을 마치면 재배한다. 이어 5대조 이하 고비考妣까지 같은 방법으로 초헌을 진행한다. 축문의 내용은 각 위별로 다르다. 그 중에서 조매祧埋할 5대조의 축문은 "5대손 종길은 5대조고비위께 감히 밝혀 고합니다. 선고 모관부군의 상기가 이미 끝났기 때문에 예법에 따라 신주를 옮겨 사당에 모셔야 합니다. 선왕께서 제정하신 예법에는 4대에 그치도록 되어 있습니다. 마음은 비록 무궁하지만 분수는 한도가 있어 신주를 옮겨 묘소에 묻겠습니다. 슬픈 감정을 견디지 못하여 삼가 맑은 술과 여러 음식을 차려 백번 절하여 고하고 아뢰니 흠향하소서."라는 내용이다.

維歲次庚寅三月甲午朔十九日壬子五代孫鍾吉

敢昭告于

顯五代考通政大夫綾州牧使兼順天鎭管

 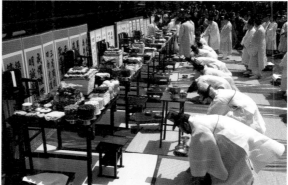

주부의 아헌   종헌

兵馬同僉節制使府君

顯五代祖妣淑夫人驪州李氏玆以先考處士

府君喪期已盡禮當遷主入廟先王制禮祀

止四代心雖無窮分則有限神主當祧將埋于

墓所不勝感愴謹以淸酌庶羞百拜告辭尙

饗

　　11시 43분 아헌을 위해 주부主婦가 제청으로 들어와 관세를 하였다. 주부는
활옷을 입고, 화관으로 성장을 하였는데, 혼례복이다. 안동 지역에서 길제에서 주
부가 아헌을 위해 혼례복을 입는 것에 대해 다른 지역에서는 규정에 없다는 이유
로 꺼리기도 한다. 그러나 『사례편람』에는 길제에 입는 주부의 옷은 제사의 '삭참
의朔參儀'에서 입는 옷과 같다고 하였는데,211_ 이에 의하면 주부가 입는 겉옷은
대의大衣로 모양은 당의唐衣와 비슷한데, 소매가 둥글어서 대수大袖 또는 원삼圓衫

211_ 『四禮便覽』,「喪禮」,〈吉祭〉, "(陳吉服) 同下祭禮朔參盛服"

주인과 주부의 삼시정저   유식 재배

이라고 하였다.[212]

　　원삼은 알려진 바와 같이 활옷과 함께 혼례 때 입는 혼례복이다. 길제에서 혼례복을 입는다는 것은 새로운 가정, 집안의 탄생을 의미한다. 지금까지 학봉종택의 대표자 역할을 했던 고인(14대 종손)이 돌아가심으로써 삼년상을 마친 만상주가 이때부터 새로운 종손(15대)이 되어 대표자 역할을 하게 되었다는 것을 공식화하는 것이다. 길제 때 혼례복을 입은 것을 학봉종택에서는 전통으로서 큰 의미를 부여한다.

　　큰옷을 입었기 때문에 주부의 딸 2명이 수모手母 역할을 하였다. 헌작하는 방법은 초헌과 같고, 4배를 한다. 12시경에 아헌을 모두 마쳤다.

　　12시부터 종헌을 시작하였다. 각 위의 고위考位 종헌관은 학봉선생 후손 중에서 정하였으며, 비위 종헌관은 각 위 비위의 친정 주손으로 정하였다. 학봉선생의 경우 비위의 친정이 무후無後하여 외손봉사外孫奉祀를 하고 있기 때문에 학봉선생의 지기知己인 하회의 서애西厓 유성룡柳成龍(1542~1607)선생 종택인 충효당忠孝堂의

212_　『四禮便覽』,「祭禮」,〈祠堂〉, "如俗唐衣而… 圓袂 一名大袖 惑稱圓衫(卽國朝五禮儀國長衫)"

합문

종손 유영하가 종헌을 하였다. 5대조의 경우 비위가 여주이씨驪江李氏 무첨당無添堂 종녀宗女였기 때문에 무첨당 종손 이지락이 5대조의 종헌관이 된 것이다. 종헌은 모든 위에서 동시에 진행하였다. 각 위의 종헌관이 관세를 하고 향탁 앞으로 나오면, 한꺼번에 꿇어앉는다. 좌집사가 잔을 내려 종헌관에게 주면 우집사가 침주한다. 종헌관이 모사에 세 번으로 나누어 쾌주하고 헌작하면 좌집사가 봉작한다.

종헌관이 재배하여 종헌을 마치면 유식을 한다. 유식이란 조상신에게 식사를 권하는 절차이다. 주인이 선조위의 향탁 앞으로 나아가면 좌집사가 메그릇의 뚜껑을 주인에게 주고, 우집사가 메그릇 뚜껑에 술을 붓는다. 좌집사가 종헌의 쾌주로 가득 차지 않은 잔을 내리면 주인이 술잔에 술을 가득 채운다. 비위도 동일하게 한다. 5대조 이하의 첨작은 집사자가 한다.

첨작을 마치면 주부가 선조위 앞으로 나와 집사자의 도움으로 삽시정저를 한다. 5대조 이하의 삽시정저는 집사자가 대신한다. 삽시정저를 마치면 주인은 동쪽에서 주부는 서쪽에서 사배한다. 재배를 마치면 집사자들이 병풍으로 제상 앞을 가리고 합문한다. 제상을 가린 병풍 앞으로 모든 참사자들이 부복한다.

축관이 헛기침을 3번하면[三噫歆] 집사자들이 병풍을 거두어 계문한다. 부복한 참사자들이 모두 일어난다. 계문을 하면 집사자들이 국그릇의 국을 미리 준비한 빈 그릇에 붓고 물을 담아서 올리는데, 진다이다. 집사자들이 올린 숭늉에 밥을 세 번 떠서 푸는 점다를 한다.

점다를 마치면 선조위 남쪽에 수조受胙를 위한 상을 놓는다. 주인이 상 앞에 북향하여 꿇어앉는다. 축관이 선조위로 나아가 선조위의 잔을 내려 주인은 잔을 받아 상위에 쾌주한 후 술을 맛보는 쵀주啐酒를 한다. 축관이 젓가락을 들고 각

수조 : 제물을 소매에 넣음

수조 : 최주

위의 제물을 조금씩 떼어서 한지에 담아서 주인의 왼쪽에 꿇어앉는다. 축관이 "할아버지는 온 우주의 주재자에게 알리어 너에게 많은 복이 이르기를 비노라. 이제 손자 네가 왔으니, 손자 너로 하여금 하늘의 복을 받고 농사(생업)가 뜻대로 되며 수명을 길게 누리고 모든 일에 변함이 없기를 바라노라."라는 내용의 준비된 하사嘏辭를 읽는다.

嘏辭
祖考命工祝承致多福于汝孝孫來汝
孝孫使汝受祿于天宜稼于田眉壽
永年勿替引之

고이성

하사를 마치면 주인이 북향하여 재배한다. 그리고 각 위에서 조금씩 가져온 제물을 맛본다. 축관과 집사자가 제물을 한지에 싸고 오색실로 묶어서 주인에게 준다. 주인은 이를 받아 색실 고리를 왼쪽 새끼손가락에 끼워서 왼쪽 소매에 넣은 채로 술을 마신다. 왼소매에서 제물을 꺼내 제상에 올려놓고 부복하였다가 일어난다. 주인이 수조상 앞에서 서향하여 서면 축관이 나와 동향하여 서로 읍을 하면 축관이 '이성'을 고한다. 주인이 서향하여 서 있고 참사자들 모두가 재배한다. 주인이 제자리로 돌아온다.

재배를 마치면 집사자들이 각 위에 나아가서 젓가락을 내리고 메그릇의 뚜껑을 닫는다. 낙시저落匙箸와 합반개闔飯蓋이다. 이를 마치면 참사자 전원이 재배하는데, 사신이다. 이어 집사자들이 합독을 하면 향탁이 앞장서고 뒤이어 선조위부터 차례로 신주를 모시고 사당으로 간다. 이때 5대조의 신주는 매주를 하기 때문에 병풍을 둘러 가려 제청에 두고 납주하지 않는다. 사당에 도착하면 개제된 순서대로 신주를 감실에 모신다. 고위의 신주는 동벽 아래 서향하여 모신다. 납주를 마치고 돌아오면 철상을 한다. 12시 28분경에 제사를 모두 마쳤다.

음복 및 식사를 한 후 오후 2시 40분쯤 종손(15대)이 매주할 5대조 신주를 받들고 산소로 출발하였다. 이때 상주들은 "제사 다 잡수시고 이제 가신다."고 하면서 곡을 한다. 매주에는 종손(종길)과 두 동생(종필, 종성), 그리고 가까운 친척이 동행하였다. 4시 15분경 산소에 도착하여 상석에 주과포를 진설하고, 신주를 혼유석에 모시고 고유를 지냈다. 봉분 서쪽에 구덩이를 파고, 신주를 묻는다.

병풍으로 가려놓은 5대조고비위

 납주

매주를 할 때는 곡을 하고 신주는 눕혀서 묻는다. 묻기를 마치면 종손 이하 형제들이 재배한다. 이로서 5대조의 매주를 마치고 귀향하였다.

원래는 길제를 지낸 후 5대조의 신주는 '별묘別廟'에 모시고 주손 이외의 친진親盡하지 않은 사대손이 있으면 나이 순서대로 그 기제사를 주관하여 지내도록 되어 있다. 따라서 4대손이 모두 사망해야 매주를 해 왔으나 요즘은 사정상 그렇게 하지 못한다. 이로서 길제를 모두 마쳤다.

학봉종택 14대 종손의 삼년상은 종가의 전통을 지속하기 위해 치러졌다. 14대라는 긴 기간 동안 학봉종택에서는 유교식의 체계화 된 전통은 물론, 이 집안만의 전통을 유지 전승 하고 있었기 때문에 14대 종손의 삼년상 역시 당연한 것

조매고유   조매

이었다. 이와 함께 학봉종택은 이미 오래 전부터 유교식 의례의 전통을 체계화
하여 전승하고 있었다. 학봉선생이 『상례고증』을 집필하였고, 선생의 7대손 주국
柱國 공이 제례를 정비하고, 서산선생이 『가제의』를 집필하는 등 학봉종택만의 의
례전통을 특성화 하고, 전승 보존해 왔던 것이다. 또한 종복宗服의 전통을 문중
성원 모두가 실천하였으며, 예서의 규정을 집안의 전통으로 승화시켜 문화적 전
통으로 전승시키고 있었다. 그러한 전통이 있었기에 현 15대 종손 역시 서울 생활
을 모두 정리하였고, 법도에 따라 삼년상을 치렀으며, 봉제사접빈객奉祭祀接賓客을
위해 종가를 지키게 하였던 것이다. 이것이 IT 최강국이라는 대한민국의 현대 사
회에서도 학봉종택의 유구한 전통을 유지하게 만드는 원동력이라 할 것이다.

　　이러한 전통은 삼년상의 절차에서 보았듯이 유교식으로 정착되어 있었다.
그렇지만 원칙에만 의존하는 것이 아니라 종가의 전통에 맞게 다양한 변화의 요
소도 수용하고 있었다. 유교식 상례에는 규정되어 있지 않았음에도 집안의 전통
에 따라 사십구재를 지내고, 생신제를 지내며, 기정을 드렸던 것이다.

　　예서에서 규정한 삼년상과 현장의 상황과는 많은 차이가 있었다. 예를 들면
상식이나 조석전, 삭망전 등은 예서만으로는 그 내용을 실감하기 어렵다. 그러나

현장에서는 각 의례가 행해지는 전후에 상식이나 삭망전이 진행되기 때문에 삼년상은 예서의 규정보다 훨씬 복잡하게 진행되고 있음을 알 수 있었다. 그런 의미에서 종가는 유교식 의례는 물론 유교문화의 전통을 유지 전승하는 보고라고할 수 있다.[213]

3. 유교식 상례의 변화와 지속의 원리

문화의 지속과 변화를 다루는 일은 궁극적으로 문화적 전통의 유무를 따지는 일일 것이다. 문화적 전통이라 함은 어느 시기에 형성되어 오랜 기간 전승되어 오늘에 이른 문화이다. 따라서 문화적 전통과 전통문화는 개념상 구분이 필요하다. 전통문화傳統文化라 함은 대개는 외부로부터 들어온 외래문화에 대비되는 한국문화를 총칭하는 것이다.[214] 여기서 문제가 되는 것은 '전통문화傳統文化'와 '전통傳統'이라는 단어의 의미 구별이다. '전통문화', '전통사회'처럼 전통이라는 단어가 어떤 단어를 수식할 때 전통은 현재보다는 '옛 것'이라는 의미가 강하다. 그러나 '전통'이라는 단어가 단독으로 쓰일 때는 어떤 현상이 오래 전부터 현재까지 그 의미상의 큰 변화 없이 지속되는 '문화적 바탕'이라고 할 수 있다.

이러한 구분에도 불구하고 '전통문화'에 대한 입장은 여전히 양분되어 있다. 하나는 전통사회에 존재했던 문화적 현상으로 '옛 것 혹은 전통적인 것'이 되고, '현재 민족문화의 모태가 되는 것' 정도로 의미가 규정되는 것들이다. 예를 들면 잡지의 '전통문화감상' 코너에 단골로 등장하는 옛 것에 대한 보여주기와 설

213_ 이 외에도 학봉종택에서는 학봉선생의 불천위제사는 물론, 묘사 등의 유교식 의례 전통을 잘 지키고 있다. 또한 2011년 차종손이 예식장혼례를 치렀지만, 집안의 전통에 따라 별도로 우귀례于歸禮(신행新行)를 하는 등 종가의 문화적 전통을 유지 전승하고 있다. 이러한 종가의 문화적 전통을 보존 전승하기 위해 전통을 지키는 종가를 대상으로 '종가문화'라는 무형문화재 지정도 적극 검토해야 한다.

214_ 이정재, 「전통문화의 새로운 전개」, 『도시문제』 31(대한지방행정공제회, 1996), 46쪽.

명.[215] 그리고 박물관, 미술사 등에서 옛 그림이나 도자기 등을 연구하고 수집하는 유형문화유산의 입장에서 볼 때 전통문화는 현재의 어떤 것보다는 옛 것이라는 의미가 더 강한 듯하다. 다른 하나는 주로 무형문화유산의 입장으로 "전통문화는 어느 한 때 존재하다가 사라지거나 역사성 속에 생명을 잃은 채 매몰되는 것이 아니라 현재성 속에 재발견 또는 재창조되어 끊임없이 이어 간다."[216]는 입장이다.

전통이란 한 민족의 역사적 발전과정에서 스스로 형성된 정신적 경향 또는 성격이 여러 시대를 통하여 전승되어 하나의 근본적인 독창력으로서 후세의 문화 창조를 규정해 주는 그 민족문화의 주체적 개성인 동시에 가치체계이다. 그런 의미에서 '문화적 전통'이란 용어는 전통 혹은 전통문화와 의미상 혼란을 방지하기 위한 하나의 구별 방법으로 사용될 수 있다. 즉, 한 민족(사회)의 역사적 변천 과정에서 스스로 형성된 문화(사상이나 관습, 행동 등의 양식 또는 그 정신)로서 시대의 상황에 따라 외형은 변화되더라도 그 본래의 뜻은 변하지 않는 '알기'라는 뜻으로 사용된다. 따라서 서구적 영향, 산업화의 영향을 많이 받았음에도 불구하고 그 내면에서 면면히 지속되는 우리의 문화라는 뜻으로 사용된다.

다양한 문화적 전통 중에서도 의례는 외형적 형식과 내면적인 의미체계로 구성된 문화적 현상이다. 의례의 문화적 전통은 외형적 형식과 내면적 의미(내용)가 반드시 동일한 형태로 지속되거나 변화되는 것은 아니다. 문화는 습관처럼 외형의 변화를 끊임없이 겪으면서, 아니 외형(형식)의 변화를 끊임없이 유발하면서 그 내면적인 의미와 상징성을 지속하는 것으로 보인다. 그런 면에서 의례는 시대에 따라 외형적인 형식은 바뀌었으나 내면적인 의미는 그대로 지속하기도 하고, 외형적 형식은 그대로이나 내면적인 의미는 전혀 다른 모습으로 바뀌어 존재할

215_ 『한글한자문화』 48집에 정양모 선생의 「삼화령미륵삼존불」(전국한자교육추진총연합회, 2003), 21~24쪽은 필자의 의도와는 관계없이 사용되는 사례이다.
216_ 김명자, 「우리 삶에 리듬 주던 전통문화」, 『도시문제』(대한지방행정공제회, 1996), 9쪽.

수도 있다. 이러한 원리에서 본다면 의례의 변화와 지속은 크게 '형식과 의미의 동시 변화', '형식의 변화를 통한 의미의 지속', '형식과 의미의 동시 지속'이라는 세가지 범주에서 논의될 만하다.

1) 형식과 의미의 동시 변화

형식과 의미의 동시 변화란 외형적인 형식의 변화에 따라 내면적인 의미도 변화된다는 것을 말한다. 유교식 상례는 삼국시대에 전래되어 고려시대까지 부분적으로 수용되었으면서도 문화적 전통으로 정립되지 못했다. 삼국, 고려를 거치면서 유교식 상례는 단지 하나의 종교적 유파로서 존재해 왔었다. 그러나 고려 말 조선 초로 전이되면서 『가례』가 유입되었고, 조선은 이 『가례』에 따른 유교식 상례를 문화적 전통으로 정착시키기에 이른다.

이처럼 문화적 전통으로 정착시켰음에도 불구하고 중국의 의례체계인 『가례』를 그대로 수용하는 것이 아니라 앞에서 보았듯이 조선의 상황에 맞게 변형시켜 수용하고 보편화시켰던 것이다. 예를 들면 『가례』에는 규정되어 있지 않지만 '길제'를 지내야 했고, 초상이 나면 밤샘을 하는 등 중국과는 다른 문화적 전통을 정착시켰던 것이다. 이러한 현상은 라베송의 습관론에서 습관은 한 번 형성되면 끊임없이 변화하면서 그 존재자를 지속시킨다는 이론과[217] 맞닿아 있다.

조선시대에 정착된 유교식 상례의 문화적 전통은 근·현대를 거치면서 다시 변화를 시작하여 그야말로 엄청난 변화를 가져오고 있다. 유교식 상례의 고유한 전통이었던 매장은 생활환경과 사회문화적 환경의 변화와 정부의 장묘정책에 따라 화장으로 변화되고 있다. 외형적으로 장법은 매장에서 화장으로 바뀌었고, 성리학적 이데올로기에 따라 시신을 흐트러지지 않게 보존하고, 묘라는 추모공간

217_ ラヴェッソン(Ravaisson, Jean-Gaspard-Fèlix Lachè) 著·野田又夫 訳, 앞의 책(2001).

을 만들어 조상숭배의 원칙을 지키려 했던 내면적 의미 역시 바뀌게 되었다. 이에 따라 풍수지리적 원리에 입각하여 선정되던 명당 중심의 묘지 역시 묘지면적을 줄이려는 정책에 따라 공원묘지나 봉안당을 이용하는 방식으로 변화되기에 이른 것이다.

　　집이라는 의례장소는 도시라는 특성으로 인해 장례식장으로 옮겨 갔으며, 이로 인해 죽음에 대한 인식 역시 바뀌고 있다. 전통적으로 편안한 죽음을 위해서는 반드시 집에서 운명을 해야 하는 것으로 여겼기 때문에 집이 아닌 곳에서 죽는다는 것은 비정상적인 죽음이고, 이것을 객사라 하여 매우 꺼렸다. 그러나 이용의 편의라는 생활의 변화에 따라 장례식장이라는 별도의 의례공간이 보편화되면서 객사에 대한 관념이 사라지기 시작했다. 물론 교통의 발달, 산업의 발달로 인한 사고와 재해로 인해 자연사에 비해 사고사가 그만큼 많아졌다는 것도 원인이 될 수는 있겠지만, 의례장소의 변화로 인해 객사를 부정적으로 인식하는 관념 자체가 바뀌었음은 부인할 수가 없다.

　　의례가 가지는 과정적 상징과 의미라는 문화이론에도 불구하고 우리나라의 「가정의례준칙」은 의례의 문화적 전통을 변화시키는 가장 중요한 역할을 했다. 「가정의례준칙」의 강제로 인해 체계화되어 있었던 의례의 과정은 외형적 형식의 변화는 물론 내면적인 의미까지도 변화되도록 만들었다. 간소화란 명목 하에 유교식 상례가 가지고 있었던 상징성과 의미는 고려하지 않고, 절차의 잘라 붙이기를 함으로서 외형적인 변화를 가져왔고, 이는 의례의 과정이 가지는 의미를 상실하게 하였다. 따라서 상례의 절차가 가지는 의미는 전혀 다른 모습으로 변화되기에 이르렀다. 예를 들면 3일에 걸쳐 행해지던 시신다루기는 단 2시간에 행해지는 것으로 바뀌었다. 이에 따라 소생을 기원하는 3일간의 기간이 이제는 생물학적인 가능성으로 인정되는 24시간으로 바뀌었다.[218]

218_ 「장사등에관한법률」(일부개정 2002.12.30 법률 6841호) 제6조. (매장 및 화장의 시기) 매장 및 화장은 사망 또는

사실 이 범주는 오히려 문화적 전통의 단절 혹은 변질과 가깝다. 예를 들면 화장을 하여 산골을 할 경우 외형도 바뀌었고, 내면적 의미 역시 더 이상 조상숭배를 위한 성묘를 하지 않는 다는 뜻이기 때문에 형식과 의미가 동시에 변화되었음을 알 수 있다. 결국 이는 유교식 상례의 문화적 전통에서 중요시되는 매장이라는 외형적 형식과 조상숭배의 실천이라는 내면적 의미가 단절되었음을 나타낸다. 자연장自然葬 혹은 수목장樹木葬도 명찰을 부착하여 매년 찾아 성묘하므로 조상숭배의 실천이라고 할 수는 있지만 역시 이 범주에서 완전히 자유롭지는 못하다.

이러한 외형과 내면의 변화는 시대적 상황에 따라 의례에 부여하는 의미가 변질되었다는 것을 의미한다. 따라서 외형과 내면의 동시변화는 유교식 상례의 변화가 가장 심하여 변질되는 부분이고, 지속되는 측면은 상대적으로 약하다.

2) 형식의 변화를 통한 의미의 지속

형식의 변화를 통한 의미의 지속이란 외형적 형식의 변화에도 불구하고 내면적인 의미가 지속되는 현상을 말한다. 이는 어쩌면 내면적 의미를 지속시키기 위해 외형을 변화시키는 것일 수도 있다.

변화는 문화가 축적되면서 전승되는 속성을 위해 필수적이다. 그래서 습관처럼 문화요소 역시 한 번 형성되면 계속적으로 운동하며 외형을 바꾸면서 그 문화요소를 지속시킨다. 그러므로 문화요소 역시 변화를 수용하지 못하면 지속할 수 없게 된다. 문화의 축적이라는 말에는 이미 변화를 수반하고 있음을 짐작할 수 있듯이 문화는 그 시대의 상황에 따라 변화하지 않으면 그 문화의 속성을 지속할 수가 없다는 것은 이미 진리처럼 되어 있다.

변화라는 것은 얼핏 원래의 모습과 성격을 완전히 바꾸는 것처럼 보이지만

사산한 때부터 24시간을 경과한 후가 아니면 화장이나 매장을 하지 못한다.

실상은 그렇지 않다. 변화를 수용하지 못하면 결국은 소멸되듯이 변화를 수용한다는 것은 지속을 위한 하나의 수단이라고 해도 과언이 아니다. 문화지체현상을 일부 인정할 수 있지만, 문명의 발달과 사회의 변화라는 대명제 아래에서 전통적인 기술만을 고집한다든가 변화를 두려워함으로써 나타나는 결과는 그 문화요소를 소멸시키는 것이다.[219]

　　유교식 상례 역시 이러한 원리에서 벗어나지 못한다. 예를 들면 도시의 장례식장이라 하더라도 반드시 상식을 올려야 하고, 조석전을 올려야 한다는 것은 바로 외형은 바뀌었다 하더라도 유교식 상례의 문화적 전통은 지속된다고 볼 수 있다. 예를 들면 검은 색 양복을 입고 삼베두건과 행전만 두른다. 그리고 여자들은 머리에 삼베리본을 달고, 양복을 입고 왼쪽 가슴에 리본을 달거나 완장을 찬다. 이러한 변형된 모습이지만 상복을 입어야 한다는 것은 상복의 외형은 변화되었다 하더라도 상복을 입어 상주임을 표시하는 의미는 그대로 지속되고 있음을 보여주는 것이다.

　　고스톱을 치는 병폐를 수반하더라도 운명한 날에는 밤샘을 해야 하는 것 역시 유교식 상례의 전통인 설료設燎라는 의미를 지속하는 것이다. 굳이 인쇄를 하거나 직접 쓰지 않는 전자메일의 형식을 빌리더라도 감사편지는 반드시 보내는 것 역시 외형은 변했더라도 의미는 지속되는 의례요소임에는 틀림이 없다. 그리고 상가를 찾아 온 문상객을 접대하기 위해서 장례식장에는 반드시 접객실을 만들어야 하는 것 역시 유교식 상례의 지속이다.

　　화장을 함으로써 염습이 필요 없지만 여전히 전통적 방식에 따라 염습을 해야 하고, 장례지도사들은 이러한 전통적인 방식의 염을 행하고 있다. 이에 따라 수의 판매업이 성업을 하고 있다. 이러한 내용은 바로 유교식 상례의 문화적 전

219_ 한민족 문화의 전통으로 간주하는 팔관회가 고려시대의 모습 그대로를 고집했기에 결국은 소멸되었듯이 문화적 전통의 지속을 위해서는 시대의 변화에 따라 끊임없이 변화해야 한다.

통 즉, 내면적인 의미가 지속된다는 것을 뜻한다.

또한 3일 탈상을 하더라도 반드시 삼우제의 형식은 잊어버리지 않는 것이 바로 문화적 전통의 지속이라고 할 수 있다. 우리나라에서는 화장을 하더라도 산골하지 않고 화장유골을 봉안당에 안치하거나 봉안묘를 만들어 매장하는 것을 원칙으로 하고 있다. 이는 매장에서 화장으로 시신 처리 방식이 완전히 바뀌었다 하더라도 조상숭배의 실천을 위해 묘를 만드는 내면적 의미는 그대로 지속시키고 있는 중요한 전거가 된다.

또한 현대의 다종교 사회에서 유교식 상례는 각 종교의 상례에 침투되어 그 요소들을 지속시키고 있다. 이러한 종교는 민족종교와 불교는 물론 기독교 등의 서구종교에도 동일한 현상으로 나타난다. 죽음의 처리방식이 비슷하기 때문에 나타난 현상으로 보기에는 너무나 유교식 상례의 요소가 강하다. 물론 이러한 현상에는 매장 혹은 화장 이후의 조상신 승화 과정을 삭제하는 등 외형적 형식의 변화는 인정되지만 내면적인 의미는 비록 타 종교의 모습이지만 지속되는 것으로 보인다.

그러므로 사회적 상황에 따라 화장으로 장법의 변화를 수용하더라도 봉안을 함으로써 그 내면적 의미인 조상숭배의 문화적 전통을 지속시킨다고 할 수 있다. 화장이 일반화되는 사회에서 매장을 고집한다거나, 자동차가 일반화된 사회에서 상여로 시신을 운반해야 한다고 고집하는 것은 유교식 상례문화적 전통의 단절을 자초한다. 상여 대신 영구차나 캐딜락을 수용함으로서 유교식 상례문화가 계속적으로 지속된다고 해도 과언이 아니다. 물론 이때의 변화는 문화적 전통의 알기인 시신 운반의 경건성과 엄숙성을 유지하기 위해 운반수단을 변화시킨다는 것이지 알기 그 자체의 변화를 의미하지는 않는다.

3) 형식과 의미의 동시 지속

형식과 의미의 동시 지속이란 변화의 폭이 가장 작아 외형적 형식은 물론 내면적 의미조차 거의 그대로 지속된다는 것을 말한다. 역설적으로 말하면 이는 결국 유교식 상례의 변화를 거부한다는 의미이기도 하다.

현대사회에서도 유교문화를 계승하는 유명 성씨의 종가에는 지금도 사당이 있고, 거기에는 신주를 모신다. 그리고 출입, 제사 등 사당례를 몸소 실천하는 종가들이 의외로 많다. 이들 집안에서 행하는 상례는 사실 종가의 문화적 전통이라 할 만큼 철저히 그 전통을 이어오고 있다. 따라서 이들이 행하는 상례는 변화된 모습보다는 원래의 모습을 유지하는 것처럼 보인다. 그러나 이들 상례에도 약간의 변화는 수용되고 있으나 그 폭이 워낙 미미하여 변화로 치부하기 보다는 약간의 변형으로 간주해야 할 것으로 보인다.

자료로 제시된 종가의 상례는 외형상 형식과 의미가 전혀 변화하지 않고 지속만 하는 것처럼 보인다. 그러나 부분적으로는 변화의 길을 걷고 있다. 예를 들면 위독하면 우선 병원으로 옮기는 것이다. 그러나 일반인들처럼 병원에서 운명하면 바로 병원 장례식장에서 상례를 치르는 것이 아니라 운명하기 직전에 반드시 집으로 모시고 와서 상례를 치르는 것이 다르다. 이는 객사에 대한 인식이 그대로 남아 있고, 유교식 상례에서 규정하는 천거정침의 원리를 지속하는 것이라고 할 수 있다. 습과 염의 절차 역시 당연히 3일에 걸쳐 행해져야 한다. 그러나 상황의 변화에 따라 염습이라고 통칭하듯 염과 습을 한꺼번에 처리하고, 운명 다음날에 1~2시간에 걸쳐 행해지는 모습은 분명히 시간과 장소의 변화로 보인다.

이 외에도 신주를 모시는 전통에 따라 제주전을 행하고 신주를 사당에 모시는 부제, 담제, 길제 등의 의례를 수행하는 것 역시 외형적 형식과 내면적 의미의 동시 지속이라고 할 수 있다. 안동시 도산면 온혜리의 노송정파 길제나 경북 영덕군 창수면 인량리 재령이씨 길제, 의성김씨 청계공파나 지례파의 담제와 길제 역시 이러한 원리를 잘 보여주는 예이다. 종가의 문화적 전통으로 지속되는 유교식 상례는 이러한 의미에서 약간의 변형은 수용되지만 전반적인 의미에서는 외형적인 형식과 내면적인 의미가 동시에 지속되는 것으로 간주해도 좋을 것이다.

변화와 지속은 외형상 모순적 관계이지만 떼려야 뗄 수 없는 필연적 관계인 순리로서 존재한다.[220] 지속만을 고집하면 시대적 상황에 적응할 수 없어 문화적 전통이 단절된다. 반면 변화만을 강조하고 수용할 경우 원래의 문화적 전통의 알기를 상실하게 하는 모순에 빠지게 된다. 따라서 문화적 전통의 지속을 위해서는 외형상의 변화를 수용해야 하고, 그 외형상의 변화는 그 문화요소의 원래 의미를 지속하기 위해 존재해야 한다는 것이 변화와 지속의 필연적 관계인 순리라고 할 수 있다. 유교식 상례 역시 이러한 변화와 지속이라는 순리를 수용하였기 때문에 현재에도 그 문화적 전통을 지속하고 있다고 해도 과언이 아니다.

220_ 문화의 변화와 지속에 대해서는 임재해의 글「민속문화 변화와 지속양상의 재인식」, 실천민속학회, 『민속문화의 변화와 지속』(실천민속학연구 3, 집문당, 2001), 13~56쪽)이 도움이 된다.

제7장

의례민속으로서 유교식 상례

　상례는 고인의 죽음을 처리하는 의례임과 동시에 살아남은 사람들을 상중이라는 비정상적인 생활로부터 정상적인 일상생활로 되돌려 주는 의례이다. 이러한 상례는 시대와 지역, 이데올로기에 따라 실행 방법이 달랐다. 한국도 예외는 아니어서 시대에 따라 다양한 상례들이 행해져 왔다.

　이 책에서 다룬 내용은 크게 두 가지였다. 하나는 유교식 상례가 유입되어 한민족의 문화적 전통으로 정착되는 과정, 그리고 그것이 어떻게 변화되고 지속되는가를 밝히는 것이었다. 다른 하나는 문화적 전통으로 정착된 유교식 상례의 구조와 의미를 밝히는 것이었다. 이를 달리 표현하면 한국의 의례민속이 무엇인가를 밝히는 일이 된다는 것이다.

　지금까지 유교식 상례문화의 전통은 고려말에 『가례』가 들어오면서 유입되었고, 조선시대의 유교식 이데올로기 채택에 따라 그 문화적 전통이 정착된 것으로 논의되어 왔다. 그러나 실제로는 이미 고대사회부터 유교식 상례의 편린들이 들어와 한국 상례문화의 틀을 유지해 왔다. 특히, 고려시대에는 불교와 함께 공식적인 규범으로 유교식 상례를 수용하고 있었다. 그러던 것이 조선시대의 유교 이데올로기 채택으로 『가례』를 토대 삼아 적극적으로 유교식 상례를 수용하여 확립하게 된다.

국가 차원에서는 유교식 의례를 보급하기 위해 다양한 정책을 펼쳤다. 『국조오례의』와 같은 법전의 편찬은 이러한 국가적 노력을 보여주는 좋은 예가 된다. 이 과정에서 관습화 되어 있었던 불교를 억압하면서 왕실과의 갈등도 있었지만, 조선 중기가 되면 왕실 역시도 유교식으로 바뀌게 된다. 지속적인 불교식 의례의 탄압, 삼년상, 사당건립 등 유교식 의례의 장려 정책에 따라 16세기가 되면 승려의 수가 급격히 줄고, 유교식 의례가 점차 자리 잡게 된다. 특히 임진왜란을 계기로 완전히 유교식으로 의례문화가 정착하게 된다.

16세기 초부터 등장하기 시작한 성리학자의 예학 연구는 유교식 상례를 문화적 전통으로 정착시키는 초석이 되었다. 이는 중국식 『가례』를 조선의 상황에 맞는 의례로 수용하려는 노력으로서 그 결과물이 다양한 예서로 발간되었다. 『가례』, 『상례고증』, 『상례비요』, 『사례편람』 등의 예서를 비교해 보면 점차 진화하는 것을 알 수 있다. 특히 『사례편람』에서 『가례』의 「거상잡의」를 제외하고 '길제'와 '개장'을 추가 보완한 것은 조선의 상황에 맞는 상례를 만들기 위한 노력이라고 할 수 있다. 이는 유교식 상례가 문화적 전통으로 정착되었음을 말하는 것이다. 이 과정에서 예론의 차이가 예송이라는 정치적 싸움으로까지 발전한다. 또한 '정상적인 것[常]'에 대한 '비정상적인 것[變]'을 처리하기 위한 연구 역시 활발하게 진행될 정도로 유교식 상례에 대한 연구에 깊이가 있었다. 이와 함께 이익, 정약용 등 실학자들의 실천 예학 연구는 유교식 상례를 문화적 전통으로 정착시키는 데에 박차를 가하는 동력이 되었다.

조선 중후기 실제 상례를 기록한 일기들을 보면 모두 철저하게 유교식 상례를 채택하고 있었다. 지방의 사례임에도 불구하고 모든 절차를 『가례』 혹은 『상례비요』에 따르고 있는 것으로 보아, 조선 중후기가 되면 유교식 상례가 문화적 전통으로 완전히 정착되었음을 알 수 있었다. 이는 곧 유교식 상례가 한국의 의례민속으로 정착되었음을 의미하고 있다.

『사례편람』과 현장의 상례절차를 분석한 결과 철저하게 유교식 상례를 채택하고 있음을 알 수 있었다. 이와 함께 중상, 사잣밥, 취토, 진오귀굿, 진도다시래기 등과 같은 다양한 고유문화와 융화하여 한국식 유교식 상례로 정착되어 있었음을 알 수 있었다. 문화적 전통으로 정착된 유교식 상례의 특징은 첫째, 삼년상을 기본으로 하고 있다. 둘째, 『가례』의 의례체계를 기반으로 조선에서 연구된 의례절차를 따르고, 고유문화적 요소를 수용하고 있다. 셋째, 매장을 주 장법으로 인정하고, 이를 매우 중요시 한다. 넷째, 의례 장소는 사당이 있는 집을 기본으로 하고 있음을 알 수 있었다.

유교식 상례는 신주의 유무에 따라 절차와 의미가 달라짐을 알 수 있었다. 신주가 있을 경우에는 19개의 대절차로 진행되지만, 신주가 없을 경우 11~12개의 대절차로 진행된다. 그리고 신주가 있을 경우 매장을 한 후 우제를 지내면서 고인을 조상신으로 인정하고, 신주가 없을 경우는 입관을 함으로서 조상신으로 인정하는 죽음의 인식 시점에 차이가 있었다.

기존의 절차중심의 분석틀을 벗어나 영혼, 고인, 조상신, 상주라는 4주체를 중심으로 하는 새로운 분석방법을 시도하였다. 그 결과 유교식 상례는 '고인을 위한 의례[故人儀禮]', '영혼을 위한 의례[靈魂儀禮]', '조상신을 위한 의례[祖上神儀禮]', '상주와 그의 공동체를 위한 의례[喪主儀禮]'로 구성됨을 알 수 있었다. 이러한 4주체는 독립적으로 의례를 진행하는 것이 아니라 상호 커뮤니케이션을 하면서 유기적으로 연관되어 있음을 알았다.

철학적 사고에 바탕한 효의 실천이라는 주관적 해석을 벗어나 상례의 구조와 절차를 통해 유교식 상례의 의미를 분석하였다. 그 결과 유교식 상례는 공동체 성원의 결손으로 인해 직면하는 절체절명의 위기를 극복하기 위해 여운이라는 수단을 개입시키고 있었다. 그래서 유교식 상례의 절차들은 3회의 중복, 3일의 기다림, 추가, 반복 등 절차가 중복되어 나타난다. 이는 단번에 하나의 절차를 끝마칠 경우 나타날 수 있는 충격을 완화하기 위한 수단이었음을 알 수 있었다. 따라서 유교식 상례는 성원의 결손으로 인한 공동체의 위기를 극복하고, 충격을 완화하는 의례의 성격이 강함을 알 수 있었다.

문화적 전통으로서 유교식 상례가 어떻게 변화하고 지속되는가를 보기 위해 장법, 의례, 의례장소, 의례전문인이라는 4요소를 분석하였다. 그리고 지속되는 모습을 분석하기 위해 의례요소, 종교의례와 융화, 장례식장의 대표적 상례, 종가의 문화적 전통으로 전승되는 상례에 주목하였다.

일제 강점기의 영향도 있었지만, 시민단체의 운동과 국토의 효율적 이용을 위한 국가의 장려에 따라, 화장이 유교식 상례의 문화적 전통이었던 매장을 대체하고 있다. 허례허식 근절과 의례의 간소화라는 명목으로 시작된 가정의례준칙으로 인해 삼년상이 폐지되었고, 간소화 일변도로 인해 유교식 상례가 가지고 있었던 다양한 상징적 의미는 사라지고 형식적인 요소만 남겨 놓아 의례의 형식화를 가속시켰다.

산업화와 도시화로 인한 장례식장의 등장은 다양한 측면에서 유교식 상례의 모습을 변화시켰다. 우선 상례의 장소를 사당이 있는 집에서 공공의 장소인 장례식장으로 내몰았고, 이에 따라 '객사'가 정상적인 죽음으로 인정되는 죽음 인식에 변화가 생겼다. 이와 함께 의례대행업체의 등장과 장례지도사라는 전문직종이 파생되었고, 이로 인해 상포계 등의 문화요소들이 사라졌다.

그러나 도시 장례식장에서 상례를 치르더라도 유교식 상례로 지속되는 의례요소들은 외형적 변화가 보이더라도 여전히 지속되는 것으로 파악되었다. 화장을 하더라도 철저하게 염습을 하고, 장례식장이지만 전과 상식을 올리며, 외형은 변했더라도 상복은 반드시 입어야 하고, 장소야 어쨌든 고인을 위한 밤샘은 지속되고 있다. 형식은 바뀌었다고 하더라도 반드시 문상을 해야 하고, 영결식장이 마련되어 있더라도 영구차 앞에서 견전을 지내며, 화장을 하든 매장을 하든 반드시 그날에 반곡하고 우제를 지낸다. 비록 3일 만에 탈상을 하더라도 감사편지는 반드시 써야 하는 것으로 인식하는 등 유교식 상례의 의례 요소가 지속되고 있음을 밝힐 수 있었다. 그리고 유교식 상례는 각 종교에 침투되어 지속되고, 장례식장의 대표적인 상례로 지속되고 있다. 이와 함께 유서 깊은 종가에서는 여전히 삼년상을 치르고 있어 유교식 상례가 지속되고 있음을 알 수 있었다.

이러한 유교식 상례의 변화와 지속에는 3가지 원리가 작용하고 있었다. 첫째는 형식과 의미가 동시에 변하는 것으로 장법의 변화, 「가정의례준칙」에 의한 의례절차의 변화, 장례식장이라는 의례 장소의 변화 등이 그것이다. 둘째는 외형적 형식의 변화를 통해 의미를 지속하는 것으로서 염습, 밤샘, 상복, 문상 등의 의례요소, 유교식 상례가 종교의례로 지속된다는 것이다. 셋째 형식과 의미가 동시에 지속되는 것으로 종가에서 문화적 전통으로 지속되는 상례가 이에 속한다.

그 결과 유교식 상례의 변화와 지속은 상호 보조적이고, 필요충분조건 관계에 있음을 알 수 있었다. 한 번 획득된 습관은 끊임없는 운동을 통해 변화와 반복을 거듭하면서 존재하는 원리와 같음을 알 수 있었다. 그러므로 문화라는 것은 유기체와 같은 것이어서 한 번 형성되면 끊임없는 운동과 변화의 반복을 통해 지속된다고 할 수 있다. 유교식 상례 역시 이와 같은 원리에서 크게 벗어나지 않는다.

유교식 상례는 한국의 전통상례임과 동시에 현재까지 지속되는 상례의 문화적 전통임을 알 수 있었다. 유교식 상례를 근간으로 하여 민간신앙의 요소들이 융화되어 한국의 상례문화로 정착되었다. 그래서 한국의 의례민속을 연구하기 위해서는 유교식 상례를 전제로 해야 한다는 것을 의미한다. 이는 한국 상례의 문화적 전통은 유교식이기 때문에 한국의 의례민속은 '유교식'이라는 것을 의미한다.

부록

용어해설

가례家禮   송나라의 학자 주희朱熹(주자朱子, 1130~1200, 중국 송대宋代 유학자이며, 자는
원회元晦·중회仲晦, 호는 회암晦庵·회옹晦翁·운곡산인雲谷山人·창주병수滄洲病叟·
둔옹遯翁이다. 대표적으로 성리학性理學을 집대성하였다)가 가정에서 행해야 하는 예절을 모아 엮
은 책으로 한국 의례문화의 기본이 되는 의례서이다. 『가례』는 첫머리에 가례도家禮圖
20장이 있고, 제1권은 통례通禮, 제2권은 관례冠禮, 제3권은 혼례婚禮, 제4~6권은 상례喪
禮, 제7권은 서식에 관한 것, 제8권은 제례로 구성되어 있다.

『가례』의 저술 동기에 대해 주희는, 예는 근본과 문文이 있는데, 가정에서 시행되는 것
가운데 명분을 지키고 애경哀敬을 행함은 근본이며 관혼상제에 대한 의식 절차는 문식文
飾이므로 근본과 문식을 동시에 이루기 위한 것이라고 하였다. 풍속과 관념이 중국과 달
라 조선에서 『가례』를 시행하는 데에는 문제가 많았다. 이로 인해 『가례』에 대한 수많은
의견과 시행 상에 필요한 세부 사항 등을 규정하는 서적과 『가례』의 미비한 것을 보충하
는 의례서가 많이 발간되었다. 이는 『가례』를 조선의 사정에 맞게 변형하여 수용하였다
는 것으로 『가례』가 한국 의례의 문화적 전통을 유교식으로 정착하는 데 결정적인 역할

을 했다는 것을 의미한다.

가마加麻 심상삼년복心喪三年服을 입는 복인들의 상복 형태로 주로 스승의 상례
에 제자와 문하생들이 입는 상복을 말한다. 형태는 통두건에 마를 섞
어 꼰 가는 수질을 두른 것이어서 말 그대로 마를 덧보탰다는 뜻이다.

가묘家廟 일반적으로 사당祠堂이라고 알려진 것으로 사대부의 집에 건립하여
조상의 신주를 함께 함께 모시고 제사지내는 건물이다. 묘廟는 선조
의 목주木主를 설치하여 제사를 지내는 건물을 뜻하였으나 나중에 신神에게 제사지내는
곳으로 통용되었다. 조선 시대에 역대 임금과 왕비의 위패를 모시던 왕실의 사당격인 종
묘宗廟가 대표적인 예가 된다. 「단주段註」에 의하면, 신을 모시기 위해서 묘를 세운 시기
는 삼대이후三代以後라고 하였다. 그리고 「석명석궁실釋名釋宮室」에 의하면 묘는 모貌와
같은 것으로 선조의 형모가 있는 곳이라고 설명하고 있다. 또한 가묘는 조묘祖廟를 말하
는 것으로서 선조를 합해서 제사지내는 곳이라고 한다.
반면에 사당은 조종이나 옛날 현인을 제사지내는 묘당廟堂으로서 한대漢代에서는 인가人
家에서 종사宗祠를 건립할 때 묘소 앞에 많이 세웠는데, 나중에는 이러한 제한이 없어지
고 단지 종족宗族이 많이 모여 사는 가까운 곳에 세워 세시歲時에 따라 족장이 족인들을
거느리고 함께 치제하였던 곳이다. 『가례家禮』에 의하면 4대 봉사를 위해 4대까지의 신
주를 모신 신성한 공간을 말한다. 우리나라에서는 흔히 이를 사당이라고 하고, 집의 동
쪽 혹은 동북쪽에 위치하는 경우가 많고, 지세에 따라 방향을 달리하기도 한다.

거상생활居喪生活 부모 등의 삼년상三年喪을 치르며 상중의 근신생활을 일컫는 말이다.

견전遣奠 유교식 상례의 9번째 절차인 천구遷柩의 마지막 절차로, 영구를 상여
에 싣고 상여가 출발하기 직전에 출발할 준비가 완료되었음을 고하는
전奠을 말한다. 이때 부녀자들은 참가하지 않는다. 차리는 음식은 조전朝奠과 같이 하되
포를 추가한다. 축관이 분향하고, 술을 올린 후 '상여에 멍에를 씌워 유택幽宅(묘소)으로
가니 견전례를 베풀어 영원히 작별하나이대靈輀旣駕往卽幽宅載陳遣禮永訣終天'라는 내용으
로 축문을 읽는다.

고축告祝을 마치면 주인이하는 모두 곡을 하고 재배한다. 끝나면 바로 전을 치운다. 이어 축관이 혼백을 모시고 상여에 올라가서 분향한다. 이때 따로 상자를 만들어 신주를 담아 혼백 뒤에 놓는다. 부인은 개두蓋頭(터드레)를 하고 섬돌 아래로 내려와서 곡한다. 집에 있어야 할 사람들은 곡을 하고 재배하여 하직인사를 한다. 이때 존장尊長은 절을 하지 않는다. 견전은 발인 직전에 지내기 때문에 관행에서 발인제發靷祭라고도 하지만 오해이다.

고인故人　　　돌아가신 분을 일컫는 말이다. 흔히 망자亡者, 망인亡人, 사자死者라고 하나 상례의 경건敬虔함을 감안하여 존경어로 고인이라고 사용한다.

고종록考終錄　　　상례를 치르면서 그 과정을 기록한 일기를 말한다. 이 일기는 상례를 치르는 과정에서 일어난 일을 낱낱이 적어 상례에서 치러야 할 일이 누락되지 않도록 하기 위해 호상護喪이 기록하는 경우가 많다. '일기日記'라는 명칭을 사용하기도 하지만 '신종록愼終錄', '종천록終天錄'이라고도 한다.

공포功布　　　하관下棺 후 영구靈柩 위의 먼지를 닦는 데 사용하는 행주이다. 하관을 하는 과정에서 영구 위에 떨어진 흙이나 먼지 등을 털어내는 데 사용한다. 발인하는 날 잿물로 빤 베 3자 정도를 깃발로 만들어 만장 뒤 상여 앞에 위치시켜 행렬을 이루도록 한다.

관혼상제冠婚喪祭　　　한국의 전통적인 일생의례一生儀禮를 일컫는 말이다. 관冠은 성인식인 관례를, 혼婚은 혼례를, 상喪은 상례를, 제祭는 제례를 지칭한다. 이 4가지 절차는 전통사회에서 인간이 일생을 살면서 기본적으로 행해야 하는 의례라는 뜻으로 사용한 것으로 보인다.
서구적 학문이 도입되면서 통과의례通過儀禮(Rites of Passage)의 한 범주로서 한 사람이 일생을 살면서 겪는 의례를 일생의례 혹은 평생의례라고 하기에 이르렀다. 그러나 통과의례라는 용어는 일생의례 뿐만 아니라 시간의 통과(세시풍속)나 영역의 통과를 포괄적으로 지칭하기 때문에 통과의례라는 명칭이 일생의례나 관혼상제의 대체어가 될 수는 없다.

광중壙中　　　장사葬事 지낼 때 영구를 안치하도록 판 구덩이를 말한다. 광중은 허

물어짐을 방지하기 위하여 좁게 파고, 도굴을 방지하기 위하여 깊게 판다고 한다.

국조오례의
國朝五禮儀
조선 초기 오례五禮를 규정한 예서禮書로, 8권 6책의 목판본이다. 오례는 국가의례를 말하는 것으로 조선에서 오례는 단순한 의례규범이 아니라 국가와 왕실, 왕과 신하와의 관계 등을 규정하는 제도였기 때문에『국조오례의』는 법전편찬과 동시에 행해졌다. 조선 초기에『경제육전』을 편찬하면서 세종 때에『오례의』편찬을 시도한 결과가『세종실록오례의』이다. 세조가 강희맹姜希孟(1424~1483) · 성임成任(1421~1484) 등에게 명하여『경국대전』과 함께『오례의주五禮儀注』를 편찬하게 했으나 세조가 사망하면서 중단되었다가 성종 초반에 신숙주申叔舟(1417~1475)를 책임자로 작업을 재개하여 1474년(성종 5)에 완성하였다.

편찬자는 신숙주申淑舟 · 강희맹姜希孟 · 정척鄭陟(1390~1475) · 이승소李承召(1422~1484) · 윤효손尹孝孫(1431~1503) · 박숙진朴淑秦(1424~1481) · 정영통鄭永通 · 이경동李瓊仝 · 유순柳洵(1441~1517) · 구달손具達孫 · 최숙경崔淑卿이다. 모두 국장과 왕실의 상제喪制와 관련된 내용이다. 백성의 의례는 '대부사서인사중월시향의大夫士庶人四仲月時享儀', '대부사서인상의大夫士庶人喪儀', '대부사서인율주大夫士庶人栗主' 등 3조가 포함되어 있다.

굴감堀坎
습을 할 때 사용한 수건 등을 버리는 구덩이를 파는 일을 말한다.

궤연几筵
고인의 영혼靈魂이 머무를 수 있도록 마련한 영궤靈几와 이에 딸린 모든 물건들을 말한다. 연筵이란 영궤 아래 까는 자리로, 고인의 혼백魂帛이나 신주神主를 모셔두는 곳을 말한다. 이를 영좌靈座라고도 한다. 이곳에서 삼우제와 졸곡제, 부제, 소상, 대상 등의 제사와 삼년 동안 상식上食과 삭망전朔望奠 등의 의례를 행하는 곳이다.

금정기金井機
광중을 팔 때 광중의 넓이를 정하기 위해 오리나무로 만든 정자형井字形의 나무틀을 말한다. 이는 광중의 크기를 지나치게 넓게 파지 못하게 하고, 또한 반듯하게 틀에 맞게 파도록 하기 위해 사용한다. 다른 이름으로 '개금정開金井', '금정틀'이라고도 한다.

| 급묘及墓 | 영구가 장지에 도착하여 하는 일로써 장사葬事를 지내는 일이다. 하관, 분묘조성, 신주의 제주題主 등의 일이 진행된다. |

기절내곡氣絶乃哭 고인의 운명殞命을 기다릴 때에 주변을 조용히 하고 숨이 끊어지면 곡을 어지러이 하는 일들을 말한다.

길제吉祭 유교식 상례의 마지막 절차로 삼년상을 마치고 사당에 모신 신주의 대수를 새로운 주손胄孫의 입장에서 순서에 맞게 고치고, 상주는 상복을 벗고 완전히 일상생활로 돌아오게 하는 절차이다. 길제는 길사吉祀, 협제祫祭, 협사祫祀라고도 한다. 보통 담제禫祭를 지낸 다음 달로 날을 잡아 제사를 지내기 때문에 고인이 운명 한 후 27~28개월째에 행하게 된다. 길제를 지내면 부부가 한 방을 사용하는 등 일상생활로 완전히 복귀하고 장자長子인 맏상주는 비로소 집안의 주손으로서, 대표자로서 기능을 수행하게 된다.

납골納骨 화장 후 남은 유골을 봉안당이나 봉안묘 등의 봉안시설에 안치하는 일을 말한다. 일본식 용어이자 혐오스러운 용어라고 하여 2002년 화장장 표준화로 봉안奉安으로 순화하였다. 이후 2008년 장사 등에 관한 법률 개정 때 납골 대신 봉안이란 용어를 법률 용어로 사용하면서 일반화 하게 되었다.

내폄乃窆 장지에서 광중이 완성되고, 정해진 하관 시간이 되어 영구靈柩를 광중에 내리는 일을 말한다. 이를 보통 하관下棺이라고 한다.

노제路祭 고인의 영구를 장지로 모시고 가는 행상을 할 때, 도중에 친척과 빈객이 있으면, 길가에 장막을 치고 전을 올리는 것을 말한다. 이를 친전親奠이라고도 한다.

녹로轆轤 하관할 때 영구가 흔들리거나 기울어지지 않고, 안전하게 내리기 위해 사용하는 도르래이다. 금정기 좌우에 위아래로 두 개씩 4개의 기둥을 세운 뒤 기둥머리마다 둥글게 파서 녹로의 장대를 받치도록 하는데, 튼튼한 2개의 긴 장대를 그 위에 가로로 놓아 회전하도록 한다. 장대의 끝에는 쐐기를 끼워 장대가 빠지지 않게 하고, 십자형으로 손잡이를 단다.

그리고 누인 삼이나 베를 꼬아서 굵은 줄을 만들어 장대 중간에 위아래로 나누어 매고, 그 양끝이 하관포에 닿게 한다. 영구를 내릴 때는 4개의 기둥마다 각각 두 사람이 장대 끝의 손잡이를 잡고 영구가 급하게 내려가지 않고, 안전하게 내려가게 조절해야 한다.

다묘제多墓制　　　　한 개인의 묘가 여러 개 있는 일본의 묘제 전통을 말한다. 일본에서는 전통적으로 죽음에 대한 부정 신앙에 따라 시신을 매장하는 묘인 우메바카埋め墓(매장묘)와 참배를 위한 묘인 마이리하카參り墓(참배묘, 詣り墓)가 별도의 장소에 있는 양묘제兩墓制가 있었다. 한국과는 달리 기본적으로 한 개인의 묘가 2기가 되는 문화이다. 또한 매장묘와 참배묘 외에도 분골分骨이라고 하여 한 사람의 묘가 여러 개 존재하는 경우가 많은데, 이를 다묘제라고도 한다.

다비茶毘　　　　불교에서 스님의 시신을 처리하는 화장법을 일컫는 말이다. 전통적으로는 화장을 다비라고도 하였다.

담제禫祭　　　　유교식 상례의 18번째 절차로 대상을 지낸 후에 지내는 제사를 말한다. 이 제사는 평상의 상태로 돌아가기를 기원하는 의미이며, 대상으로 탈상을 하지만 차마 곧바로 일상으로 돌아오지 못하기 때문에 한 시절을 더한다는 의미를 가지고 있다. 날짜로 계산하면 27개월째에 해당한다.

당堂　　　　터를 돋우어 지은 큰 집을 말한다. 한국에서는 단순한 주거용의 집이 아니라 신성한 공간이나 특별한 의미가 있는 경우 당이라는 이름을 붙이는 경우가 많다. 유교 의례에서는 제사를 지내는 곳을 당이라고도 한다. 또한 종宗을 이루는 범위인 8촌까지의 범위를 나타낼 때 사용하는 동당지친同堂之親이란 말이 있다. 이는 고조부의 제사에 함께 참석하는 친척을 의미한다는 것을 볼 때 당은 제사를 지내는 곳임을 알 수 있다.

대렴大斂　　　　소렴한 시신을 네모나게 싸서 묶어 관에 넣는 절차이다. 시신을 처리하기 위하여 준비하는 3가지 절차 중 3번째 절차이다. 운명하면 습襲

을 하여 시신에게 수의襚衣를 입히고, 2일째가 되면 시신을 염포로 싸서 묶는 소렴小斂을 하고, 3일째가 되면 시신을 네모나게 싸서 묶어 입관入棺하는 대렴을 한다. 3일째에 대렴 大斂을 하는 것은 혹시 소생蘇生하기를 기다리는 효성 때문이라고 한다.

대상大祥　　　운명한 지 만 2년째가 되는 날에 고인을 추모하고 상주가 상복을 벗어 탈상하는 의례를 말한다. 초상으로부터 대상까지 윤달을 계산하지 않으면 25개월이 된다. 대상을 지낼 때 상주는 흰색 갓인 백립白笠을 쓰고 소색素色으로 옷을 갈아입는 역복易服을 한다. 이는 상주의 슬픔이 점점 가벼워지는 것을 의미한다. 대상을 지내면 상주는 상복을 벗고, 영좌와 여막 등은 철거한다. 『가례家禮』의 규정과는 달리 우리나라에서는 담제와 길제가 남아 있기 때문에 완전히 상을 마치지 않기 때문에 소색으로 역복하는 것이다.

두건頭巾　　　머리에 쓰는 천으로 만든 쓰개의 일종이다. 상복의 머리쓰개로 사용하는 두건은 건巾 또는 효건孝巾이라고 한다. 두건은 위쪽은 꿰매고 아래쪽은 네모지게 만든다. 남자 상주나 복인服人들이 상중에 썼다. 상복으로서 두건은 주로 베로 만들어 썼고 두건 위에 굴건屈巾을 쓰고 수질首絰을 둘렀다.

만장輓章　　　친척이나 친구가 고인의 죽음을 애도하여 보낸 글을 종이나 비단에 써서 깃발처럼 만든 것이다. 애도의 글이기 때문에 만사輓詞라고도 한다. 깃발의 위아래에 굴대를 끼우고 이를 긴 장대에 매다는데 그 꼭대기에는 장식을 하기도 한다. 만장의 수는 곧 고인의 생시 덕망을 상징하기도 한다.

매장埋葬　　　시신을 처리하는 방법의 하나로서 시신을 땅 속에 묻는 장법을 말한다. 장법은 전통적으로 4가지가 있는데, 그 중 대표적인 것이 매장이었다. 그리고 시신을 불에 태워서 처리하는 화장火葬, 시신을 자연에 버리는 풍장風葬, 시신을 물속에 빠트려 장사하는 수장水葬이 있었고, 지금까지 지속되고 있다.

명정銘旌　　　붉은 색 천에 고인의 관직官職과 봉호封號를 쓴 큰 깃발을 말한다. 붉은 색 비단에 아교의 일종인 녹각교鹿角膠를 섞은 은분銀粉으로 고인의 관직과 봉호를 쓰는 것이 일반적이다. 은분이 없으면 먹으로 쓰기도 한다. 너비는 전폭을 다 사용하고, 길이는 관의 크기만큼 한다. 위와 아래를 접어 꿰매어 가로대를 끼울 수 있게 한다. 대나무 장대인 죽강竹杠을 만들어 영좌의 오른쪽에 기대 놓는다. 장대 끝에 나무로 용이나 봉황의 머리를 만들어 채색을 하고 입에는 둥근 고리를 물려 오색실로 만든 큰 매듭인 유소流蘇를 드리운다.

묘지墓誌　　　　　지석에 실린 독특한 문체의 글을 말한다. 통상 고인의 본관과 이름, 조상의 계보, 생일과 운명한 날, 행적, 가족관계, 무덤의 소재와 방향 등을 지석에 기록한 것이다. 따라서 묘지는 지석과는 엄격히 구분된다고 할 수 있다. 묘지, 화장장, 매장 및 급화장단속규칙 묘지墓地, 화장장火葬場, 매장급화장취체규칙埋葬及 火葬取締規則 1912년 6월 조선총독부령 123호로 당시 조선 사회의 묘지, 화장장, 매장 등을 단속하기 위해 공포한 규칙이다. 이 규칙 제정으로 한국에서도 묘지墓地와 공동묘지 共同墓地라는 새로운 단어가 공식적으로 등장하게 된다. 또한 '일본식화장법日本式火葬法' 이라는 새롭고도 낯선 모습의 화장이 본격화되는 계기가 된다.

무복친無服親　　　　촌수가 가깝기는 하지만 상복을 입을 촌수가 아닌 친척을 말한다. 이들은 단문복袒免服을 입기 때문에 단문친이라고도 한다. 단문이란 두루마기의 왼쪽 소매를 벗고 사각건을 쓴다는 뜻이다.
범위는 종고조부從高祖父(고조부의 형제로 5촌이지만, 복제가 단문으로 넘어갔으므로 무복친이다. 고조부의 자매는 고대고高大姑라 쓰는데 고대고모라고도 한다), 고대고高大姑(앞의 종고조부 참조), 재종 증조부再從曾祖父(증조부의 4촌 형제로 6촌에 해당된다. 그 아내는 재종증조모이고, 여자일 때는 재종 증대고再從曾大姑가 되며 본인이 재종증조일 때의 상대는 재종증손자녀이다), 재종증대고再從曾大姑 (앞의 재종증대고 참조), 삼종조부三從祖父(아버지의 재종숙이며 5대조부가 같은 할아버지이다. 그 아내는 삼종조모이며 8촌이나 안으로 8촌이 아니어서 무복친이다. 여자는 삼종대고三從大姑인데 삼종대고 모라 한다), 삼종대고三從大姑, 삼종숙三從叔(삼종조의 아들이고 그 맏이는 삼종백숙三從伯叔이라 하여 구분하기도 한다. 아버지의 3종이니 아버지와는 8촌이고 나와는 9촌이되 그 아내는 삼종숙모이다. 여자일 때는 삼종고三從姑나 삼종고모라 하고 그 배우자는 삼종고모부요 본인이 삼종숙일 때 상대는 삼종질三從姪이 된다), 삼종고三從姑(삼종숙의 여자 형제를 가리키는데, 아버지의 3종이니 아버지와는 8촌이고 나와는 9촌이 된다. 그 배우자는 삼종고모부라 한다), 사종형제자매四從兄弟姉妹(10촌 형제자매)를 말한다. 이들은 모두 부계의 무복친이다.

무복친은 보통 이성무복친異姓無服親을 말하므로, 단문친이 무복친이기는 하지만 그 역은 성립되지 않는다. 이성무복친은 어머니쪽의 혈족血族, 출가한 쪽의 혈족과 인족姻族, 처의 친정의 본종친족, 외척인 인족과 인족의 배우자를 포함한다. 구체적으로는 외증조부모·외재종형제자매·종이모의 아들·외종질·이종질·내종질·처조부모·처외조부모·처백숙부모·처고妻姑·처형제처·처질·처자매·외증손·고부姑夫·자매부姉妹夫를 말한다. 이렇듯 무복친은 본종친족의 범위를 넘어 모족母族·처족妻族·출가족出家族을 모두 포함하는 특징이 있다.

문상問喪　　　　☞〈조弔〉

문상聞喪　　　　유교식 상례에서 문상은 상주가 멀리 출타하거나 부임지에서 부고訃告를 들었을 때 하는 행위와 해야 하는 일, 성복하는 일시 등을 규정한 절차이나 단지 행해야 하는 일에 대한 설명이 주를 이룬다. 부모가 돌아가셨다는 부고를 받으면 바로 곡을 하여 부고를 전달한 이에게 답한다. 그러고 나서 바로 옷을 갈아입는데, 초종의 역복불식易服不食 때와 같게 한다. 베를 찢어 사각건四脚巾(복두와 같은 것)을 만들고, 흰 베적삼을 입고, 마구麻屨(삼신)를 신는다.

준비가 되면 상가喪家로 출발하는데, 밤길은 가지 않으며, 몸을 해치는 일은 하지 않고, 번잡한 것을 피한다. 길을 가는 도중에 슬프면 곡을 하고 하루 100리 길을 간다. 이렇게 집으로 달려가는 것을 분상奔喪이라고 한다. 집이 있는 시도市都의 경계나 집이 보이는 곳에 이르면 곡을 한다. 집에 도착하면 영구 앞에서 재배하고, 다시 옷을 갈아입고 자리에 나아가 곡을 한다. 그러고 나서 4일이 지나서 성복成服을 한다. 그 외는 성복 및 조弔와 같이 내용이 같다. 만약 집이 멀어 갈 수 없을 경우에는 별도의 전奠을 차려 올리는데, 절은 하지 않는다. 그 이하는 집에 있을 때와 같이 한다.

만약 상가에 도착했을 때 이미 장사葬事를 지냈을 경우에는 먼저 묘소에 가서 곡을 한 후에 성복을 한다. 만약 부고를 듣고 곧바로 상가로 가는 분상을 하였다면 반드시 집에 와서 성복을 한다. 그렇지 않은 경우에는 4일째에 성복한다.

문화융화文化融和
Acculturation　　　서로 다른 문화체계를 가진 사회가 어떠한 접촉으로 인해 문화요소가 전파되어 인공물·관습·믿음 등이 새로운 양식의 문화로 변화되는 과정과 결과를 말한다. 주로 종속적인 부족사회가 지배적인 서구사회에 적응하는 것을 가리키는 데 사용된다. 문화인류학에서는 지금까지 문화접변이라는 용어를 사용하여 왔다. 그러나 용어의 의미전달이 불분명하기 때문에 '융화'라는 표현을 사용한다.

반곡反哭 장지에서 신주를 모시고 집으로 돌아오는 일을 말한다. 장지에서는 봉분을 조성하는 동안 신주에 글씨를 쓰는 제주題主를 한다. 제주가 완성되면 제주전題主奠을 지내고 신주를 영여에 모시고 집으로 돌아오는 절차이다. 이를 반혼返魂이라고도 한다.

반함飯含 시신의 입에 쌀과 엽전 혹은 구슬을 물려 입안을 채우는 일이다. 반함을 하는 이유는 차마 입이 비어 있게 하지 못하기 때문에 맛있고 깨끗한 물건으로 채우는 것이라고 한다.

반혼返魂 ☞〈반곡反哭〉

발상發喪 초상이 시작되었다는 것을 의미한다. 검소한 옷으로 갈아입고 근신하는 것으로 특별히 예서의 설명은 없다. 역복불식이라는 초종의의 소절차에 해당한다.

발인發靷 영구를 상여에 싣고 장지로 운반하기 위해 출발하는 절차이다.

방상시方相氏 상여가 장지로 갈 때 행렬의 매 앞에서 잡귀를 쫓아 길을 열고, 장지에 도착해서는 광중에 들어가 네 모퉁이를 찔러 방량放良이라는 잡귀를 아내는 역할을 하는 벽사가면辟邪假面을 말한다. 방상시는 곰의 가죽을 덮어 쓰고 있으며 황금색 눈이 4개 달려있다. 검은색 상의와 붉은 색 치마를 입고 창과 방패를 들고 있다. 원래 방상시는 음력 섣달그믐날 밤에 민가와 궁중에서 마귀와 사신을 쫓기 위하여 베푸는 나례儺禮를 할 때는 장수의 백관百官인 백예百隷로서 역질 귀신을 찾아서 쫓아내는 역할을 하였다.

상여행렬에 사용되는 방상시는 신분에 따라 차이가 있다. 후제後齊에서는 3품 이상의 고인에게는 눈이 4개인 방상시 탈을 쓰고, 4품 이하와 서민庶民에게는 눈이 2개인 기두魌頭를 썼다. 수隋 나라의 제도는 4품 이상이 방상시, 7품 이상은 기두를 썼다. 당唐나라 때에는 5품 이상, 6품 이하는 기두를 썼다고 한다. 기두는 방상시의 원시형인 귀신 얼굴을 한 귀용면鬼容面으로 눈이 2개이다. 국상일 때는 방상시를 태운 수레가 4대인데, 보통 수레와 같은 모양이나 조금 작다. 수레 위에는 조그만 걸상을 놓고 그 위에 사람이 앉아서 방상시 탈을 든다.

보공補空　　시신을 관에 넣고 빈 곳을 고인의 옷으로 채우는 일을 말한다. 보공을 할 때 사용하는 옷을 산의散衣라고 한다.

복復　　저승으로 떠나가는 영혼을 부르는 일이다. 이를 혼을 부른다는 뜻으로 초혼招魂, 돌아오라고 크게 소리친다는 의미로 고복皐復이라고 한다. 복을 하는 이유는 고인의 영혼을 불러 조상신으로 승화시키기 위함이다.

복인服人　　상례에서 상복을 입는 사람이라는 뜻이다.

복차장複次葬　　2회 이상에 걸쳐 장사를 지내는 것을 말한다. 예를 들면 화장을 한 후 남은 골분骨粉을 봉안하거나 매장하는 일, 임시로 시신을 가매장하였다가 육탈이 된 후에 뼈를 거두어 다시 매장하는 초분, 고대사회의 임시로 빈을 하였다고 다시 본장을 하는 빈장殯葬 등이 복차장에 속한다. 지금까지 일본식에 따라 2차장이라는 용어를 사용하였으나 장사를 지내는 차수와 관련되기 때문에 복차장이라는 용어가 합당하다.

봉안奉安　　일상적인 용어로는 받들어 모신다는 뜻이다. 그러나 화장 후에 남은 골분을 처리하는 절차일 때는 봉안당奉安堂이나 봉안묘奉安墓 등의 봉안시설에 안치하는 일을 말한다. 화장 후에 골분을 산골散骨하지 않고 모시는 일을 말한다.

부고訃告　　고인의 운명을 알리는 통지를 말한다. 부음訃音, 고부告訃, 부문訃聞,

통부通訃, 흉보凶報라고도 한다. 부고를 보내는 시기는 초종의初終儀이며, 운명을 확인하고 초혼을 행하고, 입상주立喪主를 한 후에 보낸다. 부고의 서식은 "○○친속 ○○○이 ○월 ○일 병을 얻어 불행하게 ○월 ○에 세상을 떠났기에 특별히 사람을 보내어 부고합니다. 년 월 일 호상 ○○○ 올림"이라고 쓴다. 봉투에는 "○○위位 좌전座前"이라고 쓴다[某親某公 以宿患不幸於今月某日某時別世 專人(爲書)訃告]. 다음에 연호年號와 보내는 날짜, 호상 이름, 받는 자의 이름을 쓴다.

요즘에는 호상 아래에 유족의 이름을 모두 나열한다. 부고를 보내는 사람은 호상護喪으로 상례의 모든 문서를 관리하는 사서司書가 상가를 대신해 친지와 친척에게 부고를 써서 보낸다. 호상이나 사서가 없을 경우에는 상주喪主 스스로 친척에게 부고를 보내지만, 친구들에게는 보내지 않는다. 요즘에는 신문의 광고란을 이용하여 부고를 내는 경우가 많은데, 회사나 단체의 홍보기능을 겸하고 있다.

부의賻儀 조객이 상례에 도움이 되도록 상가에 보내는 물품이나 금전을 말한다. 이를 부조扶助라고 한다.

부조扶助 이웃에 일이 있을 때 서로 물자나 인력으로 서로 돕는 일을 말한다. 의례와 관련해서는 잔칫집이나 상가喪家 따위에 돈이나 물건을 보내어 도와주는 일을 말한다.

부제祔祭 유교식 상례에서 고인의 신주를 사당에 모신 조상 곁에 함께 모시겠다고 고하는 절차이다. 즉, 고인의 신주를 조상의 사당에 함께 모시도록 협사祫祀하는 절차이다. 부제를 지내는 시기는 졸곡 다음날이다. 때문에 졸곡 제사를 물린 다음에 바로 그릇을 늘어놓고 제물 준비를 한다.

부제를 지낼 때 고하는 대상은 고인의 조고비위祖考妣位이다. 이는 시조始祖를 남향으로 모시고 이를 중심으로 동서에 고조위高祖位와 증조위曾祖位, 그 아래에 조위祖位와 고위考位를 서로 마주보며 차례로 모시는 소목계서昭穆繼序를 할 때 나온 전통이다. 4대봉사의 원칙에 따라 5대조가 되는 신주를 4대조 관계가 있는 최장방最長房에게 제사를 모셔가게 하는 체천遞遷하게 되면 비어 있는 자리는 항상 고인의 고위考位가 된다. 따라서 그 바로 윗대에 해당하는 고인의 조위祖位에 고하게 되는데, 상주 입장에서 보면 증조위曾祖位가

된다.

부제를 행하는 것은 함께 모신다는 의미의 합사로 다른 선조의 신주와 함께 사당에 모시는 것을 의미한다. 사당은 4대의 신주를 모시게 되어 있다. 따라서 부제는 할아버지에게 다른 감실로 옮겨가야 한다는 것을 고하는 동시에 고인의 새 신주가 사당에 들어가게 되었다는 것을 아뢰는 것이다. 아버지는 할아버지에게, 어머니는 할머니에게 고한다. 아버지를 협사할 경우에는 조고祖考와 조비祖妣를 모두 모시는데, 어머니를 협사할 경우에는 조비만 모신다. 만약 조고비위가 모두 살아계시면 한 대를 건너뛰어서 고조위에 부제한다.

만약 상주가 종자宗子(그 집안의 대를 잇는 사람)가 아닌 경우에는 고인의 할아버지를 계승하는 종자가 제사를 주관하는 주인이 된다. 즉, 고인의 맏아들이 종자가 아닐 경우 제사를 주관하지 못하고, 종자인 종형제 이상의 친척이 제사를 주관하게 되는 것이다.

분골分骨　뼈를 나눈다는 뜻이며, 일본의 전통 상례에서 쓰이는 말이다. 한 사람의 시신을 화장하고 형제자매들, 관련 있는 사람들이 고인의 뼈를 나누어 가지고 가서 별도의 묘를 만들어 모시고 공양하는 일을 말한다. 우리나라에는 그러한 예가 없다.

빈殯　장사를 치를 때까지 영구를 임시로 모시는 일을 말한다. 이를 외빈外殯, 도빈塗殯, 내빈內殯, 토롱土壟, 사롱沙壟, 토감土坎 등 지역과 가문에 따라 이름을 달리한다. 외빈을 하는 이유는 장기葬期가 긴 경우 방안에 영구를 오래 둘 수 없기 때문이다. 사랑채 밖이나 곁채 밖, 혹은 헛간에 깊이 2자, 폭 3~4자, 길이 7~8자로 구덩이를 판 후 바닥과 네 벽을 벽돌로 깔고 쌓는다. 틈새는 석회로 발라 흙이 들어오지 않게 한다. 그리고 자리와 굄목을 놓고 영구를 안치하는데, 이때 영구에 구의를 씌우고, 홑이불을 덮는다. 기둥을 세워 긴 장대를 걸고, 가로로 짧은 막대기를 걸어 움막의 지붕처럼 만들어 이엉을 얹고 모래나 흙으로 덮는다.

빈소殯所　발인하기 전까지 고인의 시신을 임시로 매장한 빈殯이 있는 곳을 말한다. 그래서 발인 날 아침이 되면 파빈破殯이라고 하여 빈을 여는 의례를 행한다. 안동 지역에서는 고인의 혼백을 모신 영좌를 빈소라고 한다.

빈장殯葬　　　　　본장을 하기 전에 입관한 시신을 임시로 가매장을 하였다가 일정 시
　　　　　　　　　간이 지나서 본장을 하는 복차장復次葬의 장법을 말한다. 기록에 의하
면 우리나라 최초의 빈장형태는 동옥저東沃沮에서 나타난다. 즉, 장사를 지낼 때에는 큰
나무 곽을 만드는데, 길이가 10여 장이나 되며 한 쪽 머리를 열어 문으로 삼는다. 사람
이 죽으면 모두 가매장을 하는데, 겨우 모습을 덮을 만큼만 묻었다가 피륙이 모두 썩으
면 뼈를 추려서 하나의 곽 안에 모두 안치한다. 생시의 생김새대로 나무를 깎아 고인의
숫자대로 세워둔다. 또 질솥에 쌀을 넣고 곽의 문 근처에 매달아 두어 고인의 식량으로
삼는다는 것이다. 고구려에서도 고인을 옥내에 빈하였다가 3년이 지나면 좋은 날을 잡아
서 장사지냈다고 하여 빈장이 있었음을 알게 한다.

또한 천자는 7일이 지나 빈하고 7개월이 지나 장사하며, 제후는 5일이 지나 빈하고 5개
월이 지나 장사하며, 대부 사서인은 3일이 지나서 빈하고, 3개월이 지나서 장사 지낸다
는 『예기』의 규정에서 보듯 빈은 가매장이라고 할 수 있다. 따라서 빈장은 탈육을 하려
는 목적보다는 일정 기간의 추모기간 동안 시신을 온전하게 보전하기 위하여 임시로 매
장하거나 안치하였다가 본장을 하는 장법이라고 할 수 있다. 일본에서는 이를 모가리죠
殯葬라고 하다.

사례편람四禮便覽　　　조선 후기 문신인 도암陶庵 이재李縡(1680~1746)가 편찬한 예서禮書이
　　　　　　　　　　　다. 1844년 증손 광정光正이 8권 4책의 목판본으로 간행하였다. 범례
와 조인영趙寅永(1782~1850)의 발문에 따르면 당시의 예서들은 그 상세함과 소략함이 고
르지 못해서 사대부들이 이용하기에 불편한 점이 많아 이러한 단점을 바로잡기 위해 편
찬한 것이라 한다.

저자는 범례에서 당시 사대부들이 신봉하고 있던 『가례』나 김장생金長生(1548~1631)이 편
술한 『상례비요喪禮備要』의 경우도 절목節目 등이 완전히 갖추어져 있지 않아 이용에 불
편한 점이 있다고 지적하였다. 그래서 주자의 본문을 위주로 삼아 고례古禮를 참고하고,
그 밖의 여러 학설을 토대로 소략한 부분을 보충하였다고 한다. 책 전체 중에서 권3~8이
상례로 구성되어 있어 상례의 비중이 그만큼 컸음을 알 수 있다.

사십구재四十九齋　　　사람이 운명한 지 49일째에 좋은 곳에서 태어나길 기원하며 올리는

불공의례를 말한다. 운명 후 매 7일마다 올리는 재를 7차례 반복한 후 마무리되기 때문에 칠칠재七七齋라고도 한다. 『구사론俱舍論』에 의하면 인간의 존재 양상은 사유四有로 구분되는데 생명이 결성되는 찰나를 생유生有, 이로부터 임종 직전까지를 본유本有, 임종하는 찰나를 사유死有, 이로부터 다시 생명이 결성되는 생유 이전까지를 중유中有라 한다. 따라서 인간은 운명하면 중음中陰이라고도 불리는 중유의 상태가 얼마간 지속된다.

『구사론』과 『유가사지론瑜伽師地論』 등은 중유를 설명하면서, 만일 출생의 조건을 만나지 못하면 다시 수차례 죽고 태어나는 식으로 7일을 여러 번 경과하는데, 그 최대기간은 49일이라 한다. 즉, 사람은 죽어서 7일마다 생사를 반복하다가 마지막 49일째는 반드시 출생의 조건을 얻어 다음에 올 삶의 형태가 결정된다는 것이다. 불교에서 사십구재가 사자의 명복을 비는 의식으로 정착되고 중시된 것은 이런 관념에서 연유한다.

사십구재는 사자의 중유 상태, 즉 중음신中陰身이 좋은 세계로 재생하도록 최종적으로 결정되길 기원하는 불공이며, 이 날에 이르기까지는 좋은 결정이 이루어지도록 7일마다 경을 읽고 재를 올린다. 사십구재는 상주권공재常住勸供齋와 각배재各拜齋·영산재靈山齋 등으로 나뉘는데, 이 중 상주권공재가 가장 기본적인 의례이며, 여기에 명부시왕에 대한 의례를 더한 것이 각배재이고, 번화신앙을 가미한 것이 영산재이다. 요즘은 종교를 막론하고 49일을 탈상의 기준으로 삼기도 한다.

사자밥使者飯　　　고인의 혼을 저승으로 데려가는 저승사자를 대접하는 음식상을 말한다. 지역에 따라 차이는 있지만, 복을 한 후에 소반이나 키箕에 밥 3접시, 동전 3닢, 집신 3켤레를 담아 대문간에 내놓는다. 사잣밥에 대한 규정은 어느 예서에서도 보이지 않는다. 그러나 우리나라에서는 예로부터 사잣밥의 관행이 있어왔다.

사잣밥을 차리는 것에 대해서는 크게 두 종류의 의견으로 분리되는데, 하나는 고인의 혼을 저승으로 데려가는 저승사자를 잘 대접함으로써 저승사자가 고인의 혼을 편안히 모시고 갈 것이라는 바람에서 하는 것이다. 다른 하나는 사잣밥을 차리지 않는 경우로서, 사람이 죽은 것도 억울한데 왜 저승사자를 대접하느냐는 인식이다. 전자는 주로 서민층에서 많이 나타나는 현상인 반면, 후자는 지체가 있고, 또 유교적 전통이 이어져 오는 집안에서 나타나는 현상으로 예서에 충실하게 의례를 수행하려는 의도로 보인다. 사잣밥은 짜게 만드는 것이 특징인데, 이는 저승사자가 갈증을 느껴 물을 마시기 위해 쉴 때 고인의 영혼도 함께 쉴 수 있다는 관념에서 나온 것이다.

삭망전朔望奠 성복을 한 후부터 초하루와 보름이 되면 음식을 차리고 별도의 전을 올리는 절차를 말한다. 초하루에 전을 올릴 때는 음식을 성대하게 차려 올리는데 이를 은전殷奠이라고 한다. 보름에는 초하루에 올리는 전보다는 간단하게 올린다. 절차는 조석전과 같다. 삭망전을 올릴 때 강신降神과 참신參神을 하지 않는 것은 산 사람을 섬기듯이 생전에 평소 모시던 의리를 나타낸 것이기 때문이라고 한다.

산골散骨 화장한 유골을 자연에 뿌려 추모의 표지를 만들지 않는 화장 후 처리법이다. 이는 화장이라는 장법이 한 번으로 끝나는 것이 아니라 화장한 유골을 수습하여 2단계로 처리해야 하는 복차장법復次葬法이기 때문에 나타난 현상이다. 요즘에는 산골한 장소를 표시하는 것이 관례로 되어 있다. 일본에서는 산골을 산고쓰撒骨라고 한다.

삼년상三年喪 유교식 상례에서 3년에 걸쳐 고인의 상례를 치르는 일을 말한다. 유교식 상례의 의례체계가 27~28개월에 걸쳐 19개의 대절차大節次(의미상의 구분을 뜻함)를 치르는데, 마지막으로 길제吉祭를 지내면서 상례를 마무리하기 때문에 삼년상이라는 말이 생기게 되었다.

삽翣 장사 때 고인의 영혼을 좋은 곳으로 인도해 달라는 염원을 담아 상여의 앞뒤에 들고 가는 부채모양의 치장제구治葬諸具이다. 삽은 부채모양으로 생겼기 때문에 삽선翣扇이라고도 한다. 삽은 기본적으로 3종류가 있다. 불삽黻翣은 몸 기자 2개를 등을 대고 서로 붙여 만든 불삽이 있는데 모양이 버금아亞자처럼 보인다고 하여 아삽亞翣이라고도 한다. 운삽雲翣은 구름 문양을 그린 삽이다. 보삽黼翣은 도끼모양을 그린 것이다.

그러나 『가례원류家禮源流』에 의하면 운삽을 2종류로 하여 총 4종류로 구분하고 있다. 주로 사용되는 삽이 운삽과 불삽이기 때문에 운불삽, 혹은 운아삽으로 통칭하기도 한다. 시신을 매장 할 때는 관棺과 곽槨 사이에 끼워 함께 매장한다. 삽을 넣을 때는 불삽을 위쪽에 넣고, 운삽을 아래쪽에 넣는데, 운삽만 쓰는 경우에는 가운데에 놓는다.

삽선翣扇 〈삽翣 참조〉

상기喪期　　　　상례를 치르는 기간을 이르는 말이다. 유교식 상례의 경우 3년이라고 하는데, 27~28개월이 소요된다. 즉, 운명 후 탈상을 할 때까지의 기간을 상기라고 한다. 이러한 상기는 집안의 사정에 따라, 신주의 유무에 따라 다양하였으나 얼마 전까지도 백일탈상이 많았다. 요즘에는 불교의 영향을 받아 49일 탈상을 하는 경우도 많고, 또한 「건전가정의례준칙」에 따라 3일을 기본으로 하기도 한다.

상례喪禮　　　　인간의 일생에 있어 마지막으로 거치는 의례로서 시신을 처리하고, 상중의 제사 등을 포함하는 전체 의례를 말한다. 『가례家禮』나 『사례편람四禮便覽』 등의 전통적인 예서에는 모두 상례라고 표현하고 있다. 요즘 일반적으로 사용되고 있는 '장례葬禮' 혹은 '상장례喪葬禮'라는 용어는 상례와 중복될 뿐만 아니라 의미가 애매하다. 장례는 영문의 Funeral을 번역한 용어이고, 상례의 전 과정 속에서 시신을 처리하는 일인 장사葬事를 의례儀禮 혹은 례禮라는 의미로 표현하였기 때문에 용어로서의 독립성이 결여되어 있다. 상장례라는 용어는 상례와 장례를 합친 용어처럼 보이지만 시신을 처리하는 일인 장사는 상례에 포함되기 때문에 이를 분리하여 복합시키는 것은 논리상 문제가 있다.

상복喪服　　　　상주들이 상중의 기간 중에 입는 옷을 말한다. 남자의 것과 여자의 것이 구별된다. 남자의 상복은 최의衰衣·최상衰裳·중의中衣·상관喪冠·수질首絰·요질腰絰·효대絞帶·상장喪杖·구리·행전行纏으로 구성된다. 여자의 상복은 대수장군大袖長裙·개두蓋頭·포총布總·계笄·수질首絰·요질腰絰·효대絞帶·상장喪杖·구리로 구성된다. 전통 상복에는 상복 윗옷의 앞에는 최衰가 있고, 뒤에는 부판負板이 있으며, 좌우에는 벽령辟領이 있는데, 효자의 슬픈 마음이 없는 곳이 없다는 뜻이라고 한다. 속설에 의하면 최는 눈물받이로 심장의 슬픔을 나타내고, 벽령은 슬픔을 어깨에 메고 다니는 의미이고, 부판은 슬픔을 등에 지고 다닌다는 뜻이 있다고 한다.
요즘에는 상복을 개량 한복과 양복으로 입거나 삼베로 만든 상장을 달도록 하는 정도이다. 색깔 역시 남자들의 양복은 검은 색 계통, 여성은 양장일 경우 검은색이지만, 한복의 경우 검은색과 흰색을 혼용하고 있다.

상여喪轝　　　　고인의 시신을 장지까지 운반하는 가마이다. 예서에 의하면 대여大轝

를 상여로 보고 있다. 상여라는 단어가 처음 사용된 것은 『사례편람四禮便覽』으로 '상여 도喪輿圖'라는 도판을 설명하면서부터이다. 이 그림을 보면 방상 위에 덮개를 의미하는 죽격竹格을 덮은 형태를 하고 있어 시신을 운반하는 가마를 상여라고 하였음을 알 수 있다. 그리고 그 아래에 '속제소여도俗制小轝圖'라고 하여 유물로 많이 남아있는 형태의 상여를 그리고 있다.

이처럼 상여는 우리나라에서만 쓰이는 용어로서 시신을 운반하는 가마 혹은 수레를 일컫는다. 『국조오례의國朝五禮儀』와 『세종실록世宗實錄』「오례의五禮儀」에 기록된 대여는 『가례家禮』나 『사례편람四禮便覽』의 대여와는 전혀 다르고, 오히려 유거柳車와 그 모양이 유사하다. 『국조오례의』에서는 대여의 구조는 물론 장강과 단강의 길이, 놓는 방법 등을 상세하게 기록하고 있다. 그리고 도성문 등 좁은 곳을 지날 때는 접었다가 나가서는 다시 펼 수 있는 단강을 만드는 방법 등 제작기법 치밀하게 기록되어 있다. 그리고 대여의 각 구조물 색깔까지 지정하여 설계도를 방불케 하고 있다. 이 뿐만 아니라 대여 구조물의 색깔 및 용두를 부착하는 법과 유소를 드리우는 방법 등을 설명하고 있다.

상제喪制 상주喪主의 기호지역 사투리 표현이다. 『가례家禮』, 『사례편람四禮便覽』 등 대부분의 예서에는 상제라는 표현은 없고, 상주만 있다. 상제라는 말이 최초로 등장한 시기는 아마도 1961년에 발간된 『혼상제례요람婚喪祭禮要鑑』(朴昌奎 編, 大造社, 1961, 48쪽)으로 그 이후에 「가정의례준칙」[대통령고시 제15호 1969.3.15]에서 사용됨으로서 법령에서 보편화 된 것으로 보인다. 여기서는 맏아들을 '주상主喪'으로 표현하고 그 외의 복인들을 '상제'라고 하여 구분하여 사용하고 있으나 의미상 구분이 불필요하고, 전통적으로 맏상주, 둘째상주 등으로 불렀다.

상주喪主 고인의 직계 비속을 말한다. 아들의 경우 맏상주, 둘째상주 등으로 구분하고 있다. 항간에 맏아들인 맏상주를 주상主喪이라고 하고, 나머지를 상제라고 하였으나 근거가 없거나 일본식 표현일 가능성이 높다(☞상제). 전통적으로는 주상이라는 용어를 사용한 적이 없고, 형식상 맏상주와 둘째상주 등으로 구분하고 있다. 물론 맏상주는 집안의 장손으로서 상중제사에서 주인의 역할을 해야 하기 때문에 매우 중요한 역할을 한다.

상청喪廳 고인의 혼백을 모시고 삼년상을 치르는 동안 아침저녁으로 상식上食과 전奠을 올리는 공간을 말한다. 상청은 휘장을 쳐서 가리고, 앞쪽은 의례를 행할 때 여닫을 수 있도록 한다. 상청에는 매장을 하기 전까지는 혼백을 모시고, 매장 후에는 신주를 모신다. 그리고 그 앞에는 제상을 마련하고 항상 주과포를 차려둔다. 혼백이나 신주는 혼보魂褓로 덮어두고, 문상객이 오거나 전을 올리고, 제사를 지낼 때는 이를 벗긴다. 제상의 아래에는 향탁을 두고, 그 옆으로 고인의 신발과 빗 등 생시 사용하던 물건을 둔다. 상청은 지역에 따라 궤연几筵, 빈소殯所, 영좌靈座 등으로도 불린다. 이곳에서 삼우제와 졸곡제, 부제, 소상, 대상 등의 제사와 함께 삼년 동안 상식과 삭망전 등의 의례를 행한다.

석곽石槨 매장을 할 때 널을 넣기 위해 따로 짜 맞춘 매장시설의 하나이다. 이를 덧널이라고 하는데, 나무로 만들면 나무덧널 혹은 목곽, 돌로 만들면 석곽 혹은 돌 덧널이라고 한다. 고대의 매장시설은 시신을 직접 넣는 관棺인 널, 이를 안치할 수 있는 보호시설로서의 곽인 덧널, 곽의 외부시설로서의 묘실墓室이 있다. 관은 시신을 직접 넣는 상자로서 이동이 가능한데 비해 덧널은 고정된 시설이다.
덧널의 형상은 민족·시대·지역에 따라 다르다. 중국에는 목곽·석곽·전곽磚槨 외에 패곽貝槨이 있고, 일본에는 점토곽粘土槨·요곽窯槨·역곽礫槨 등이 있다. 한반도에서 덧널이 매장주체시설의 일부로서 나타나는 것은 청동기시대의 무덤에서부터 비롯되는데, 재료에 의해 목곽·석곽·전곽·역곽 등으로 구분할 수 있다.

설빙設氷 시신의 부패 방지를 위해 시상屍牀 아래에 얼음을 놓아두는 일을 말한다. 먼저 얼음을 그릇에 담아 놓고 그 위에 침상을 놓는다. 침상의 자리를 치우고 대나무 발을 한 겹으로 깔고 시신을 옮겨 놓아 얼음의 차가운 기운을 통하게 한다. 『가례家禮』에는 규정이 없으나 『상례비요喪禮備要』에서 나타난다. 원래는 시신을 씻긴 후에 하는 것으로 되어 있지만, 얼음을 구하는 즉시 사용하도록 하고 있다. 얼음을 사용하는 것은 부패를 방지하여 시신의 온전한 보존을 위한 것이다.

설전設奠 전奠을 차리는 일을 말한다. 고인의 영혼은 음식에 의지하기 때문에 초혼을 한 후부터 바로 전을 설치하는데, 이를 시사전始死奠이라고 한다. 이후 항상 영좌 앞에는 전을 차려놓는데, 영혼이 의지할 수 있도록 하기 위한 것이다.

설치철족楔齒綴足　치아에 쐐기를 끼우고 발을 묶는다는 뜻이다. 이는 시신屍身의 최초 처리 형태의 하나로, 시신을 가지런히 하기 위하여 간단하게 묶어 놓는 절차를 말한다. 민간에서는 이를 수시收屍라고 한다. 먼저 시신을 임시로 안치하는 시상屍牀을 마련한 후 자리와 베개를 놓고 시신을 그 위로 옮기는데, 머리를 남쪽으로 한다. 입에 쐐기를 물리는 것은 운명 후 입이 다물어지면 습襲을 하고 난 후에 행하는 반함飯含을 할 수 없기 때문이다. 다리와 팔을 가지런히 하여 묶어 놓는 것은 사지가 흐트러지지 않게 하여 가지런히 하고, 입관入棺에 지장이 없게 하기 위함이다. 통상은 솜으로 코를 막고, 시신의 엄지손가락과 엄지발가락을 묶고 이를 다시 연결해 놓는 정도로 한다. 이때에는 한지를 말아서 꼰 끈을 사용한다.

성복成服　고인과의 친인척親姻戚 관계의 멀고 가까움에 따라 오복제도五服制度에 맞추어 상주들이 상복을 입는 것을 말한다. 대렴 다음날인 4일째에 성복을 하여야 비로소 자식들이 상주가 되고 완전히 상중의 기간으로 들어가게 된다. 이처럼 4일째에 성복하는 것은 사람의 자식으로서 차마 바로 돌아가셨다고 하지 못하기 때문에 3일을 기다렸다가 하는 것이라고 한다. 즉, 3일이 지나면 소생蘇生의 희망이 없기 때문에 성복하여 상중으로 들어간다는 것이다.

소렴小斂　운명 후 이틀째(운명 다음날)에 하는 일로서 시신을 베로 싸서 묶어 관에 넣을 수 있도록 준비하는 절차를 말한다. 먼저 소렴 준비를 하는데, 소렴에 사용되는 옷과 이불, 효絞 등을 늘어놓는 것으로 이를 진소렴의금陳小斂衣衾이라고 한다. 집사자가 소렴에 필요한 기구와 이불을 준비하여 당堂의 동쪽 벽 아래 탁자 위에 늘어놓는다. 옷은 깃을 남쪽으로 하여 서쪽을 상上으로 하여 접는다. 소렴에 필요한 물품은 고인이 입던 옷과 시신을 묶는 베인 효, 시신을 덮는 이불인 금衾이다. 옷이 많으면 모두 사용할 필요는 없다.

효는 시신을 싸서 묶는 염포斂布이다. 염포는 가로(가로매)가 셋이고 세로(세로매)가 하나인데, 양끝을 3가닥으로 잘라서 묶기 좋게 한다. 가로는 몸을 돌릴 만큼, 세로는 머리와 발을 감싸 중간에 묶을 만큼의 길이로 준비한다. 이불은 홑이불이 아니라 겹이불을 쓴다. 준비가 되면 집사자는 손을 씻고 시신을 들어 소렴상 위에 놓는다. 먼저 베개를 치우고 비단 겹옷을 말아 머리를 괸다. 이후 양끝을 말아 올려 두 어깨의 빈곳을 채운다. 채운 다음 또 옷을 말아서 두 다리의 빈곳을 채우고 남은 옷으로 시신을 덮는다. 옷섶은 좌임左袵(왼쪽으로 여밈)으로 하여 가지런히 한 후 이불로 싼다. 이때 발, 머리, 왼쪽, 오른쪽 순서로 싼다. 염포로 싸서 묶을 때는 먼저 세로매를 묶고, 다음에 가로매를 묶는데, 매듭을 짓지 않고 말아 돌려서 끼워둔다. 염을 마치고 홑이불을 덮어놓는다.

소목昭穆 사당祠堂에 신주神主를 모시는 위치와 차례를 말하는 것으로 왼쪽(동쪽) 줄의 소昭, 오른쪽(서쪽) 줄의 목穆을 통틀어 일컫는 말이다. 천자天子는 태조太祖를 중앙에 모시고, 2·4·6세는 소라 하여 왼편에, 3·5·7세는 목이라 하여 오른편에 모셔 3삼소·3목의 7묘가 되고, 제후諸侯는 2소·2목의 5묘가 되며, 대부大夫는 1소·1목의 3묘가 된다. 그러나 우리나라에서는 서쪽을 상위로 하여 동쪽으로 대 수대로 4대의 신주를 늘어 세워 모시는 열향列享을 한다.

소상小祥 고인의 운명 후 기년朞年을 맞아 고인을 추모하고, 상주의 슬픔을 가볍게 하는 제사이다. 윤달을 계산하지 않고 고인이 운명한 날로부터 만 13개월째 되는 날이다. 옛날에는 날을 점쳐서 소상을 지냈지만 언제부터인가 1주년이 되는 그 날에 지낸다. 아버지가 살아 계시고 어머니 상을 당한 기년복상朞年服喪인 경우에는 11개월째에 소상을, 13개월째에 대상을 그리고 15개월째에 담제를 지내도록 규정하고 있다. 소상제를 지내기 전에 상주들은 역복易服을 하는데, 남자 상주는 수질을 벗고, 최의衰衣에 부착된 최와 벽령, 부판을 제거한다. 여성은 요질을 제거한다. 소상을 지낸 후부터 아침저녁으로 하는 조석곡朝夕哭을 그친다. 그러나 아직 복을 벗지 않은 사람이 있으므로 이들은 초하루와 보름에 삭망곡朔望哭은 하며, 상식 때에도 곡을 해야 한다. 소상이 되면 비로소 과일과 채소 등을 먹을 수 있다.

수목장樹木葬 수목장이란 시신을 화장한 뒤 유골의 골분骨粉을 나무 아래에 묻는 자연 친화적 장법이다. 인구증가에 따라 나타나는 묘지 부족 문제를 해결하고 국토를 효율적으로 활용하기 위하여 등장하였다. 「장사 등에 관한 법률」 제2조 용어정의에서 수목장을 포함한 다양한 장법을 자연장自然葬이라 칭하고, '화장한 유골의 골분骨粉을 수목·화초·잔디 등의 밑이나 주변에 묻어 장사하는 것'이라고 정의하고 있다. 즉 자연장은 2008년 6월 법적으로 인정된 장법 중의 하나이다.

수시收屍　　　　☞〈설치철족楔齒綴足〉

순사殉死　　　　어떤 죽음을 뒤따라 다른 사람이 스스로 목숨을 끊거나, 강제로 죽여서 주된 시신과 함께 묻는 장례이다. 다른 말로 순장殉葬이라고도 한다. 통치자 등 신분이 높은 사람이나, 남편이 죽었을 때 신하나 아내가 뒤를 따라 함께 죽는 습속은 세계적으로 분포한다. 순사는 신분 계층이 있는 사회, 뚜렷하게 가부장제적家父長制的인 사회, 특히 초기 고대문명과 그 영향권에 있는 사회에서 성행하였다.

순장殉葬　　　　☞〈순사殉死〉

습襲　　　　운명한 날에 시신을 깨끗이 씻기고, 새로운 옷인 수의를 입히며, 반함飯含을 하는 절차로 시신을 깨끗이 정화하는 의례이다. 습은 시신을 목욕시키는 일과 수의를 입히는 일을 함께 일컫는다. 습을 하면 반함을 한다. 그리고 혼백을 접고 영좌를 설치한다.

습골拾骨　　　　화장을 한 후 남은 유골을 모으는 일을 말한다.

신종록愼終錄　　　　☞〈고종록考終錄〉

신주神主　　　　고인의 신위神位를 상징하는 나무패로서 조상의 신령을 나타내는 신체이다. 『오경이의五經異義』에 의하면 신주는 신상神像을 뜻한다고 하였고, "상주가 장사를 모시고 나서 그 마음을 의탁할 곳이 없어 우제虞祭 때에 신주를 모신다. 오로지 천자와 제후만이 신주를 모시고 경대부卿大夫는 모시지 않는다."고 하였다. 신주와 함께 신체를 나타내는 용어로는 사판祠版, 위패位牌, 패자牌子, 목주木主, 우주虞主, 연주練主, 지방紙榜, 지표紙標 등이 있다. 그 중에서 신주라고 할 때는 보통 종묘宗廟나 사당祠堂에 모시는 나무로 만든 것으로, 돌아가신 조상신의 신체를 나타내는 유일한 것을 의미한다. 그러므로 사당이나 종묘에 모시는 조상의 신체를 지칭할 때는 '신주'라고 해야 그 올바른 의미를 전달할 수 있다.

나무로 만든 패가 신주로 기능하기 위해서는 제주題主라는 절차를 거친다. 제주란 나무로 만든 신주의 함중陷中과 분면粉面에 신주의 이름을 쓰는 것을 말한다. 이때 함중이란 신주의 몸체 중간을 파낸 곳으로 고인의 이름을 쓰는 곳이다. 분면은 몇 대조의 선조인지를 쓰고, 제사를 지내는 봉사자奉仕者가 누구인지를 쓰는 곳으로, 대수가 바뀔 때마다 고쳐 쓸 수 있도록 면 전체를 흰색 분으로 칠한 부분이다. 신주의 함중에는 『가례』에 의하면 고위考位의 경우 "송고모관모공휘모자모제기신주宋故某官某公諱某字某第幾神主"라 하고, 비위妣位의 경우 "송고모봉모씨휘모자모제기신주宋故某封某氏諱某字某第幾神主"라고 쓴다. 여기서 송宋이라고 쓴 것은 함중의 제일 위쪽에 나라 이름을 쓰도록 되어 규정하고 있는데, 『가례』의 집필 당시의 나라가 송나라였기 때문이다. 그러므로 현재 시점에서는 송 대신에 대한민국이라고 쓰면 된다.

심상삼년心喪三年 상복을 입지 않지만 3년 동안 마음속으로 상복을 입는 상복의 종류이다. 문하생, 제자 등이 심상삼년을 한다.

십이지신상 十二支神像 십이지를 상징하는 수면인신상獸面人身像을 말한다. 즉, 십이지 동물의 얼굴을 하고 몸체는 사람의 형상을 하고 있는 12가지 동물의 형상을 말한다. 십이지는 중국의 은대殷代에서 비롯되었으나, 이를 방위方位나 시간에 대응시킨 것은 대체로 한대漢代 중기의 일로 추정된다. 다시 이것을 쥐[子]·소[丑]·범[寅]·토끼[卯]·용[辰]·뱀[巳]·말[午]·양[未]·원숭이[申]·닭[酉]·개[戌]·돼지[亥] 등 열두 동물과 대응시킨 것은 훨씬 후대의 일로, 불교사상에 영향을 받은 것으로 보인다.

한국에서는 무덤을 보호하는 호석護石에 십이지신상을 조각한 경주慶州 괘릉掛陵이나 김유신묘金庾信墓가 최초로 보인다. 고려시대가 되면 입상立像과 좌상坐像이 동시에 나타난다. 신라의 예처럼 면석面石에만 조각한 것과 반대로 안에 끼운 널판돌에 새기기도 했으며, 음각陰刻한 것도 간혹 나타난다.

엠바밍 Embalming 시신을 장례 기간 혹은 일정 시간 부패하지 않도록 보호하기 위하여 화학약품을 이용하여 인공적으로 시신의 내외부를 위생적으로 소독하고 임시적으로 보존하는 것이다. 방부처리 혹은 위생처리, 시신보존위생 등으로 번역하여 사용되고 있다. 영어 'embalming'은 원래 '향유를 바르다'라는 뜻에서 유래되었는데, 이는 부패를 최소화하기 위해서 향료와 향내 나는 연고를 쓰는 방법이 매우 보편적이었기 때문에 나타난 현상이다.

오늘날 장례서비스에서 엠바밍을 하는 이유는 시신으로부터 발생될 수 있는 보건위생상의 위해를 방지하기 위함이다. 이것이 범위가 확대되어 시신의 위생적 소독은 물론 각종 사고로 생긴 훼손을 복원하고, 미용적으로 화장化粧을 하는 것 역시 엠바밍의 영역에 포함시키고 있다. 이를 뷰잉Viewing이라고 한다. 현재 우리나라에서는 외국인의 죽음, 특수한 경우에 엠바밍을 하고 있다.

역복불식易服不食　　초상이 나면 상주들이 검소하게 옷을 바꾸어 입고 음식을 먹지 않는다는 뜻이다. 이는 부모가 돌아가셨기 때문에 고인의 아내나 아들, 며느리들이 관冠과 겉옷을 벗고 머리를 푸는 절차이다. 즉 화려한 옷과 장식을 풀고, 검소한 차림을 하게 하는 절차이다. 이때부터 삼년복을 입는 상주는 3일 동안 금식한다. 기년과 9월복의 복인은 세끼를 먹지 않고, 5개월복과 3개월복은 2끼를 먹지 않는다. 만약 친구의 염斂에 참석하였다면 1끼를 먹지 않는다. 친척이나 이웃에서 죽을 쑤어 와서 권하면 조금 먹어도 무방하다. 성복을 한 후부터 죽을 시작으로 음식을 먹는다.

연도煉禱　　천주교(가톨릭)에서 연옥煉獄에 있는 영혼을 위한 기도祈禱라는 뜻으로 사용된다. 연도는 고인과 남아 있는 사람들을 연결시켜 주고 성인들의 통공으로 같은 생명을 누리고 있다는 신앙고백이다. 또한 한국에서는 천주교 의식을 따르면서도 조상에 대한 효와 환난상휼患難相恤을 표현할 수 있는 가장 적절한 방법이었기 때문에 발달되었다. 예로부터 초상이 난 것을 '연도났다'라 하였고, 초상집에 문상을 가자고 할 때도 연도가자고 하였다. 그래서 '한국의 상제례 문화는 연도의 문화이다'라고 할 정도였다. 연도는 고인과의 친소親疎에 따라 달랐는데, 교종을 위해서는 1년, 같은 지방의 주교를 위해서는 9개월, 같은 지방의 신부를 위해서는 6개월, 타 지방 신부를 위해서는 3개월, 회장을 위해서는 1개월, 다른 교우를 위해서는 7일이고, 돌아가신 부모를 위해서는 날마다 기도하도록 규정하고 있다.

무엇보다 '연도'는 한국의 가톨릭 장례식에만 존재하는 독창적인 의식이라는 것이다. 즉,

천주교가 우리나라에 토착화한 대표적 사례 가운데 하나라는 것이다. 요약하면, 연도는 성당의 전례분과위원회에 속한 신자들이 '지상의 삶을 마친 영혼이 하느님 품에서 복을 누리게 해달라고 바치는 위령기도慰靈祈禱'이다.

염습歛襲   시신을 처리하기 위해 시신을 다루는 절차로서 습, 소렴, 대렴을 통칭하는 최근의 용어이다. 전통적으로는 예서의 규정을 따를 경우 통상 3일에 걸쳐 이 일들이 진행되는 것으로 되어 있다. 요즘에는 의사의 사망진단이 확인된 후 24시간이 경과하면 장례지도사가 유족이 지켜보는 가운데 염습을 진행한다.

염포歛布   소렴이나 대렴을 할 때 시신을 싸서 묶는 베이다. 이를 효絞라고 한다. 소렴의 염포는 세로로 묶는 것이 하나이고, 가로로 묶는 것이 셋이다. 대렴의 효는 세로로 묶는 것이 셋이고 가로로 묶는 것이 다섯이다. 효는 고은 베를 누어 빤 것으로 만드는데, 양쪽 끝을 세 가닥으로 쪼개 중간의 2/3쯤은 남겨둔다. 효의 치수는 시신의 키와 품에 맞추어 마름질 한다. 가로는 몸을 돌릴 만큼만 하여 묶고 세로는 발을 덮을 만큼 해서 가운데에서 묶는다. 요즘에는 21매 등 염포의 매듭 숫자를 가지고 전통적임을 강조하는 경우가 많다.

영거靈車   ☞〈영여靈轝〉

영결永訣   영원히 이별한다는 의미로, 견전을 지낼 때 축문에 '영결종천永訣終天'이라고 하여 '영결'이라는 용어가 등장하지만 의례로서의 절차는 없다. 즉, 유교식 상례에서는 어디에서도 볼 수 없는 새로운 절차이다. 이는 「가정의례준칙」 등의 영향과 장례식장에서 발인을 하기 전에 공식적 의례 행사로 영결식을 하는데, 견전과도 차이가 있다. '특수한 사정이 없는 한 상가에서 행하여야 한다'는 조건이 있어 견전과는 별도로 영결식을 하는 경우가 많다. 경우에 따라서는 영결식만 하고 견전을 생략하기도 하지만, 영결식을 하고 견전을 지내는 경우도 있다. 영결은 서양 종교의 영향일 가능성도 있지만, 「가정의례준칙」의 영향이 클 것으로 보인다.

영구靈柩   대렴을 하여 시신을 입관한 관棺을 일컫는 말이다. 시신을 입관하지 않은 상태는 관柩이라고 한다.

영악靈幄　　　　　묘지에서 임시로 시신을 모셔놓는 영좌를 설치하는 천막을 말한다. 이곳에서 상주들이 묘지(산소)로 찾아 온 문상객을 맞이하고, 제주題主를 하며, 제주전題主奠을 지내는 곳이다.

영여靈轝　　　　　영혼靈魂을 모시는 가마轝라는 뜻이며, 영거靈車 또는 요여腰轝라고도 한다. 원래 불교의 재齋에 쓰였으나 상례에서 영여는 신주나 혼백을 모시고 장지로 갔다가 돌아올 때 사용하는 것으로 그 크기가 매우 작다. 장지로 갈 때는 고인의 영을 상징하는 혼백을 싣고 상여의 앞에서 가고 돌아올 때는 혼백과 신주를 싣고 온다. 영여를 요여腰轝라고도 하는데 이는 "허리 정도 높이로 멘다."고 하여 붙인 이름이지만 이 말은 영여의 음의 와전을 합리화 한 것으로 보인다. 그래서 『국조오례의國朝五禮儀』에서는 처음부터 요여라는 용어를 사용하고 있다. 영여는 앞뒤로 두 사람이 영여를 드는 체인 대체에 끈을 달아 어깨에 메고 운반한다.

영정影幀
(사진寫眞)　　　　생사를 가리지 않고 그 사람의 얼굴이나 전신을 그린 그림을 말한다. 상례에서는 고인의 얼굴을 그리거나 사진으로 찍어서 액자에 넣어 신주 대신 사용하는 것을 말한다. 전통적으로는 영정이 신주를 가름하는 신체神體로 기능하였기에 제사 때 영정을 모시기도 한다. 경기도 광주의 광주이씨廣州李氏 문중에서는 지방을 모시지만 뒤쪽에 영정을 모신다. 또한 우암尤庵 송시열宋時烈(1607~1689) 종가에서는 지금도 제사를 지낼 때 신주도 모시지만, 영정도 모신다.

영좌靈座　　　　　고인의 혼백魂帛을 임시로 모셔 두는 장소, 혹은 장례葬禮가 끝나고 삼년상을 치르는 동안 신주神主를 모셔 두는 장소를 말한다. 빈소殯所, 궤연几筵, 상청喪廳 등으로도 쓰인다. 이곳에서 삼우제와 졸곡제, 부제, 소상, 대상 등의 제사와 함께 삼년 동안 상식上食과 삭망전朔望奠 등의 의례를 행한다.

영혼靈魂　　　　　보통 쓰이는 뜻으로는 인간의 비물질적인 측면이나 본질을 말한다. 즉, 인간의 육체에 대해 정신적인 측면을 가리킨다. 영혼은 인간에게 개성과 인간성을 부여하며, 때로는 정신이나 자아自我를 지칭하기도 한다. 신학에서는 신성神性을 지니고 있는 개체로 정의하여 육체가 죽은 뒤에도 살아 있는 것으로 간주한다. 대부분의 민족에서는 인간 생명이나 존재의 비물질적인 원칙을 영혼으로 생각했고, 여러 문화에서는 모든 생물들이 영혼을 갖는다고 보아왔다. 선사시대 사람들도 육체에 깃들어 있으면서도 육체와 구별되는 어떤 측면을 믿었다는 증거가 있다. 그러나 여러 종교와 철학은 영혼의 존재를 시인하면서도 그 본질, 육체와의 관계, 기원 등에 대해서 다양한 이론들을 발전시켜왔다.

구체적으로 살펴보면, 죽음과 관련하여서는 인간은 운명하면 영혼과 육체가 분리되는 것으로 생각하여 영육이중구조 靈肉二重構造라는 원리를 만들어내었다. 동양에서는 사람이 죽으면 혼魂과 백魄으로 나뉜다고 생각하여 이 둘을 혼백魂魄이라고 하였다. 그래서 사람이 죽으면 체백인 백은 매장을 하고, 영혼인 혼을 모시고 삼년상을 지낸다. 이 혼은 처음에는 혼백魂帛이라는 형태로 상징화 되고, 묘지에서 제주를 하여 신주神主를 만들면 신주로 상징화되어 삼년상은 물론 4대봉사를 위한 신체로 기능하게 된다. 따라서 혼백은 매장을 할 때까지 고인의 영혼을 상징하고, 매장을 하면 신주가 고인의 영혼을 상징하게 되는 것이다.

예장禮葬　　　국가에서 예를 갖추어 장사지내는 것을 말한다. 국장國葬 다음가는 국가에서 주도하는 장례로 훈친勳親이나 공적이 뛰어난 종1품 이상 문무관 및 공신에게 베풀어주는 장례를 말한다. 고대사회에서도 예장의 형식은 있었지만 왕의 례와 같다고는 하였으나 정확하지 않다. 1405년 처음 예장증시禮葬贈諡에 관한 법을 제정했는데, 종1품 이상은 예장증시하고 정2품은 증시치부贈諡致賻, 종2품은 치부만하고 공신의 장시葬諡는 종래대로 하도록 하였다. 그 후 범위가 확대되어 왕비의 부모, 빈, 귀인, 대군, 왕자군, 왕자군의 부인, 공주, 옹주, 의빈, 종2품 이상의 종친도 예장하게 되었다. 대신의 예장에는 당초 조묘造墓와 예장이라는 2개의 도감都監을 임시로 설치하였으나, 1424년 이후 두 기관을 합쳐 예장도감禮葬都監이라는 상설기관을 두어 예장을 전담하였다.

오복제도五服制度　　5가지 상복제도를 말하는 것으로, 참최삼년斬衰三年(아버지의 상을 위한 옷), 재최삼년齊衰三年(어머니의 상을 위한 옷), 대공구월大功九月, 소공오월小功五月, 시마삼월緦麻三月이 있다. 여기에 관계를 맺게 된 내용과 근거에 따라 각각 그 경중이 다른 4종류의 복이 있는데, 정복正服·가복加服·의복義服·강복降服이 그것이다. 또한 친등관계親等關係에 따라 3년·1년·9월·5월·3월의 상복기간이 정해져 있다. 뿐만 아니라 재최 중에서도 지팡이의 유무에 따라 장기杖朞·부장기不杖朞로 구분된다.

요여腰轝　　　　　☞〈영여靈轝〉

외빈外殯　　　　　☞〈빈殯〉

우제虞祭　　　　　부모의 장사를 지내고 영혼을 모시고 집으로 와서, 영혼을 편안하게
　　　　　　　　　위안하기 위해 지내는 제사를 말한다. 상례 기간 중 처음으로 지내는 제사祭祀로 오례五禮의 흉제凶祭에 속한다. 우虞는 편안하다는 뜻이다. 매장을 마치기 전까지는 조상신이 아니라 고인으로 간주하였기 때문에 전奠으로 모든 의례를 행했으나 우제부터는 고인을 조상신으로 간주하여 제사로 모시게 된다. 관행에서는 이를 반혼제返魂祭라고도 한다.

우제는 고인의 혼령을 평안히 모시기 위해 3번 지낸다. 처음에 지내는 것을 초우제初虞祭라 하는데 장사 당일 지낸다. 반곡하여 집으로 돌아와서, 주인이하 모두가 목욕재계沐浴齋戒를 하고 우제에 임하는데, 이는 우제가 제사이기 때문이다. 초우제는 반드시 장사 당일 지내야 하기 때문에 길이 멀 경우 도중에서 지내기도 한다. 우제는 제사를 지내는 순서는 제사와 거의 동일하나 세부적인 절차에서 길례吉禮로써 제사와 약간의 차이가 있다. 영좌에서 지내기 때문에 신주를 사당에서 모셔오는 출주出主라는 절차가 없다. 그리고 상중의 제사이기 때문에 참신參神을 하지 않고, 입곡을 한다. 축문을 읽을 때 축관이 주인의 오른쪽에서 서향하여 읽는다. 그리고 초우제를 지낸 후부터는 아침저녁으로 올리는 조석전을 올리지 않는다. 그러나 아침저녁으로 행하는 조석곡은 처음과 같이 하고, 슬픔이 복받치면 처음과 같이 곡을 한다.

운불삽雲黻翣　　　☞〈삽선翣扇〉

위령제慰靈祭　　　　고인의 영혼을 달래어 저승으로 천도하고 살아 있는 사람들의 안녕을

빌기 위해 지내는 제사의 하나이다. 전통적으로는 위령제가 없었으나 1934년의 「의례준칙」〈상례〉 14조에 '위안제慰安祭'라는 조항을 두고 '성분 후 묘전에서 이를 행함'이라고 하여 평토제 혹은 성분제를 대신한 것임을 알 수 있다.

이후 1969년 「가정의례준칙」 제36조에 "① 성분이 끝나면 영좌를 분묘 앞에 옮겨 간소한 제수祭需를 진설하고 분향 헌작獻爵 독축讀祝 및 배례한다."고 하여 위령제는 성분제와 동일한 것임을 알 수 있다. 이후 1973년의 「가정의례준칙」에서도 이와 유사한 위령제를 제시하고 있다. 단지 "②화장의 경우에 있어서의 위령제는 화장이 끝난 후 혼령자리를 유골함으로 대신하고 제1항에 준하는 절차로써 행한다."고 하여 화장을 했을 경우의 위령제시기에 대해서 언급하고 있다. 이러한 규정을 검토해 볼 때 위령제란 성분이 끝난 후 행하는 평토제 혹은 성분제, 반혼제의 절차를 통합한 것임을 알 수 있다. 이 위령제는 별도의 축문까지 있을 정도로 중요시되지만, 반곡의 절차를 생략하고, 우제는 지내지 못하도록 하여 간소화라는 이름으로 전통적인 의례를 규제하는 꼴이 되었다.

위패位牌　　　　　☞〈신주神主〉

유골遺骨　　　　시신의 육탈 후 남은 뼈를 말한다. 요즘에는 화장이 성행하면서 화장 후 남은 뼈를 유골이라고 한다.

유기장遺棄葬　　장법의 하나로서 시신을 매장하거나 화장하지 않고 자연에 내버려 두어 방치하는 장법葬法을 말한다. 유기장은 장법의 기원이 되기도 하지만, 시신을 처리하지 않고 방치하는 것이기도 하다. 한국에서는 전통적으로 풍장風葬이라는 유기장이 있었다. 풍장은 일반 서민층과 하층민 사이에, 또는 유행병에 의해 사망하였을 때 이용된 장법으로 야산의 나뭇가지에 시신을 걸어 놓아 금수가 먹게 하는 장법이었다.

유사고有事告　　집안에 일이 있을 때 즉시 사당에 고하는 일을 말한다. 술과 차를 올리고 재배한다. 재배하고 주부가 먼저 내려오고, 주인은 향탁 앞에 북향하여 꿇어앉고, 축관이 주인의 왼쪽에서 북향하여 독축을 한다. 독축을 마치면 재배하고 내려와 자리로 돌아온다.

유월장踰月葬　　장사를 치를 때 고인이 운명한 후 한 달을 넘겨 장사지내는 것을 일컫는 말이다. 즉, 사마온공司馬溫公이 말하기를 "천자는 7월, 제후는 5월, 대부는 3월, 선비는 유월이 지나 장사한다[天子七月諸侯五月大夫三月士踰月而葬]."는 원리에 따른 것이다. 이는 『예기禮記』「왕제王制」편의 규정을 낮춘 것이다. 이때 유월이란 달력상으로 한 달을 넘기는 것이 아니라 반드시 날짜 상으로 30일이 경과되어야 한다고 강조하고 있다.

의례준칙儀禮準則　　1934년 11월 10일 조선총독부가 조선의 생활예절을 개선한다는 취지로 만든 의례규정을 말한다. 그러나 조선의 의례문화를 말살하기 위해 제정 공포한 최초의 의례 규제이다.

당시 우가키가즈시게宇垣一成의 유고諭告에 의하면 총독부의 통치로 다양한 발전이 있어 왔으나, "생활양식 중 각종 의례와 같은 것은 구태가 의연하여 오히려 개선할 여지가 작지 않다. 그 중中에서 혼례와 장례 3가지의 형식관례와 같은 것은 지나치게 번문욕례繁文縟禮하여 …… 엄숙하여야 할 의례도 종종 형식의 말절末節에 구니拘泥되어 그 정신을 몰각沒却하지 아니할까를 우려할 정도에 이르렀다. 지금에 와서 이를 혁정개역革正改易하지 않으면 민중의 소실所失을 예측할 수 없을 뿐만 아니라 지방의 진흥과 국력의 신장을 저해하는 일이 실로 작지 않을 것이다."라고 하여 조국의 근대화를 표명하고 있다.

그러나 이는 허울이다. 구체적으로 상례의 경우 전통적인 상례 절차를 무시하고, 상주, 상복, 습렴, 상기 등 복잡하고 문제의 소지가 있는 부분만 발췌하여 새로이 20항목의 상례절차를 제시하였다. 상례의 제한 내용은 성복의 절차를 생략하고 염습이 끝나면 바로 상복을 입도록 하고 있다. 상복은 굴건제복이 아니라 두루마기에 통두건을 착용하거나 상장을 달도록 제한하고, 양복을 입을 경우에는 완장을 차도록 하고 있다. 시신을 처리하는 기간으로 정한 상기喪期를 5일을 원칙으로 하여 14일까지로 단축하고, 복을 입는 기간인 복기服期는 2개월~2년으로 제한하였다. 그리고 혼백이 아니라 지방을 사용하게 하고, 상례의 절차에서 신주를 만드는 제주에 대한 내용이 없어졌다. 또한 우제 역시 삼우제를 1회의 우제로 단축시켰다. 이러한 단축과 임의적인 절차 간소화는 상례가 가지는 의미와 상징성을 무시함으로서 의례가 갖는 기능을 상실하게 만들었다.

일생의례一生儀禮　　인간이 일생을 거치면서 거쳐야 하는 의례 전체를 말한다. 어떤 사회에 속한 개인이든 일생을 살아가면서 자신의 사회적 지위를 바꾸게 된다. 태어나서 신체가 성장함에 따라 성인이 되고 혼인하여 가족을 이루며, 늙으면 노인으로서 부양을 받다가 죽음에 이르게 된다. 우리나라에서는 전통적으로 한 개인의 사회적 지위변화들을 관혼상제冠婚喪祭라는 하나의 통합된 가정 의례적 질서 속에 수용하여 그 변화가 갖는 의미를 강조하고, 또 그것이 가져다주는 혼란을 최소화하였다.

반면, 서구적 학문체계에 따른 일생의례는 출생을 중요시하고 제례는 거의 없다. 이는 일생의례가 민족에 따라 다르기 때문에 나타난 현상이다. 동양에서는 출생의 경우 의례로 규정하지 않더라도 천륜天倫에 따라 당연히 행해야 하는 것으로 여겼기 때문에 관혼상제에 포함시키지 않았다. 반면 서구에서는 종교의 영향으로 조상을 신으로 추모하지 않기 때문에 제사보다는 출생의례를 중요시 한다. 인류학에서는 프랑스의 인류학자 반제넵Van Gennep이 명명한 '통과의례Rites of passage'라는 용어를 사용하지만 이는 한 개인의 일생의례 뿐만 아니라 영역의 통과나 세시풍속과 같은 연중 시간의 통과 등의 의례를 모두 포함하는 개념이기 때문에 개인의 일생의례를 표현하는 용어로는 부적절하다.
☞〈관혼상제〉

임종臨終   고인의 운명하는 순간을 가족이 지키는 것을 말한다. 상황에 따라서는 운명에 임박한 상황을 임종이라고도 한다.

입관入棺   대렴의 한 절차로서 시신을 네모나게 싸서 관에 넣는 절차를 말한다. 「장사 등에 관한 법률」(2012년 2월 1일 일부개정), 제6조(매장 및 화장의 시기)에 "사망 또는 사산한 때부터 24시간이 지난 후가 아니면 매장 또는 화장을 하지 못한다."고 하여 24시간이 지나지 않으면 시신을 처리하지 못하게 하였다. 이는 소생蘇生의 희망과 인간의 존엄성을 존중하는 것이기 때문에 24시간 이내에 입관할 수 없도록 한 것이다.

입상주立喪主   말 그대로 상주를 세운다는 뜻이지만, 상례를 치르는 데 필요한 업무를 분장하는 절차이다. 입상주는 초종의初終儀의 소절차로 고인의 상례를 좀 더 체계적으로 치르기 위해 상주喪主, 상례相禮, 호상護喪, 사서司書, 사화司貨, 독축讀祝 등의 역할을 분장하는 일을 말한다. 이렇게 업무를 분장하면 이것을 써서 잘 보이는 곳에 게시하는데, 이를 분정기分定記 혹은 파록爬錄이라고 한다.

자연장自然葬　화장한 유골의 골분骨粉을 수목·화초·잔디 등의 밑이나 주변에 묻어 장사하는 것을 말한다. 즉, 화장이라는 장법의 시행 후에 유골을 처리하는 방법이다. 국토의 효율적 이용 등의 영향으로 묘지를 최소화하기 위해 나타난 장법의 하나이다. 초기 단계의 유기장과도 관련이 있다.

장기葬期　고인의 운명 후 장사를 치르는 날짜까지의 기간을 말한다. 『예기禮記』에 의하면 천자는 7월, 제후는 5월, 대부와 선비는 3월로 규정되어 있다. 그러나 사마온공司馬溫公에 의하면 천자는 7월, 제후는 5월, 대부는 3월, 선비는 1개월로 제시하여 다소 짧게 제시하였다. 이 기간 내에 장사 지낼 땅을 잡아야 한다. 이러한 규정에도 불구하고 장기는 집안의 사정에 따라 다양하였다. 요즘에는 「가정의례준칙」의 영향으로 3일장이 기본으로 하고 있지만, 역시 집안의 사정에 따라 장기를 달리하고 있다.

장례葬禮　고인의 시신을 처리하는 장사葬事를 높여 부르는 용어라고 잠정적으로 정의된다. 그러나 『가례家禮』나 『사례편람四禮便覽』 등 모든 예서에서는 장례라는 용어를 사용하지 않고, '상례喪禮'라는 용어가 공식적으로 사용된다. '장례葬禮'는 영문의 Funeral을 번역한 용어이고, 상례의 전 과정 속에서 시신을 처리하는 일[장사葬事]을 의례儀禮 혹은 예禮라는 의미로 사용하였기 때문에 용어로서의 독립성이 결여되어 있다.
'상장례喪葬禮'는 상례와 장례를 합친 용어처럼 보이지만, 시신을 처리하는 일인 장사는 상례에 포함되기 때문에 이를 인위적으로 분리시켰다가 다시 결합시키는 것은 논리상 문제가 있다. 그러나 최근 『연흥부원군부부인광산노씨장례일기延興府院君府夫人光山盧氏葬禮日記』(1636)에 '장례'라는 용어가 사용되는 것으로 조사되어 이에 대한 깊이 있는 연구가 요구된다.

장례식장葬禮式場　장례를 치르는 데 필요한 시설과 장례용품 등 각종 장례서비스를 제공하는 시설이다. 장례식장은 도시화라는 현대사회의 구조적 특성의 하나로 죽음을 대면한 사람들이 인간으로서 존엄성을 유지하며 사회적으로 의미 있는 장례의식과 장례방법을 요구함으로서 나타난 현상이라고 할 수 있다. 장례식장의 등장 예고는 일제 강점기부터 있었다.

1934년의 「의례준칙」에 의하면 공회당이 의례의 장소로 등장한다. 「의례준칙」으로 인해 생사관 및 생활공간관념의 변화와 함께 도시형 혼례와 상례가 본격적으로 등장하게 되는 계기를 마련하게 되어 예식장과 장의사葬儀社가 나타나기 시작하였다고 한다. 이러한 장의사가 곧바로 병원장례식장으로 흡수된 것처럼 이야기하기도 하지만 의문의 여지가 있다. 즉, 병원의 영안실이 장례식장으로 사용되다가 장례식장으로 공식화 되었다는 것이다. 장의사의 탄생은 1950년대로 알려져 있고, 하는 일은 상례에 필요한 장례용품을 판매하고 간단하게 시신처리를 해주는 정도의 소규모 영세사업자가 대부분이었다.

장례일기葬禮日記　상례를 치르면서 그 과정을 기록한 일기를 말한다. 이는 일기라는 명칭을 사용하기도 하지만 '신종록愼終錄', '종천록終天錄', '고종록考終錄'이란 명칭을 사용하기도 한다. 신종록이란 상례를 치르는 과정에서 일어난 일을 낱낱이 적어 상례에서 치러야 할 일이 누락되지 않도록 하기 위해 호상護喪이 기록하는 경우가 많다. 〈고종록 참조〉

장례지도사
葬禮指導士
Funeral
Director
장례식을 주관하고 장례절차 및 각종 용품을 준비하는 등 장례관련 일을 하는 전문인을 말한다. 「장사 등에 관한 법률」 제29조의2에 의하면, "장례지도사란 시체의 위생적 관리와 장사업무에 관한 전문지식과 기술을 가진 사람을 말한다."고 하였다. 이들은 죽음을 처리하는 과정에서 행해지는 일련의 의례인 장례葬禮를 총괄적으로 운영하는 전문인이다. 전통사회에서 염사斂師, 염쟁이라고 하여 꺼리던 직업이었다. 최근까지는 장의사, 상례사 등으로 불렸다. 장례지도사는 예禮로서 의례儀禮를 처리하고 철저한 위생처리, 법률상담, 유족의 상례 상담 등 기능적인 측면뿐만 아니라 심리적 계몽적인 역할까지를 해야 하는 비중 있는 직업군으로 등장하고 있다. 장례지도사가 하는 일은 크게 장례상담, 시신관리, 의례 지도 및 빈소 (영좌) 설치, 각종 장례 행정관리 등으로 나누어 볼 수 있다.

장법葬法　시신을 처리하는 방법을 말한다. 전통적으로 장법은 화장火葬, 수장水葬, 풍장風葬, 매장埋葬의 4가지가 있어왔다. 한국에서는 매장이 주를 이룬 가운데 삼국과 고려시대에는 불교식 화장이 유행했었다. 특별한 경우로 풍장과 수장도 있었다.

장사葬事 시신을 처리하는 일을 말한다. 흔히 이를 장례葬禮라고 한다. 조선시대에는 유교식 상례의 영향으로 매장埋葬하는 일을 장사지내는 것으로 인식하였고, 그것이 장사의 문화적 전통으로 이어졌다.

장의사葬儀社 장례에 필요한 물품을 판매하거나 대여하는 전문 상점을 말한다. 1950년대부터 본격적으로 등장하여 1990년대 장례식장이 일반화되면서 쇠퇴하게 된다. 장의사는 일본에서 들어온 문화이다. 일본에서는 상례를 소기葬儀라 하고, 장례에 필요한 용품 등을 리스하거나 판매하는 곳을 소기샤葬儀社라고 한다.

재齋 불교에서 공양供養을 올릴 때 행하는 종교의례이다. 재의 어원은 범어 우파바사타upavasatha로 이를 번역한 것이 재이다. 어원상 재의 뜻은 승려의 식사를 뜻하나, 나중에 전용되어 승려에게 식사를 공양하는 의식과 그러한 의식을 중심으로 한 법회를 의미하게 되었다. 상례와 관련하여서는 의식법회를 칭하는 용어로 전용되었다. 불교에서 행하는 다양한 재 중에서 죽음과 관련된 재는 천도재遷度齋로서 사십구재四十九齋가 대표적이고, 100일재·소상재·대상재 등이 있다. 49재란 사람이 죽으면 7일마다 명부시왕의 심판을 받는다는 신앙근거에 따라 7일마다 재불공을 올리고, 7·7일, 즉 49일이 되는 날 재공을 올려야만 다음 생을 받을 연緣이 정하여진다고 하여 행하는 재이다. 〈사십구재四十九齋 참조〉

전奠 상례에서 우제를 지내기 전까지 올리는 모든 제사를 지칭하는 용어이다. 운명 후 초종의에서 고복皐復을 한 후 조상의 영혼이 의지할 수 있도록 차리는 제사 형식의 음식상으로 시사전에서 출발하여 제주題主를 하고 이를 고하는 제주전題主奠까지 차려진다. 이외에도 아침저녁으로 올리는 조석전朝夕奠, 초하루 보름에 올리는 삭망전朔望奠 등이 있다. 천구의 절차에서는 길의 신에게 올리는 조전祖奠, 영구를 장지로 보냄을 고하는 견전遣奠 역시 이러한 전에 속한다.

절명絶命　　　　　숨이 끊어지는 것을 의미한다. 다른 말로 운명殞命이라고도 한다.

정침正寢　　　　　항시 거처하는 방을 말한다. 상례에서는 '질병천거정침疾病薦居正寢'이
　　　　　　　　　　라 했듯이 죽음을 맞이하는 곳을 말한다. 왕실에서도 정침에서 죽음
을 맞이하도록 하였는데, 이는 임금의 경우 고명顧命을 하기 위해서였다.

제사祭祀　　　　　신명을 받들어 복을 빌고자 하는 의례를 제사라고 한다. 유교식 상례
　　　　　　　　　　에 의하면 고인이 운명한 후 매장을 하면서 신주를 만들어 조상신祖上
神으로 승화시키고, 이러한 조상신에 대한 의례를 제사로 간주한다. 제사의 수행과 관련
된 의례를 통칭하여 제례祭禮라고 한다.
제례의 발생에 대해서는 인간이 죽음을 통하여 완전히 사라지는 것이 아니며, 비록 생물
학적인 신체는 없어지더라도 혼이 다른 세계에 있으면서 산 자와 관계를 지속한다는 믿
음에 바탕을 두고 있다. 다시 말하면 죽은 조상과 산 자손은 지속적으로 상호작용을 하
며 때로는 조상이 자손에게 덕과 해를 줄 수 있다는 믿음에서 비롯된다.
고려말에 성리학과 함께 유입된 『가례家禮』는 우리나라 조상숭배 관념을 보편화시키는
역할을 하였다. 조선시대에 들어와 성리학을 통치이념으로 채택함에 따라 가례를 제사
의 기본으로 삼게 되었다. 이에 의하면 제사는 상중喪中에 지내는 우제虞祭, 졸곡卒哭, 부
제祔祭, 소상小祥, 대상大祥, 담제禫祭, 길제吉祭가 있다. 길례로서 제사는 기제忌祭, 녜제禰
祭, 묘제墓祭, 속절제사俗節祭祀, 차례茶禮 등 여러 종류가 있다. 제사의 기본은 사시제四時
祭였으나 우리나라에서는 거의 행해지지 않았다.

제주題主　　　　　신주에 고인의 이름을 써넣어 신주로서 기능하게 하는 일이다. 글씨
　　　　　　　　　　를 쓰는 일이라고 하여 이를 제주라 한다. 제주를 하는 시기는 하관
을 한 후 성분을 하는 기간이다. 사찰에서 부처를 만들고 점안點眼을 하여 나무 조각품을
부처님이 되도록 하는 점안불사點眼佛事처럼 고인의 영혼을 조상신으로 승화시키는 매우
중요한 의례이다.

제주전題主奠　　　제주를 마치고 제주를 공식화 하고, 고인의 영혼이 신주에 깃들도록
　　　　　　　　　　기원하는 전이다. 제주전은 상중에 지내는 전奠의 형태로 지내기 때

문에 축관이 전을 주관하고 단잔을 올리고 축문을 읽는 형태이다. 축문은 "○○께서는 형체는 이미 광중으로 돌아가셨으나 혼은 집으로 돌아가십시오. 신주가 완성되어 모시겠으니 신께서는 옛것을 버리시고 새로운 것에 기대고 의지하소서[形歸窀穸神返室堂神主旣成伏惟尊靈舍舊從新是憑是衣]."라는 내용이다.

조弔 조란 고인 혹은 상주와 관계있는 사람들이 고인의 죽음을 애도하고 상주를 위문하는 일을 말한다. 이 절차는 문상하는 방법을 기술한 것으로 절차로서의 의미가 없으나, 성복을 한 후에야 문상을 할 수 있기 때문에 성복 다음에 하나의 절차로 위치시킨 것으로 보인다. 따라서 이는 영전靈前에 음식을 올리는 전奠과 상가에서 필요한 물품을 제공하는 부의賻儀, 그리고 문상방법에 대한 설명이 주를 이룬다. 조에 대해 '조문弔問'이라는 말이 있는데, 이는 '이른바 죽은 자를 애도하고 살아있는 사람을 위문한다'는 뜻의 '조사문생弔死問生'이라는 말에서 연유된 것이다. 또한 영남 지역에서는 '문상問喪'이라는 말이 보편화되어 있으며, 이와 함께 조를 지칭하는 말로 조상弔喪이라는 용어도 문집과 실록 등에는 보인다.

조객이 영전에 드리는 것으로는 향, 차, 초, 주과酒果 등을 사용한다. 만약 애도의 뜻을 적은 서장書狀이나 음식이 들어오면 별도로 제문을 올리는데, 서장은 친구와 교분이 두터운 사람만이 한다. 부의는 돈과 비단으로 한다고 하였으나 요즘에는 현금으로 대신한다. 이때 봉투에 부의賻儀의 내용물을 적은 단자를 넣어야 하나 거의 하지 않는다.

조객弔客 조(문상)를 하러 온 손님이다. 조객이 문상을 할 때는 흰옷을 입도록 하였는데, 이는 애도의 뜻을 나타내기 위한 것이다.

조문弔問 ☞〈조弔〉

조복가마弔服加麻 흰색 옷을 입고 누인 삼 한 가닥을 머리에 두르거나 허리에 흰 띠를 3개월 동안 두르는 상복의 종류이다. 강복하여 복이 없는 사람과 친구와 선비, 종 등이 조복가마를 한다고 한다. ☞〈가마〉

조석전朝夕奠 아침저녁으로 고인의 영좌에 올리는 전을 말한다. 이는 고인의 영혼을 위무하고, 영좌에 머무르도록 하기 위함이다. 조석전은 성복을 한 후부터 올리기 시작한다. 아침에 올리는 전을 조전朝奠, 저녁에 올리는 전을 석전夕奠이라 한다. 우제虞祭를 지낸 후부터는 조석전을 올리지 않는다.

조위弔慰　　　　고인을 애도하고 유족을 위로하는 조弔를 의미한다. 1934년 「의례준칙」에 의하면 조위를 할 때는 부의를 현물보다는 현금으로 하도록 하고, 문상시 곡을 금지시키고 있다. 또한 영전에 참배하지 못하게 하여 망자에 대한 의례는 금지하고 상주와의 인사만 강조하고 있다. 〈조 참조〉

조작적 용어　　원래 군대의 작전용어로 사용되었으나 학문적으로는 일반화 되지 않**Operational**　　아 공식화된 용어가 없을 경우 논의의 편의를 위해 임의로 만들어서**Terms**　　　　사용하는 용어정의를 말한다. 이는 조작적 개념 혹은 적용 가능한 개념Operational concepts과 맥을 같이 한다. 즉, 전략적으로 사용하는 개념이나 용어를 가리킬 때 사용한다.

존장尊長　　　　부모나 친척을 제외한 나이가 많고 존경을 받는 어른을 높여 부르는 말이다.

졸곡卒哭　　　　곡을 그치는 의례를 말한다. 지내는 시기는 삼우제를 지낸 후 강일剛日을 택하여 지낸다. 졸곡제를 지내는 시기에 대해서는 다양한 의견이 있다. 유월장踰月葬을 하지 않고, 그 전에 장사를 지냈더라도 이미 매장을 했기 때문에 영혼이 편안히 안정을 취할 수 있도록 우제虞祭는 장삿날 지내야 한다. 그러나 졸곡은 반드시 3개월을 기다려야 한다고 한다. 이는 충격의 완화 기간을 염두에 둔 것이다. 유월장을 하였을 경우에는 이미 그 기간 동안 충격 완화의 기간이 있었기 때문에 우제 다음날 졸곡을 지내도록 하고 있다.
졸곡은 흉제凶祭를 길제吉祭로 바꾸어 가는 상중의 제사이기 때문에 이때부터는 우제까지도 사용하지 않았던 현주玄酒(깨끗한 물)를 사용한다. 그러나 현주가 실제로 제사에 사용되지는 않는다. 반면, 성복 때 요질의 삼 밑둥치에 있는 뿌리 가닥을 풀어서 드리우는 산수散垂를 하였으면 졸곡 때 이를 다시 묶는다. 졸곡을 지낸 후부터는 아침저녁으로 조석곡朝夕哭만 하고 그 사이에는 슬픔이 복받쳐도 곡을 하지 않는다. 즉, 무시곡을 그친다. 주인과 형제는 거친 밥에 물을 마시고, 필요시 소금으로 간을 한 음식을 먹을 수 있다. 그러나 채소와 과일은 먹지 못하며 거적자리를 깔고 나무를 베고 잔다.

졸곡을 지내면 문상 온 조객들에게 편지로 보답한다. 제사를 지내는 절차는 우제의 형식과 같다. 그러나 축관이 주인의 왼쪽에서 동향하여 독축하는 것이 다르다. 이는 졸곡이 완전히 제사로 전이되었음을 의미한다.

종복宗服　　　　종가의 맏아들인 종자宗子[종손宗孫]를 위하여 그 지손들이 입는 상복이다. 우리나라에서는 관습적으로 종자는 백세가 지나도 옮기지 않는 백세불천百世不遷의 대종인 종가의 종손을 말한다. 종손을 위해 입는 상복은 재최齊衰 3월복을 입는데, 이는 할아버지를 높이는 것으로 곧 종宗을 공경하는 일이기 때문이다.

주부主婦　　　　한 집안의 주인의 아내를 말한다. 원래 고인의 아내를 주부로 삼도록 하였으나 통상은 맏상주의 아내가 주부가 된다. 주부의 역할은 제사를 지낼 때는 국 등의 제수를 진찬하고, 아헌관亞獻官의 역할을 하며, 삽시정저를 하는 역할을 한다.

주인主人　　　　제사를 지낼 때 제사를 주관한 주손冑孫을 말한다. 제사에서 강신을 하고, 초헌관의 역할을 한다. 모든 가정의례의 주재자主宰者 역할을 한다.

중상重喪　　　　거듭해서 상을 당한다는 뜻으로 상례에서 날짜가 좋지 않아 거듭해서 상액喪厄이 든다는 말이다. 예를 들면 나를 도와주고, 또한 귀하게 하는 길기吉氣인 정록正祿의 길함을 장사葬事라는 흉한 일로 피해 받지 않도록 하기 위하여 피하는 것으로 갑록甲祿은 인寅에 있기 때문에 인월寅月인 정월에는 갑일甲日이 중상일重喪日에 해당된다.

지방紙牓　　　　신주를 모시지 않을 때 종이에 해당하는 신위를 표기하여 임시로 신이 의지하도록 한 신주 대용의 종이로 만든 패이다. 지방의 사용례는 첫째 지손支孫의 집에서 부제祔祭를 지낼 때, 둘째 종가宗家가 멀리 있을 때 지방을 사용하여 부제를 지낸다. 셋째 종손宗孫이 어려서 대리인을 세워 부제를 지낼 때 지방을 사용한다고 한다. 신주를 모시지 않는 요즘 사회에서는 대부분이 지방으로 제사를 지낸다. 또한 고인의 사진인 영정을 모시고 제사를 지내는 경우도 많다.

지석誌石 고인의 이름, 생몰生歿 연월일, 행적, 무덤의 소재지와 좌향坐向 등을 적어 무덤 앞에 묻는 판석板石이나 도판陶板이다. 지석은 통상 묘지墓誌라고도 하는데, 이는 지석에 실린 독특한 문체의 글을 가리키기 때문에 지석과는 엄격히 구분된다. 지석에 실리는 글은 크게 묘지와 묘명으로 구분된다. 묘지는 전기傳記와 같이 사실만을 적은 산문이고, 묘명이란 적혀진 사실에 대해 논의를 덧붙여 시로 읊은 운문이다. 따라서 지석에 이 두 가지의 내용이 함께 있을 때에는 묘지명이라고 하고, 그 앞에 서문이 있을 때에는 묘지명병서墓誌銘竝序라고 한다.

대개 지석은 영구를 묻기 전에 두 개의 옥돌을 네모나게 갈아 하나는 뚜껑[誌蓋石]으로, 하나는 바탕[誌底石]으로 삼는다고 하였다. 우리나라에서는 도자기를 구워 사용하는 경우가 많다. 지석은 광중의 남쪽에 묻는 것으로 되어 있다.

지석의 유래는 중국 삼국시대의 위魏나라에서 역대 황제릉을 세울 때 지나친 노동력과 물자의 낭비를 초래하였기 때문에, 석실·비석·석수石獸 등의 석물을 금하면서부터 대신 지석을 묻은 데서 비롯된 것으로 알려져 있다. 한대漢代에서도 피장자의 이름을 적는 정도의 지석이 있었으나, 본격적인 체제를 갖추어 광중에 넣기 시작한 것은 진대晉代를 거쳐 삼국시대일 것으로 보고 있다. 그러나 송대宋代의 원가연간元嘉年間(424~453) 시작설도 있다.

지석의 재료와 종류는 다양하지만 고려시대까지는 대부분이 돌이고, 조선시대에는 도자기류가 많다. 그 밖에 흙·석회·종이로 만든 지석도 발견되고 있다. 형태는 판형板形과 그릇형[器形]이 있다.

지석의 내용은 묘지와 묘명이 구분될 뿐더러, 단순히 피장자의 벼슬과 이름만을 쓴 것도 있다. 대체로 고려시대에는 묘지명이 압도적인 반면 조선시대에는 주로 묘지가 대부분이며, 조선 후기에 들어서는 단순히 피장자의 벼슬과 이름만 쓴 것도 많다.

진혼의례鎭魂儀禮 죽음은 부정이라는 관념에서 고인의 영혼이 이승으로 와서 산 사람을 해코지 하지 못하도록 혼을 누른다는 의례를 말한다. 이러한 의식은 주로 무속에서 많이 나타나는데, 저승천도의례인 오구굿, 씻김굿, 시왕굿 등이 진혼의례와 관련이 있다. 그러나 유교식 상례에는 진혼을 위한 의례나 의미가 나타나지 않는다. 왜냐하면 영혼분리英魂分離 사상에 따라 혼은 육체로부터 분리되어 신주에 의지하고, 후손은 신주를 모시고 제사를 지내기 때문이다.

진혼의례를 주장하는 입장에서는 고대 무덤에서 발견되는 붉은색의 산화철 등을 진혼의례로 보고 있다. 그러나 이는 동지 팥죽, 붉은 색 명정, 팥 시루떡 등의 용례를 보면 진혼보다는 재액의례災厄儀禮 혹은 축귀의례逐鬼儀禮로 보아야 할 것이다.

집사자執事者 주인 대신 어떤 일을 맡아서 처리하는 사람을 말한다. 의례에서는 잔을 올리는 등의 일을 주인과 축관 옆에서 도우는 사람을 집사자라고 한다.

천거정침遷居正寢 운명이 가까워지면 환자를 정침으로 옮겨 운명하도록 하는 일을 말한다. 유교식 상례에서는 운명하면 고인의 영혼을 모셔 조상신으로 승화시키고 4대가 지날 때까지 제사를 지내도록 고복皐復을 하기 때문에 천거정침을 매우 중요시한다. 즉, 객사客死를 하면 고복을 할 수 없고 이에 따라 고인의 영혼을 모시지 못해 조상신으로 승화시켜 사당에 모실 수 없기 때문에 반드시 천거정침을 하도록 규정하고 있다.

천구遷柩 발인 하루 전에 발인하기 위해 영구를 옮기고 조상祖上에게 인사하고, 상여를 꾸미고, 이제 영원히 떠나게 되었다는 것을 알리는 견전遣奠을 지내는 등의 모든 절차를 말한다. 다른 절차와 달리 2일에 걸쳐 진행된다. 유교식 상례에서 9번째 절차이다.

천신薦新 상중에 새로운 물건이 들어오면 영좌에 올리는 일을 말한다. 즉, 새로운 것을 올린다는 뜻이다. 그리고 시속 명절이 되면 상식을 올릴 때 시절의 음식을 함께 올린다. 이러한 의례는 모두 상식과 같은 방법으로 올린다.

청사廳事 『가례집람家禮輯覽』에 의하면 '연고정침燕古正寢'으로 되어 있고, 그 구조가 텅빈 공간으로 우리나라의 제청이다. 이는 집을 지을 때는 정침과 청사, 사당을 갖추도록 한 『가례家禮』에 따른 것이다. 즉, 청사란 제사 등의 의례를 행하는 대청과 같은 곳으로 경북 봉화 유곡 안동 권씨 충재沖齋(1478~1548) 선생 종택의 갱장각羹牆閣이 이에 해당한다.

체천遞遷 4대봉사가 다한 신주를 최장방最長房의 집으로 옮겨 제사하게 하는 일을 말한다. 유구한 역사를 자랑하는 종가 등에는 체천한 신주를 모시기 위한 사당인 별묘別廟를 갖춘 집안도 많다.

초분草墳 시신을 바로 땅에 묻지 않은 채 돌이나 통나무 위에 영구를 얹어 놓아 탈육脫肉 될 때 까지 이엉으로 덮어 놓은 임시무덤이다. 초분을 한 다음 2-3년이 지나면 해체하여 뼈를 씻는 씻골을 한 다음에 매장을 하는 본장本葬을 한다. 초분을 하는 이유는 뼈를 깨끗하게 하여 묻어 다음 세상에서 재생하기를 기원하는 뜻이 있기 때문이다. 초분은 아직 살아있는 존재로 여기기 때문에 초분 곁에서는 잠을 자도 산소 곁에서 자지 않는다는 말이 있기도 하다.

초빈草殯 ☞〈초분草墳〉

초종初終 '돌아가시다'라는 의미로 죽음을 맞이하는 절차이다. 이는 임종을 하고, 고인의 죽음을 처리하기 위한 준비를 하는 상례의 최초 절차이다. 초종에서 하는 일은 다음과 같은 소절차들로 진행된다. 1) 병이 위중해지면 환자를 평소 거처하던 방으로 옮기는 천거정침, 2) 환자가 숨을 거두는 운명 때에 하는 일, 3) 고인의 혼을 불러 돌아오도록 하는 고복, 4) 고인의 치아에 쐐기를 끼우고 발을 묶는 설치철족, 5) 상례를 치르는 동안 책임을 지고 수행해야할 역할을 분담하는 절차인 입상주, 6) 검소하게 옷을 바꾸어 입고 음식을 먹지 않는 역복불식, 7) 설치철족 후 시신의 동쪽 어깨 있는 곳에 차리는 시사전始死奠, 8) 시신을 갈무리할 관을 준비하는 절차인 치관治棺, 9) 집안에 초상이 났음을 통지하는 절차인 부고訃告라는 절차가 행해진다. 그리고 유교식 상례에는 규정되어 있지 않지만 관행적으로 고복 바로 다음에 사잣밥을 차리기도 한다.

최장방最長房 주손 외에 4대조 관계가 이어지고 있는 지손支孫을 말한다. 4대봉사의 원칙에 따라 지금까지의 봉사하던 봉사자의 4대조가 만상주의 5대조가 되어 더 이상 사당에 모시고 제사를 지낼 수 없게 된다. 만약 아직 4대관계가 연결되어 있는 지손支孫이 있으면 이 지손에게 신주를 옮겨 제사하게 하는데, 이 지손을 최장방이라고 한다.

축관祝官 의례에서 축문을 읽는 사람을 말한다. 축관은 축문을 읽기도 하지만, 상중의 제사나 녜제禰祭 등에서는 고이성告利成을 외치는 역할 등을 한다. 목청이 좋은 사람을 축관으로 정한다.

출입고出入告 주인과 주부가 출타를 할 때 사당에 고하는 일을 말한다. 가까운 곳에 출타를 하면 대문에 들어가서 쳐다보고 서서 몸을 굽혀 공경을 표하는 간략한 인사인 첨례瞻禮를 하는데, 돌아와서도 동일하게 한다. 하룻밤을 자고 오면 분향하고 재배한다. 열흘 이상 출타하면 재배하고 분향하며 고축을 한다. "모가 장차 모처로 떠나기에 감히 고합니다."라는 내용이다. 돌아왔을 때는 "모가 오늘 모처로부터 돌아와 뵙습니다."라고 고한다. 한 달 이상 출타하면 중문中門을 열고 계단 아래에 서서 재배하고, 조계阼階로 올라가 분향하고 고하고 재배한다.

치관治棺 시신을 갈무리할 관棺을 준비하는 절차를 말한다. 호상의 지휘 하에 목수 일을 하는 사람에게 시켜 관을 준비하게 한다. 옻칠을 하기 때문에 시간 여유를 두고 준비해야 한다. 관을 짜는 널은 넓은 잎 삼나무인 유삼油杉이 가장 좋다고 하나 우리나라에서는 생산되지 않는다. 그 다음으로 잣나무가 좋다고 하나 관재로 쓸만큼 풍부하지 않다. 그래서 통상적으로는 황장판黃腸板이라고 하여 소나무의 단단한 심으로 만든 널을 사용한다. 요즘은 장례용품 판매점이나 장례식장에서 구입하여 사용하는데, 가격에 따라 수종의 차이가 있지만 일반적으로는 오동나무 관을 많이 사용한다.
소백산맥으로 동서를 양분하여 보면, 일부 겹치는 부분도 있지만, 동쪽 지역에서는 입관入棺한 채로 매장하는 전통이 있고, 서쪽 지역에서는 탈관脫棺하는 전통이 있다. 따라서 양 지역의 관에 대한 인식은 상당히 다름을 알 수 있다. 동쪽 지역의 경우 "관은 유택이기 때문에 맏사위가 준비하는 것"이라는 이야기도 흔하게 나타날 정도로 관을 중요시하지만, 서쪽 지역은 그렇지 않다.

치장治葬 　장사할 시간과 장소를 정하고 장사에 필요한 도구를 제작하는 일이다.

친진親盡 　사대봉사의 원칙에 따라 제사를 지낼 수 있는 대수가 지났다는 말이다. 즉, 봉사자와 4대조의 관계가 지났다는 말이다. 이때는 4대관계가 지속되는 지손支孫에게 제사를 물려주거나 매주埋主를 한다. ☞〈최장방〉

탈상脫喪 　상을 벗는다는 뜻이다. 유교식 상례에 따르면 고인이 운명한 후 만 2년째가 되는 날 대상大祥을 지내면서 상복을 벗고, 여막을 철거하면서 상을 벗는다. 그러나 그 이후에도 담제와 길제가 이어지기 때문에 완전한 탈상이라고 보기는 어렵고, 길제를 지내면서 사당에 모신 신주의 분면에 새 주손胄孫의 이름으로 방제식旁題式을 바꾸고, 대수를 새 주손으로 바꾸어야 완전한 탈상을 한다.

토감土坎 　☞〈빈殯〉

토장土葬 　가장 보편적인 매장 방법으로 땅을 파고 시신을 묻는 장법이다. 매장의 일본식 표기법이다.

통시적 접근 Diachronic Approach 　인류학이나 민속학에서 문화현상을 역사적으로 전개되는 역사적 관점으로 분석하는 이론의 하나이다. 이는 어떤 상황을 현재적 관점에서 보는 것이 아니라 역사적 관점에서 보기 때문에 그 전체의 흐름이나 미래를 예측하기도 한다. 그래서 이와 관련된 이론적 관점에 따른 학파로서 역사인류학, 역사민속학 등이 있다. 역사학의 미시사 혹은 일상사와도 관련되어 있다. 이와 반대되는 되는 이론이 공시적 접근Synchronic Approach으로 어느 일정 시점에서 특수한 어떤 것을 분석하는 이론이다.

평생의례平生儀禮 　☞〈일생의례—生儀禮〉

프로세스 접근법 Process Approach 　정치인류학의 프로세스 이론으로 공공의 목표를 결정하고 수행하며 권력의 차등적 획득 및 사용 등을 포함하는 프로세스의 연구를 말한다. 빅터 터너Victor Turner의 연구 등이 프로세스 접근법의 실례이다.

하관下棺　　　　□〈내폄乃窆〉

합장合葬　　　　부부를 하나의 광중에 함께 매장하는 방법을 말한다. 부祔·합폄合窆 이라고도 한다. 단독장單獨葬 또는 각장各葬에 대비되는 의미이다. 합장을 할 때는 남자는 서쪽에, 여자는 동쪽에 매장한다. 또 예서禮書에 의하면 부인의 서열에 따라 달라 원배元配일 때는 남편의 왼쪽에 합장하지만, 계배繼配일 때는 합장을 하지 못하게 하고 있다. 한국에서는 부인이 둘일 경우에는 품자식品字式이라 하여 남편을 중앙에 매장하고 양 옆에 원배와 계배를 합장하거나 남자의 왼쪽에 나란히 합장하기도 했다. 합장과 유사한 것으로 쌍문雙墳이 있다. 이는 하나의 광중이 아니라 하나의 묘소에 광중을 따라 파서 매장하기 때문에 합장과는 구별된다.

현훈玄纁　　　　매장을 할 때 고인에게 올리는 폐백을 말한다. 현훈은 검은색 6장과 붉은 색 4장으로 구성되는데, 한 장은 비단 8자로로 되어 있다. 현훈을 드릴 때는 관과 곽 사이에 놓는다고도 하나, 통상은 고인의 가슴 부위인 영구靈柩 가운데에 놓는데, 현을 위쪽의 동쪽에 훈을 아래쪽에 서쪽에 놓는다. 이를 상현하훈上玄下纁이라고 한다. 현훈을 드리고 주인이 부복하며 곡을 하면 주변의 사람들도 곡을 한다. 상현하훈으로 폐백을 드리는 이유는 현玄은 양陽인 하늘을 상징하기 때문에 위쪽에 놓고, 훈纁은 음陰인 땅을 상징하기 때문에 아래쪽에 놓는다.

호상護喪　　　　상례 전반을 총괄하는 사람을 말한다. 자제 중에서 예를 알고 일을 주관할 수 있는 사람을 시킨다고 했으나 실제적으로는 가문 내의 덕망이 있고 예에 밝은 사람으로 한다. 상례에서 처리하는 일은 모두 호상에게 문의하여 처리한다. 이와 함께 예를 잘 아는 사람을 상례相禮로 삼아 상사喪事를 처리하고 호상을 돕게 한다.

혼백魂帛　　　　신주를 만들기 전까지 고인의 영혼이 빙의憑依하는 신체神體로서 기능한다. 혼백은 비단 한 필을 양쪽에서 말아서 가운데에서 끈으로 묶는 속백束帛의 형태와 동심결을 만드는 형태, 비단을 사통팔달四通八達로 접는 형태가 있다. 요즘은 삼베로 속제 형태로 혼백을 만들고, 그 안에 지방서식을 넣어서 판매하고 있지만 혼백에 지방을 넣는 것은 불가하다.

절차상 혼백을 만들어 설치하는 시기는 습襲이다. 시신을 가린 병풍 앞에 교의交椅를 놓고 고복을 할 때 사용했던 복의復衣를 상자에 넣어서 놓고, 그 위에 혼백을 모신다. 혼백을 모신 영좌 앞에 제사상을 놓고 술잔, 포, 과일을 준비하여 전상奠床을 차린다. 제상 앞에는 향로, 향합을 놓은 향탁香卓, 제상에 올렸던 술을 퇴주하는 퇴주그릇, 술병이나 술주전자를 놓는다. 고인이 평상시에 아침 아침저녁으로 빗질하고, 세수할 때 사용했던 도구를 진설한다.

영좌는 혼백을 안치하는 장소로서 그 앞에 전을 차리는 것은 영혼이 의지할 수 있는 장치를 마련하는 것이다. 이는 영혼은 혼백에 의지한다고 믿기 때문이다.

화장火葬　　　　시신을 불에 태워 장사하는 장법을 말한다. 세계적으로 보편적인 4개의 장법 중 2번째로 많은 장법이다. 매장과 마찬가지로 화장을 할 때는 반드시 화장시설 등의 관련 사항을 법으로 규정하고 있다. 한국사에서 대세를 이루었던 장법은 매장 다음으로 화장이었다. 삼국과 고려시대까지만 해도 화장이 성행했지만 조선시대에는 유교식 상례의 정착으로 화장은 단지 전염병 예방을 위한 대책, 혹은 무연고자의 시신처리법 등 정상적이지 못한 죽음을 처리하는 장법 정도로 인식되어 왔다. 19세기 말 일본식 화장의 도입으로 화장은 혐오스런 장법으로 인식되었으나 21세기 국토의 효율적 이용 등의 인식변화에 따라 2010년 말 현재 전국 화장률 67.5%로 다시 화장이 일반적인 장법으로 자리 잡고 있다.

회격灰隔　　　　광중에 풀이나 나무뿌리, 곤충 등이 광중 안으로 침범하지 못하도록 하기 위해 영구 둘레에 회灰로 곽을 만들거나 벽을 치는 광중 조성법이다. 광중이 완성되면 외곽外槨처럼 만들기 때문에 회곽灰槨이라고도 한다.

『사례편람四禮便覽』에 의하면 먼저 광중 바닥에 회를 펴서 네모나게 하여 편평하게 한 후, 가장자리 사방에 판벽을 세우고 그 바깥쪽에 삼물三物(석회, 가는 모래, 황토)을 섞어서 붓고 가운데에는 깨끗한 흙을 채운다. 이어서 가장자리의 회를 부은 곳을 절굿공이로 다지고 밟기를 9~10회 정도 하여 관을 안치하였을 때의 높이보다 4-5치 정도 높게 하여 그 윗면을 편평하게 한다. 한 가운데에는 광중 안에 놓는 내금정기內金井機를 놓고 먼저 채웠던 깨끗한 흙을 모두 파내어 깨끗한 회바닥이 드러나도록 한다. 그러면 회격이 외곽처럼 되는데, 이때 참쌀풀인 나미즙糯米汁을 깨끗한 회에 섞어서 회격의 사방에 두루 바르고, 빈틈을 메워 마감한다. 이 형태에서는 회격 안에 따로 곽이 없기 때문에 회격 자체가 곽의 기능을 하므로 회곽으로 별칭하기도 한다.

『국조오례의國朝五禮儀』에 의하면 역시 광중의 바닥에 삼물을 2-3치 정도 채워 평평하게 하고, 그 위에 곽槨을 놓는다. 이어 사방에 삼물과 숯을 넣는데, 판으로 칸막이를 만들어 안쪽인 곽 쪽에는 삼물을, 그 바깥쪽에는 숯가루를 채우는데, 2-3치로 한다. 곽의 높이까지 채운다.

숯은 나무뿌리를 막고 물과 개미를 물리치고, 회는 모래와 합하면 단단하고 흙과 합하면 끈끈해서 여러 해 동안 굳히면 쇠나 돌같이 되어서 땅강아지와 개미나 도적이 도굴을 할 수 없다고 했다. 즉, 회격을 하는 이유는 나무뿌리나 곤충의 침입 및 도굴로부터 광중을 보호하기 위함이다.

회곽灰槨　　　　　☞〈회격灰隔〉

회다지　　　　　하관을 하고 광중에 흙이나 석회를 채울 때 단단하게 다지는 일을 말한다. 또한 회격을 하지 않고 흙을 채울 때는 빗물이 스며드는 것을 막기 위해 단단하게 다지는 일을 회다지라고 한다. 회다지는 지역에 따라 회다지, 덜구, 달공 등 다양한 용어가 발견된다. 선소리꾼의 선창에 따라 회다지꾼들이 리듬에 따라 발을 맞추어 다지기를 한다. 이때 부르는 노래를 회다지 노래라고 하는데, 앞소리꾼의 선창에 맞추어 후창을 하면서 회다지를 한다. 그리고 다지기를 하는 층수는 홀수로 하며 많이 할수록 좋은 것으로 인식하고 있다.

회다지노래　　　회다지를 할 때 부르는 노래를 말한다. 흔히 앞소리꾼의 선창에 따라 산역꾼들의 후창으로 이루어진다. 선창은 고인의 이력이나 애도의 가사로 이루지고 후창은 주로 후렴으로 이루어진다. 회다지노래는 일종의 노동요로서 사람들이 리듬에 맞추어 발을 맞추는 데 도움을 준다.

횡판橫板 하관을 하고, 광중에 흙을 채울 때 영구에 흙이 닫지 않도록 덮는 판을 말한다. 판은 나무, 돌 등으로 만든다. 이를 횡대橫帶라고도 한다. 회격을 할 때는 회격의 위쪽을 덮은 천판의 역할을 한다. 회격을 하지 않을 경우에는 흙으로 하는 곽의 덮개 역할을 한다. 하관을 하고 관의 주변을 흙으로 채운 다음 영구 위에 명정을 덮고 현훈을 드린 다음 구의를 덮고 그 위에 간격을 두고 사방의 흙을 벽 삼아 천판으로 덮은 덮개를 횡판 혹은 횡대라고 한다.

참고문헌

사료_

『家禮』;『家禮考證』;『家禮儀節』;『家禮增解』;『家祭儀』;『高麗史』;『高氏婦人墓誌』;『國朝五禮儀』;『默齋日記』;『北史』;『四禮便覽』;『增補四禮便覽』;『三國史記』;『三國志』;『喪禮考證』;『喪禮備要』;『常變輯略』;『常變通攷』;『釋門家禮抄』;『釋門儀範』;『續日本記』;『隋書』;『梁書』;『禮記』;『作法龜鑑』;『朝鮮王朝實錄』;『周書』;『中庸』;『增補文獻備考』;『儀禮經傳通典』;『鶴峯集』;『後漢書』;『朝鮮金石文總攬』上·下

金天錫,『延興府院君府夫人光山盧氏葬禮日記』, 1636.

金天錫,『先姊草溪鄭氏喪時日記』, 1640.

金文秀,『愼終錄』, 1883.

저서_

강인구,『한반도의 고분』, 아르케, 2000.

京城府,『京城府史』2, 京城府, 1936.

고려대학교민족문화연구원 편,『한국민속대관』, 고대민연출판부, 1982.

고영진,『조선 중기 예학사상사』, 한길사, 1995.

국사편찬위원회 편,『한국사-조선 중기의 사회와 문화』31, 국사편찬위원회, 1998.

국사편찬위원회 편,『한국사-조선 중기의 사회와 문화』8, 국사편찬위원회, 1998.

김두헌,『韓國家族制度硏究』, 서울대학교출판부, 1980.

김시덕,『김수환 추기경 선종』, 국립민속박물관, 2011.

_____, 『소운 김시인 삼년상』, 국립민속박물관, 2011.

김시덕, 『화재 이우섭 삼년상』, 국립민속박물관, 2011.

金鐘範 編述, 『再建國民運動本部制定 標準儀禮 解說』, 중앙정경연구소, 1961.

김종범 · 조태문 편술, 『의례규범해설』, 혼상제의례준칙제정위원회, 1957.

김천석 원저 · 김종진 편저, 『광산부부인노씨장례일기』, 대비공원보존위원회, 연안김씨의민공종회, 연안김
        씨원성종중, 2007.

내고장안산편찬위원회, 『내고장 안산』, 안산시, 1990.

대한불교조계종포교원, 『한글통일법요집 - ①천도 · 다비의식집』, 조계종출판사, 2005.

박상민, 『한국불교의례자료총서』 3, 1993.

朴昌奎 編, 『婚喪祭禮要鑑』, 大造社, 1961.

박태호, 『서울시 장묘시설 100년사』, (사)한국장묘문화개혁범국민협의회, 2003.

보건사회부, 『가정의례준칙 해설』, 보건사회부, 1969.

산업자원부, 『장례서비스 표준화 연구』, 산업자원부 기술표준원 · 서울보건대학, 2002.

_____, 『화장장 서비스 표준화』, 산업자원부 기술표준원 · 한국장례업협회, 2003.

서울대교구 전례위원회, 『성교예규』, 가톨릭출판사, 1991.

서울시사편찬위원회, 『서울육백년사』 민속편, 서울특별시, 1990.

서울특별시, 『서울민속대관』, 서울특별시, 1993.

世昌書館, 編輯部編, 『懸吐註解 四禮便覽』, 世昌書館, 1900.

손진태저 · 최광식 엮음, 『조선상고문화의 연구』, 고려대학교박물관, 2002.

수원시사편찬위원회, 『수원시사』 中, 수원시, 1997.

이광규, 『한국인의 일생』, 형설출판사, 1985.

이범직, 『조선시대 예학연구』, 국학자료원, 2004

_____, 『한국 중세 예사상 연구』, 일조각, 1991

延安金氏大宗會, 『延安金氏丙戌大同譜』, 回想社, 2006.

李斗薰, 『가정의례법령해설』, 남문각, 1973.

이복규, 『묵재일기에 나타난 조선전기의 민속』, 민속원, 1999.

이현송 · 이필도, 『장의제도의 현황과 발전방향』, 한국보건사회연구원, 1995.

임민혁, 『주자家禮』, 예문서원, 1999.

임재해, 『장례놀이』, 문화재관리국 문화재연구소, 1994.

_____, 『전통상례』, 대원사, 1990.

장철수, 『한국 전통사회의 관혼상제』, 고려원, 1984.

_____, 『한국의 관혼상제』, 집문당, 1995.

_____, 『옛무덤의 사회사』, 웅진출판, 1995.

정각(문상련), 『불교 제의례의 설행 절차와 방법』, 운주사, 2002.

朝鮮總督府, 『朝鮮總督府制定의 儀禮準則과 그 解說』, 京城 朝鮮通信社, 연대미상.

지두환, 『조선전기 의례연구』, 서울대학교출판부, 1996.

최광식, 『한국고대의 토착신앙과 불교』, 고려대학교출판부, 2007.

충청남도, 『계룡산지』, 충청남도, 1994.

한국표준협회, 『생활서비스 표준화 산업기술기반조성에 관한 보고서 – 혼인예식 서비스 표준화』, 산업자원부, 2004.

한상복 · 이문웅 · 김광억, 『문화인류학개론』, 한국문화인류학회, 1998.

연구논문_

강석환, 「원불교의 유교 수용에 관한 고찰」, 『정신개벽』 9, 신룡교학회, 1990.

고영진, 「15 · 6세기 주자가례의 시행과 그 의의」, 『한국사론』 21, 서울대, 1988.

_____, 「16세기 후반 상제례서의 발전과 그 의의」, 『규장각』 14, 서울대학교규장각관리실, 1991.

_____, 「예학의 발달」, 『한국사 – 조선 중기의 사회와 문화』 31, 국사편찬위원회, 1998

구미래, 「불교 전래에 따른 화장의 수용양상과 변화요인」, 『실천민속학연구 – 민속문화의 전통과 외래문화』 4, 집문당, 2002.

권오영, 「고대 한국의 상장의례」, 『한국고대사연구』 20, 한국고대사학회, 2000.

김경숙, 「16세기 사대부 집안의 제사설행과 그 성격 – 이문건의 "묵재일기"를 중심으로」, 『한국학보』 26-1, 일지사(한국학보), 2000.

김기현, 「유교식 상제례에 내재된 삶과 죽음의식」, 『퇴계학보』 104, 퇴계학연구원, 1999.

김기현, 「유교의 상제례에 담긴 생사의식」, 『유교사상연구』 15, 한국유교학회, 2001.

김명자, 「우리 삶에 리듬 주던 전통문화」, 『도시문제』, 대한지방행정공제회, 1996.

김시덕, 「일생의례의 역사」, 『한국민속사』, 지식산업사, 1996.

_____, 「가가례로 보는 경기지역 제사의 특성」, 『민속문화의 지역적 특성을 묻는다』, 실천민속학회, 2000.

_____, 「상례, 누구를 위한 의례인가 – 상례절차의 구조분석을 중심으로」, 『민속학연구』 7, 국립민속박물관, 2000.

_____, 「가정의례준칙이 현행 상례에 미친 영향」, 『역사민속학』 12집, 한국역사민속학회, 2001.

_____, 「다시 생각해 보는 현대의 상례문화」, 『한국인의 죽음인식과 장사개혁』, 생활개혁실천범국민협의회, 2002.

_____, 「경기남부의 상례」, 『경기도민속지-일생의례편』, 경기도박물관, 2003.

_____, 「화장 문화 변천의 역사적 의미」, 『산골문화 – 그 새로운 접근을 위한 연구』, (사)한국장묘문화개혁범국민협의회, 2004.

_____, 「길제의 정치적 성격」, 『비교민속학』 26, 비교민속학회, 2004.

_____, 「고구려 상례문화의 정체성」, 『역사민속학』 18, 한국역사민속학회, 2004.

_____, 「일본의 장제디렉터 제도」, 『장례문화연구』 2, 한국장례문화학회, 2004.

_____, 「천도교의 제사민속지」, 『종교와 조상제사』, 민속원, 2005.

_____, 「현대 도시공간의 상장례 문화」, 『한국민속학』 41, 한국민속학회(구 민속학회), 2005.

_____, 「현대 한국 장묘문화에 있어 일본식 화장·납골의 영향과 그 문제점」, 『한국민속학』 43, 한국민속학회, 2006.

_____, 「도시 장례식장에서 지속되는 상례의 문화적 전통」, 『실천민속학연구』 9, 실천민속학회, 2007.

김용덕, 「상장례 풍속의 사적 고찰」, 『비교민속학』 11, 비교민속학회, 1994.

김후련, 「고대 일본인의 장송의례」, 『비교민속학』 23, 비교민속학회, 2002.

김희산, 「한국형 가족납골묘 개발보급」, 『장묘문제 해결을 위한 실천적 대응전략』, 한국토지행정학회, 1997.

노인숙, 「사계예학과 주자가례」, 『유교사상연구』, 한국유교학회, 2003.

高村竜平, 「공동묘지를 통해 본 식민지시대 서울-1910년대를 중심으로」, 『서울학연구』 15, 서울학연구소, 2000.

류춘규, 「喪禮의 奠과 祭祀의 性格에 關한 硏究-安東地域을 中心으로」, 중앙대학교 교육대학원 석사학위논문, 1996.

문애리, 「유림장의 의례절차와 사회적 의미」, 영남대학교 대학원 석사논문, 1997.

박미해, 「조선 중기 이문건가의 천장례 준비 – "묵재일기"를 중심으로」, 『사회와역사』 68, 한국사회사학회, 2005.

박전열, 「일본의 화장풍속의 정착과정 연구」, 『일본학보』 57-2, 한국일본학회, 2003.

_____, 「현대일본 납골 방식의 변천연구」, 『일본학보』 60, 한국일본학회, 2004.

박정석, 「장례사의 업무와 죽음에 대한 태도 : 광주지역 장례사를 중심으로」, 『보건과 사회과학』 12집, 한국보건사회학회, 2002.

_____, 「도시지역의 장례공간과 장례방식에 대한 사례연구 – 광주시 지역을 중심으로」, 『비교민속학』 25, 비교민속학회, 2003.

박진욱, 「안악3호분의 주인공에 대하여」, 『조선고고학연구』 75-2, 사회과학원 고고학연구소, 1990.

박태호, 「한국 고대의 화장 문화에 대한 고찰-고고학적 발굴조사 결과를 중심으로」, 『장례문화연구』 2, 한국장례문화학회, 2004.

배상현, 「성호 이익의 예학사상」, 『태동고전연구』 10, 태동고전연구소, 1993.

변동명, 「고려시기의 유교와 불교」, 『한국중세사연구』 18, 한국중세사학회, 2005.

변태섭, 「한국고대의 계세사상과 조상숭배신앙」, 『역사교육』 3·4집, 역사교육위원회, 1958·1959.

보광스님, 「불교계 장례문화 정착을 위한 과제-불교 장례의례 및 장례시설 보완점을 중심으로」, 『불교와 문화』 28, (재)대한불교진흥원, 1999.

송현동, 「근대이후 상장례정책 변화과정에 대한 비판적 고찰」, 『역사민속학』 14, 한국역사민속학회, 2002.

_____, 「현대 한국 장례의 변화와 그 사회적 의미」, 『종교연구』 32, 한국종교학회, 2003.

_____, 「한국의 죽음의례 연구」, 한국학중앙연구원 한국학대학원 박사학위논문, 2005.

안호용, 「조선전기 상제의 변천과 그 사회적 의미」, 고려대학교 대학원 박사논문, 1989.

_____, 「유교 상례와 상중의 개인행위 규제」, 『사회와역사』, 한국사회사학회, 2006.

류권종, 「한국에서의 상례문화의 전개」, 『유교사상연구』 15, 유교학회, 2001.

윤정의 · 황규성, 「장례관련 종사자의 질병감염 위험성에 대한 고찰」, 『한국장례문화학회지』창간호, 한국장례문화학회, 2002.

이강승 · 신광섭, 「扶餘太陽里百濟古墳一例」, 『百濟文化』 15, 公州師範大學 百濟文化研究所, 1983.

이경엽, 「진도 다시래기 연희본의 비교 연구」, 『공연문화연구』, 한국공연문화학회, 2005.

이광규, 「오복제도의 연구」, 『진단학보』 5, 진단학회, 1936.

이남식, 「吉祭」, 『慶北禮樂誌』, 경상북도, 영남대학교 인문과학연구소, 1989.

이문기, 「고구려 보장왕의 증손녀 고씨부인 묘지의 검토」, 『역사교육논집』 29, 역사교육학회, 2002.

이영춘, 「다산의 예학과 복제예설」, 『조선시대사학보』 5, 조선시대사학회, 1998.

이정재, 「전통문화의 새로운 전개」, 『도시문제』 31, 대한지방행정공제회, 1996.

이필도, 「장례서비스산업의 현황과 발전방안」, 『한국장례문화학회지』창간호, 한국장례문화학회, 2002.

이필도 · 박인 · 송인주 · 박종서 · 박희정, 『장례식장 및 납골시설 융자사업 평가』, 한국보건사회연구원, 1999.

임돈희, 「한국 조상의 두 얼굴 : 조상 덕과 조상 탓-유교와 무속의 조상의례를 중심으로」, 『한국민속학』 21, 한국민속학회, 1998.

임재해, 「민속문화 변화와 지속양상의 재인식」, 실천민속학회, 『민속문화의 변화와 지속』 실천민속학연구 3, 집문당, 2001.

장석만, 「한국 의례 담론의 형성-유교 허례허식의 비판과 근대성」, 『종교문화비평』 1, 한국종교문화연구소(구한국종교연구회), 2002.

장인성, 「무령왕릉 묘지를 통해 본 백제인의 생사관」, 『백제연구』 32, 충남대학교백제연구소, 2000.

장철수, 「일제시대 관혼상제의 변천」, 『서울600년사』 4, 서울특별시사편찬위원회, 1981.

_____, 「儒敎喪禮의 招魂에 대하여 - 儒敎의 靈魂觀 研究 序說 -」, 『宜民 李杜鉉博士回甲紀念論文集』, 학연사, 1984.

_____, 「祠堂의 歷史와 位置에 關한 硏究」, 문화재연구소, 1990.

_____, 「상례의 변천」, 『민족혼』 5, 도서출판바람과물결, 1991

_____, 「平生儀禮와 政策」, 『비교민속학』 10, 비교민속학회, 1993.

_____, 「朱子 『家禮』에 나타난 祠堂의 構造에 關한 硏究」, 문화재연구소, 1994.

_____, 「일생의례」, 『안산시사』, 안산시사편찬위원회, 1999.

_____, 「한국의 평생의례에 나타난 생사관」, 한림대인문학연구소편 『동아시아 기층문화에 나타난 '죽음과 삶'』, 민속원, 2001.

전경수, 「사자를 위한 의례적 윤간 - 추자도의 산다위」, 『한국문화인류학』 24, 한국문화인류학회, 1992.

정구복, 「삼국의 유학」, 국사편찬위원회 편, 『한국사 – 삼국의 문화』 8, 국사편찬위원회, 1998.

정긍식, 「묵재일기에 나타난 가제사의 실태」, 『법제연구』 16, 한국법제연구원, 1999.

정길자, 「고려시대 火葬에 대한고찰」, 『역사학보』 108, 역사학회, 1985.

정양모, 「삼화령미륵삼존불」, 『한글한자문화』 48, 전국한자교육추진총연합회, 2003.

정옥자, 「17세기 전반 예서의 성립과정 – 김장생을 중심으로」, 『한국문화』 11, 서울대학교 규장각한국학연구원, 1990.

정종수, 「조선 초기 상장의례 연구」, 중앙대학교 대학원 박사논문, 1994.

조관연, 「한국 장례문화의 변화 : 두 종합병원 영안실을 중심으로」, 『국제한국학회지』 2, 국제한국학회, 1997.

조광, 「조선조 효 인식의 기능과 그 전개」, 『한국사상사학』 10, 한국사상사학회, 1998.

지두환, 「조선 초기 주자가례의 이해과정 – 국상의례를 중심으로」, 『한국사론』 8, 1982.

최광식, 「삼국의 시조묘와 그 제사」, 『대구사학』 38, 대구사학회, 1989.

_____, 「신라의 불교 전래, 수용 및 공인」, 『신라문화제학술발표회논문집』 12, 동국대학교 신라문화연구소, 1991.

최기복, 「유교 상례의 근본 의의와 현대적 쇄신」, 『유교사상연구』 15, 한국유교학회, 2001

최백, 「문중에 관한 사회학적 고찰 – 특히 안동군 임하면 천전동 의성김씨를 중심으로」, 『한국문화인류학』 17, 한국문화인류학회, 1985.

최순권, 「神主考」, 『생활문물연구』 2, 국립민속박물관, 2001.

최승희, 「집현전 연구」 상 · 하, 『역사학보』 32 · 33, 역사학회, 1966 · 1967.

최재석, 「조선 초기의 상제」, 『규장각』 7, 서울대학교도서관, 1983.

_____, 『한국 고대사회사 연구』, 일지사, 1987.

최준식, 「한국인의 생사관 : 전통적 해석과 새로운 이해」, 『종교연구』 10, 한국종교학회, 1994.

_____, 「한국인의 신관 : 기독교의 신관과의 비교를 중심으로」, 『종교신학연구』 8, 서강대학교 신학연구소(구 비교사상연구원), 1995.

최홍기, 「가정의례」, 『한국민족문화대백과사전』 1, 한국정신문화연구원, 1991.

편무영, 「종교와 민속-이론과 실천의 방법적 고찰」, 『종교와 조상제사』, 민속원, 2005.

한상복 · 전경수, 「이중장제와 인간의 정신성」, 『한국문화인류학』 2집, 한국문화인류학회, 1961.

허용호, 「전통상례를 통해서 본 죽음」, 『한국인의 죽음과 삶』, 철학과현실사, 2001.

허용무, 「진도지방의 장례와 장례놀이를 통해본 생사관 – 다시래기, 씻김굿, 만가를 중심으로」, 『Viscom』, 한국다큐멘터리사진학회, 2004.

허흥식, 「불교와 융합된 고려왕실의 조상숭배」, 『동방학지』 45, 연세대학교 국학연구원, 1984.

홍순창, 「신라 유교사상의 재조명」, 『신라문화제학술발표회논문집』 12, 동국대학교 신라문화연구소, 1991.

홍윤표, 「가례증해 해제」, 『喪禮諺解(異本五種)』, 弘文閣, 1997

황원구, 「所謂 己亥服制 問題에 대하여」, 『연세논총』 2, 1963

_____, 「李朝禮學의 形成過程」, 『東方學誌』 6, 연세대학교, 1963.

국외문헌, 번역_

○동양논저

朝倉敏夫,「韓国の墓をめぐる問題」,『家族と墓』, 早稲田大学出版部, 1993.

池上良正·池上冨美子 역,『死の儀礼』, 未來社, 1996.

浦池勢至,「火葬」, 新谷尚紀·関沢まゆみ編,『民俗小事典　死と葬送』, 吉川弘文館, 2005.

宇垣一成,「諭告」,『朝鮮儀禮準則』, 朝鮮總督府編, 1934.

㈱ベルコ本部,『冠婚葬祭事典』, ㈱ベルコ, 2001.

鯖田豊之,『火葬の文化』, 新潮社, 1990.

新谷尚紀,「死と葬送と歴史と民俗」, 新谷尚紀·関沢まゆみ編,『民俗小事典　死と葬送』, 吉川弘文館, 2005.

_____,『両墓制と他界観』, 吉川弘文館, 1992.

横田睦,『お骨のゆくえ』, 平凡社, 2000.

碑文谷創,『葬儀概論』, 株式会社表現文化社, 1996.

諸橋轍次,『大漢和辞典』, 大修館書店, 1968.

ラヴェッソン(Ravaisson, Jean-Gaspard-Fèlix Lachè)著·野田又夫訳,『習慣論』, 岩波書店, 2001.

○서양논저

토마스 카알라일 저 · 박상익 옮김,『영웅숭배론』, 한길사, 2003.

로저키징 저 · 전경수 역,『현대문화인류학』, 현음사, 1988.

필립 아리에스 저 · 이종민 역,『죽음의 역사』, 동문선, 1999.

Anold Van Gennep, Monika B. Vizedom and Gavrille I. Caffee, *THE RITES OF PASSAGE*, Univ. of Chicago Press, 1960.

Lewelen 저, 한경구 · 임봉길 역,『정치인류학』, 일조각, 1995.

Richard Huntington · Peter Metcalf, *CELEBRATIONS OF DEATH*, Cambridge University Press, 1979.

Richard M. Dorson Edited, *FOLKLORE and FOLKLIFE*, Univ. of Chicago Press, 1973.

Thomas Carlyle, On Heroes, *Hero-Worship and the Heroic in HIstory*, University of Nebraska Press, 1841.

Victor Turner, *The Ritual Process*, Cornell Univ. Press, 1969.

기타 관련 자료_

국립국어연구원 편,『표준 국어대사전』, 두산동아, 2000.

장례지도사추진위원회,『국가공인을 위한 장례지도사 자격검정원 창립대회 자료집』, 국가공인을 위한 장례지도사추진위원회, 2003.

한국소비자보호원, 『장례문화 의식 및 실태조사 결과』, 한국소비자보호원, 2004.

김승욱 기자, 「인목대비 어머니 광산부부인의 인생유전」, 『연합뉴스』, 2007. 3. 2.

김장하기자, 「'원지동 국립의료원' 백지화될 듯」, YTN, 2004. 3. 8.

윤진기자, 「시립 납골당 필요 없다더니 또 유치?」, 『한겨레』, 2004. 6. 1.

백성호기자, 「인목대비 어머니 장례일기 첫 공개」, 『중앙일보』, 18면, 2007. 3. 3.

『동아일보』, A29면, 2003. 1.11.

『문화일보』, 26면, 2003. 1.10.

『조선일보』, A2면, 2005. 4.13.

이형웅기자, 「국민 77.8% 화장(火葬) 선호」, 『Funeral News』, 2006. 3.14.

인터넷한겨레, 2001. 7.13.

http://www.sousai-director.jp

http://kosis.nso.go.kr(통계청 DB)

가_

자_